Bibliothèque Choisie Des Pères De L'eglise Grecque Et Latine, Ou Cours D'éloquence Sacrée

Marie-Nicolas-Silvestre Guillon

BIBLIOTHÈQUE CHOISIE

DES

PÈRES DE L'ÉGLISE

GRECQUE ET LATINE.

TOME SECOND.

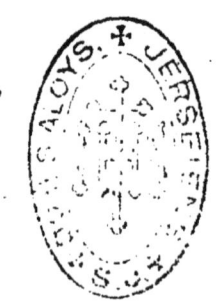

IMPRIMERIE DE LACHEVARDIERE FILS,

SUCCESSEUR DE CELLOT, RUE DU COLOMBIER, N. 30.

BIBLIOTHÈQUE CHOISIE

DES

PÈRES DE L'ÉGLISE

GRECQUE ET LATINE,

OU

COURS D'ÉLOQUENCE SACRÉE;

PAR MARIE-NICOLAS-SILVESTRE GUILLON,

PROFESSEUR D'ÉLOQUENCE SACRÉE DANS LA FACULTÉ DE THÉOLOGIE DE PARIS,
PRÉDICATEUR ORDINAIRE DU ROI.

Ouvrage dédié au Roi.

PREMIÈRE PARTIE,

CONTENANT LES PÈRES APOSTOLIQUES ET LES APOLOGISTES.

TOME SECOND.

SUITE DES APOLOGISTES.

Jam dudum quidem criminibus his omnibus, maledictionibus potius, ut vera
dicamus, ab excellentibus parte in hac viris et veritatem istam commeritis
nomæ, satis plene accurateque responsum est; neque apex ullus ullius præter-
missus est quæstionis, qui non sit modis mille et rationibus validissimis
refutatus.

ARNOB. *Advers. gentes,* lib. III, *initio.*

PARIS,

MÉQUIGNON-HAVARD, LIBRAIRE,

RUE DES SAINTS-PÈRES, N° 10.

M. DCCC. XXIV.

BIBLIOTHÈQUE CHOISIE

DES

PÈRES DE L'ÉGLISE GRECQUE ET LATINE,

OU

COURS D'ÉLOQUENCE SACRÉE.

~~~~~~

SUITE DES APOLOGISTES GRECS.

XII. ORIGÈNE, PRÊTRE DE L'ÉGLISE D'ALEXANDRIE, ET CONFESSEUR.

De l'an 189 à l'an 253 de Jésus-Christ.

CET homme, si justement célèbre, naquit à Alexandrie, l'an 185. Il eut pour père le martyr saint Léonide, décapité pour la foi en 202, sous le règne de l'empereur Sévère. On ignore le nom de sa mère. Ses parens se chargèrent de lui donner eux-mêmes les premières leçons d'une éducation chrétienne. Origène répondoit à leurs soins par les plus heureuses dispositions, et les charmoit par sa piété au point qu'il arriva souvent, dit-on, à Léo-

nide de s'approcher du lit de son jeune fils pendant
qu'il dormoit ; et, lui découvrant la poitrine, il la
baisoit avec respect, comme un sanctuaire où rési-
doit l'esprit de Dieu (1). Origène n'avoit pas encore dix-sept ans , qu'il étonnoit déjà par l'étendue
et la précision de ses connoissances; grand homme
dès son enfance, dit saint Jérôme (2). Ce Père affirme qu'outre les saintes Écritures dont son père
lui avoit appris la lettre et l'esprit (3), il savoit
très-bien la philosophie tout entière. Elle embras-
soit la dialectique, la géométrie, l'arithmétique ou
mathématiques, la musique, la rhétorique, l'histoire de toutes les sectes de philosophes, même
l'hébreu (4). Il falloit bien qu'il y eût dans ce jeune
homme un savoir extraordinaire, puisque Démétrius, évêque d'Alexandrie, lui confia à l'âge de
dix-huit ans la direction de l'école de cette ville,
dont l'érudition et l'éloquence de saint Clément
avoient si fort accru la célébrité. Bientôt sa réputation
éclipsa celle de tous ses prédécesseurs. Elle parvint à
la cour. L'empereur Alexandre et Mammée sa mère

(1) Eusèb. *Hist.* liv. vi, ch. 2. Huet, *Origen.* 1 vol. lib. i, cap. i,
pag. 2 et suiv. Halloix, *Origen. Defens.* pag. 3 et seq.

(2) *Magnus vir ab infantia.* Hieron. *Epist.* xli, col. 366. tom. iv.
ed. Benedict. Huet, *Origen.* vol. 1 pag. 4, ed. Paris, 1679.

(3) Voy. D. Cellier, tom. ii, pag. 458. Tillem. *Mém.* tom. iii, pag.
498. Butler, *Vies des saints*, au 22 avril, art. de S. Léonide, tom. vii,
pag. 458. Le P. Halloix, *Origen. Defens.* pag. 18, 23.

(4) Hier. *supr.* Voy. la note de D. Cellier sur le passage de S. Jérôme,
pag. 585. Huet, *Origen.* pag. 9, 10. Cave, *Script.* pag. 71, col. i.

voulurent le connoître. Porphyre, aussi fameux par ses calomnies contre le christianisme, qu'Origène par sa défense, témoigna une égale curiosité pour l'entendre durant son séjour en Palestine, où la persécution l'avoit forcé de chercher un asile. Les évêques de cette contrée, réunis en concile, et présidés par saint Alexandre, évêque de Jérusalem, l'obligèrent, quoiqu'il ne fût encore que laïque, d'instruire le peuple en leur présence et d'expliquer les Écritures. Par-là, il se préparoit à instruire l'Église tout entière par les excellens ouvrages sortis de sa plume. Les païens s'alarmèrent de tant de mérite. Dénoncé aux magistrats, obligé de changer à tous momens de maison pour échapper à ses persécuteurs, saisi par une populace furieuse, traîné par les rues, il courut souvent le risque de la vie, et n'échappa que par la magnanimité de sa foi (1). La mort de Sévère ayant rendu quelque paix à l'Église, Origène fit un voyage à Rome, poussé par le désir de voir cette Église si ancienne :

(1) « S. Épiphane raconte qu'un jour les païens d'Alexandrie s'étant » saisis de sa personne, le rasèrent comme ils font les prêtres de leurs » idoles, le mirent sur les degrés du temple de leur Sérapis, et lui com- » mandèrent de distribuer des branches de palmier à tous ceux qui mon- » toient, pour rendre à cette idole leurs adorations sacriléges. Il ne s'é- » tonna point, il n'hésita point ; et avec une voix ferme et un esprit » plein de courage, il prit les branches, et dit tout haut : Venez, prenez » ces branches, non de la main de votre idole, mais de la main de Jésus- Christ. » Tillem. *supr.* pag. 506. Huet. *Origen.* pag. 6.

et peu de temps après il revint à Alexandrie reprendre son école. Sa renommée qui augmentoit tous
les jours, attiroit sans cesse près de lui un prodi-
gieux concours d'auditeurs de tout âge et de tout
rang. C'étoient non-seulement les chrétiens, mais
les Juifs et les païens, mais les philosophes eux-
mêmes (1). La princesse Mammée, mère d'Alexandre et tante d'Antonin Héliogabale, voulut être du
nombre de ses disciples (2). Il enseignoit toutes
les sciences avec autant de succès que la théologie.
On vit sortir de son école un grand nombre de docteurs et de prêtres, qui éclairèrent l'Église par leurs
lumières, autant qu'ils l'honorèrent par leurs vertus; et plusieurs d'entre eux ont obtenu la couronne du martyre (3). A l'exercice de son enseigne-

(1) Vinc. Lirin. *Common.* pag. 343. edit. Baluz. Eusèb. *Hist.* liv. vi,
chap. 15, qui a fourni les plus précieux matériaux à son histoire. La Rue,
Huet, Origen. pag. 5, 7. Halloix, *Origen. defens.* pag. 12 et seq.

(2) Voy. Tillem. pag. 523. «Elle le fit venir à Antioche, où elle le
»reçut avec honneur, et le retint quelque temps. S'il est vrai qu'elle ait
»embrassé le christianisme comme on n'en peut guère douter, on lui fut
»principalement redevable de la paix dont jouit l'Église sous le règne
»d'Alexandre, son fils. Origène témoigne que les fidèles jouirent d'une
»plus grande liberté sous Héliogabale. Ceci est généralement attribué
»au crédit que Mammée avoit à la cour, et si Origène ne nous dit pas
»qu'il y eut beaucoup de part, c'est par un motif d'humilité. »Butler,
supr. pag. 463.

(3) Tillem. pag. 504. Euseb. lib. vi, cap. iv. Nicephor., *Hist. eccles.*,
lib. v, cap. iv. Baron. *Martyrol. ad* 28 *jun.* pag. 249, éd. in-fol., Paris,
1613. *Nempe innumeri ex sinu suo doctores, innumeri sacerdotes,
confessores et martyres extiterunt.* Vincent, *supr.* Voy. aussi Huet,
1er vol. de son édit. d'Origène, *Origenian.* pag. 24.

ment, Origène joignoit l'étude continuelle des livres
saints et la composition. Le nombre de ses ouvrages
est si considérable, ont dit saint Jérôme et Vincent de Lérins, qu'il est devenu très-difficile, non-
seulement de les lire tous, mais de les recueillir (1).
Le plus célèbre comme le plus important, après
ceux qu'il a publiés sur l'Écriture sainte, c'est le
Traité contre Celse, apologie du christianisme, que
Bossuet appelle le plus exact et le plus savant de
tous ses ouvrages (2). Sous quelque aspect que l'on
considère ce grand homme, partout il s'élève au
premier rang, tant pour l'immensité de son savoir
et la vigueur de sa dialectique, que par la force de
son génie et la fécondité de son imagination. Mais
c'est plus particulièrement encore dans celui-ci
qu'il fait preuve de ces rares qualités (3). Eusèbe

(1) S. Jérôme : *Quis nostrum tanta potest legere, quanta ille conscripsit? Supr.* tom. iv, ed. Bened. col. 366. Vincent : *Nemo mortalium
plura; ut mihi sua omnia non solum non perlegi, sed ne inveniri quidem
esse videantur. Common.* Ibid.

(2) Voy. sa *Défense de la trad. et des Pères,* liv. xii, ch. xxvii et
suiv. *OEuv. posth.,* in-4°, tom. iii, Amsterd. 1753,.et l'abbé de Gourcy,
Apolog. pag. 243.

(3) Huet, *Orig.* liv. iii, pag. 267. Du Pin, *Bibl.* tom. i, pag. 388. Butler,
pag. 467. Bullus, *Def. fid. Nic.* lib. ii, cap. 9, pag. 168. Toutes les
communions chrétiennes ont parlé uniformément de ce grand homme.
Quelques protestans célèbres l'élèvent si haut qu'ils ne lui voient point
d'égal parmi les Grecs, ni parmi les Latins. C'est l'opinion entre autres
de Buddée : *Inter omnes ecclesiæ doctores quibus vel Græcia vel Ita-
lia floruit, Origenes procul dubio tanta virtute enituit, ut ceteros omnes, sive ingenii sive industriæ laude cum eo contendere velint, ceu*

renvoyoit à ce livre tous ceux qui, aimant la vérité,
voudront connoître ce que c'est que le christianisme ; et affirme que non-seulement toutes les
difficultés proposées avant lui contre sa vérité,
mais que toutes celles qui pourroient s'élever dans
la suite, s'y trouvoient à l'avance combattues et ré-
futées victorieusement (1).

Le philosophe Celse se vantoit de lui avoir porté le
coup mortel, par son livre publié sous le titre de *Discours véritable*, dont nous avons rendu compte (2).
En effet, l'ouvrage étoit composé avec beaucoup
d'artifice. Son titre sembloit justifié par un ton de
franchise, et surtout par un caractère d'assurance
propres à éloigner tous les doutes. Une érudition
fastueuse appuyoit de tout son poids une argumentation vive, serrée, qui avoit épuisé toutes les ressources du sophisme ; et l'apparente austérité du
sujet s'y trouvoit tempérée adroitement par une
piquante ironie qui lui assuroit des lecteurs dans
toutes les classes de la société. Ce n'étoient plus
les fausses interprétations données par l'ignorance
et par le fanatisme des peuples à une religion qui

---

*splendidissimum lumen tenuem umbram absumere videatur. Parerga
historico-theologic. Magdeb.* 1603, pag. 143.

(1) *In quibus libris causas omnes et argumenta complexus vir ille,
omnia simul quœcumque super ea re a quoquam vel dicta sunt, vel di-
centur posthac in antecessum dissolvit.* Euseb. adv. Hierocl. pag. 433,
434.

(2) Au 1er vol. de cet ouvrage, pag. 230.

enveloppoit ses mystères des ombres du secret. Nos premiers apologistes l'avoient tirée du sanctuaire. C'étoient la philosophie et la raison armées de nos propres aveux, s'avançant contre la religion nouvelle en connoissance de cause, procédant par une marche régulière, sapant dans ses bases l'édifice tout entier de la foi chrétienne, la mettant au creuset, l'attaquant dans son principe, dans ses dogmes, dans son histoire et ses institutions.

L'Église commençoit à s'alarmer d'un si dangereux adversaire. Origène se chargea de la défendre. Sa réputation portée aussi loin que l'empire romain, soixante ans de travaux et de triomphes (1), la confiance des fidèles, des évêques eux-mêmes qui avoient voulu l'entendre, lorsqu'il n'étoit encore que simple laïque, expliquer les saintes Écritures (2), les vœux de l'amitié (3); tout déféroit à ce grand homme l'honneur d'entreprendre une si belle cause. Origène publia sa réponse (4); et il resta

(1) Il le publia vers l'an 249, dans la 64ᵉ année de sa vie.

(2) « Quoiqu'il fût encore jeune, n'ayant au plus que 33 ans, et n'étant » point encore prêtre, mais simple laïque, il fut pressé par les évêques » de la Palestine de prêcher en leur présence; ce qu'il fit avec un applau-» dissement général, mais excita contre lui les ressentimens de son évê-» que Démétrius. » Euséb. dans Tillem. pag. 522. Duguet, *Confér. ec-clés.* tom. 1, pag. 200.

(3) Par considération pour Ambroise son bienfaiteur et son ami. Orig. *contr. Cels. præf.*

(4) Le Traité contre Celse, publié d'abord en grec par David Hœs-chelius, puis en latin successivement par Christ. Persona, par Sigism.

démontré à tous les siècles, que la vérité sortie vic-
torieuse d'un combat en apparence aussi redoutable, n'avoit pas plus à craindre les sophistes que
les bourreaux.

Le savant apologiste ne se contente pas de détruire les objections de son adversaire qu'il poursuit pied à pied, au risque même quelquefois de
revenir sur ses pas, parce que Celse le ramène souvent aux mêmes objections; il établit doctement la
vérité de la religion chrétienne. Il la démontre par
le raisonnement, par les faits, par les prophéties,
par les miracles, par les mœurs de ses disciples;
et ce vaste cercle est toujours parcouru avec une
inébranlable fermeté.

L'ouvrage est divisé en huit livres. Le début est

Gelenius et Guill. Spencer, a été traduit en français par Élie Bouhéreau, ministre protestant, vol. in-4°, Amsterd. 1700. L'abbé de Gourcy
dans l'un des avertissemens qu'il met en tête de ses *Apologistes,* ouvrage commandé par le clergé de France et non achevé, prononce
peu favorablement sur cette traduction. « Elle ajoute, dit-il, pag. 247,
» aux longueurs et aux redondances de l'original, les défauts d'une dic-
» tion languissante, diffuse, embarrassée, peu correcte, et surannée même
» en quelques endroits. » D. Cellier lui avoit reproché de s'être donné
trop de liberté. *Hist. des écriv. eccl.* tom. II, pag. 781. L'abbé de Gourcy
regrette qu'il ne s'en soit pas donné davantage. Nous croyons qu'il le
juge avec trop de sévérité. Bouhéreau (ou Boireau comme porte le titre
de la lettre qui lui fut adressée par Ant. Menjot), a rendu un service
précieux à la mémoire d'Origène, comme aux lettres grecques et fran-
çaises, tant par ses notes que par sa traduction. L'abbé de Gourcy a
beaucoup mieux fait sans doute. Auroit-il aussi bien réussi sans les secours que lui fournissoit son prédécesseur? Nous avons profité de l'un
et de l'autre.

remarquable par le ton d'une franchise courageuse,
que donne à l'auteur la supériorité de sa cause.

« Jésus-Christ, notre Sauveur et notre maître,
accusé calomnieusement par de faux témoins, ne
répondit pas; il savoit bien que sa vie entière lui
tenoit lieu d'apologie, et parloit plus haut que ses
accusateurs. Et vous voulez, pieux Ambroise (1),
que je réponde aux invectives que Celse s'est permises contre les chrétiens et contre la foi de leur
église, comme si elles ne se réfutoient pas évidemment d'elles-mêmes; comme si notre doctrine,
plus éloquente que tous les écrits, ne confondoit
pas la calomnie, et ne lui ôtoit pas jusqu'à l'ombre
de la vraisemblance. Nos saints évangélistes s'accordent sur cette conduite de Jésus à l'égard de
ses ennemis. « Le prince des prêtres, dit saint Mat-
» thieu, et tout le conseil cherchoient un faux témoi-
» gnage contre Jésus pour le faire mourir, et ils n'en
» trouvoient point, quoique plusieurs faux témoins
» se fussent présentés. Il en vint en dernier lieu
» deux qui déposèrent que Jésus avoit dit : Je puis
» détruire le temple de Dieu, et le rebâtir trois jours
» après. Alors le prince des prêtres se levant, dit à

Origenes contr. Cels., Cantabrig., in-4°, 1678, præfat., pag. 1-4.

____

(1) Ami et compagnon d'études d'Origène qui l'avoit converti à la
foi catholique. Il la confessa généreusement dans la persécution de
Maximin, et mérita d'être mis au nombre des saints. Consultez *Nouv.
de la républ. des lettres*, mars 1685, et Spencer, *notes sur le 1er liv.* d'Orig.
pag. 1 et 2, à la suite du Traité contre Celse de l'édit. de Cambridge.
Huet, *Origen.* pag. 10.

» Jésus : Vous ne répondez rien à ce que ces gens dé-

Matth., xxvi.
59 et suiv.

» posent contre vous . » Jésus gardoit le silence. Accusé devant Pilate par les princes des prêtres et par les
anciens, il ne leur répondit pas un mot; « Ce qui jeta

Ibid., xxvii.
14.

le gouverneur dans un grand étonnement. » N'é-
toit-ce pas en effet pour les yeux mêmes les moins
clairvoyans, quelque chose de bien surprenant
qu'un homme, à qui il étoit si facile de se justifier
par le simple exposé de ses mœurs, de ses actions, de
ses vertus plus qu'humaines, et par-là de se ménager
le suffrage de son juge, n'en daignât rien faire, et ne
témoignât contre ses accusateurs qu'un généreux
mépris? Encore aujourd'hui que la perversité des
hommes ne cesse de le charger de calomnies et d'outrages, Jésus-Christ n'en persiste pas moins à se
taire. Mais si sa bouche est muette, il se défend
avec éclat par la vie de ses vrais disciples, et réfute puissamment tous les faux témoignages.

» La réponse que vous me demandez sera donc,
je n'hésite pas à le dire, plutôt dans le cas de
nuire à celle qui résulte de leur vie et de leurs
actions, et d'affoiblir l'impression de cette divine
toute-puissance qui se montre sensiblement à tout
ce qui a des yeux. Néanmoins, pour ne pas donner lieu de croire que je me refuse à vos désirs,
je vous envoie ce que j'ai pu faire de mieux pour
répondre à ces prétendues difficultés de Celse, que
vous regardez comme si redoutables, bien qu'il

n'y ait, dans tout ce qu'il avance, rien de capable
d'ébranler la foi de personne. A Dieu ne plaise du
moins qu'il s'en rencontre d'assez peu affermis
dans la charité de Jésus-Christ pour se laisser ébranler par les discours d'un tel adversaire, ou de qui
lui ressemble. L'apôtre saint Paul, parcourant les
obstacles divers qui trop ordinairement séparent les
autres hommes de la charité de Jésus-Christ, et
dont l'ensemble même ne pouvoit rien sur son
cœur, ne met point dans ce nombre les paroles ni
les discours. Car remarquez bien la gradation qu'il
établit ; il commence par dire : *Qui nous séparera* Rom., viii.
de la charité de Jésus-Christ? Sera-ce la tribulation, 35-37.
la pauvreté, la persécution, la faim, la nudité, le
danger, le glaive; selon qu'il est écrit : On nous égorge
tous les jours pour l'amour de vous ; on nous regarde
comme des brebis destinées à la boucherie? Mais parmi
tous ces maux, nous demeurons plus que victorieux
sur celui qui nous a aimés. Après quoi il suppose
un autre ordre de circonstances où peuvent échouer
ceux qui ne sont pas bien assurés dans la piété : *Car,*
ajoute-t-il, *je puis répondre que ni la vie, ni la mort,*
ni les anges, ni les principautés, ni les puissances, ni
les choses présentes, ni les futures, ni la violence, ni
tout ce qu'il y a de plus haut ou de plus profond, ni
toute autre créature ne pourront nous séparer jamais
de l'amour de Dieu en Jésus-Christ Notre Seigneur. Ibid.,38,39.
Je conçois que nous puissions nous glorifier de

ne pas nous laisser abattre par les tribulations et les autres épreuves de ce genre ; tandis qu'un saint Paul, tous les apôtres, et avec eux, ceux qui approchent de leur sublime perfection, déclarent que rien de tout cela ne pourroit les atteindre. Dans tous les maux, nous demeurons *plus que victorieux* par celui qui nous a aimés; ce qui est plus que s'il disoit simplement: *Nous sommes vainqueurs.* S'il est tout simple que des hommes tels que les apôtres se glorifient de n'être pas séparés de la charité de Jésus-Christ, ils auroient bien plus de droit encore de se glorifier de ne rencontrer, du côté ni de la mort, ni de la vie, ni des anges, ni des puissances, en un mot de quoi que ce soit, aucun obstacle assez fort pour les en détacher. D'après cela, quelle idée pourrois-je me faire d'un chrétien, dont la foi auroit à courir le risque d'être ébranlée par des paroles, quelque spécieuses qu'elles pussent être? Et de la part de qui? d'un homme qui n'a plus rien de commun avec nous, puisqu'il est mort il y a déjà long-temps. Je ne saurois même, je l'avoue, dans quelle classe mettre quiconque, pour préserver sa foi du naufrage, auroit besoin qu'on vînt lui tenir de longs discours, et lui composer des écrits en réponse aux mensonges que Celse débite contre les chrétiens.

» Mais après tout, comme il seroit possible que, dans le grand nombre de ceux qui font profession de croire, il y eût des personnes sur qui de pareilles productions fissent une impression dangereuse, et à qui par conséquent il fût utile d'en avoir la réfutation pour dissiper dans leur esprit les nuages qui pourroient y obscurcir la vérité ; j'ai fini par consentir à vous satisfaire, en vous adressant une réponse directe à l'écrit que vous m'avez envoyé. Son auteur l'intitule : *Discours véritable* ; mais je serois bien trompé, s'il passoit pour tel dans l'opinion de quiconque auroit tant soit peu profité dans l'étude de la philosophie. Qu'il y ait dans celle des Grecs de spécieuses apparences, capables de séduire les simples par un air de vérité dont le mensonge s'y trouve masqué, saint Paul nous en prévient quand il nous dit : *Prenez bien garde de vous laisser surprendre par la philosophie, par un langage artificieux, selon des traditions humaines, selon les principes d'une science mondaine, et non selon Jésus-Christ.* Ce qu'il appelle *principes d'une science mondaine*, c'est une certaine pompe de sagesse dont on peut être facilement ébloui. Mais en vérité, personne tant soit peu raisonnable ne qualifiera de la sorte les raisonnemens de Celse ; pas plus que l'on n'est en droit d'appeler son langage un langage artificieux, comme il s'en rencontre dans les écrits de certains philosophes. »

De là Origène vient à la réfutation, suit constamment son adversaire, s'attache à ses pas, répond à tout sans emportement comme sans foi-

Coloss., ii. 8.

blesse. Et, parce que Celse, ainsi que nous l'a-
vons observé déjà, n'est rien moins que métho-
dique, il se trouve obligé lui-même de revenir
souvent sur ses pas; défaut qui nous impose le
devoir de l'abréger.

Entré en matière, il trace un beau plan de défense
de la religion, qu'il puise dans les argumens même
de son ennemi. Plan devenu commun, mais dont le
premier exemple remonte à cet ouvrage. « La religion chrétienne prouve la vérité de ses principes
par une espèce de démonstration qui lui est propre;
c'est-à-dire, par les effets sensibles de l'Esprit et de
la puissance de Dieu, comme parle saint Paul dans
sa première épître aux Corinthiens (*Dei virtutem*).
C'est là sa proposition générale. Il la divise : Les
effets de l'*Esprit*, ce sont les prophéties qui rendent témoignage à Jésus-Christ ; les effets de la
puissance, ce sont les miracles opérés en preuve
de sa doctrine. Un de ces miracles dont on avoit
le témoignage sous les yeux, est surtout la propagation du christianisme, malgré les arrêts du sénat
romain, malgré les persécutions des empereurs aux
diverses époques, et les fureurs opiniâtres des armées
et des peuples, malgré les embûches des propres
frères, c'est-à-dire des hérétiques, enfin malgré
les obstacles de tout genre dont elle eût été in-
failliblement accablée, si elle n'avoit eu le bras
de Dieu pour soutien contre tant d'ennemis. »

1 Cor., 1. 24.

Page 5.

A ce vaste plan viennent se réunir d'elles-mêmes toutes les grandes questions qui s'agitent dans la controverse et dans la chaire. Aussi le Traité contre Celse met-il un trésor précieux dans les mains du théologien et du prédicateur.

Livre Ier. « Le premier chef d'accusation intenté par Celse contre les chrétiens, porte sur leurs assemblées qu'il taxe de clandestines, en contravention avec les lois. Son intention est de jeter l'odieux sur les réunions que nous appelons *agapes*. Il les présente comme une ligue secrète formée par nous contre l'intérêt commun, et comme un engagement mutuel plus fort que tous les sermens. Je réponds : Un étranger relégué parmi les Scythes, sans avoir le moyen d'en sortir, obligé de vivre au milieu de gens asservis à des lois qui outragent la nature, passeroit-il pour criminel, pour rebelle aux lois du pays, de ne pas faire comme eux, et de se réunir, s'il en avoit l'occasion, à des hommes qui penseroient comme lui ? Non, sans doute. La comparaison est exacte. Avec des lois aussi contraires à la vérité, qui consacrent un culte idolâtre et des superstitions sacriléges, par-là plus barbares qu'aucune de celles des Scythes ; y a-t-il un si grand mal à tenir, pour le culte de la vérité, des assemblées qui contredisent la législation ? Que l'on conspire en secret contre un tyran oppresseur de la liberté

publique, il n'y auroit en cela rien que de légitime (1).
Les chrétiens, opprimés par la tyrannie du démon et
du mensonge, ne sont pas plus blâmables de former
entre eux une confédération, dont le but est d'en
triompher, et de travailler, par les seuls moyens de
la persuasion, à affranchir ceux qui en sont les esclaves, d'un joug plus insupportable que celui des
tyrans et des Scythes. »

Celse prétend que « la morale des chrétiens
» n'avoit point enchéri sur celle des philosophes;
» qu'elle n'avoit rien de nouveau, rien qui la dis-
» tinguât. » Mais s'il n'y avoit au fond du cœur de
tous les hommes des principes communs sur la
règle des mœurs, ceux qui admettent la justice de
Dieu n'auroient pas raison de justifier la sévérité
de ses jugemens à l'égard de ceux qui s'en écartent. Il ne faut donc pas s'étonner que le même Dieu
qui a bien voulu nous instruire plus particulièrement par la voix de ses prophètes et de Jésus-Christ

---

(1) Tertullien, parlant au nom de toute l'Église chrétienne, étoit
bien loin d'admettre cette concession et d'en légitimer les conséquences. Il prenoit l'Empire tout entier à témoin, que « non-seulement il
» ne s'étoit rencontré parmi eux ni de Niger, ni d'Albin, ni de Cassien ;
» mais pas même de Nigriens, ni de Cassiens, ni d'Albiniens. » *Apolo-
get.* n° 35, pag. 32, edit. Rig. Pas plus de ligue secrète que de révolte
déclarée. L'Évangile ne permet pas plus l'une que l'autre. On en peut
voir la preuve éloquemment développée dans le v° *Avertissem.* de Bossuet *aux Protest.*, tom. iv de l'édit. in-4°, Paris, 1743, pag. 238 et suiv.
Dans sa *Polit. sacrée*, liv. 1, art. vi, pag. 321, et l'*Hist. des Variat.*
liv. x n° 50, pag. 403 et suiv.

notre Sauveur, ait imprimé dans tous les hommes des principes généraux de conduite ; *cette loi naturelle*, dont parle saint Paul, *gravée au fond de tous les cœurs ;* en sorte que pas un seul ne pût avoir d'excuse légitime en faveur de ses prévarications, au jour du jugement. Vérité que l'Écriture nous indique par ce récit, traité par les Grecs de fabuleux : que Dieu, ayant donné à Moïse ses commandemens écrits de son doigt sur des tables de pierre, elles furent brisées par suite de la transgression des Juifs, quand ils adorèrent le veau d'or : ce qui veut dire qu'elles furent emportées par l'inondation du vice ; mais que Dieu, les ayant une seconde fois écrits sur d'autres tables, les redonna à Moïse, pour signifier que ce qui avoit été effacé du cœur des hommes par leur première corruption, s'y trouve retracé par la prédication des prophètes.

Je ne vois pas ce qui a pu porter Celse à dire : « Que toute la puissance que les chrétiens paroissent exercer leur vient du nom et de l'invocation » de certains démons, » désignant probablement ceux qui, parmi nous, chassent les démons. Ce qui est une calomnie contre le christianisme. Car le pouvoir qu'ont les chrétiens, ils ne le doivent nullement à ces sortes d'invocations ; mais au seul nom de Jésus qu'ils accompagnent du souvenir de ses miracles.

Quant au secret dont ils nous accusent, l'accusa-

Rom., ii. 15.

Page 6.

Page 7.

tion n'est pas plus vraie. Car la prédication des apôtres a fait connoître notre doctrine partout l'univers,
plus qu'aucun des systèmes des philosophes. A qui
faut-il apprendre ce que nous disons : que Jésus
est né d'une vierge, qu'il est mort sur une croix,
qu'il est ressuscité, qu'il y aura un dernier jugement où les méchans seront punis et les bons récompensés ? Notre dogme de la future résurrection des
morts n'est pas moins connu. Tout le monde en
parle, même ceux qui n'y croient pas. Il est donc
absurde après cela de traiter nos mystères de doctrine secrète. Que sur certains points nous ne la
communiquions pas indifféremment à tous; ce n'est
pas là quelque chose de particulier aux chrétiens.
Toutes les écoles de philosophie en font autant.
Elles ont toutes leur doctrine publique, extérieure;
une autre occulte, réservée aux initiés. Par exemple,
chez les pythagoriciens, les uns s'en tenoient à leur
mot : *Le maître l'a dit*, sans pénétrer plus avant; les
autres n'apprenoient qu'en secret ce qu'on ne vouloit pas confier à des oreilles profanes et non encore purifiées. Les reproches faits aux mystères qui
ont lieu chez les peuples barbares ou grecs, n'ont
jamais porté sur le secret de leurs initiations. Pourquoi les chrétiens seroient-ils seuls exceptés ?

Pag. 8.   « Il y en a, dit Celse, parmi les chrétiens, qui ne
» voulant ni écouter vos raisons, ni vous en donner
» de ce qu'ils croient, n'ont à vous dire autre chose,

» sinon : *N'examinez point, croyez seulement*, ou bien :
» *Votre foi vous sauvera;* tenant pour maxime : *Que la*
» *sagesse du monde est un mal, et la folie un bien.* » Je
conviendrai avec lui que, s'il étoit possible que toûs
les hommes renonçassent aux soins de la vie pour
s'adonner uniquement à la recherche de la philosophie, ce seroit bien là le meilleur moyen pour
arriver à la connoissance de la vérité chrétienne.
Car je puis bien dire, sans nulle présomption, que
notre christianisme n'offre pas à la raison et à
l'esprit une carrière moins vaste, soit dans la discussion de ses dogmes, soit dans l'application de
ses prophéties aux événemens, soit dans l'interprétation de nos paraboles, et des figures sous lesquelles l'avenir étoit déguisé. Mais puisque la chose
n'est pas possible, vu que les nécessités de la vie,
la foible portée des intelligences communes ne permettent cette étude qu'à un fort petit nombre de personnes ; quel moyen plus abrégé et plus sûr pouvoit-
il y avoir que celui que Jésus-Christ lui-même a mis
dans les mains de tous les peuples ? Nous en avons
la preuve sous les yeux dans cette foule de chrétiens qui, avant de l'être, vivoient enfoncés profondément dans la fange des plus honteuses passions. Demandez-leur lequel leur étoit plus avantageux, ou de se corriger, en croyant, sans plus
d'examen, à la vérité des peines comme des récompenses à venir ; ou bien, en dédaignant ce moyen

si simple, d'attendre pour changer de vie qu'ils eussent mûrement étudié la matière ? Il est incontestable qu'avec cette méthode d'un examen approfondi,
tous, à très-peu d'exceptions, près, ne seroient pas
arrivés au but où les a conduits leur foi toute simple
et toute nue ; que la plus grande partie seroit restée
dans son ancienne corruption. Aussi parmi tous les
témoignages que l'on peut alléguer en faveur de la
divinité du christianisme, celui qui résulte d'un
moyen aussi salutaire au monde, n'est pas l'un des
moins frappans. Qu'un médecin guérisse une
grande quantité de malades; il n'est pas d'homme
religieux qui ne se persuade que c'est une providence bienfaisante qui l'a envoyé au secours des
villes et des peuples. Si l'on auroit raison de le dire
par rapport à des maladies purement corporelles ;
à plus forte raison, faudra-t-il rapporter à Dieu
même la guérison de tant de maladies spirituelles
par le seul médecin capable de les purifier, de les
renouveler, en leur apprenant à dépendre uniquement du souverain maître du monde, à éviter tout
ce qui peut lui déplaire, jusque dans les moindres de
leurs actions, de leurs paroles ou de leurs péchés.

Pour cette foi aveugle que nos adversaires se
plaisent tant à décrier, nous conviendrons, d'a-
près l'expérience des avantages qui en résultent
pour le plus grand nombre, que nous la demandons explicitement à ceux surtout qui sont hors

d'état de s'appliquer à la recherche de la vérité.
Mais sommes-nous les seuls qui la prescrivions?
Nos adversaires, si hardis à prononcer contre nous,
ne font eux-mêmes que ce que nous faisons. Lorsque quelqu'un embrasse l'étude de la philosophie ;
et qu'entre les sectes diverses de philosophes, le
hasard ou la réputation de tel maître l'attache à
cette école plutôt qu'à telle autre ; quel est le motif qui l'a déterminé, sinon l'opinion, sans autre
examen, que celle-là est la meilleure? Ce n'est pas
après s'être donné la patience d'écouter à loisir
tous les raisonnemens des uns et des autres, leurs
preuves et leurs objections, leurs réfutations et
leurs réponses, qu'il se fait platonicien ou péri-
patéticien, disciple de Zénon ou d'Épicure, ou
de telle autre secte qu'il vous plaira. C'est, quand
on ne voudroit pas l'avouer, c'est un mouvement
aveugle, nullement raisonné, qui lui a fait choisir
par exemple, le portique plutôt que le pirée ou
l'académie, l'école de Celse ou d'Épicure, comme
plus favorable à l'idée qu'il n'y auroit pas de Providence.

Accordons que c'est la raison même qui a fait
les disciples des écoles diverses, qu'ont eues les
Grecs et les Barbares : combien ne sera-t-il pas plus
juste encore d'avoir la même déférence pour le
grand Dieu, souverain arbitre de l'univers; pour
celui qui nous enseigne qu'à lui seul appartiennent

les adorations? parce qu'auprès de lui, rien de ce qu', ou n'existe plus, ou qui, s'il exista jamais, doit être compté pour si peu de chose, n'a droit à un culte, à des autels, tout au plus à de l'estime et à des égards. Ce qui n'empêche nullement que ceux qui ne se contentent pas de croire, mais qui veulent aussi faire usage de leur raison, n'établissent solidement leur croyance, par les preuves convaincantes qui se présentent d'elles-mêmes à leur esprit, ou que leur fournit une étude plus approfondie. Et puisque toutes les affaires humaines sont subordonnées à une nécessité de croire; à qui est-il plus raisonnable de croire, si ce n'est à Dieu? En effet pas une entreprise en fait de commerce, ou d'établissement, ou de culture, qui ne repose sur un motif de foi et d'espérance, qui balance dans la pensée l'incertitude de l'avenir. Mais celui qui court les mers, qui se marie, qui sème, qui entreprend une affaire quelle qu'elle soit, a-t-il jamais une confiance aussi fondée que celui qui la met dans le Dieu créateur de toutes choses, dans un Dieu d'une nature si excellente, si fort relevée au-dessus de toutes nos conceptions humaines, qui est venu découvrir au genre humain tout entier cette importante vérité, en daignant souffrir pour le salut des hommes une mort cruelle et ignominieuse au jugement des hommes, donnant aux prédicateurs de son Évangile son propre exemple pour règle et pour mesure du dévouement avec lequel ils doivent s'employer au salut des hommes ?

Celse nous impute de dire que « la sagesse est un mal, et la folie un bien. « Il tronque artificieusement le passage de l'Apôtre, où il est dit : *Si quelqu'un d'entre vous pense être sage selon le monde, qu'il devienne fou pour devenir sage ; car la sagesse de ce monde est folie devant Dieu.* La sagesse dont il est ici parlé n'est pas la sagesse en général, mais celle de ce monde ; ce que l'Écriture nomme *sagesse de ce siècle*. Ce qu'elle réprouve n'est qu'une vaine et fausse philosophie. *La folie* qu'elle recommande n'est point en soi une folie, mais elle paroît l'être aux yeux du monde ; comme qui diroit que les platoniciens qui croient l'immortalité des âmes sont des fous au jugement des stoïciens qui se moquent de ce qu'ils appellent leur crédulité, et des épicuriens qui taxent de superstition tout ce qui suppose la providence et l'empire de Dieu sur le monde. Ajoutons qu'il est beaucoup plus conforme à l'esprit du christianisme d'appuyer sa persuasion sur les fondemens de la sagesse et de la raison, que sur ceux d'une simple foi. Et si la sagesse éternelle a bien voulu se contenter de celleci ; c'est qu'elle n'a voulu exclure personne du salut. Paul, le fidèle interprète de Jésus-Christ, le déclare positivement : *Parce que*, dit-il, *le monde n'a pas connu Dieu par la sagesse divine, il a plu*

Page 8.

1 Cor., III.
19.

à Dieu de sauver les croyans par la folie de la pré-
dication. Remarquez qu'il ne dit pas simplement
par la folie, mais *Par la folie de la prédication.*
C'est ce qu'il exprime par cette solennelle profession : *Nous prêchons Jésus-Christ crucifié, qui est*
un scandale pour les Juifs et une folie pour. les Grecs,
mais qui est la force et la sagesse de Dieu, à ceux qui
1 Cor., 1. 23. *sont appelés, soit Juifs, soit gentils.*

Pag. 12.   A l'appui de l'opinion où il est, que toutes les
nations du monde s'accordent entre elles sur certains principes communs; Celse fait une longue
énumération des différens peuples, passant les Juifs
sous silence. Quels sont ses motifs? je l'ignore. Mais
je lui demanderai pourquoi, si crédule sur ce que
les autres peuples, grecs, ou barbares nous racontent de leurs antiquités, il rejette comme autant
de fables les récits de cette seule nation. Si tous.
les autres écrivains sont vrais, pourquoi les seuls.
historiens juifs seroient-ils suspects? Si Moïse et
les prophètes n'ont écrit que pour flatter leur nation, les autres historiens ne pourroient-ils pas.
bien en avoir fait autant? Quoi! les Égyptiens.
méritent qu'on les croie, quand ils disent du mal des
Juifs; et les Juifs ne mériteroient aucune croyance,
quand ils assurent que les Égyptiens en les per-
sécutant injustement ont attiré sur eux-mêmes les,
vengeances divines ?

   Quelle prévention n'est-ce donc pas de la part

de Celse d'admettre le témoignage des uns comme infaillible, et de récuser absolument les autres ? A son gré, tout ce qu'il y eut de peuples dans l'univers furent des modèles de sagesse ; les Juifs seuls ne valent pas la peine qu'on en parle !

Ici Origène accable Celse en mettant tout à la fois à découvert et son ignorance et sa mauvaise foi. Page 13. Il lui fait voir avec quels éloges ont parlé des Juifs quantité d'écrivains fameux, entre autres Numénius dans son livre *du bien*, Hécatée dans ses histoires, Hermippe dans son premier livre des *législateurs*. Celse ne paroît pas plus reconnoître l'antiquité des Juifs que leur sagesse ; tandis que les écrits des Égyptiens, des Phéniciens, des Grecs, sont pleins de témoignages à ce sujet, que l'on peut consulter soit dans les deux livres des Antiquités judaïques de Josèphe, soit dans le savant ouvrage de Tatien le jeune contre les Grecs. Ce n'est donc point la vérité, mais la haine qui a dirigé la plume de Celse. Son but n'est autre, en calomniant les Juifs, que de décrier le berceau du christianisme.

Dans la liste qu'il donne des anciens sages qui, par leurs écrits, ont bien mérité de leurs contemporains et de la postérité, il met à la tête Linus, de qui nous n'avons ni livres, ni code de lois utiles à la direction des mœurs ; et n'accorde aucune mention à Moïse, dont un peuple entier répandu sur toute la terre a fait connoître les lois. Quelle révoltante partialité d'exclure un pareil législateur, pour ne parler que de Linus, de Musée, d'Orphée, de Phérécyde, du Persan Zoroastre, de Pythagore, dont on nous vante la sagesse, comme autant d'oracles encore aujourd'hui révérés en fait de croyances religieuses; en même temps que l'on a grand soin de passer sous silence les mensonges qu'ils nous débitent sur le compte de ces divinités à qui l'on prête toutes les passions humaines!

Pourtant le voilà qui vient à l'histoire de Moïse. Mais c'est pour faire le procès à ceux qui en donnent des explications allégoriques. Mais ce judicieux critique, ce grand homme, qui intitule son écrit *Discours véritable*, ne seroit-on pas fondé à lui dire : Vous qui découvrez de si beaux mystères dans les étranges aventures que vos sages poëtes, que vos graves philosophes nous racontent de ces prétendus dieux, incestueux, parricides, bourreaux ou victimes; mais d'où vient que vous déplorez l'aveuglement de ceux qui ont reçu les lois de Moïse, qui ne nous apprend rien de pareil de Dieu ni des saints anges; et n'a même jamais eu à mettre sur le compte d'aucun homme, quelque coupable qu'il pût être, rien d'égal à ces fameux exploits dont vous composez l'histoire d'un Saturne ou d'un Jupiter, père des dieux et des hommes?

Page 14. Proposons ce défi à nos adversaires : Qu'ils com-

parent livre à livre, d'un côté les productions ramassées d'un Linus, d'un Musée, d'un Orphée,
d'un Phérécyde; de l'autre Moïse seul. Qu'ils établissent un parallèle de leurs histoires avec la sienne,
de toute leur morale, avec ses lois et avec ses ensei-
gnemens; et que l'on essaie qui d'entre eux tous
sera plus propre à opérer sur les mœurs la plus salutaire réforme.

De plus, que l'on fasse attention que ces écrivains préconisés par Celse, tenant leur philosophie
cachée dans les ombres du sanctuaire, l'ont renfermée sous les voiles des emblèmes et des allégories qui la rendent peu accessible au commun
des lecteurs; au lieu que Moïse, en orateur consommé, toujours plein de son sujet, ne dit rien
dans son Pentateuque qui n'intéresse également la
multitude et les savans; la multitude, qui n'y trouve
que des leçons de la plus saine morale; les savans,
qui peuvent percer plus avant, et y découvrir les
principes des plus hautes spéculations. Aussi toute
la sagesse de vos grands hommes n'a-t-elle pu empêcher la perte de leurs ouvrages, qui assurément
se seroient mieux conservés, si l'utilité en avoit
paru sensible; au lieu que les livres de Moïse, encore entiers, ont fait sur tous les esprits une impression telle, que des lecteurs même étrangers
à la religion des Juifs ont bien su y reconnoître
l'ouvrage de Dieu créateur de l'univers, dont

Moïse, ainsi qu'il l'annonce, ne fut que l'organe. Il convenoit sans doute que celui qui avoit tiré le monde du néant, voulant lui donner des lois, imprimât à ses paroles une vertu capable de se faire sentir à tous les hommes. Je ne veux pas prévenir ici ce que je dois dire ailleurs de Jésus-Christ; il me suffit d'avoir prouvé que Moïse, qui est si fort au-dessous de lui, l'emporte incomparablement sur tous vos sages, soit poëtes, soit philosophes.

Page 15. Pour donner indirectement atteinte à l'histoire de la création du monde, telle que nous la lisons dans la Genèse, où il est bien loin d'être vieux de dix mille ans comme on le suppose ; Celse insinue qu'il seroit éternel. Sa pensée, bien qu'il la déguise, perce ici dans ce qu'il avance sur cette longue succession d'embrasemens et d'inondations qui auroient eu lieu de tout temps. Qu'il nous apprenne enfin, ce savant ennemi du christianisme, ce qui l'a pu fonder à le croire! Où l'a-t-il lu? dans Platon? Mais, écrivain pour écrivain, sommes-nous moins recevables, nous, de croire que Moïse, dont l'âme pure et sainte s'est élevée au-dessus de toutes les choses créées pour mettre le créateur à la tête de tout, n'ait, bien mieux que Platon et aucun des autres sages, écrit sous l'inspiration d'un Esprit supérieur qui lui ait révélé le secret des divines opérations, et rendu par-là ses écrits bien plus authentiques? S'il nous demande raison de notre foi, qu'il com-

mence lui-même par nous prouver ce qu'il avance
sans en rendre aucune raison ; et puis nous ne serons
pas embarrassés sur les preuves de notre croyance.
A l'appui de son opinion, alléguera-t-il les Égyptiens, dont il exalte tant la sagesse? Elle éclate apparemment, cette haute sagesse, dans le culte qu'ils
rendent aux animaux et dans les étranges motifs
dont ils l'appuient! « C'est, dit-on, chez ce peuple Page 16.
» que Moïse avoit appris la doctrine qu'il a ensei-
» gnée aux Juifs. » Si ce que Moïse a puisé chez ces
nations est mauvais, pourquoi vantez-vous leur
sagesse? et s'il est bon, pourquoi l'en blâmez-
vous? Qu'il seroit à souhaiter qu'Épicure, Aristote, les stoïciens, et tant d'autres eussent puisé
aux mêmes sources que lui! On ne verroit pas le
monde en proie à des systèmes qui nient la Providence, ou qui lui donnent des bornes qui dégra-
dent la Divinité, jusqu'à n'en faire qu'une matière
corruptible et sujette à tous les changemens.

Ce n'est pas ainsi qu'en parlent les Juifs et les
chrétiens. Ils confessent un Dieu immuable, incorruptible. *Pour vous, lui disent-ils, vous êtes
éternellement le même.* Ils assurent qu'il a dit de lui- Ps. ci. 28.
même : *je ne change point.* Et voilà la doctrine que Malach., iii.
l'on veut faire passer pour impie, parce qu'elle est 6.
contraire à celle des impies!

Telle est l'origine que Celse prête à la religion Page 17.
des Juifs : « Une troupe de pâtres et de bergers,

» s'étant mis à la suite de Moïse, se laissèrent persua-
» der par des artifices grossiers qu'il n'y avoit qu'un
» Dieu. » Ces pâtres auroient donc eu tort, selon lui,
de renoncer à croire qu'il y en a plusieurs. Ce seroit donc à lui d'abord à prouver cette multitude
de dieux adorés dans la Grèce et partout; pourquoi ceux de la Grèce plutôt que ceux des Égyptiens? Tout ce ramas de vaines fictions peut-il tenir contre le seul argument qui résulte en faveur
de l'unité d'un Dieu, de l'admirable symétrie de
l'univers? Seroit-il possible qu'un ouvrage dont
toutes les parties sont si intimement liées avec le
tout, dût sa naissance à plusieurs ouvriers? Car
toutes les choses que le monde contient en sont
des parties; mais Dieu n'est partie d'aucun tout.
Autrement il ne seroit point parfait, ce qui est
contre son essence; puisque, qui dit partie, dit
quelque chose d'imparfait. A parler exactement;
Dieu ne sauroit même être *tout*, pas plus qu'il n'est
partie. Un tout se compose de parties : or, la raison
ne sauroit admettre jamais qu'il y ait dans le grand
Dieu des parties dont chacune en particulier n'auroit pas le même pouvoir que les autres.

Page 18. Celse en vient enfin à Jésus fondateur de la société qui s'appelle les chrétiens. Il dit « qu'ayant
» paru au monde depuis fort peu d'années, il y a
» été le premier auteur de cette doctrine; et qu'il a
» passé parmi les chrétiens pour le Fils de Dieu. » Je

l'arrête dès la première ligne : Puisqu'il n'y a pas
si long-temps, puisqu'il *n'y a qu'un fort petit nom-*
bre d'années que Jésus a paru dans le monde ; comment a-t-il pu se faire autrement que par l'inter-
vention de Dieu , comment, dis-je , a-t-il pu se
faire que , depuis ce petit nombre d'années que
Jésus a commencé de prêcher sa doctrine, elle se
soit répandue partout l'univers au point qu'une
foule de Grecs et de Barbares, de savans et d'ignorans l'aient embrassée jusqu'à consentir à perdre la
vie plutôt que d'y renoncer? Que l'on nous cite
une autre croyance religieuse, quelle qu'elle soit,
de qui l'on puisse en dire autant. Preuve irrécusable que c'est là l'œuvre de Dieu. Je n'ai garde de
rien exagérer en faveur de ma religion ; mais je ne
crains pas d'avancer que personne ne peut rendre
la santé aux corps sans l'assistance de la Divinité ;
et l'on croira que, si quelqu'un vient à bout de
guérir les âmes des vices qui les infectent, de leur
intempérance, de leur injustice , de leur mépris
pour la Divinité ; que s'il réussit à faire pratiquer
la vertu et la religion, je suppose, à cent personnes ;
il puisse opérer un tel prodige sans le secours de
la Divinité? Tout homme sensé qui réfléchira sur
ce que je viens de dire, sera convaincu qu'il n'arrive au monde rien de bien que par l'ordre de la
Providence. Appliquons ce principe à la révolution que Jésus-Christ a opérée dans le monde.

Que l'on rapproche les mœurs actuelles des chrétiens, de celles où ils vivoient auparavant: A quel
désordre de passions, à quels excès de corruption, de libertinage et d'impiété, ils se trouvoient
tous livrés, avant de s'être laissé séduire, comme
parlent Celse et ses adhérens, par cette religion
qu'ils accusent d'être la peste du genre humain!
Depuis qu'ils l'ont embrassée, quelle différence!
quel empire sur toutes les passions, au point qu'il
n'est pas rare parmi nous d'en voir qui portent la
perfection dans la vertu, jusqu'à s'abstenir même
des plaisirs légitimes! Un plan de religion tel que
Jésus l'a conçu étoit au-dessus des forces humaines;
il l'a exécuté; un homme pourroit-il faire rien de

Page 21. semblable? Car, dès les commencemens, tous les
obstacles imaginables s'opposoient aux progrès
de sa doctrine. Rois, empereurs, généraux d'armées, magistrats, peuples, soldats, en un mot
tout ce qui avoit quelque autorité ou quelque
puissance dans le monde, lui ont déclaré la guerre.
Plus forte que tous les ennemis, elle a triomphé.
Elle s'est soumis toute la Grèce, et une grande
partie des barbares; elle a engagé une multitude
innombrable d'hommes à adorer Dieu.

Page 22. Celse invective contre l'auteur de notre religion,
lui reprochant « d'être né d'une pauvre villageoise
» qui ne vivoit que du travail de ses mains. » Je
sais bien que, dans l'ordre commun des choses, la

noblesse de l'extraction et l'illustration de la patrie, les soins donnés à l'éducation, les richesses
et les dignités que les ancêtres ont possédées, contribuent à donner aux hommes de l'éclat et de la
célébrité. Mais lorsque, sans être soutenu par aucun de ces moyens, avec tout ce qu'il y a de plus
contraire, on parvient à s'élever de soi-même,
à remplir la terre de son nom, à remuer tous les
cœurs, à mettre tout l'univers en mouvement;
n'est-on point porté, dès le premier aperçu, à
conjecturer qu'un tel changement suppose un
grand caractère, soit d'habileté, soit d'éloquence ?
Que, de cette proposition générale, l'on en vienne
à une application particulière; ne demandera-t-on
pas comment un homme né dans la pauvreté, dé-
nué de toutes les ressources de l'éducation, sans
aucune teinture des arts et des sciences qui servent
à convaincre les esprits et à toucher les cœurs,
a pu entreprendre d'établir une religion nouvelle,
d'abolir les croyances de son pays, sans cependant déroger à l'autorité de ses prophètes, de
renverser les coutumes religieuses des Grecs? On
demandera où le même homme qui, de l'aveu de
ses détracteurs, ne dut rien à aucun homme, a
pu puiser les connoissances également certaines
et sublimes, qu'il est venu apporter au monde sur
l'essence divine, sur les jugemens de Dieu, sur
les châtimens destinés au crime, sur les récom-

penses préparées à la vertu ; persuader les savans
comme les ignorans, les esprits les plus relevés
comme les plus grossiers, les hommes les plus
éclairés, les plus capables d'examiner par eux-
mêmes et de juger une doctrine dont la première
vue n'offre rien que de rebutant ? Un habitant de
Sériphe reprochoit à Thémistocle qu'il devoit sa réputation, non à ses vertus guerrières, mais à sa
patrie. Celui-ci répondit : Il est vrai que si j'étois né
à Sériphe, je n'aurois pas acquis tant de renommée ;
mais vous, quand vous seriez né à Athènes, vous
n'auriez jamais été Thémistocle. Et notre Jésus, à
qui l'on reproche d'être né dans un hameau, non
de la Grèce ni d'aucun autre pays tant soit peu
notable ; d'avoir eu pour mère une femme pauvre,
réduite à gagner sa vie par le travail de ses mains ;
d'avoir été contraint lui-même à fuir en Égypte ;
d'avoir exercé un vil métier dans une terre étrangère ; notre Jésus, le dernier en quelque sorte des
Sériphiens, c'est lui qui a ébranlé, qui a changé
l'univers, qui a fait ce que n'ont pu ni un Thémistocle, ni un Platon, ni tout ce qu'il y eut jamais de sages, de capitaines et de potentats !

Pour peu qu'on réfléchisse, on ne verra pas sans
étonnement que, du sein de l'ignominie, Jésus se
soit élevé au comble de la gloire, et qu'il ait effacé
les plus illustres personnages. On en trouve peu
qui se soient rendus célèbres par plusieurs en-

droits à la fois : l'un est fameux par sa sagesse,
un autre par ses talens militaires. Jésus, outre tant
d'autres vertus, s'est fait admirer et par sa sagesse,
et par ses prodiges, et par l'autorité de ses lois.
Pour se faire des disciples, il n'a employé ni
la violence de la tyrannie qui proclame la révolte, ni
l'audace du brigandage qui arme des satellites ; il
ne s'est servi ni de l'opulence qui paie des flatteurs,
ni d'aucun des artifices ordinaires à l'imposture.
Il ne s'est montré que comme le docteur d'une re- Pag. 22, 24.
ligion, d'une science toute divine qui apprend à
mériter les faveurs du ciel.

Ni Thémistocle, ni aucun autre fameux personnage, n'ont trouvé d'obstacles à la gloire. Mais
Jésus, outre ceux dont nous venons parler, et qui
étoient en effet de nature à retenir dans l'obscurité
le plus heureux génie ; l'ignominie de ses souffrances, et sa mort sur la croix étoient bien faites,
ce semble, pour anéantir toute celle qu'il auroit pu
acquérir auparavant, pour le couvrir du titre d'imposteur, et détourner à jamais de sa religion tous
ceux qui auroient pu se laisser séduire par lui,
comme le prétendent les ennemis de sa doctrine.

Si donc ses disciples n'avoient pas été les témoins de sa résurrection et des miracles qui l'accompagnèrent ; s'ils n'avoient pas été pleinement
convaincus de sa divinité ; conçoit-on qu'ils eussent pu consentir à s'exposer à tous les dangers qui

les menaçoient d'une fin pareille à celle de leur
maître, à les braver, à quitter leur patrie pour aller
par le monde prêcher la doctrine que Jésus-Christ
leur avoit enseignée? Non. Pour peu qu'on examine
ce fait de sang-froid, personne au monde n'imaginera que les apôtres aient choisi à dessein un genre
de vie errante et vagabonde, pour se faire les prédicateurs d'un Dieu crucifié, sans la ferme confiance
que leur maître seul pouvoit leur donner, qu'ils
étoient obligés non-seulement de vivre eux-mêmes
conformément à ses préceptes, mais d'y faire vivre
les autres. Car, dans la situation actuelle des choses,
ce que l'on avoit à attendre, en voulant établir de
nouveaux dogmes, et en les prescrivant à tous, c'étoit
de s'attirer la haine de tous, et par conséquent vouloir courir à la mort. Croira-t-on qu'ils fussent assez aveugles pour ne pas voir à quel dénoûment
alloit aboutir la prédication d'un évangile, qui ten-
doit non-seulement à prouver aux Juifs, par les écrits
des prophètes, que Jésus étoit le Messie prédit par
leurs oracles; mais à persuader à tous les peuples
du monde qu'un homme crucifié la veille avoit souffert volontairement la mort, qu'il s'étoit dévoué
pour le salut des hommes, afin de les arracher à la
tyrannie du démon? »

Parce que Celse mettoit ses objections dans la
bouche d'un Juif, Origène étoit en droit de le combattre par sa propre croyance :

« Que Celse, ou quelqu'un de ses suppôts, Page 24.
veuille bien nous répondre : Par quel Esprit les prophètes ont-ils parlé? Avoient-ils, oui ou non, la connoissance de l'avenir? S'ils l'avoient, ils étoient
donc éclaîrés des lumières de l'Esprit divin. S'ils ne
l'avoient pas, comment pouvoient-ils s'exprimer
sur les événemens futurs avec cette assurance? et
comment l'accomplissement de leurs prédictions
forçoit-il les Juifs à les admirer?

Il faut de toute nécessité reconnoître que les Juifs
ont eu leurs prophètes; autrement on est réduit à
faire tomber sur la loi elle-même que Dieu leur avoit
donnée, le crime de leurs déréglemens et de leurs
fréquentes idolâtries. Voici comme j'établis cette
nécessité. La loi des Juifs leur disoit : *Les autres* Deut.,xxvii.
nations observent les présages et consultent les devins; 14.
mais pour vous, le Seigneur votre Dieu vous le défend;
et immédiatement après : *Le Seigneur votre Dieu vous* *Ibid.* 15.
fera nattre un prophète d'entre vos frères. Si donc les
autres nations avoient des moyens de connoître
l'avenir, tels que les oracles, les augures, les auspices, les horoscopes des Chaldéens (ce dont je
n'examine pas ici la vérité); les Juifs, à qui tous ces
moyens étoient sévèrement défendus, se trouvant
dénués de tout autre supplément, qu'arrivoit-il? La
curiosité naturelle qui porte tous les hommes à
pénétrer les secrets de l'avenir leur auroit fait mépriser ces défenses, et imiter leurs voisins; elle les

eût précipités comme eux dans tous les excès de la
superstition ; elle les auroit rendus indifférens sur
les véritables prophéties, et nullement soigneux de
conserver leurs écrits. Par-là s'expliquent encore
les circonstances, ce semble, minutieuses, qui se
rencontrent quelquefois dans l'histoire des prophètes ; par exemple, la perte des ânesses pour
lesquelles on s'adresse à Samuel ; et d'autres événemens aussi peu sérieux en apparence. S'il n'en
étoit pas ainsi, quel motif auroient pu avoir les Hébreux fidèles à leur loi, quand ils s'élevoient contre
ceux qui alloient consulter les oracles des idoles,
comme le fait Élie quand il reprend Ochosias :
Est-ce, lui dit-il, *qu'il n'y a pas de Dieu dans Israël,
pour que vous envoyiez consulter le dieu d'Accaron ?...*

Pour détruire la foi due aux prophéties, Celse
avance que les prédictions rapportées à Jésus peuvent l'être également à d'autres. Nous, pour détruire
l'objection, nous allons citer quelques-unes des
plus considérables, d'abord celle qui nomme à
l'avance le lieu où il devoit naître : *Et toi, Bethléem*, etc.
Pour que cette prophétie fût applicable à quelqu'un
des *fanatiques ou imposteurs* avec lesquels notre adversaire confond Jésus-Christ, il faudroit constater
que Bethléem en ait été le berceau. Quant à Jésus,
outre le témoignage des évangélistes, nous avons
celui de tous les habitans de la contrée, des ennemis
même du nom chrétien, qui n'ont pas le moindre

1 Reg., IX. 20.

IV Reg., I. 3.

Pag. 28, 29.

Mich., V. 2.

doute à ce sujet, puisque *tous* les jours, en montrant
et la grotte où Jésus prit naissance, et la crèche où il
fut déposé, ils disent : *C'est ici la grotte où est né ce*
Jésus que les chrétiens adorent. Je ne doute pas
davantage qu'avant la venue de Jésus-Christ les prêtres et les docteurs de la nation juive ne se fondas-
sent sur la même prophétie, pour enseigner au
peuple que c'étoit à Bethléem que le Messie devoit
naître, et que ce ne fût là l'opinion dominante chez
ce peuple. D'où vient que, quand Hérode les interroge sur cette question, ils répondent, *que le Christ*
devoit naître à Bethléem, ville de la tribu de Juda, Matth.,
d'où étoit David. xxviii. 13.

En voici une autre, antérieure de plus d'un siècle Page 39.
à la naissance de Jésus. C'est celle de Jacob, lorsque,
étant au lit de la mort, prophétisant à chacun de ses
enfans ce qui leur devoit arriver, il dit à Juda :
Le sceptre ne cessera point d'être pris de Juda, ni le
chef du peuple de sortir de sa postérité, jusqu'à la ve-
nue de celui qui doit être envoyé, et à qui les peuples Gen., xlix.
obéiront. 10.

Mais telle est la force de la prévention, qu'elle
aveugle au point de se refuser même à l'évidence.
Quelque attaché que l'homme soit en général à toutes
ses habitudes, il l'est encore plus aux opinions dont
il est imbu. On sait combien en général il est difficile d'engager personne à abandonner sa maison,
sa ville, son village, les sociétés auxquelles il est

accoutumé. Voilà pourquoi un si grand nombre de Juifs n'ont pu être ébranlés, ni par les prophéties qui ont annoncé Jésus, ni par ses miracles, ni par les circonstances de sa passion, qu'ils trouvoient écrites dans leurs livres. Oui, l'homme est tellement asservi aux préjugés, que quelque absurdes, quelque ridicules que soient les dogmes qu'on tient de ses pères ou de ses concitoyens, rien n'est plus rare que de le voir y renoncer. Vous aurez bien de la peine à persuader à un Égyptien de ne pas regarder comme un Dieu un vil animal, ou même de manger de sa chair, plutôt que d'endurer la mort.

Comment, parmi les douze tribus dont se composoit la république des Juifs, Moïse qui rapporte cette prophétie, a-t-il pu prédire que ses rois seroient de la tribu de Juda, comme en effet l'histoire le prouve ? Comment a-t-il marqué avec cette précision le terme de leur domination, comme devant finir à l'arrivée de celui qui seroit *l'attente des* Gen., *supra.* *nations* ? Il est évident, j'ose le dire, qu'il n'est aucun homme, soit avant, soit après Jésus-Christ, à qui ce titre puisse s'appliquer; puisqu'il n'est point de nation où il n'ait fait à Dieu des fidèles, Page 41. et que *toutes les nations*, selon cette autre prophétie Is., xlii. 4. d'Isaïe, *espèrent en son nom.*

Page 42. Les circonstances et la cause de sa passion n'avoient pas moins été rigoureusement prédites. Isaïe, dans les chapitres cinquante-deux et cin-

quante-trois de sa prophétie, en parle en quelque
sorte en historien....

Ce qui trompe nos adversaires, c'est qu'ils ne
veulent pas reconnoître dans Jésus-Christ deux
avénemens : le premier, dans l'humiliation et les
foiblesses de l'humanité, comme étant l'otage, la
victime de l'humanité ; le second, dans toute la
gloire du triomphe, sans aucun mélange de foiblesse
humaine, également prédit entre autres par le
psaume quarante-quatre. Remarquez que, dans ce
psaume, le Sauveur est expressément appelé Dieu ;
que le prophète s'adresse à un *Dieu dont le trône
est éternel, dont le sceptre est celui de l'équité, qui a
été oint par Dieu, parce qu'il aimoit la justice, et
haïssoit l'iniquité.*

Ps. xliv. 3, 7.

Page 43.

Avant la naissance de Jésus, il y avoit eu parmi
les Juifs un certain Theudas qui se disoit un grand
personnage. A peine fut-il mort, que ceux qu'il
avoit séduits furent dissipés. Après celui-là, et à
l'époque même, je crois, du dénombrement qui eut
lieu lors de la naissance de Jésus, s'éleva un Galiléen nommé Judas, qui attira à son parti une quantité considérable de Juifs par le charme de la nouveauté et par de faux dehors de sagesse. Il subit le
supplice qu'il méritoit ; et sa secte fut bientôt anéantie, ou ne subsista que parmi un très-petit nombre
de gens de la lie du peuple. Depuis Jésus-Christ,
Dosithée de Samarie voulut de même faire croire à

ceux de sa nation qu'il étoit le Messie annoncé par Moïse ; et il trouva quelques dupes. A toutes ces tentatives, appliquons le mot du sage Gamaliel dans le livre des Actes : *Si cette entreprise vient des hommes, elle se détruira d'elle-même ; si elle vient de Dieu, vous vous y opposerez inutilement, et vous vous mettriez même en danger de combattre contre Dieu.* Voilà effectivement ce qui prouve que tous ces imposteurs étoient étrangers aux promesses de Dieu, qu'ils n'étoient ni les fils, ni la vertu de Dieu, et que Jésus-Christ seul est véritablement le fils de Dieu.

Simon le magicien vint à bout aussi de tromper quelques personnes par ses enchantemens. Mais je ne pense pas qu'on lui trouvât aujourd'hui trente sectateurs dans tout le monde, et c'est beaucoup. On n'en rencontreroit pas un seul hors de la Palestine. Partout ailleurs, son nom n'est connu que par le livre des Actes. Si l'on parle encore de lui, c'est aux chrétiens qu'il en est redevable ; et l'expérience a bien fait voir qu'il n'y avoit rien de divin en sa personne.

Le Juif de Celse substitue aux mages qui vinrent adorer Jésus-Christ dans sa crèche, des Chaldéens amenés par un secret pressentiment de sa naissance. Ce n'est point sans artifice qu'il confond les uns avec les autres, qu'il se méprend sur la différence de profession, et falsifie le texte de

Act., v. 38.

Page 44.

l'Évangile. Je lui demanderai quelle pouvoit être
la cause de ce secret pressentiment ; pourquoi il
passe sous silence l'étoile qui se fit voir aux mages
dans l'Orient, et les détermina à venir adorer Jésus-Christ ? Mon sentiment à moi est que cette étoile
étoit d'une espèce nouvelle, distincte de celles que
nous apercevons au firmament ou qui se découvrent
dans les orbes inférieurs. C'est une observation
(plus ou moins constante) que les grands événemens qui doivent survenir, sont présagés par ces
sortes d'apparitions qui annoncent ou des déran-
gemens de constitution, ou des guerres, ou telles
autres catastrophes semblables. Le stoïcien Chéré-
mon a même fait un livre sous le titre : *Traité des
comètes*, où il avance que ces phénomènes n'annoncent pas toujours des événemens malheureux,
mais qu'ils en signalent quelquefois de favorables,
et il en cite des exemples. Si donc il est prouvé Page 45.
qu'à l'établissement de quelque monarchie nouvelle, ou à l'occasion d'un fait qui doit amener
une grande influence, il y ait de ces présages ; est-il
si fort étonnant qu'une étoile ait paru dans le ciel,
pour indiquer la naissance d'un homme qui alloit
opérer une telle révolution dans le monde, et répandre sa doctrine non-seulement parmi les Juifs
et les Grecs, mais au sein même des nations barbares ? Je demanderai plus encore ; savoir si l'on
pourroit me citer aucun oracle qui ait marqué ja-

mais l'apparition d'une étoile ou comète pour tel temps, pour l'établissement de tel empire ? Or, ce qu'il y a de particulier à celle-ci, c'est qu'elle avoit été prédite par Balaam, en termes exprès : *Une étoile se levera de Jacob, et un homme sortira d'Israël.* Apprenons aux Grecs, qu'à la naissance de Jésus, au moment où une grande troupe de l'armée céleste fit entendre le divin cantique : *Gloire à Dieu, au plus haut des cieux, paix sur la terre et grâce aux hommes,* ainsi que le rapporte saint Luc, et que je le crois fermement, les mages, avertis par l'apparition de cette étoile, que le Messie prédit par Balaam étoit arrivé, se mirent en marche pour l'adorer, portant avec eux des présens dont le caractère indiquoit que celui à qui ils alloient être offerts étoit un composé de Dieu et de l'homme ; à savoir : de l'or pour un roi, de la myrrhe pour un mortel, de l'encens pour un Dieu.

Il étoit roi en effet, non pas dans le sens qu'imagina le jaloux, le sanguinaire Hérode, mais comme il convenoit à celui qui tenoit d'en haut son empire ; non pour donner à ses sujets des biens indifférens, mais pour les rendre saints et heureux par des lois vraiment divines, mais dans le sens de ces paroles que lui-même adressera à Pilate : *Mon royaume n'est point de ce monde.*

Un autre reproche que Celse fait à Jésus, c'est le choix de ses apôtres. « Pourquoi des publicains et

Nomb., xxiv. 17.

Luc, 1. 13.

Joan., xviii. 36.
Page 46.

des pêcheurs ? »Mais si ce n'étoient en effet que des
publicains et des pêcheurs, il n'y a donc qu'une vertu
plus qu'humaine qui ait pu faire adopter ce qu'ils
enseignent, et leur soumettre tout l'univers. Car ce
n'est assurément ni l'éloquence, ni le raisonnement, ni aucune des brillantes ressources de la dialectique et de l'art de parler, si fort en honneur chez
les Grecs, qui ont fait les triomphes de la prédication des apôtres. Que Jésus eût pris à leur place
des hommes renommés par leur sagesse et par leur
talent pour la parole, consommés dans l'art de convaincre et de persuader ; il n'auroit pas échappé au
soupçon légitime de n'avoir rien de plus que les
autres philosophes et fondateurs de secte. Sa doctrine manquoit de ce caractère de divinité qu'il lui
attribuoit. Soutenue par les artifices et les charmes
d'une éloquence qui entraîne sans effort la persuasion, elle n'étoit plus que la sagesse des hommes,
et non plus la force de Dieu. Quel est l'homme au   1 Cor., ii.
contraire qui, en voyant des pêcheurs et des publi-   4, 5.
cains, sans la moindre teinture des lettres, comme
l'Écriture l'atteste, et comme Celse ne manque pas
de s'en prévaloir, quel est l'homme, dis-je, qui, les
voyant non-seulement disputer avec assurance dans
les synagogues sur la religion de Jésus, mais l'annoncer avec succès aux autres peuples, ne cherche
d'où pouvoit donc venir ce don merveilleux de persuader ? Le moyen de n'y pas reconnoître l'accom-

plissement de cette parole de Jésus-Christ : *Venez* Matt., iv. 19. *après moi, je ferai de vous des pêcheurs d'hommes ?* Nous sommes témoins que leur prédication s'est répandue par toute la terre, et que le bruit de leur voix Ps. xviii. 5. est parvenu jusqu'aux extrémités du monde. Aussi voyez-vous ceux qui écoutent dignement et suivent Page 48. cette divine parole, retracer dans leurs personnes les mêmes effets qui en signalèrent la prédication, par une ardeur toute céleste dans la pratique du bien, surtout par leur courage à souffrir la mort pour rendre témoignage à la vérité. Si tous ne le font pas. s'il en est parmi les chrétiens de profession qui manquent de cette vertu divine, notre Sauveur l'a prédit dans son Évangile. Il nous a annoncé, par la seule force de sa prescience divine, et quelle seroit pour les uns l'efficacité de la prédication, et Matth., ix. 37. combien elle resteroit stérile pour les autres.

Celse ne s'en tient pas là. Selon lui, « Les apôtres » furent des hommes de mœurs aussi méprisables » que leur condition. » Abusant peut-être de quelques paroles de l'Écriture, de celle-ci par exemple : Luc, v. 8. *Retirez-vous de moi, parce que je suis un pécheur,* c'est le nom que saint Pierre se donne à lui-même parlant à Jésus ; et encore : *Jésus est venu dans le* 1 Tim., i. 15. *monde sauver les pécheurs dont je suis le premier,* dit saint Paul dans l'épître à Timothée ; il conclut que Jésus-Christ ne les a choisis que parmi des hommes perdus. On s'étonne qu'il n'ait pas donné

pour exemple ce même Paul qui, après Jésus, a été
le fondateur d'un si grand nombre d'églises. S'il ne
l'a pas fait, c'est apparemment parce qu'il ne lui
eût pas été possible d'en parler, sans rappeler en
même temps comment, de fougueux et violent
persécuteur de l'église de Dieu et de ses disciples,
avide de leur sang; converti tout à coup, il alla
porter et établir l'Évangile de Jésus-Christ, depuis
Jérusalem jusque dans l'Illyrie, s'attachant, lorsqu'il le prêchoit, à ne point bâtir sur le fondement
d'autrui, mais à se donner pour théâtre les lieux où   Rom., xv.
il n'avoit pas encore pénétré.   19, 20.

Mais qu'y a-t-il donc de si extraordinaire que   Page 49.
Jésus, voulant montrer au monde l'efficacité des
remèdes qu'il venoit lui offrir pour le salut des
âmes, ait choisi des hommes en effet perdus, pour
en faire et des modèles de sainteté, et les prédicateurs de son Évangile?

Si l'on vouloit que des hommes, revenus depuis
de leurs anciens désordres, en fussent responsables
encore après, il faudroit faire le procès à Phédon,
devenu philosophe; puisque, comme tout le monde
le sait, Socrate l'alla chercher dans un lieu de prostitution, pour l'amener à son école. Il faudroit mettre
sur le compte de la philosophie les excès honteux
auxquels Polémon, successeur de Xénocrate, avoit
commencé par s'abandonner; tandis que nous devons faire à son maître un mérite d'avoir pu ramener

à la vertu deux hommes qui avoient l'habitude du vice. Je ne vois parmi les Grecs que Phédon et Polémon qui aient renoncé à la débauche pour embrasser l'étude de la philosophie ; tandis que, dans l'école de Jésus, nous comptons, après ses douze apôtres, une longue succession, sans cesse renouvelée, de disciples, qui, revenus à la sagesse, peuvent dire à leur tour : *Nous étions aussi nous-mêmes des insensés, désobéissans, égarés du chemin de la vérité, asservis à toutes sortes de passions et de voluptés charnelles, pleins d'envie et de méchanceté, ne méritant que haine, et nous haïssant les uns les autres ; mais, depuis que la bonté du Dieu Sauveur et son amour pour les hommes a paru dans le monde, nous sommes devenus ce que nous sommes maintenant, ayant été lavés et renouvelés par l'Esprit qu'il a répandu sur nous avec une riche effusion. Le Seigneur*, dit le roi prophète, *a envoyé son Verbe qui les a guéris et purifiés.* Mais les calomniateurs de la religion chrétienne ne veulent pas voir combien de passions elle a calmées, combien elle a corrigé de vices, combien d'esprit féroces elle a adoucis. Ils devroient bien plutôt et l'en bénir, et féliciter le genre humain d'aussi précieux avantages qu'elle lui a procurés ; et, s'ils ne veulent pas reconnoître qu'elle soit vraie, du moins convenir de ses bienfaits.

Tit. III. 3, 6.
Ps. CVIII. 20.

Page 50.

Parce que Jésus-Christ a dit à ses disciples : *Quand on vous persécutera dans une ville, fuyez dans*

une autre ; et si la persécution continue dans celle-ci, —Matth., 1. *fuyez encore ailleurs*, ne leur permettant pas de 23.
s'exposer témérairement, donnant le premier
l'exemple d'une conduite ferme, toujours égale, ennemie de tout emportement, et de cette fougue d'un
zèle mal entendu qui provoque le danger ; Celse en
fait un nouveau crime à notre saint législateur, et
fait dire à son Juif, s'attaquant à Jésus : *Vous courez
le monde avec vos disciples.* L'on n'avoit point blâmé
Aristote d'en avoir fait autant. Ce philosophe, accusé d'enseigner des dogmes impies, avoit fui
d'Athènes, pour aller à Calcis : « Quittons cette ville,
disoit-il à ses amis, pour épargner aux Athéniens
un nouvel outrage à la philosophie. » Pourquoi
seroit-ce un sujet de blâme pour Jésus-Christ et pour
ses disciples ? « Mais c'étoit pour mendier honteuse-
ment sa vie. » D'où le sait-il ? l'Evangile n'en dit pas
un mot. On y voit bien que des femmes qu'il avoit
guéries fournissoient de leurs biens à ses disciples
ce qui leur étoit nécessaire pour vivre ; y avoit-il
du mal à le recevoir ? Vos philosophes se font bien
payer les leçons qu'ils donnent. Pourquoi ce qui
n'est qu'honnête et décent dans les philosophes,
peut-il n'être plus que bas et déshonorant dans les
disciples de Jésus ?

A cette occasion, Celse reproche encore à Jésus
sa fuite en Egypte : « Qu'étoit-il besoin de vous
» transporter dans votre enfance ? C'étoit de peur

» d'être mis à mort. Mais la peur de la mort devoit-
» elle entrer dans l'âme d'un Dieu ? Voilà qu'un
» ange descend du ciel pour vous commander de
» fuir, vous et les vôtres, pour vous sauver tous
» d'un commun danger. Mais votre grand Dieu
» ne pouvoit-il pas vous en tirer chez vous, après
» que pour l'amour de vous, il avoit déjà envoyé
» deux de ses anges ? »

Celse parle en homme persuadé qu'il n'y avoit
rien de divin ni dans l'âme, ni dans le corps de
Jésus. Nous croyons, nous, qu'il y avoit dans lui le
Dieu qui, comme il le dit lui-même, *Est la voie, la*
vérité et la vie; et l'homme, ainsi qu'il le témoigne
par ces autres paroles : *Vous cherchez à me faire mou-*
rir, moi qui suis un homme qui vous dis la vérité. Par
cela qu'il s'étoit revêtu d'une chair humaine, est-il si
étrange qu'il se soit gouverné en homme pour éviter le danger? « Il pouvoit choisir d'autres moyens. »
Qui le nie? Falloit-il multiplier les miracles quand
il suffisoit de procédés simples et naturels? Des
moyens extraordinaires, éclatans, ne convenoient
pas toujours au dessein qu'il avoit d'apprendre au
monde que cet homme que l'on avoit sous les yeux
étoit Fils de Dieu, le Verbe de Dieu, la puissance,
la sagesse de Dieu, le Christ. Comment? ce n'est
pas ici le lieu de l'expliquer.

Après cela, le Juif de Celse, oubliant son personnage, et parlant le langage d'un Grec (c'est-à-

Joan., xiv: 6.

Joan., viii. 40.

Page 51.

Page 52.

dire d'un païen), bien au fait de sa mythologie,
s'exprime ainsi : « Dans les anciennes fables qui
»prêtent une naissance divine à nos héros, si la
»vérité manque au fond du récit, du moins y gar-
»doit-on quelque vraisemblance par les événemens
»merveilleux, surnaturels, qui composent leur his-
»toire. Mais votre Jésus, qu'a-t-il fait d'admirable
»et de divin, quoique dans le temple on le pressât
»assez fortement de se faire reconnoître pour le Fils
»de Dieu? » Ici je me contenterai de répondre :
Que les Grecs commencent par nous apprendre
quels sont les services si merveilleux, si utiles,
rendus au genre humain par ces prétendus dieux,
même en les supposant mieux prouvés. Je les défie
de me rien produire de comparable à ce qu'a fait
Jésus. Nous disons, sans craindre d'être démentis,
que les actions de Jésus sont connues de toute la
terre où sont répandues les églises de Dieu qu'il
a formées. Encore aujourd'hui, sous nos yeux, le
nom de Jésus guérit les maladies du corps et
de l'âme, chasse les démons, fait passer dans
les âmes la douceur, la décence des mœurs, la bienfaisance, l'esprit de concorde et de paix, vertus
qui se montrent avec éclat dans tous ceux qui ne se
contentent pas de n'être chrétiens que de nom,
dans la seule vue de quelques intérêts humains,
mais qui professent sincèrement notre croyance
sur Dieu, sur Jésus-Christ, sur le jugement à venir.

Celse, se doutant bien qu'on ne manqueroit pas ici de lui opposer les miracles de Jésus, veut bien ne pas nous les contester, tout en les disant exagérés par les apôtres; mais c'est pour les assimiler aux opérations magiques, ou aux tours d'adresse que font les charlatans sur les places publiques. De bonne foi, quelle comparaison y a-t-il des uns aux autres? Aucun de ces auteurs de prestiges n'a jamais eu en vue la réforme des mœurs. Il n'a jamais cherché à inspirer la crainte de Dieu, à persuader aux hommes de vivre comme devant subir un jour le jugement de Dieu. Des hommes de cette espèce le voudroient-ils? Le pourroient-ils, livrés euxmêmes aux vices les plus infâmes? Jésus au contraire, dont les miracles n'avoient pour but que la conversion de ceux qui les voyoient, oseroit-on nier qu'il n'ait donné en sa personne l'exemple de toutes les vertus à ses disciples d'abord, puis à tous les hommes? C'étoit moins encore par ses miracles que par sa vie et sa doctrine, qu'il exhortoit les hommes à s'efforcer à plaire à Dieu dans toutes leurs actions. Comment oser après cela le comparer avec de misérables charlatans; et ne pas reconnoître qu'étant Dieu comme il le déclaroit, il s'étoit fait homme pour le salut des hommes?

Nous disons que Jésus a pris dans le sein d'une femme un corps tel que le nôtre, et sujet à la mort; et c'est à l'égard de ce corps que nous disons

Page 53.

avec l'Apôtre qu'il a *été tenté et éprouvé en toutes* Hebr.,iv.15.
choses comme le reste des hommes, mais sans au-
cunement participer, comme eux, au péché; et Page 54.
c'est parce qu'il *n'a point connu le péché* que Dieu
l'a livré à la mort pour tous les pécheurs, comme
une victime pure et sainte.... »

    Celse se répand ensuite en invectives, et se per- Page 56.
met, contre la personne de Jésus-Christ, les qua-
lifications les plus infamantes. Je rougirois d'y
répondre. Eh! quelle réponse faire à un homme
qui, à défaut de preuves et de raisonnemens, se
jette dans les plus violens sarcasmes? des injures
ne sont pas des raisons. Est-ce là le langage d'un
philosophe qui cherche la vérité; ou plutôt d'un
homme de la lie du peuple qui s'abandonne à tout
l'emportement de sa passion? Mais établir nette-
ment la question, y porter un examen sérieux et
calme; s'abstenir de toute divagation, prêter au
parti que l'on a adopté les moyens de défense les
moins défavorables dont on puisse l'étayer, voilà
ce qu'il y avoit à faire, et ce dont notre adversaire
s'est bien gardé.

    Livre second. Celse fait demander par son Juif
à ceux de sa nation qui ont embrassé le christianisme : « Pourquoi avez-vous abandonné la loi de
» vos pères, pour suivre un vain imposteur que
» nous avons puni? Et puisque de votre propre aveu,

» votre doctrine n'est fondée que sur la nôtre,
» pourquoi décriez-vous celle-ci ? »

Pages 57,
59.

Pourquoi ? Parce que les cérémonies de la loi et
les écrits des prophètes n'étoient qu'une introduc-
tion à une loi nouvelle que ces mêmes prophètes
avoient annoncée pour les temps futurs. C'étoient là
les premiers élémens de notre religion cachée dans
les secrets de Dieu jusqu'au temps où elle a été manifestée par la révélation de son divin fils. Pour
cela, nous ne méprisons point la loi de Moïse.
Au contraire, nous l'honorons en découvrant la
sagesse profonde cachée sous une écorce que les
Juifs n'ont su jamais percer. Eh ! qu'y a-t-il d'é-
trange que l'Évangile soit fondé sur la loi, quand
Jésus-Christ lui-même déclare à ceux qui refusoient de croire en lui : *Si vous croyiez à Moïse,*
vous me croiriez aussi ; car c'est de moi qu'il a écrit ;
mais si vous ne croyez pas ce qu'il a écrit, comment
Joan., vi.46. *croiriez-vous ce que je vous dis ?...* Notre Jésus voyant
que les Juifs n'agissoient pas conformément à la
doctrine de leurs prophètes leur avoit prédit dans
ses paraboles que *le royaume de Dieu alloit leur être*
Matth., xxi.
43. *enlevé et seroit transféré aux gentils.* Aussi voyons-
nous que suivant cette prédiction, les Juifs privés
Page 60. de la lumière qui fait pénétrer le sens des Écritures,
ne se repaissent que de fables et de rêveries ; tandis que nous autres chrétiens nous possédons la
vérité seule capable d'éclairer l'esprit, d'élever

l'âme, de réunir tous les hommes sous les lois d'une république, non terrestre et charnelle, comme celle des Juifs, mais toute céleste.

Que Jésus ait observé, si l'on veut, toutes les cérémonies de la loi et des sacrifices, quelle atteinte cela porte-t-il à sa qualité de Fils de Dieu ? Il est le Fils de ce même Dieu qui a donné la loi et les prophètes ; et nous qui composons son Église nous ne violons point la loi. Nous rejetons les fables des Juifs, et nous travaillons à nous instruire et à nous perfectionner dans l'intelligence du sens mystérieux de la loi et des prophètes, à l'exemple des prophètes eux-mêmes, qui demandoient au Seigneur qu'il voulût bien *leur ouvrir les yeux pour contempler les merveilles de sa loi....*

Ps. cxviii.
18.

Jésus accusé de vanité ! Je défie qu'on en montre l'ombre dans aucune de ses paroles, lui qui disoit : *Apprenez de moi que je suis doux et humble de cœur ;* lui qui, après la cène, ôta ses habits, et ayant pris un linge s'en ceignit, pour laver les pieds à ses disciples, disant à l'un d'entre eux qui ne vouloit pas le permettre : *Si je ne vous lave, vous n'aurez point de part avec moi ;* lui qui disoit à ses disciples : *Je suis au milieu de vous comme serviteur, non comme maître.*

Page 61.

Matth. xi.
29.

Joan., xiii.
v.

Ibid.

Mais Jésus un imposteur ! Eh ! par où donc a-t-il mérité cet outrage ? Est-ce pour avoir aboli la circoncision, le sabbat, le choix cérémoniel des viandes,

les ablutions légales, l'observation charnelle des nouvelles lunes ? Est-ce pour élever l'âme au sens spirituel et véritable de la loi, seul digne de la divine majesté ? Ce qui toutefois n'empêche pas que
ceux qui remplissent les fonctions *d'ambassadeurs*

*pour Jésus-Christ, ne vivent avec les Juifs, comme
Juifs, pour gagner les Juifs, et avec ceux qui sont
sous la loi, comme s'ils étoient eux-mêmes sous la
loi, pour gagner ceux qui sont sous la loi.*

    « Tous ceux qui ont voulu faire des dupes au-
» roient pu, ajoute Celse, y réussir aussi-bien que
» lui. » Qu'il m'en montre donc, je ne dis pas
plusieurs, ni même quelques-uns, mais un seul,
qui, comme Jésus, ait pu enseigner aux hommes
d'aussi utiles vérités, une doctrine aussi salutaire, aussi puissante, pour les arracher à la fange
du vice où ils étoient plongés.

    « Nous qui avions appris aux autres que Dieu
» envetroit sur la terre son Christ pour punir les
» méchans, comment l'aurions-nous rejeté s'il s'est
» fait voir sur la terre ? »

    Misérable objection, qui ne vaut pas qu'on s'y
arrête ! C'est comme si vous disiez : Comment seroit-il possible que nous, après avoir prêché la
tempérance ou la justice, nous eussions prévariqué
contre l'une et l'autre ? Si l'on en voit des exemples
tous les jours, faut-il s'étonner de voir des hommes,
qui se vantent de croire aux prophètes qui ont pré-

Note in margin: II Cor., v. 20.

Note in margin: Cor., IX. 20.

dit l'avénement de Jésus-Christ, refuser de croire à ces mêmes oracles, depuis son avénement? Ajoutons que ces contradictions avoient été également prédites. Isaïe l'avoit expressément annoncé : *Vous* Page 62. *entendrez de vos oreilles, et en entendant vous ne comprendrez pas; vous verrez de vos yeux, et en voyant vous ne connoîtrez pas; car le cœur de ce peuple s'est appesanti.* Que l'on nous dise ce que Isa., VI, 9. c'est que les prophètes annonçoient aux Juifs comme devant être entendu par eux sans qu'ils le comprissent, vu par eux sans qu'ils le connussent; si ce n'est ce Jésus qu'ils ont vu et entendu, mais en se fermant les yeux et les oreilles à l'éclat de ses miracles et à ses effrayantes prédictions? En punition de ce volontaire aveuglement, les voilà depuis l'avénement de Jésus-Christ, entièrement abandonnés de Dieu, dépouillés de tout ce qu'ils eurent autrefois d'auguste et de divin, sans prophéties ni miracles.

« Pourquoi l'aurions-nous rejeté, l'ayant pré-» dit? Étoit-ce pour être châtiés plus sévèrement » que les autres? »

A quoi je répondrai qu'ils disent vrai; car certes au jour du dernier jugement, ils seront punis, et de la manière la plus rigoureuse, tant pour avoir méconnu le Christ, que pour l'avoir traité avec outrage. Dès à présent même ne le sont-ils pas? Car quel autre peuple a été comme eux chassé de son pays, de ses foyers, de sa capitale, du siége de sa religion ? **Leurs** calamités ont été en proportion de leurs crimes ; et ils en ont comblé la mesure par les indignes traitemens qu'ils ont osé faire subir à Jésus-Christ.

Page 64. **Répéter**, comme ils le font : « Nous l'avons convaincu et condamné, » ne prouve rien. Qu'ils articulent un fait; qu'ils nous montrent de quels crimes ont pu le convaincre des hommes qui cherchoient partout de faux témoignages contre lui.

Page 67. **Prophète** lui-même, Jésus-Christ a fait diverses prédictions, par lesquelles il annonçoit à ses disciples ce qui devoit leur arriver long-temps après lui. Celle-ci, par exemple : *Vous serez conduits devant les rois et les tribunaux à cause de moi, pour* Matth., x.\n18. *rendre témoignage à eux et aux gentils.* Quelle expérience pouvoit le porter à faire une semblable pré- Page 68. diction ? Jusqu'à lui, personne n'avoit été jamais persécuté pour cause de religion. Si quelque doctrine avoit dû s'attendre à des persécutions, ce devoit être celle d'Épicure, qui anéantit la Providence, ou celle des péripatéticiens qui se moquent des prières et des sacrifices que l'on prétend faire à la Divinité. Pourtant la prophétie s'est vérifiée ; il n'y a que les chrétiens, qui, suivant la prédiction du Sauveur, soient sollicités, sous peine de mort par leurs juges, de renoncer au christianisme. Il n'y a qu'eux que l'on veuille contraindre à sacrifier, à jurer, pour conserver leur liberté et leur vie.

Remarquez encore avec quel ton d'autorité il s'exprimoit dans cette autre prophétie : *Quiconque me confessera devant les hommes, moi aussi je le confesserai devant mon Père qui est dans le ciel. Et quiconque me renoncera devant les hommes, je le renoncerai devant mon Père.* Transportez-vous au temps où Jésus parloit ; et réfléchissez que rien de ce qu'il prédisoit n'étoit encore arrivé. Direz-vous que ce n'étoient là que paroles en l'air, et qui par conséquent doivent rester sans effet ? Mais suspendez votre jugement, attendez pour prononcer que le temps ait justifié la prophétie ; que sa doctrine si violemment combattue par les rois et par les peuples ait triomphé de toutes les résistances ; et alors vous serez bien forcé de convenir que Dieu a communiqué sa puissance à celui qui a fait une semblable prédiction, et qui ne l'a faite que parce qu'il en avoit prévu le succès.

Rapprochez de cet oracle celui par lequel il annonçoit que son Évangile *seroit prêché dans tout l'univers pour rendre témoignage* de sa divinité devant les rois et les magistrats. Verrez-vous sans quelque étonnement cet Évangile prêché en effet à tous les peuples du monde, Grecs et Barbares, savans et ignorans ? Cette divine parole a

Matth., x. 32.

Matth., xxiv. 14.

Page 69.

vaincu tous les obstacles ; elle s'est établie avec empire dans toutes les conditions.

Pour le Juif de Celse, qui refuse à Jésus la puissance de prédire ce qui devoit lui arriver ; qu'il nous explique comment, dans un temps où Jérusalem subsistoit, où elle étoit florissante, où l'exercice de son culte se célébroit avec la plus parfaite sécurité, Jésus a pu prédire ce qu'elle devoit éprouver de la part des Romains. On ne viendra pas nous dire que des hommes qui vivoient avec Jésus, qu'il admettoit à ses entretiens journaliers, se soient contentés de publier de vive voix son Évangile, sans songer à consigner par écrit à la postérité le récit de ses actions et de ses paroles. Or, nous lisons dans l'Évangile ces mots : *Lorsque vous verrez Jérusalem investie par une armée, sachez que sa désolation est proche.* Au moment où les évangélistes écrivoient, pas une apparence d'armée ennemie autour de Jérusalem ; pas l'ombre de menace qu'elle dût être assiégée, puisque le siége de cette ville, commencé sous Néron, dura jusqu'au temps de Vespasien et de Titus, son fils, qui ruina de fond en comble cette malheureuse ville. L'historien Josèphe suppose que ce fut en punition de la mort de son évêque saint Jacques, surnommé le Juste, appelé le frère de Jésus-Christ. Nous affirmons avec bien plus de vérité que ce fut en punition de celle de Jésus, le Fils de Dieu.

Luc., xxi. 20.

Au lieu de nous contester dans Jésus-Christ le don de prophétie, Celse pouvoit en parler du même ton qu'il s'est permis à l'égard de ses miracles qu'il n'ose point absolument nier, mais qu'il rapporte à la magie. Il pouvoit avouer, nous accorder du moins que Jésus avoit prédit les choses qui lui arrivèrent; puis avoir l'air de traiter ses prédictions de bagatelles, comme ses miracles de prestiges. Il n'avoit qu'à dire par exemple qu'on a vu bien des gens connoître l'avenir par l'inspection du vol des oiseaux, par l'examen des entrailles des victimes, et de l'état du monde à la naissance de tels individus. Il a mieux aimé n'en point parler. Un semblable aveu lui eût paru plus décisif que celui des miracles, bien qu'il cherche à en atténuer l'autorité par l'explication qu'il en donne. Opposons à son silence la déclaration formelle de Phlégon, qui, dans le treizième ou quatorzième livre de ses chroniques, atteste franchement que Jésus avoit la connoissance de l'avenir, et certifie que ce qu'il avoit prédit est effectivement arrivé. Il est vrai qu'au lieu de Jésus il parle de Pierre; mais de cet aveu, arraché par la seule force de la vérité, il ne s'ensuit pas moins que ce don des prophéties et cette intelligence de l'avenir supposent nécessairement dans les fondateurs du christianisme une vertu divine.

Les disciples de Jésus auroient-ils, comme Celse le prétend, mis sur le compte de leur maître des prophéties faites après l'événement? Il faut, pour une telle assertion, ou n'avoir pas lu, ou bien avoir lu avec d'étranges préventions, ce qu'ils nous transmettent d'une autre prophétie adressée à eux-mêmes : *Vous serez tous scandalisés à mon sujet dans cette nuit même :* ce qui eut lieu en effet la première nuit de sa passion; et l'annonce faite à Pierre : qu'*avant le chant du coq, il le renonceroit jusqu'à trois fois.* Ce qui s'exécuta à la lettre.

Certainement, si les évangélistes n'avoient pas porté si loin la bonne foi et la franchise; s'ils eussent été des imposteurs, ils n'auroient eu garde de nous instruire et de leur propre défection, et du triple reniement de Pierre. Et s'ils n'en avoient rien dit, qui le sauroit? Il semble même qu'il étoit de leur intérêt de garder là-dessus un profond silence, dans la vue qu'ils avoient d'inspirer le mépris de la mort à ceux qui embrasseroient le christianisme. Ils n'ont rien dissimulé, parce qu'ils savoient bien que la parole évangélique n'en soumettroit pas moins tout l'univers ; sans s'inquiéter si de pareils aveux trouveroient des lecteurs qui s'en formalisassent.

C'est donc, de la part de Celse, le comble de l'ineptie de dire que « les disciples de Jésus n'ont écrit son » histoire, que pour mettre à couvert l'honneur de » leur maître; c'est, ajoute-t-il, comme si, après » avoir avancé que tel homme est juste, pacifique,

Matth., xxvi. 31.

Ibid., 34.

Page 70.

» immortel, on donnoit pour preuve qu'il a fait des
» injustices et commis des meurtres ; qu'enfin il est
» mort, après avoir prédit tout cela. »

Le défaut de ces comparaisons saute aux yeux.
Quelle contradiction y a-t-il à dire que Jésus, qui
venoit proposer aux hommes l'exemple de sa vie,
soit mort pour leur apprendre à mourir ? Celse prétend que l'aveu que nous faisons de sa mort lui
donne sur nous un grand avantage. Il en parle en
homme qui ignore et les profonds mystères que
saint Paul nous en découvre, et les prédictions qui
en avoient été faites par les prophètes. Il n'a pas su
davantage qu'un hérétique avoit avancé que Jésus
n'avoit point réellement souffert, et n'étoit mort
qu'en apparence (1). Autrement il ne se seroit pas
hasardé à dire : « Vous ne prétendez point que sa
» passion n'ait été qu'imaginaire ; mais vous confes-
» sez sans détour qu'il a souffert réellement. » S'il
n'est mort qu'en apparence, il en faudroit conclure
qu'il n'est ressuscité de même qu'en apparence ; ce
que nous sommes, nous, bien loin de croire.

Est-il surprenant que celui qui, durant sa vie,
a fait des prodiges si au-dessus des forces humaines, et en même temps si certains, que Celse, dans
l'impuissance de les nier, est réduit à les traiter de

_____

(1) Basilide, doctement réfuté par S. Clément d'Alexandrie et
S. Irénée, puis reproduit dans Marcion et dans Praxéas combattus avec
non moins de vigueur par Tertullien.

prestiges; est-il, dis-je, surprenant que sa mort ait eu quelque chose d'également extraordinaire; et que son âme, ayant volontairement quitté le corps qu'elle animoit, y soit rentrée de même par sa vo- lonté propre? Jésus l'avoit déclaré auparavant : *Personne ne m'ôte mon âme; mais je la quitte de moi- même, car j'ai le pouvoir, et de l'abandonner, et de la reprendre à mon gré.* « Comment me ferez-vous croire qu'un mort soit immortel ? » Aussi ne disons-nous pas que ce soit celui qui est mort qui est immortel, mais celui qui est ressuscité d'entre les morts. Nous ne disons pas même de Jésus avant sa mort qu'il fût immortel, en tant que Dieu et homme, puisqu'il devoit mourir; car un homme qui doit mourir n'est pas immortel. Pour être immortel, il faut n'être plus sujet à la mort. Or, *le Christ res- suscité d'entre les morts ne meurt plus,* nous dit l'Apôtre : *la mort n'aura plus sur lui d'empire;* quoi que puissent dire ceux qui n'entendent rien à ce langage.

Autre raisonnement qui n'a pas plus de justesse : « Quel est, demande Celse, le Dieu, le démon, » l'homme de bon sens, qui, connoissant à l'avance » tels et tels maux dont il est menacé, ira de lui- » même s'y précipiter, au lieu de s'en garantir s'il » le peut ? »

Socrate ignoroit-il qu'il mourroit en buvant la ciguë? il étoit maître de sauver sa vie et d'échapper

Page 71.

Joan., x. 18.

Rom., vi. 9.

à la prison, en suivant le conseil de son disciple; mais il aima mieux mourir en sage, que de vivre en sacrifiant ses principes. Léonidas, général des Lacédémoniens, savoit bien aussi qu'il alloit mourir aux Thermopyles, lui et tous ceux qui l'accompagnoient. Il en étoit si bien persuadé, qu'il leur disoit: *Dînons comme des gens qui doivent souper aux enfers.* Il n'avoit garde de racheter sa vie aux dépens de son honneur. Les histoires sont pleines de ces traits d'héroïsme. Est-il donc si étonnant que Jésus, connoissant sa mort prochaine, ait été au-devant, au lieu de l'éviter? Paul, son disciple, averti de ce qui alloit lui arriver à Jérusalem, ne laisse pas de continuer sa route vers cette ville, et de braver tous les dangers, malgré les larmes des fidèles qui s'opposoient à son départ. Ne voyons-nous pas tous les jours des chrétiens assurés de mourir en s'avouant pour tels, et d'être renvoyés absous, de recouvrer leurs biens et leur liberté en le niant, préférer la mort au crime de trahir leur foi?

Celse poursuit: « Si Jésus a prédit que l'un de »ses disciples le trahiroit, qu'un autre le renieroit; » comment n'ont-ils pas reconnu dans lui un Dieu » dont ils devoient redouter la vengeance? com-» ment ont-ils pu, après cela, le trahir et le renier? » Celse, avec toutes ses lumières, ne voit pas qu'il y a contradiction dans son raisonnement. Car si Jésus a prévu comme Dieu ce qui arriveroit, et s'il

Act. xxi. 12.

Page 72.

n'est pas possible que la prescience divine se trompe, il n'étoit pas possible par conséquent que Judas ne fût point traître, ni Pierre infidèle. Autrement la double prédiction ne se vérifioit pas ; et Jésus, après avoir donné à l'un l'avis qu'il le trahiroit, à l'autre qu'il le renieroit, n'étoit plus qu'un faux prophète , si la chose n'avoit pas eu lieu comme elle avoit été prédite. En prévoyant que Judas alloit le trahir et Pierre le renier, Jésus lisoit au fond de leurs cœurs ; il y voyoit, dans l'un la corruption qui le poussoit au crime, dans l'autre la foiblesse qui alloit le porter à renier son maître ; mais sans que cette prévoyance influât sur la détermination de l'un , sur le caractère de l'autre..... La conséquence de Celse n'est donc pas plus vraie que son principe ; la voici : « Puisqu'il étoit Dieu , et qu'il avoit prédit ces » choses, il falloit nécessairement qu'elles arrivas » sent. Un Dieu aura donc fait des impies, des scélé » rats, de ses disciples, de ses prophètes, avec qui » il vivoit dans la plus intime familiarité, lui qui de » voit faire du bien à tout le monde, et plus parti » culièrement à ses amis! Jamais homme n'a tendu » de piége à un autre homme qui mange avec lui à » la même table ; et voici un Dieu qui permet qu'on » lui tende des piéges! qui plus est, c'est ce Dieu lui » même qui tend des piéges à ceux qui mangent » avec lui, qui en fait des traîtres et des scélérats ! » Vous voulez que je réponde à tout, sans faire grâce à ce qu'il y a même de plus frivole : je répondrai à cette objection, toute futile qu'elle est. Celse s'imagine qu'une chose prédite en vertu d'une prescience divine, n'arrive que parce qu'elle a été prédite ; ce n'est pas ce que nous disons. Nous ne croyons pas que celui qui a prédit, soit cause qu'une chose arriveroit, parce qu'il a prédit qu'elle arriveroit. Nous disons que la chose devant arriver, prédite ou non ; c'est elle qui donne à celui qui connoît l'avenir l'occasion de la prédire. La divine intelligence à qui rien n'est caché, aperçoit, entre deux choses qui peuvent arriver, celle qui arrivera. Nous ne disons point que cette connoissance enlève à la chose prédite la possibilité d'arriver ou de n'arriver pas ; comme si l'on se disoit à soi-même : Telle chose s'exécutera nécessairement, et il est impossible qu'elle manque. C'est ainsi qu'il faut entendre toutes les prédictions sur les événemens qui restent soumis à notre volonté. Appliquons ce principe au fait de la trahison de Judas ; et si vous voulez même, joignons-y un autre exemple tiré de l'histoire profane, en supposant pour un moment qu'il soit vrai. Nous lisons dans le cent huitième psaume commençant par ces mots : *Seigneur, ne retenez pas ma gloire dans le silence*, où le prophète ayant en vue notre Sauveur, dit : *La bouche du méchant et du perfide s'est ouverte contre moi*; nous y lisons, non pas seulement la trahison

Page 73.

de Judas prédite expressément ¸mais que le principe de cette trahison seroit dans lui-même, et qu'en
conséquence il se rendoit par son propre choix
digne des anathèmes énoncés dans la prophétie :
Qu'ils tombent sur lui, y est-il dit, *parce qu'il ne s'est*
pas souvenu de faire miséricorde, et qu'il a persécuté
l'homme malheureux et délaissé. Il étoit donc libre
à Judas de faire miséricorde ; de ne point persécuter comme il l'a fait. Mais parce qu'au lieu de faire
ce qu'il pouvoit, il a trahi ; il s'est rendu digne des
malédictions du prophète. Venons·maintenant à
l'histoire profane. Je citerai la réponse de l'oracle
à Laïus dans la tragédie d'Euripide : « Gardez-vous
d'avoir des enfans malgré les dieux ; si vous avez
un fils, il vous donnera la mort, et toute votre maison nagera dans le sang. Ces paroles prouvent bien
qu'il auroit été possible à Laïus de n'avoir pas d'enfans ; et que, dans un choix contraire, il s'exposoit à
tous ces affreux événemens qui ensanglantèrent la
maison d'Œdipe, de Jocaste et de ses enfans.

«Vous dites à un malade pour le détourner de
»consulter un médecin : Si votre destinée est de
»guérir, vous guérirez, que vous consultiez ou non
»le médecin ; si au contraire votre destinée est de
»ne pas guérir, vous ne guérirez point, que vous
»appeliez le médecin ou que vous ne l'appeliez pas.»
Ce n'est là qu'un sophisme auquel on répond par
cette plaisanterie : Si c'est votre destinée d'avoir des

Ps. cviii. 1,
15, 16. 17.

enfans, vous en aurez, que vous vous mariiez ou que
vous ne vous mariiez pas ; si c'est votre destinée de
n'en point avoir, vous n'en aurez point, marié ou
non, n'importe. Or, assurément votre destinée est
d'avoir ou de n'avoir pas d'enfans ; c'est donc vainement que vous vous marieriez. La conclusion est
fausse, parce qu'on ne peut avoir des enfans sans
une femme. Elle n'est pas plus vraie quant à l'autre
exemple. Parce que vous ne pouvez pas guérir sans
médecin, il est nécessaire d'en appeler ; il est donc
faux de dire que c'est vainement qu'on fait venir
le médecin.

« Puisque Jésus étoit Dieu, et qu'il avoit prédit
» ces choses, il falloit absolument, nous dit le
» grand philosophe Celse, qu'elles arrivassent. »
Si par ces termes *il falloit absolument*, il entend :
il est nécessaire, il se trompe. S'il entend simplement : *Cela sera sûrement*, ce qui n'empêche pas
que la chose puisse pourtant ne pas arriver ; nous
le lui accordons. Et de ce que Jésus a prédit à ses
disciples, que l'un d'eux le trahiroit, l'autre le renieroit ; il ne s'ensuit nullement qu'il ait été la cause
de la perfidie et de la lâcheté. Jésus, à qui selon
nous, le cœur de l'homme est ouvert, connoissant
toute la corruption de celui de Judas, le voyant do-
miné par la soif de l'or, et sans attachement pour
son maître, lui dit entre autres choses : *Celui qui
met avec moi la main dans le plat me trahira.*

Page 74.

*Matth., XXVI.
23.*

« Jamais homme n'a tendu de piéges à un autre
» homme mangeant avec lui à une même table. »
Cette assertion est démentie par toutes les histoires.
« A plus forte raison un Dieu. » Quelle preuve nous
donne-t-on de cette conséquence par rapport à
Jésus-Christ ?

Page 75.   « Si Jésus a souffert parce qu'il l'a voulu, et pour
» obéir à son Père, il est évident que tout ce qu'il
» a pu souffrir ainsi volontairement n'a pu lui cau-
» ser ni peine ni douleur. »

Autre contradiction. Car, dès qu'il accorde que
Jésus a souffert, tant parce qu'il l'a bien voulu, que
pour obéir à son Père, nous n'en demandons pas
davantage. Il a souffert comme victime pour nous ;
et s'il a souffert, il est impossible que ce que ses
bourreaux lui ont fait souffrir ne lui ait causé ni
peine ni douleur. Il n'y a point de victimes sans souffrance, point de souffrance qui ne soit une impression pénible et douloureuse. L'erreur de notre adversaire vient ici de ce qu'il ne considère pas que
Jésus ayant pris un corps tout semblable au nôtre,
s'est conséquemment assujetti aux mêmes sen-
sations ; de telle sorte, que l'ayant une fois
pris, il n'a plus été en son pouvoir de s'exemp-
ter de la douleur qu'éprouve le corps, quand
il endure de mauvais traitemens de la part des
hommes. Il ne tenoit qu'à lui de ne point tomber entre leurs mains, s'il l'eût voulu ; s'il l'a fait,

c'est qu'il a bien voulu se sacrifier au salut des hommes.

Après cela, Celse changeant de batterie, veut faire croire que Jésus « succombant en effet sous » le poids des angoisses qu'il éprouvoit, ne les » auroit endurées qu'avec impatience : il s'afflige, » il se lamente, il demande avec instance d'être dé-» livré de la crainte de la mort : Mon Père, s'écrie-» t-il, si ce calice peut s'éloigner de moi ! »

Quelle mauvaise foi! Sans tenir compte aux évan-gélistes de la candeur avec laquelle ils nous ap-prennent ce qu'il dépendoit d'eux de taire ; il sup-pose même ce qu'ils ne disent pas. Où voit-on que Jésus se soit *lamenté?* nous lisons bien qu'il s'est écrié : *Mon Père, s'il est possible que ce calice s'éloi-gne de moi !* Celse qui rapporte ces paroles auroit dû ne pas supprimer celles, qui suivent immédia-tement, et qui laissent voir toute la grandeur d'âme de Jésus, ainsi que sa résignation à la volonté de Dieu son Père : *Toutefois que votre volonté se fasse, et non pas la mienne.* Il passe pour la même raison sous silence cet autre passage qui suit peu après : *Si ce calice ne peut passer sans que je le boive, que votre volonté soit faite.*

Celse imite en cela l'usage où sont nos ennemis, quand ils entendent lire nos saintes Écritures ; ils la tronquent pour la rendre odieuse. Par exemple, ils recueillent bien ces paroles qu'ils ont grand soin

Matth., xxvi. 39.

Page 76.

Ibid.

Deut., xxxii.
39.
de nous reprocher : *Je ferai mourir* ; mais ils n'a-
joutent pas avec elles : *Et je ferai vivre.* Ce qui signifie que, si Dieu donne la mort aux méchans qui ne
vivent que pour la mort publique ; il donne une
vie bien plus excellente que cette vie passagère à
ceux qui meurent au péché. Ils retiennent bien ces
mots : *Je frapperai, je blesserai;* ils suppriment ceux-
Isa., lviii.
17, 18.
ci : *Je guérirai.* Il se compare à un médecin qui ne
plonge le fer dans la blessure, que pour en extir-
per le venin, et rendre la santé à tout le corps.

Page 77.
    Du maître, notre philosophe passe aux disciples.
« Vous n'avez, leur dit-il, que des fables à nous
» débiter sur leur compte ; et des fables auxquelles
» vous ne savez seulement pas donner les couleurs
» de la vraisemblance. »

    J'ai répondu déjà qu'il leur en auroit encore bien
moins coûté, ou de dissimuler ce qui ne semble
ne leur être pas favorable, ou de n'en rien dire du
tout. Car enfin, qui penseroit à s'en prévaloir contre
nous, s'ils ne nous l'avoient transmis ? Celse n'a
pas réfléchi combien il étoit maladroit de faire
aux mêmes personnes deux reproches aussi contraires ; l'un de s'être laissé tromper, en croyant
que Jésus étoit le Dieu que les prophètes avoient
annoncé ; l'autre d'avoir voulu tromper, en assu-
rant de lui des choses qu'ils savoient être fausses.
Ou ils ont été dans la bonne foi, et ont écrit ce
qu'ils croyoient ; ou ils ont voulu en imposer, et

par conséquent n'ont pas été eux-mêmes abusés.

Celse continue : « Il y en a parmi vous qui, res-
» semblant à des gens ivres, changent à discrétion
» les textes de l'Évangile, pour pouvoir nier ce qu'on
» leur objecte. » Pour moi, je ne vois personne à qui
ce reproche doive s'appliquer, à l'exception des
sectateurs de Marcion, de Valentin et peut-être de
Lucain (1). Mais est-ce à l'Évangile même qu'il faut
s'en prendre plutôt et uniquement, qu'à ceux qui
ont la sacrilége audace d'en altérer les paroles ?
Comme on auroit tort de mettre sur le compte de
la philosophie les erreurs des sophistes; de même
on ne pourroit, sans injustice; rendre le véritable
christianisme responsable de l'altération des Évangiles et de la coupable témérité de ceux qui donnent naissance à des hérésies contraires à la doctrine de Jésus-Christ.

Celse poursuivant son cours de calomnies, fait   Page 78.
un nouveau procès aux chrétiens sur l'application
des prophéties à la personne de Jésus. « Il y a, dit-il,
» une infinité d'autres à qui l'on pourroit les rappor-
» ter avec bien plus de vraisemblance. » Un homme
qui se pique comme lui d'une rigoureuse exacti-

---

(1) Marcion et Valentin sont assez connus par les ecrits où leurs erreurs sont exposées et combattues. Lucain (ou Lucien) ne l'est pas autant. C'étoit un disciple du premier, qui se détacha de l'école de son
maître pour faire une secte à part. Tertullien en parle comme ayant
allié les blasphèmes de Marcion à ceux de Cerdon. *Præscript*. cap. LI,
pag. 253, edit. Rig.

tude dans ses assertions, auroit bien dû ne pas glis-
ser aussi légèrement sur celle-ci. Il auroit dû entrer dans quelques détails, et sur ces prophéties
et sur nos interprétations, et sur les personnages
qu'il prétend substituer. Est-ce avec quelques mots
prononcés d'un ton décisif qu'il a pu se flatter de
résoudre des questions de cette importance, et de
renverser d'un souffle l'inébranlable fondement
sur lequel porte la foi des chrétiens?

A défaut de preuves, il se replie sur les objections qu'il a déjà faites : « Que les prophètes par-
» lent du Messie comme d'un puissant monarque,
» et d'un glorieux conquérant.» Caractères qui selon
lui ne se retrouvent pas dans Jésus. « S'il étoit
» le Fils de Dieu, il devoit en être de lui comme du
» soleil qui faisant découvrir toutes choses par sa
Page 79. » lumière, fait qu'on le découvre lui-même le pre-
» mier. »

Bien que nous ayons déjà répondu à ces difficultés, nous dirons que ce qu'il demande ici s'est
réellement exécuté. Car on a vu à son avénement,
Ps. LXX. 17. *Fleurir la justice et abonder la paix;* témoin cette
paix profonde qui accompagna et suivit sa naissance;
Dieu qui vouloit préparer les nations à recevoir
la doctrine de son divin Fils, les ayant toutes assu-
jetties à un seul prince, et ramassées en quelque sorte
dans un même corps, pour empêcher que la différence de domination ne mît obstacle à la prédica-

tion des apôtres, à qui l'univers tout entier étoit
donné pour théâtre de leur zèle. Que seroit-il encore arrivé, si le monde eût été partagé en divers
états divisés d'intérêts comme de gouvernemens,
ainsi qu'il l'étoit avant le règne d'Auguste? Une
doctrine toute pacifique, qui ne permet pas même
de repousser les injures, auroit-elle pu s'y établir,
si la venue de Jésus-Christ n'avoit fait partout succéder le calme à l'orage? Qu'après cela Celse nous Page 80.
demande : « Qu'est-ce donc que Jésus a fait de si
grand, de si héroïque, pour constater qu'il fût
Dieu? » Que lui répondrons-nous, sinon que la
terre a tremblé, que les pierres se sont fendues,
que les sépulcres se sont ouverts, que le voile du
temple s'est déchiré depuis le haut jusqu'en bas,
que le soleil s'est éclipsé, et que la terre s'est couverte de ténèbres. Que s'il n'admet l'autorité de
nos évangiles, que quand il y voit quelque matière
d'accusation contre les chrétiens, et s'il les rejette,
quand ils établissent la divinité de Jésus; nous lui
dirons : Ou refusez absolument d'y croire, et cessez
de nous les opposer ; ou croyez-les en tout, et admirez avec nous le Verbe de Dieu qui s'est fait
homme pour sauver tous les hommes. N'est-ce donc
pas quelque chose de grand d'imprimer encore
aujourd'hui à son seul nom une vertu qui arrache
à leurs maladies tous ceux que Dieu juge à propos
de guérir ? Quant à l'éclipse et au tremblement de

terre qui survinrent à la mort de Jésus, Phlégon en parle aussi, je crois, dans le troisième livre de son histoire.

Page 81. Mais autant notre adversaire est exact à supprimer toutes les preuves de la divinité de Jésus-Christ; autant l'est-il à choisir dans l'Évangile tout ce qui lui paroît propre à devenir l'objet de ses sarcasmes; les risées des Juifs et des Gentils, la robe de pourpre, la couronne d'épines, le roseau mis à la main de Jésus. Mais encore une fois, d'où sauriez-vous tout cela, si nos évangiles ne vous l'avoient appris? Croyez-vous que leurs auteurs n'aient pas prévu, non-seulement que vous et vos semblables le tourneriez en ridicule; mais aussi que vous vous feriez mépriser par vos railleries impies contre un personnage qui s'est immolé lui-même avec tant de courage pour la religion? Admirez plutôt et la candeur de nos écrivains, et l'héroïsme de Jésus, qui, au fort de la douleur, ne laisse pas échapper le moindre signe d'impatience ou de faiblesse, pas un soupir.

« Mais aujourd'hui du moins, pourquoi ne ma-»nifeste-t-il pas sa divinité; pourquoi n'efface-t-il pas » son ignominie, en châtiant avec éclat les injures »faites à son Père et à lui-même? »

On pourroit de même demander aux Grecs qui reconnoissent la Providence et qui admettent des prodiges : Pourquoi Dieu ne punit pas ceux qui offensent la Divinité et qui nient la Providence. La réponse des Grecs sera la nôtre, que nous fortifierons encore de meilleures raisons.

Si l'on veut des prodiges, en voilà certes d'assez éclatans; le soleil éclipsé, tant d'autres événemens surnaturels survenus à l'instant où il expire, témoignent bien que ce mort n'étoit pas un homme ordinaire, et qu'il y avoit dans ce crucifié quelque chose de divin.

Celse nous arrête : « Oui, des miracles comme Page 82. » celui du sang mêlé avec l'eau qui jaillit de son » côté après sa mort! C'étoit peut-être cette liqueur » subtile que le poëte fait circuler dans les veines » de ses dieux (1). »

Qu'il plaisante tant qu'il voudra; l'Évangile, qui ne plaisante pas, nous raconte, et nous le croyons, et ce seul fait suffit pour confondre son incrédulité, qu'après la mort de Jésus, *un des soldats lui ayant percé le côté d'un coup de lance, il en sortit du sang et de l'eau. Celui qui l'a vu en rend témoignage. Son témoignage est véritable, et il sait qu'il dit vrai.* Le sang Joan., xix.
34, 35. et les liqueurs se figent dans tous les corps aussitôt après la mort. Jésus mort, la vertu divine qui l'animoit pendant sa vie l'accompagne après le dernier soupir. Aussi le centurion romain, et tous ceux qui gardoient le corps de Jésus, témoins de ces

(1) Homère, *Iliade*, liv. v, vers 340.

prodiges, restent saisis de crainte, et s'écrient *que* *cet homme étoit véritablement le Fils de Dieu.*

Matth., xxvii 54.

Notre impitoyable critique nous reproche que Jésus, pressé de la soif « (que nous voyons tous » les jours les gens du peuple même supporter avec » patience), ait pris avidement du fiel et du vi- » naigre. »

Il y a là sans doute un sens mystique. Mais nous nous contenterons de la réponse ordinaire : Que les prophètes l'avoient prédit. Le Christ dit dans le psaume soixante-huit : *Ils m'ont donné du fiel pour nourriture, et, dans ma soif, m'ont abreuvé de vinaigre.*

Ps. lxviii. 22.

Que les Juifs nous apprennent qui tient ce langage dans le prophète ; qu'ils nous montrent dans toute leur histoire un autre que l'on ait rassasié de la sorte de fiel et de vinaigre ; ou, s'ils sont réduits à nous dire que la prophétie ne peut s'entendre que du Messie qu'ils attendent, nous leur répliquerons : Pourquoi donc ne pas l'entendre du Messie qui est venu ? Que l'on réfléchisse sur cette prophétie antérieure de plusieurs siècles à Jésus, comme sur un grand nombre d'autres ; et l'on ne pourra s'empêcher de convenir que Jésus est celui que les prophètes ont annoncé comme le Christ et le Fils de Dieu.

Le Juif de Celse nous apostrophe de nouveau : « Vous nous faites donc un crime, ô fidèles, de » ce que nous ne reconnoissons pas votre Jésus » pour Dieu ; de ce que nous ne vous accordons

» pas qu'il soit mort pour sauver les hommes, et
» pour leur apprendre à souffrir ? »

Oui, nous faisons un crime aux Juifs de ce que,
nourris de la loi et des prophètes qui annonçoient
Jésus-Christ, ils s'opiniâtrent dans leur incrédulité,
sans avoir de réponse solide à opposer aux argumens qui la combattent.

Une insigne fausseté que le Juif de Celse ose
avancer, c'est que « Jésus n'ayant pu, durant sa
» vie, gagner personne, pas même ses disciples,
» fut condamné à subir le dernier supplice. »

Mais d'où venoit donc la mortelle envie que lui
portoient les scribes, les prêtres et les pontifes, sinon de ce qu'ils voyoient que le peuple le suivoit
en foule jusque dans le désert, attiré soit par la
grâce de ses discours, toujours accommodés à son
intelligence, soit par l'éclat des miracles qui exci-
toient l'admiration de ceux mêmes qui refusoient
de croire à sa doctrine ? « Il n'a pu gagner même
» ses disciples qui eurent la foiblesse de l'abandon-
» ner. » Oui, dans un temps où leur courage n'étoit
pas encore aguerri. Mais quant à leur foi, c'est
une calomnie de dire qu'ils l'eussent perdue ; car
Pierre n'eut pas plus tôt renoncé son maître, que sen-
tant l'énormité de sa faute, *il sortit pour pleurer*
amèrement. Les autres, abattus, consternés par ce qui
lui arrivoit, ne changèrent point de sentimens. Leur
courage se releva bientôt, quand ils le virent ressus-

Page 85.

Matth., xxvi.
75.

cité ; et ils n'en devinrent par la suite que plus fermes à le reconnoître pour le Fils de Dieu....

Page 86. . « Les disciples de Jésus qui vivoient avec lui,
» qui l'écoutoient comme leur maître, le voyant
» expirer dans les tourmens, n'eurent garde d'af-
» fronter la mort pour lui et avec lui ; au contraire,
» ils le renièrent avec Pierre : vous, aujourd'hui,
» vous vous obstinez à mourir avec lui. »

Qu'ils aient montré alors de la foiblesse, ils étoient à peine initiés au christianisme. Mais le merveilleux changement qui depuis s'est opéré dans leurs personnes ; mais la fermeté et la hardiesse de leurs discours dans les synagogues ; mais la fermeté invincible avec laquelle on les voit affronter les outrages, les supplices et la mort pour la confession du nom de Jésus-Christ, voilà ce dont Celse ne dit mot. Il n'a pas voulu entendre la prophétie de Jésus à Pierre : *Lorsque vous serez vieux, vous étendrez les mains ; désignant par-là*, dit l'Écriture, *le genre de mort par lequel il devoit glorifier Dieu.* Il n'a pas voulu remarquer non plus que l'apôtre Jacques, frère de l'apôtre Jean, fut décapité par l'ordre d'Hérode, pour la doctrine de Jésus ; que *Pierre et les autres apôtres*, menacés, flagellés par les Juifs, n'en continuoient pas moins de prêcher hautement l'Évangile de Jésus ; qu'ils *sortoient du conseil pleins de joie d'avoir été jugés dignes de souffrir pour le nom de Jésus ;* donnant la

Joan., xxi.
18, 19.

Act., xii. 2.

preuve d'une constance supérieure à tout ce que les Grecs racontent de leurs philosophes.

N'est-ce donc point de la part de Celse une manifeste imposture de dire que « Tout ce que Jésus » ait pu faire pendant sa vie fut d'attirer à lui dix » malfaiteurs, mariniers ou publicains; et encore » ne vint-il pas à bout de les persuader tous. » Les Juifs du moins sont de meilleure foi; ils conviennent que Jésus se faisoit suivre non pas de dix, de cent, de mille personnes, mais de peuples entiers; de telle sorte que les déserts seuls étoient capables de contenir la multitude qui s'attachoit à ses pas, entraînée par ses discours et par ses miracles.

Matth., xv. 38. xiv. 21.

« S'il n'a persuadé personne durant sa vie, » n'est-il pas absurde qu'après sa mort ses disci- » ples persuadent tant de monde, et comme ils le » veulent? »

Page 87.

Pour raisonner juste, il devoit dire : Si les disciples de Jésus persuadent tant de monde après sa vie, combien lui-même n'a-t-il pas dû en persuader par des discours et par des œuvres encore bien plus puissantes?

Il nous interroge et se répond lui-même pour nous. « Quel motif a pu vous porter à le prendre » pour le Fils de Dieu? Parce qu'il guérissoit les » boiteux et les aveugles, qu'il ressuscitoit les » morts? »

Oui sans doute, parce qu'il guérissoit les boi-

2. 6

teux et les aveugles, nous avons raison de le regarder comme Fils de Dieu ; car c'étoit par ces
miracles que les prophètes l'avoient annoncé : *Alors*
les yeux des aveugles seront ouverts, les oreilles des
sourds entendront, et les boiteux bondiront comme les
cerfs. Quant aux morts qu'il a rendus à la vie : Si,
c'étoit une imposture des évangélistes, il est à
croire qu'ils en auroient grossi le nombre bien
davantage, et qu'ils auroient encore ajouté au
merveilleux en les faisant rester long-temps dans
le tombeau. Les évangélistes ne parlent que de
trois morts ressuscités ; la fille d'un chef de la sy-
nagogue, le fils d'une veuve qu'on portoit en terre,
et Lazare, enterré depuis quatre jours. De même,
dirai-je à des Juifs de meilleure foi, que, du temps
du prophète Elisée, il y avoit plusieurs lépreux, et
qu'un seul a été guéri, à savoir le Syrien Naaman ;
que son maître, le prophète Elie, ne fut envoyé
que chez une seule veuve, à Sarepta, dans le pays
des Sidoniens, seule, parmi tant d'autres veuves,
jugée digne du miracle qu'il opéra en sa faveur ;
de même, dans le grand nombre de ceux qui mou-
rurent lorsque Jésus étoit sur la terre, il en choisit quelques-uns pour les rendre à la vie, n'en voulant pas davantage pour manifester la divinité de
son Évangile. Qu'il fasse aujourd'hui, par le ministère des siens, de plus grands miracles encore
que durant sa vie, ainsi qu'il l'avoit promis à ses

Marginal notes:
Isa., xxxv. 5.

Page 88.

iv Reg., v.
14.

iii Reg., xvii.
9.

Joan., 14 12.

apôtres ; c'est ce que je ne crains pas d'affirmer. Pour être moins sensibles, ils n'en sont pas moins merveilleux. Tous les jours les yeux des aveugles spirituels sont ouverts ; tous les jours les oreilles de ceux qui avoient été sourds jusqu'alors à la voix des prédicateurs évangéliques, écoutent avidement la parole de Dieu et les promesses de la vie éternelle ; les boiteux, ceux en qui *l'homme intérieur,* selon la parole de l'Apôtre, étoit sans mouvement, guéris par la puissance de Jésus, bondissent, et foulent aux pieds les serpens et les scorpions, c'est-à-dire les démons, sans que leurs artifices et leur rage puissent leur nuire.

Rom., vii. 21.

Luc, x. 19.

A propos de miracles, Jésus avoit averti ses disciples de se tenir en garde contre ceux qui voudroient, par des prestiges et de faux miracles, se faire passer pour le Christ. *Si quelqu'un vous dit : Le Christ est ici ou là , n'en croyez rien ; car il s'élèvera de faux Christs et de faux prophètes qui feront des prodiges si extraordinaires , que les élus , s'il étoit possible , seroient trompés. Plusieurs me diront en ce jour : Seigneur , Seigneur , n'avons-nous pas chassé les démons et fait des miracles en votre nom ? Je leur répondrai : Retirez-vous de moi , parce que vous êtes des ouvriers d'iniquité.*

Matth., xxiv. 23. vii. 22.

Celse, pour confondre les miracles de Jésus avec les prestiges des imposteurs, s'écrie : « O lumière, » ô vérité ! quoi ! c'est Jésus lui-même qui nous

Page 89.

» assure dans les termes les plus clairs , comme
» vos livres nous l'apprennent , que des méchans ,
» des imposteurs , que Satan fera les mêmes œu-
» vres que lui! Quelle folie n'est-ce donc pas de
» le prendre pour un Dieu , tandis que l'on re-
» garde comme des imposteurs ceux qui font les
» mêmes choses que lui? Jésus, vaincu par la force
» de la vérité , se trahit lui-même en démasquant
» ses semblables. »

La fausse interprétation que Celse nous donne
ici des paroles de Jésus est encore une preuve de
sa mauvaise foi. L'objection seroit spécieuse, si
Jésus se fût borné à prévenir simplement ses disciples contre les faiseurs de prodiges. Mais il ne
s'en tient pas là : il désigne précisément ceux qui
veulent se faire passer pour le Christ, ce que n'o-
sent pas faire les imposteurs. Il ajoute que des gens
mêmes de mauvaises mœurs feroient des miracles *en
son nom :* or, bien loin de se confondre avec les vrais
miracles, ces vains prestiges en sont par-là clairement distingués, et ne servent qu'à faire ressortir
davantage l'autorité des vrais miracles, puisque la
vertu de son nom est telle , qu'elle fait opérer aux
méchans des prodiges semblables à ceux de Jésus
et de ses disciples.

Page 90. Observez encore qu'il n'est dit nulle part que ces
prestiges doivent ressembler aux vrais miracles.
Par exemple, le pouvoir des magiciens de l'Égypte

étoit bien différent de la grâce surnaturelle qui opé-
roit dans Moïse ; le dénoûment fit bien voir que
leurs prétendus prodiges n'étoient rien que des
productions de leur art magique, et que les miracles de Moïse étoient des effets de la vertu de
Dieu. Les conséquences d'ailleurs établissent une
grande différence entre les uns et les autres. Le
fruit des miracles de Jésus-Christ et de ses disciples est la conversion et le salut. Qui pourra soupçonner d'imposture de semblables miracles, et les
confondre avec les prestiges ? Mais parce qu'il y
auroit de faux miracles, s'ensuit-il qu'il n'y en ait
pas de vrais ? Quoi ! dirons-nous à nos ennemis, le
démon auroit la puissance de faire des choses au-
dessus de la nature, et la divine toute-puissance
ne le pourroit pas ! Tout ce qu'il y a de mal se
trouveroit parmi les hommes, et ce qu'il y a de
bien seroit interdit à Dieu ! N'est-il pas plus raisonnable de croire, comme principe général, que
partout où l'on voit le mal sous une apparence de
bien, il faut en conclure que le bien qui lui est
opposé s'y rencontre pareillement ? Si on nie le bien,
il faut nécessairement nier le mal ; mais si on admet
le mal, on ne peut se dispenser d'admettre le bien.
Prétendre qu'il y a des prestiges trompeurs, sans
qu'il y ait des miracles produits par une nature
divine, ce seroit soutenir qu'il y a des sophismes
qui ressemblent à la vérité, et que cependant il

Page 91.

n'y a ni vérité, ni science pour discerner les raisonnemens justes d'avec les faux. Or, si nous ne
pouvons reconnoître de prestiges, d'opérations des
démons et de l'art magique, sans reconnoître aussi
une nature divine, capable d'opérer des miracles;
pourquoi n'examinerions-nous pas les mœurs et
la doctrine de ceux qui se donnent pour thauma-
turges, et les suites de leurs prodiges, pour en
faire par-là le discernement?

Dépouillons tout préjugé sur les prodiges. Gar-
dons-nous, ou de les décrier tous comme des illusions, ou de les admirer tous comme les œuvres
de la Divinité. Examinons à quel principe ils remontent, dans quel dessein ils sont opérés; s'ils
ont été nuisibles ou utiles aux hommes; s'il les
ont portés à la vertu, amenés au culte du vrai
Dieu. En appliquant cette règle aux miracles de
Moïse et de Jésus, n'en résultera-t-il pas incontestablement que des prodiges qui ont servi de
fondement à deux grandes sociétés, ne peuvent
venir que du ciel? Est-ce la magie avec ses artifices et ses vains prestiges qui auroit pu donner
naissance à une religion qui détache tout un peuple, non-seulement du culte des idoles et de toute
superstition, mais de tous les êtres créés, pour
l'élever jusqu'à Dieu, le principe éternel de toutes
choses?....

Page 95.　　Celse combat de toutes ses forces la résurrection

de Jésus-Christ. Pour affoiblir ce qu'elle a de miraculeux, il la compare avec de prétendues résurrections rapportées par les historiens grecs, par exemple, dans l'histoire d'Orphée, de Protésilas, d'Hercule et de Thésée, de certains autres héros des temps fabuleux, dont il convient que l'opinion qui s'en est établie en divers lieux n'avoit d'autre fondement que l'adresse avec laquelle ils avoient su se soustraire pour quelque temps aux regards publics, pour reparoître ensuite; ce qui a pu faire croire qu'ils étoient morts et ressuscités. Mais il est impossible d'alléguer ici rien de semblable. Jésus-Christ ayant été crucifié aux yeux de toute la Judée, et son corps ayant été détaché de la croix en présence d'un si grand nombre de témoins, devenoit-il possible d'accréditer la fable de sa résurrection, comme on l'a fait pour celle des héros des temps antiques? Le parallèle que l'on fait ici de ces prétendues résurrections avec celle de Jésus pourroit peut-être nous servir à diminuer le scandale de sa croix. Car supposons que Jésus-Christ eût terminé sa vie obscurément, sans donner à la nation tout entière l'authentique témoignage de sa mort, et qu'il fût après cela ressuscité, quelle confiance cette résurrection auroit-elle obtenue? La certitude de sa mort devenoit donc le premier fondement du miracle de sa résurrection.

Au reste la preuve la plus convaincante de la résurrection de Jésus-Christ, c'est la conduite de ses apôtres. Auroient-ils embrassé avec un aussi invincible courage cette foi de la résurrection, si elle n'eût pas été bien avérée? Si ce n'eût été qu'une fable inventée par les hommes, l'auroient-ils soutenue, prêchée avec assez de force et de zèle pour inspirer aux autres le mépris de la mort? Auroient-ils été les premiers à sceller leur prédication de tout leur sang?

Il sied bien au Juif de Celse de nier la possibilité de la résurrection, dont ses livres lui montrent plusieurs exemples. Mais ce qui rend celle de Jésus et plus authentique et plus admirable qu'aucune autre dont il soit parlé dans l'ancien Testament, c'est qu'elle avoit été prédite avec toutes ses circonstances; c'est qu'elle a pour auteur non des prophètes, mais Dieu lui-même; c'est que le genre humain en a recueilli le bienfait.

Page 96.

« Vous dites que Jésus ressuscité montra sur son » corps les marques de ses plaies; et dans ses mains » les cavités que les clous y avoient faites. Mais qui » les a vues? peut-être une femme fanatique. Qui » encore? une autre de la même cabale? »

Ainsi parle Celse, et il s'évertue à prouver, d'après l'école de son maître Épicure, que l'imagination peut se faire l'idée d'un mort comme s'il étoit vivant. Que cela arrive en songe, il n'y a rien d'extraordinaire, mais en veillant, il faut être en démence ou hypocondriaque. Que s'il nous conteste le témoignage de Madeleine, pourra-t-il récuser celui de l'apôtre saint Thomas, d'abord incrédule au rapport de l'Évangile ? Celui-là étoit bien loin d'être persuadé qu'un mort pût ressusciter avec le même corps. Il ne se contentoit pas de dire : *Si je ne vois, je ne croirai pas ;* il ajoutoit : *A moins que je ne porte ma main où étoient les clous, et que je ne touche son côté.* Jésus veut bien se rendre à son désir : *Thomas, mettez le doigt ici, voyez mes mains, mettez la vôtre à mon côté ; et ne soyez pas incrédule, mais fidèle.* Il convenoit sans doute que les oracles qui avoient été rendus sur le Messie, que ses actions, que les événemens de sa vie fussent, pour ainsi dire, couronnés par le plus frappant des prodiges, par la résurrection qui avoit été aussi prédite. Le Psalmiste disoit au nom de Jésus : *Seigneur, ma chair reposera dans l'espérance, parce que vous ne laisserez pas mon âme dans le séjour de la mort, et que vous ne permettrez pas que votre Saint éprouve la corruption.*

Celse nous fait une objection plus sérieuse. « Si »Jésus a voulu faire connoître sa divinité, il devoit » se montrer à ses ennemis, au juge qui l'avoit » condamné, à tout le peuple. » L'Évangile nous apprend en effet que depuis sa résurrection, Jésus, loin de se montrer à tout le monde, n'étoit pas tou-

Page 97.

Joan., xxi. 5. et suiv.

Ps. xv. 9.
Page 98.

jours avec ses disciples. Saint Paul, vers la fin de
sa première épître aux Corinthiens, témoigne assez
que Jésus ne se laissoit plus voir comme il avoit
fait avant sa passion. *Je vous ai premièrement enseigné*, leur écrit-il, *et comme donné en dépôt ce que
j'avois moi-même reçu, savoir que Jésus-Christ a
souffert la mort pour nos péchés, selon les Écritures ;
qu'il a été enseveli, et qu'il est ressuscité le troisième
jour, selon les mêmes Écritures ; qu'il s'est fait voir
à Céphas, puis aux douze ; qu'après il a été vu de
plus de cinq cents frères à la fois dont la plupart
vivent encore et quelques-uns sont morts ; qu'ensuite il s'est fait voir à Jacques, puis à tous les apôtres, et qu'enfin, après tous les autres, il s'est fait
voir à moi-même qui ne suis qu'un avorton.* C'est
un grand sujet d'étonnement, je ne dis pas seulement pour le commun des fidèles, mais pour les
plus instruits, que Jésus ne se soit pas fait voir
après sa résurrection comme auparavant. Voyons
si nous ne pourrons pas en donner quelques raisons satisfaisantes.

Jésus, quoique toujours un en soi, ne s'offroit
pas à toutes les intelligences, ni à tous les regards,
sous un seul et même aspect. Il se multiplioit en
quelque sorte par la diversité des rapports qu'il
étoit venu établir avec les hommes, selon les degrés de leur intelligence. Il disoit de lui-même :
Je suis la voie, la vérité, la vie ; je suis le pain vi-

1 Cor., xv. 3.-8.

Page 99.

vant descendu du ciel, je suis la porte par où il faut Joan., xiv. 6.
entrer pour être sauvé. Dans sa transfiguration, il ne -vi. 35.-x. 9.
se laissa voir qu'à trois de ses disciples, ne jugeant
pas les autres en état de soutenir l'éclat de sa gloire, Matth., xvii.
de contempler même celle de Moïse et d'Élie, 2.
                                                  Page 100.
d'entendre leurs discours, et la voie céleste qui sortit d'une nuée. Avant *qu'il eût dépouillé les princi-*
pautés et les puissances, avant *d'être mort au péché,* Colos., ii. 15.
il étoit visible pour tout le monde. Cependant il ne -Rom., vi.
                                                  10.
se faisoit pas voir à tous de même, ni dans toutes
les circonstances. Mais depuis qu'il a *mené en*
triomphe toutes les puissances, qu'il a dépouillé ce Colos. *supr.*
qu'il avoit de sensible pour la multitude, est-il
étonnant qu'il ne soit plus vu de tous ceux qui le
voyoient auparavant? Il ne se laisse plus voir en
tout temps même à ses apôtres; ce n'est que successivement et par intervalles qu'il se découvre à eux.
Les rayons continus de sa divinité les eussent
éblouis, aveuglés. Les apparitions du Seigneur à
Abraham et à d'autres justes n'étoient que de loin Page 101.
à loin, et pour un petit nombre de personnes. Le
Fils de Dieu en a usé à peu près de même après sa
résurrection. Comment Celse peut-il nous objecter
que « Jésus auroit dû se manifester à son juge, à
»ses ennemis, à tous enfin? » Étoient-ils capables de
le voir, de soutenir l'éclat de sa divinité? « Il n'a
»été envoyé, dit Celse, que pour être connu. » Non,
il l'a été aussi pour être caché. Ceux mêmes qui l'ont

connu, ne l'ont pas connu tout entier ; il a été entièrement méconnu par d'autres ; il n'en est pas moins
vrai qu'il a ouvert les portes de la lumière aux
enfans de la nuit et des ténèbres, qui se sont ef-
forcés de devenir les enfans du jour et de la lumière.

II Thess., v.
5.

Page 102.

« Il devoit (selon la demande qui lui en étoit
»faite) descendre de sa croix quand il y étoit
» attaché, en disparoître tout à coup, afin de prou-
» ver sa divinité. »

Il me semble entendre les détracteurs de la Providence, quand ils bâtissent eux-mêmes à leur fantaisie un autre monde qu'ils prétendent bien plus
parfait que le nôtre ; et, avec toute la pompe de leur
description, ils ne font qu'ajouter de nouveaux désordres à ceux dont ils accusent le monde actuel,
et prêter au ridicule.

Il n'y a pas de doute que Jésus Homme-Dieu
n'eût pu descendre à son gré de la croix, et disparoître. L'Évangile nous apprend qu'après sa résurrection, ayant pris du pain qu'il bénit et présenta à Simon et à Cléophas, aussitôt leurs yeux
s'ouvrirent, et il disparut après s'être fait connoître à eux. Mais étoit-il à propos pour les desseins
de Jésus de disparoître de dessus la croix ? Une
fois résolu de subir le supplice de la croix, il falloit
en conséquence qu'il éprouvât tout ce qui en est la
suite ; qu'il souffrît, qu'il mourût, qu'il fût ense-

Luc, xxiv.
3o.

Ibid., 26.

veli comme un homme ordinaire. Supposons même que les évangélistes eussent écrit que Jésus disparut de dessus la croix, Celse et les autres incrédules ne trouveroient-ils pas encore matière à chicaner ? Ne diroient-ils pas : Pourquoi n'a-t-il disparu qu'après son supplice ? Mais s'ils censurent ce qu'ils ont appris des évangélistes touchant la mort de Jésus, pourquoi ne les croiront-ils pas aussi dans ce qu'ils nous rapportent de sa résurrection, de ses apparitions, tantôt à ses disciples, quoique les portes de la chambre où ils se tenoient fussent fermées, tantôt à deux d'entre eux, devant qui il disparut tout à coup, après leur avoir présenté le pain, et s'être entretenu quelque temps avec eux ?... Page 103.

Celse conclut toujours par la bouche de son Juif, que « Jésus ne fut qu'un homme. » Page 110.

Quant à moi, j'ignore comment un homme, en lui supposant le hardi projet d'amener l'univers tout entier à sa doctrine, et à une religion nouvelle, auroit pu y réussir, sans le secours d'une protection toute divine ; comment il auroit pu vaincre tous les obstacles, triompher des empereurs, du sénat romain, des peuples et des rois conjurés contre sa doctrine ; comment un homme réduit aux seules forces de la nature seroit venu à bout de persuader une aussi vaste multitude, conquérir la croyance et réformer les mœurs, je ne dis pas seulement des sages, mais ce qui étoit, ce semble, plus impossible, des hommes ensevelis dans les passions, incapables de réflexion, et par conséquent d'être ramenés à la vertu. Pourquoi Jésus-Christ l'a-t-il fait, pourquoi le fait-il encore? c'est parce qu'il étoit incontestablement la puissance et la sagesse de Dieu.

Page 112. *Livre troisième.* A entendre Celse : « Rien de frivole et de ridicule comme la controverse des Juifs avec les chrétiens. On croit de part et d'autre que l'esprit de Dieu a prédit la venue d'un Messie Sauveur du genre humain. Est-il venu? ne l'est-il pas? voilà sur quoi roule toute la contestation. »

Il est certain que nous autres chrétiens, nous croyons que Jésus est celui dont la venue avoit été prédite par les prophètes; il l'est également que la plupart des Juifs ne le croient point. Leurs pères, ceux qui vivoient de son temps, se sont déclarés contre lui; et ceux de nos jours, partageant les mêmes préventions, n'en parlent que comme d'un imposteur qui essaya par de criminelles manœuvres de se faire passer pour le Christ des prophètes.

Je demanderai à Celse et à ses adhérens : Est-ce une question frivole d'examiner si les prophètes des Juifs ont prédit le lieu où devoit naître le chef d'un nouveau peuple de Dieu; s'ils ont prédit qu'une vierge concevroit l'Emmanuel; qu'il feroit telles et telles œuvres extraordinaires; que sa doc-

trine se répandroit avec une prodigieuse rapidité,
et que la voix de ses apôtres se feroit entendre dans
tous les lieux du monde ; qu'après avoir été condamné et mis à mort par les Juifs, il ressusciteroit?
Les prophètes avoient-ils fait toutes ces prédictions
au hasard, et sans qu'aucune apparence de raison
les portât, non-seulement à les faire de vive voix,
mais à les consigner dans leurs écrits? Est-il vraisemblable qu'une nation comme celle des Juifs,
qui avoit depuis plusieurs siècles son établissement fixe, établît sans motif des différences entre
les uns pour les admettre comme de vrais prophètes, les autres pour les rejeter comme des imposteurs? N'en ont-ils pas eu pour insérer les premiers dans leur canon à la suite des livres de Moïse,
qu'ils regardoient comme sacrés? Si l'on veut creuser plus avant, par quels argumens ces critiques, qui
reprochent aux Juifs et aux chrétiens une stupide
crédulité, prouveront-ils qu'au milieu de tant de
nations qui avoient leurs prophètes et leurs oracles,
les Juifs seuls n'aient pas eu les leurs? Les autres
peuples vantoient bien les prodiges qui se faisoient
chez eux. Celse lui-même en rapporte un grand
nombre. Et les Juifs, qui faisoient profession d'être
seuls consacrés au Dieu suprême de l'univers, n'auroient eu chez eux aucune espèce de prodiges
pour soutenir leur foi et leur espérance? N'auroient-ils pas abandonné un Dieu qui n'auroit été

Page 113.

puissant qu'en paroles, pour les prétendues divinités qui avoient la réputation de prédire l'avenir et de guérir les maladies ?

Page 114. Ennemi commun des Juifs et des chrétiens, Celse prétend que ceux qui se sont attachés à la doctrine de Jésus, le prenant pour le Messie, en ont agi avec les Juifs comme ceux-ci avec les Egyptiens; et que les uns et les autres ne seroient que des transfuges de la religion de leurs pères. Il faut donc venger à la fois les Juifs et les chrétiens. Les premiers avoient leur langue et leur écriture particulières, avant qu'ils arrivassent en Egypte, où la famine les avoit poussés du temps de leur patriarche Jacob. La preuve, c'est que leurs noms et ceux de leurs enfans sont hébreux, et ne tiennent en rien de la langue égyptienne. S'ils eussent été Égyptiens d'origine, ils en auroient gardé la langue; ou bien, en supposant que leur haine contre ce peuple eût passé jusqu'à son idiome, ils auroient adopté la langue syriaque ou phénicienne, plutôt que l'hébreu. Celse, qui les appelle des révoltés, s'unit aux Egyptiens, calomniateurs des Hébreux après en avoir été les oppresseurs. Il n'est pas plus vrai à l'égard des chrétiens, quand il dit que ce fut le même esprit de sédition qui, du temps de Jésus, porta une partie des Juifs à se séparer des autres pour le suivre. Nous défions Celse et ses partisans de prouver que les chrétiens aient jamais eu part à quelque

sédition. Qu'il fût permis aux juifs de repousser l'op-
pression par la force, à la bonne heure ; jamais aux
chrétiens. Leur législateur leur a souvent interdit
toutes représailles. Ce ne sont pas des séditieux
qui adoptent un code de lois qui ordonne de se
laisser égorger comme de timides agneaux ; et à ne
se venger jamais, sous aucun prétexte, de ses
plus violens persécuteurs. Ils aiment bien mieux
se reposer du soin de la vengeance sur Dieu seul,
qui a toujours combattu pour eux, et, quand il l'a
fallu, a bien su mettre un frein à la fureur des
princes et des peuples conjurés contre sa religion.
Il a permis qu'il y eût parmi eux, à divers intervalles, des martyrs qui, par l'exemple de leur
constance, affermissent la foi de leurs frères et
leur apprissent à se mettre au-dessus de la crainte
de la mort. Ils sont en petit nombre (1), et l'on
peut aisément les compter. Dieu n'a jamais souffert que toute leur société fût détruite ; et il a voulu
qu'elle subsistât pour répandre par toute la terre
cette sainte et salutaire doctrine. Pour rassurer les
foibles contre la crainte de la mort, il a dissipé plus
d'une fois les complots formés contre ses disciples :

Matth., v. 39.

Page 115.

(1) « Nous entendons, comme l'abbé Fleury, qu'ils sont en petit nom-
» bre, comparés à la multitude des fidèles. D'ailleurs, ce n'est qu'après
» cet ouvrage d'Origène que l'Église essuya les plus sanglantes persécu-
» tions, telles que celles de Dèce, de Dioclétien, de Maximin Daïa ; et
» lorsqu'il l'écrivoit, l'Église étoit en paix depuis long-temps, comme il le
» dit lui-même dans ce livre. » (Note de l'abbé de Gourcy.)

il a empêché les souverains et les peuples de suivre
les mouvemens de leur fureur.

Autre calomnie insigne. « Si tous les hommes
» vouloient se faire chrétiens, dit Celse, les chré-
» tiens s'y opposeroient. »

Une aussi étrange assertion est démentie par
ce qui se voit dans toutes les parties du monde, où
les chrétiens s'appliquent autant qu'il est en eux
à répandre la semence évangélique. Ils comptent
partout des hommes dont l'unique occupation est
d'aller par les villes et par les campagnes pour y
proposer le vrai culte de Dieu et la piété chrétienne.
On ne les soupçonnera point de le faire dans aucune vue d'intérêt; car il leur arrive souvent de
refuser les choses même les plus nécessaires à la
vie; ou, si le besoin les force à recevoir quelque
présent, ce n'est que pour la nécessité du moment,
quelques offres, quelques instances qu'on puisse
leur faire. Parce qu'il se rencontre aujourd'hui,
dans l'immense quantité de chrétiens, des gens
riches et constitués en dignité, des femmes nées
dans l'opulence et les délices, qui s'empressent de
recevoir les apôtres; peut-être on s'imaginera qu'il
entre dans les motifs de leur zèle quelque sentiment de vaine gloire : mais dans les commencemens du christianisme, lorsqu'il n'étoit pas possible d'annoncer Jésus-Christ sans avoir à courir
les plus grands dangers, un pareil soupçon eût

Page 117.

été sans fondement. Aujourd'hui encore, il est vrai
de dire qu'il y a plus d'humiliations à attendre de
la part des ennemis, que de gloire à espérer de la
part des nôtres, si l'on peut appeler cela de la
gloire.

Mais comment Celse prouvera-t-il ce qu'il avance?
« Dans les commencemens, les chrétiens n'étoient
» qu'en très-petit nombre, et n'avoient qu'une
» même doctrine. Dès qu'ils se sont multipliés, ils
» se sont partagés en diverses sectes; et chacun
» prend parti selon son caprice. L'esprit séditieux
» a toujours été l'âme de cette religion. »

On ne peut nier que les chrétiens, à leurs commencemens, ne formoient pas un corps à beaucoup
près aussi nombreux qu'à présent. Leur nombre
cependant n'étoit pas si médiocre. Ce qui même en-
venima si violemment contre lui la haine des juifs,
ce fut de voir la prodigieuse multitude d'hommes, de
femmes, d'enfans qui le suivoient jusque dans le désert. Mais que leur nombre eût été d'abord peu considérable, qu'importe à la question? « Ils n'avoient
alors qu'une même doctrine. » Cela n'est pas exact;
car dès lors il y eut, entre les fidèles, partage d'opinions sur le sens de quelques passages des livres
que nous regardons comme divins. Dès le temps
même des apôtres, il s'éleva une grande dispute sur
la loi et les observances judaïques; les uns prétendant que les païens convertis étoient obligés

de s'y conformer, les autres soutenant le contraire. Nous voyons par les épîtres de saint Paul, contemporain de ceux qui avoient vu Jésus-Christ, que tous ne pensoient pas de même sur certains dogmes, et que quelques-uns n'avoient pas une idée juste de nos mystères (1).

, Page 118. Celse invective contre la diversité d'opinions qui partagent les chrétiens. Je réponds qu'au lieu d'être un argument contre le christianisme, cette diversité en justifie l'excellence et la nécessité ; c'est le sort de toutes les bonnes et utiles institutions d'être soumises à des discussions qui amènent partage dans les sentimens. Combien dans la science de la médecine de sectes diverses parmi les Grecs et les barbares ! La philosophie, qui nous promet la vérité et la connoissance de tout ce qui est, qui nous enseigne l'art de vivre et d'être heureux, n'a-t-elle pas enfanté une foule de sectes plus ou moins célèbres ? Chez les juifs, les diverses interprétations des livres de Moïse et des prophètes n'en ont pas moins produit. De même la religion chrétienne, s'étant présentée avec des caractères de grandeur et de merveilleux, qui ont excité la curiosité non de quelques vils esclaves, comme Celse le prétend, mais d'un grand nombre de savans, parmi les Grecs eux-mêmes ; il étoit naturel qu'il y eût différentes

(1) Voy. *Epist.* S. Paul. 1 *Cor.* xv. 12. 11 *Tim.* 11. 18. 11 *Thessal.* 11, 2. 1 *Tim.* vi. 20.

explications de tels passages des livres saints, mais qui ne portent point sur le fonds du dogme. En estimera-t-on moins et la médecine, et la philosophie, et la loi des juifs? Raisonnons de même par rapport au christianisme; c'est dans ce sens que le mot de saint Paul me paroît admirable, quand il dit : *Il faut qu'il y ait même des hérésies parmi vous, afin que les fidèles d'une foi à l'épreuve soient connus de tous.*

1 Cor., 11. 19.

Aussi celui-là est *à l'épreuve* en médecine, qui, après avoir étudié soigneusement les principes des différentes écoles, se détermine pour ceux qui lui paroissent le plus sûrs. Et dans la philosophie, on n'est véritablement habile et consommé, que lorsque l'on a adopté une secte, après avoir examiné et discuté à fond les dogmes d'un grand nombre d'autres. Le chrétien le plus éclairé est, à mon avis, celui qui connoît parfaitement les sectes des Juifs et des chrétiens.

Page 119.

Quant à certaines sectes avec qui nous n'avons rien de commun, pas même le nom de Jésus-Christ; on auroit tort d'en rien inférer contre le christianisme.

Que Celse prête à notre société tel fondement qu'il lui plaira; je lui répondrai toujours que notre croyance et notre secte ont pour unique fondement la puissance, la parole même de Dieu qui a inspiré ses prophètes pour nous annoncer la venue du

Christ, Sauveur du genre humain. Plus les infidèles font de vains efforts pour nous contester ce principe, plus ils confirment notre persuasion dans la nécessité de reconnoître Jésus pour le Fils de Dieu, avant et après son incarnation. Je dis après son incarnation; car le voile même dont son humanité éclipsoit sa divinité n'empêchoit point de reconnoître qu'il ne fût réellement le Verbe de Dieu, descendu du ciel; donc, que notre doctrine ne doit ni son origine, ni son accroissement à la sagesse humaine, mais à Dieu seul qui s'est manifesté par sa sagesse et par un grand nombre de prodiges; qui a donné d'abord la loi des Juifs, et ensuite celle des chrétiens. Nous avons montré que ni l'intérêt, ni l'esprit de sédition, ne peuvent avoir donné naissance à une religion qui a la force de changer les hommes et de les rendre vertueux. Ce n'est point non plus ni la crainte, ni la défiance. Il y a même assez long-temps que, grâce à Dieu, la crainte n'auroit plus d'objet (1). Il est vrai que selon les

Page 120.

; (1) Origène, écrivant son Traité contre Celse en l'an 249, selon la plus commune opinion, avoit droit d'avancer que l'Église jouissoit des douceurs de la paix. La persécution de Maximin étoit cessée depuis douze ans; et Philippe, sous qui il écrivoit, laissa respirer les chrétiens. Quelques personnes ont prétendu même que ce prince avoit embrassé le christianisme. Elles fondent leur opinion sur l'assurance positive qu'en donnent Eusèbe, S. Jérôme, Orose, Vincent de Lérins. De là, l'anecdocte; que Philippe se seroit soumis à la pénitence publique qui lui fut imposée à Antioche, par son évêque S. Babylas. S. Jean Chrysostôme ne le nomme point dans son panégyrique du saint évêque. Le

apparences, le calme ne sera pas de longue durée (1).
La calomnie, qui s'acharne contre nous, ne cesse de
répandre que la cause des troubles actuels (2) vient
du grand nombre de chrétiens, et de ce qu'on a cessé
de les persécuter. Nous avons appris à ne pas nous
relâcher dans la paix, à ne pas nous décourager
dans la guerre, à ne nous séparer jamais de la charité de Jésus-Christ. Nous nous empressons de faire
connoître les principes de notre sainte religion,
loin de les cacher comme Celse l'imagine. Ceux qui
demandent à l'embrasser, nous commençons par
leur inspirer le mépris des idoles. Après les avoir
détachés du culte des créatures, nous les élevons
jusqu'au Créateur; nous leur faisons voir que le
Christ est venu; nous le démontrons, et par les

P. Petau a doctement relevé ces erreurs. *Doctr. temp.* lib. II, cap. xxv,
pag. 338. N'auroit-on pas confondu cet empereur, Arabe d'origine, avec
un autre Philippe, simple gouverneur d'Arabie, converti à la foi chrétienne par Thérène dont le nom ne se trouve point dans Baronius, ni
dans Ruinart, et les autres agiographes? Tillemont en parle d'après
Mombritius, *De vitis Sanctor. Mém.* tom. v, pag. 559. Nous n'avons
plus les lettres qu'Origène adressa à l'empereur et à l'impératrice Severa
son épouse.

(1) Le pressentiment d'Origène ne fut que trop justifié par la cruelle
persécution qui s'éleva bientôt après par les ordres de Dèce, dont on
peut voir l'histoire dans Tillemont., *Mém.* tom. III, pag. 305, 362. saint
Cyprien, de son côté, en avertissoit les chrétiens de son temps. *Epist.*
xi, pag. 186, edit. Oxon.

(2) Les troubles dont il est ici parlé, c'étoient probablement les ré-
voltes partielles qui devancèrent celle de Dèce, et amenèrent la ruine
de Philippe, comme on peut le voir dans l'historien Zosime.

prophéties, et par les écrits des apôtres qu'on a soin de mettre entre les mains de ceux qui peuvent les entendre.

Celse nous accuse « de fasciner l'esprit des simples par de chimériques terreurs. »

De quoi parle-t-il ? Apparemment du jugement de Dieu, où il sera demandé aux hommes compte de toutes leurs actions ; où les méchans seront punis, et les bons récompensés ? Mais c'est un dogme que nous prouvons solidement, et par nos écritures, et par des argumens lumineux. Il faut pourtant rendre justice à notre adversaire. Il convient qu'il faut s'abstenir de contredire le dogme des châtimens pour les méchans, et des récompenses pour les bons. Mais s'il admet la punition des méchans ; ce prétendu épouvantail qu'il nous reprochoit, que devient-il ? A l'entendre, nous avons ramassé de vieux contes, en les altérant encore, dont nous étourdissons nos prosélytes, comme font les prêtres de Cybèle avec ceux qu'ils initient à leurs mystères. Mais d'où avons-nous pris ces vieux contes ? des Grecs qui croient à l'existence de certains tribunaux établis sous notre terre ? ou des Juifs qui enseignent qu'il y a une autre vie après celle-ci ? Quoi qu'il en soit, jamais il ne prouvera que les chrétiens, dont la croyance n'a rien que de raisonnable, s'éloignent de la vérité, en réglant leur conduite sur le dogme du jugement à venir.

Celse compare notre croyance avec celle des   Page 121.
Égyptiens. « En Égypte , dit-il , se présentent d'a-
»bord des temples superbes, de la plus auguste
»architecture , des bois sacrés , d'immenses por-
»tiques, des cérémonies pleines de mystéres ; tout
»cela pour aboutir à adorer des chats, des singes,
»des crocodiles, des boucs ou des chiens. »

Avons-nous rien qui ressemble à ces magnifiques
dehors ? rien qui aît le moindre rapport avec ces
simulacres d'animaux adorés dans l'intérieur de
ces temples ? Celse dira-t-il de nos prophèties ,
de notre Dieu , souverain maître de l'univers , et de
notre mépris pour les idoles : que ce sont là comme
de belles avenues , qui se terminent à un homme
crucifié, ce qui ne vaut pas mieux que de stupides
animaux ? Dans ce cas, nous lui répondrons que
nous avons assez justifié la personne de Jésus et
les ignominies de son humanité , puisqu'elles ont
fait le salut du genre humain.

«Vous vous moquez , poursuit-il , de ces divi-
»nités de l'Égypte ; mais ce ne sont là que des em-
»blèmes ; sous le voile de l'allégorie sont cachées
»les idées augustes des principes éternels ; l'hom-
»mage ne s'adresse pas, comme on croit communé-
»ment, à des animaux d'un jour. Mais vous, qu'avez-
»vous de respectable à nous dire sur le compte de
»votre Jésus? »

Je veux qu'il ait raison de trouver admirables

les symboles égyptiens, et de nous vanter la profonde sagesse qu'ils recèlent. Mais, en a-t-il de prétendre que nous n'ayons rien de sensé à dire en
faveur de nos mystères; et que quand nous donnons aux parfaits la connoissance de ce qu'il y a
de plus profond dans la sagesse, nous en soyons
réduits à de futiles et misérables explications?

Page 122. Saint Paul écrivoit : *Nous prêchons la sagesse aux*
parfaits, non la sagesse du siècle ou des princes du
siècle qui périssent, mais la sagesse cachée dans le
mystère de Dieu qu'il a préparée avant tous les temps
pour notre gloire, et qu'aucun des princes de ce siècle
1. Cor. II.
6.-8. *n'a connue.* Je voudrois bien que l'on me dît, si,
quand saint Paul parle de *prêcher la sagesse aux*
parfaits, il le fait sans savoir même ce que c'est
que la sagesse et la plus relevée? Si l'on alloit jusqu'à dire que saint Paul s'engageoit témérairement,
nous en appellerons aux épîtres de cet apôtre, pour
demander à ses calomniateurs, et s'ils les ont bien
comprises, et s'ils les ont trouvées choses absurdes et ridicules? Bien loin de là; qui les aura
examinées avec attention, admirera que l'apôtre ait
su exprimer les choses les plus relevées dans le
style le plus simple. Sinon, il se fera moquer de lui,
soit qu'il se contente d'en proposer simplement le
sens, comme l'ayant bien compris, soit qu'il entre-
prenne de combattre et de détruire ce qu'il se sera
imaginé de bien comprendre. Je ne parlerai point

de tout ce qui se présente à notre méditation dans
les Évangiles, où il y a de quoi exercer les esprits les
plus éclairés comme les plus simples; je dis les
esprits les plus éclairés; témoin ces mystérieuses
paraboles que Jésus exposoit à la multitude, mais
dont il réservoit l'explication à ses entretiens confi-
dentiels avec ses disciples, choisissant, selon la diversité des rencontres, tantôt les solitudes des montagnes, pour certains discours ou certaines actions,
par exemple, sa transfiguration, tantôt la plaine,
où les malades pouvoient se rendre plus aisément
pour être guéris par ses mains. Mais ce n'est pas
ici le lieu de lever l'écorce qui couvre les mystères
vraiment augustes et divins, renfermés et dans l'É-
vangile, et dans les écrits de Paul. Ce que nous
avons dit suffit pour confondre le téméraire philosophe qui n'a pas rougi de les comparer au culte
impie et extravagant des chats, des singes, des crocodiles, des boucs et des chiens de l'Égypte.

Celse, pour mettre le comble à l'insulte et à la
dérision, oppose à Jésus les héros et les dieux du
paganisme, Castor, Pollux, Esculape, Hercule,
Bacchus, Antinoüs. Leurs excès, leurs infamies sont
trop connues; et jamais les plus mortels ennemis
de Jésus n'ont pu trouver dans lui l'ombre du vice.
Les fables de ces dieux, leurs prodiges ridicules,
leurs trompeurs et équivoques oracles soutien-
dront-ils le parallèle avec l'histoire de Jésus, écrite

Page 124.

par des hommes simples et religieux, témoins ocu-
laires de ce qu'ils rapportent; dont la bonne foi,
qui se fait sentir dans leurs écrits, a été mise à la
plus forte de toutes les épreuves; qui ont enduré
les plus cruels supplices, qui sont morts pour
sceller de leur sang la vérité des faits qu'ils nous
ont transmis? Les miracles de Jésus qu'ils ont vus
et attestés, ne sont-ils pas tous les jours attestés et
prouvés par les miracles que nous avons sous les
yeux? Dans cette multitude de Grecs et de Barbares qui confessent la divinité de Jésus, n'y en
a-t-il pas un grand nombre qui par l'invocation
seule du nom de Dieu et du nom de Jésus, gué-
rissent de toutes sortes de maux que les hommes
et les démons n'ont jamais guéris?

Page 125.   Outre que les prodiges attribués à vos dieux
n'ont pour garans que des auteurs décriés pour
leurs mensonges, ils n'ont aucun but, et ne sont
d'aucune utilité pour les hommes. Mais les miracles de Jésus, indépendamment de la guérison
du corps, ont été opérés pour persuader aux
hommes de recevoir sa doctrine, cette excellente
doctrine qui n'a pour objet que d'inspirer la piété
et la conversion des mœurs.

Et vos oracles, les comparerez-vous avec ce grand
nombre de prophéties, qui depuis si long-temps
annonçoient le Christ, de manière que tout le peuple juif étoit dans cette attente lorsque Jésus na-

quit? Les uns le reconnurent pour le Messie
promis par les prophètes ; les autres, pleins de mépris pour sa douceur inaltérable et pour celle de ses
disciples, se portèrent contre lui à des attentats
que ses disciples n'ont pas craint de nous raconter
avec leur franchise ordinaire, quoiqu'ils prévissent
bien qu'on nous les reprocheroit, et qu'on les
feroit passer pour l'opprobre du christianisme.
Mais Jésus voulut, et tel est aussi l'esprit de ses
disciples, que ceux qui embrasseroient le christianisme, ne fussent pas tellement occupés de sa divinité et de ses miracles, qu'ils perdissent de vue
son humanité et ses abaissemens volontaires, qui
ont concouru avec sa divinité au salut du monde.
Nous apprenons que c'est dans Jésus qu'a com- Page 128.
mencé l'union de la nature humaine avec la nature
divine ; afin que l'humanité fût en quelque sorte
divinisée, non-seulement dans Jésus, mais dans
tous ceux qui embrassent, avec sa religion, la vie
qu'il a enseignée, et qui méritent l'amitié et l'u-
nion avec Dieu même à tous ceux qui conforment
leurs mœurs aux maximes de Jésus.

Dieu, qui a envoyé son Fils, a fait recevoir son
Évangile dans tout l'univers, pour opérer partout
ce changement admirable de mœurs. Presque tous
les hommes, si vous exceptez les chrétiens, ne
sont-ils pas superstitieux ou corrompus ? Les Églises
de Dieu, instruites par le Christ, comparées avec

les peuples au milieu de qui elles sont établies,
brillent comme des astres dans le monde. Qui n'a-
vouera que les plus imparfaits, les derniers des
chrétiens, l'emportent encore sur le grand nombre de ceux que nous voyons dans les assemblées
populaires ? L'Église d'Athènes par exemple, est
douce et bien réglée ; elle n'a d'autre ambition que
de plaire à Dieu. L'assemblée des Athéniens ne
respire que le trouble et la sédition, et n'a aucun
trait de conformité avec l'Église. Il en est de même
de l'Église de Corinthe et de l'Église d'Alexandrie, comparées aux assemblées populaires de ces
villes. Comparez le sénat de l'Église de Dieu avec
le sénat de chaque ville ; vous trouverez que les
membres de notre sénat sont vraiment dignes de
gouverner la cité de Dieu, mais que vos sénateurs
n'ont rien dans leurs mœurs qui réponde à l'éminence de leurs places. Et si vous opposez les prélats
de chaque Église aux premiers magistrats des villes,
vous vous convaincrez que les premiers, je parle
même simplement de ceux qui passent pour les
moins vertueux, surpassent encore tous ceux qui
vous gouvernent. A de pareils traits, ne reconnois-
sez-vous pas la divinité de Jésus ?

« Votre attachement au christianisme, nous dit
» Celse, n'a son principe que dans une foi aveugle. »

Page 134.   Il pouvoit l'appeler une foi heureuse. C'est en
effet la foi de la multitude des chrétiens ; comme

une foi malheureuse est le partage des adorateurs des faux dieux.

Que tous ne soient pas en état de rendre raison de leur croyance, en est-elle moins légitime, fondée qu'elle est sur la parole du souverain Créateur et maître de l'univers, qui nous l'a communiquée par son Verbe? S'il n'a donné qu'à un petit nombre de raisonner cette foi qui les attache au christianisme, elle n'en est pas moins heureuse pour tous. Les Grecs eux-mêmes ne contestent point l'influence de la sagesse et des opinions sur le bonheur ou sur le malheur. Les plus renommés de leurs philosophes n'auroient pas la célébrité dont ils jouissent; ils ne seroient pas même philosophes, s'ils n'eussent été assez heureux pour recevoir une bonne éducation, et pour tomber entre les mains d'excellens maîtres. Combien d'autres dont l'âme, quoique de même trempe, n'a jamais pu prendre l'essor, parce que, dès l'enfance, ils ont rampé dans l'esclavage, et ont été asservis aux passions de maîtres dissolus? Ce bonheur ou ce malheur sans doute viennent de la Providence; elle n'ordonne rien, elle ne permet rien sans des raisons dignes de sa sagesse; mais il n'est pas facile à l'homme de les pénétrer.

Il est donc vrai, nous l'avouons, et que notre foi est l'effet de notre bonheur, c'est-à-dire de la bonté de Dieu, et qu'elle est la cause de notre atta-

chement à Jésus-Christ. Ne doit-elle pas aussi
vous paroître légitime et digne de louange? Nous

Page 135.

croyons au Dieu de l'univers, et lui rendant grâce
du don de la foi, nous confessons que sans lui
Jésus n'auroit pu ni entreprendre ni consommer
ce grand ouvrage. Nous croyons les auteurs de nos
évangiles, nous sommes frappés de leurs sentimens de religion, de leur sincérité, de leur candeur
qui éclatent partout, et qui ne permettent de soupçonner de leur part ni déguisement, ni fiction, ni
imposture. Des hommes qui n'avoient aucune teinture des sciences grecques, ni de cette sagesse subtile et captieuse qui sait appliquer artificieusement
les couleurs de la vérité, ni de cet art de parler si
puissant; de tels hommes n'étoient point capables
d'inventer le christianisme, de le faire croire, ni
de le faire pratiquer. Pour moi je suis persuadé
que Jésus n'a choisi de tels hérauts de sa religion
que pour qu'on ne pût pas soupçonner qu'elle soit
fondée sur la raison et la sagesse humaine, et qu'au
contraire il fût manifeste que leur simplicité et
leur candeur, soutenues du secours du ciel, avoient
exécuté ce que la science, l'art et l'éloquence des
Grecs auroient vainement tenté.

Voyez comme notre foi, qui n'a rien que de conforme à la raison naturelle, désabuse tous ceux
qui la reçoivent avec docilité! Car, quoiqu'une
fausse et perverse doctrine ait pu persuader à un

grand nombre d'hommes d'adorer des simulacres comme des dieux; de rendre un culte religieux à des ouvrages d'or, d'argent, d'ivoire, de pierre; cependant le sens commun se révolte, et nous dicte à tous qu'une matière corruptible ne sauroit être un Dieu; que Dieu ne sauroit être honoré dans ces figures inanimées sous lesquelles les hommes prétendent le représenter; que tout ce qui sort de la main des hommes ne peut avoir d'affinité, ni de proportion avec le Dieu qui a créé, qui soutient et régit le monde. L'âme raisonnable, refléchissant qu'elle est faite à la ressemblance de Dieu, abjure tous ces dieux, et suivant la pente de sa nature, s'attache au Créateur de tous les êtres. C'est lui, lui-même qui nous a enseigné ces vérités par le canal de ses disciples à qui il a communiqué sa puissance, et qu'il a chargés de prêcher l'Évangile de Dieu et du royaume du ciel.

Si l'on en croit Celse : « Nous avons pour système de ne recevoir parmi nous que des hommes sans vertu, que des ignorans et des imbéciles. Nous regardons la sagesse, la prudence, l'érudition comme autant de vices. Nous avouons par-là que notre Dieu n'est digne que des derniers des hommes, et que nous ne voulons ni ne pouvons séduire que des femmelettes, des enfans, des esclaves, des insensés. »

Page 137.

Nous lui répondrons d'abord que la doctrine de

Jésus est si sage, si relevée, qu'elle proscrit le simple désir du crime, comme le crime même. Et s'il se rencontroit parmi nous quelques chrétiens d'une vie peu réglée, on auroit droit sans doute de les condamner; mais on ne pourroit sans injustice en accuser l'Évangile qui réprouve sévèrement tous les vices. Confondons cette imposture, et montrons que la sagesse a toujours été en honneur parmi nous, et que nous n'avons cessé d'en recommander l'étude. Les livres des Juifs dont nous nous servons comme eux, les livres qui ont été écrits depuis la venue de Jésus-Christ et que nos églises regardent comme divins, en fourniront la preuve.

Page 138.
Ps. l. 8.

David dit à Dieu dans le psaume cinquantième : *Vous m'avez révélé les secrets de votre sagesse.* Les Psaumes en effet renferment une multitude de sages maximes. Salomon demanda à Dieu la sagesse, et l'obtint. Nous voyons dans ses écrits des traces de cette divine sagesse ; nous y trouvons les plus sublimes sentences exprimées en peu de mots. Il avoit fait des traités sur toutes les plantes, depuis le cèdre du Liban jusqu'à l'hysope, et sur tous les

iii Reg., iv. 29.

animaux terrestres, les oiseaux et les poissons. Il surpassa tous les hommes en sagesse. On venoit des extrémités de la terre pour en être témoin et pour l'admirer ; et l'on trouvoit, comme dit la reine de Saba, que sa sagesse l'emportoit infiniment sur sa renommée. Notre doctrine suppose même des sages parmi les fidèles , puisqu'elle se cache sous des énigmes , des allégories et des paraboles. *Qui est sage , qui est intelligent* , dit le prophète Osée, *il entendra , il pénétrera les merveilles que je viens d'énoncer.* Daniel et ses compagnons de captivité firent de si grands progrès dans la science des Chaldéens, qu'ils étoient dix fois plus savans que les autres. Le prophète Ézéchiel demanda à un prince de Tyr qui s'enorgueillissoit de son savoir : *En avez-vous plus que n'en avoit Daniel? Pourtant , tout ce qui est caché ne vous a point été découvert.*

Si nous passons aux livres du nouveau Testament, nous y verrons que Jésus propose à la multitude des paraboles qu'il explique en particulier à ses disci-ples , comme aux héritiers de sa sagesse. D'ailleurs, il promet d'envoyer à ceux qui croiront en lui , des sages et des docteurs. Saint Paul , faisant l'énumé-ration des dons de Dieu , met à la tête de tous le don de sagesse, ensuite le don de science, en troisième lieu celui de la foi. Ce n'est qu'après cela qu'il nomme le don des miracles et des guérisons , comme infé-rieur aux dons spirituels. Le martyr saint Étienne qui l'avoit lu sans doute dans quelque livre ancien, nous assure que Moïse fut instruit dans toutes les sciences des Égyptiens. C'est pourquoi le roi Pha-raon , au lieu de rapporter à Dieu les prodiges de Moïse , les attribuoit à ces sciences cachées. Il fit venir ses enchanteurs et ses magiciens ; mais bien-

Page 139.

Ose., xiv. 10.

Dan., 1. 20.

Ezech. xxviii 3.

Matth., xxiii 34.

1 Cor., xii. 8, 9.

Act., vii. 22.
Page 140.

8.

tôt il fut manifeste que la sagesse des Égyptiens n'approchoit pas de celle de Moïse.

Il est vraisemblable que ce que saint Paul dit des Grecs, enflés de leur sagesse, a donné occasion de croire que les sages étoient exclus de notre religion. Mais qu'on fasse attention au texte de l'Apôtre, on verra que sa censure ne tombe que sur ceux qui négligent l'étude des choses spirituelles, invisibles et éternelles, qui ne s'occupent que des objets terrestres et matériels, et y placent le souverain bonheur. C'est pour cette raison qu'il les appelle *les sages de ce monde*, qu'il qualifie de sagesse vaine et insensée, celle qui, se bornant au corps et aux sens, ne voit rien, n'admet rien au delà. Il donne au contraire le nom de *sagesse de Dieu* à celle qui élève jusqu'au royaume du ciel, l'âme qui rampoit sur la terre, et lui apprend à mépriser comme caduc et périssable tout ce qui tombe sous les sens, pour n'estimer que ce qui leur échappe, pour n'aimer à contempler que ce qui est invisible.

Le passage suivant de saint Paul mal entendu, a peut-être aussi fait croire que nous ne recevions jamais de sage ni de savant : *Considérez, mes frères, quelle est votre vocation. Il n'y a parmi vous ni beaucoup de sages selon la chair, ni beaucoup de riches, ni beaucoup de puissans ; mais Dieu a choisi les fous selon le monde pour confondre les sages ; il a choisi*

Exod., vii. 11.

1 Cor., i. 26.

Ibid., 21.

Page 141.

les foibles selon le monde pour confondre les forts ;
il a choisi ce qui étoit vil et méprisable selon le monde,
ce qui n'étoit point, pour détruire ce qui est, afin que
nulle chair ne se glorifie en sa présence.

1 Cor., 1, 26, 29.

Remarquez que l'Apôtre ne dit pas : *Il n'y a pas*
un sage selon la chair, mais : *Il n'y en a pas beaucoup.*
Parmi les qualités qu'il exige d'un évêque, il compte
la science, parce qu'un évêque doit être en état *de*
convaincre ceux qui s'opposent à la saine doctrine, et de
fermer la bouche aux discoureurs frivoles, ainsi qu'aux
séducteurs. C'est donc sans fondement que Celse nous
accuse de dire qu'aucun sage, qu'aucun savant, qu'aucun homme raisonnable ne se présentent à nous. Au
contraire, que tous les sages, que tous les savans, que
tout homme raisonnable se présentent avec confiance ; mais que l'ignorant, l'enfant, l'insensé même
osent aussi se présenter. Oui, notre religion promet
de les guérir tous, de les rendre tous dignes de Dieu.
Il est donc faux que les prédicateurs de l'Évangile
ne veuillent persuader que des insensés, des hommes
du peuple, des simples, des esclaves, des femmelettes, des enfans. Il est vrai que l'Évangile appelle
toutes ces personnes-là, mais ce ne sont pas les
seules. Le Christ est le Sauveur de tous les hommes,
mais principalement des fidèles. Qu'ils soient spirituels, qu'ils ne le soient pas, n'importe. Il est fort
inutile après cela de répondre à Celse qui nous
dit : « Est-ce donc un mal d'être savant ? d'avoir

1 Tim., III.

» cultivé son esprit par d'excellentes études ? d'être
» sage et de le paroître ? Cela peut-il empêcher de
» connoître Dieu ? N'est-ce pas plutôt un secours pour
» trouver la vérité ? » Assurément la science n'est pas
un mal; mais les sages mêmes d'entre les Grecs
n'honoreroient pas du nom de science des dogmes
faux et pervers. Personne ne disconviendra que ce
ne soit un bien de cultiver son esprit par d'excellentes études ; mais peut-il y avoir d'excellentes
études qui n'aient point la vérité ni la vertu pour
objet ? Il est bon d'être sage , mais non de se borner à le paroître, quoi qu'en dise Celse. En un mot,
la science , la sagesse, d'excellentes études ne sont
point un obstacle à la connoissance de Dieu ; au
contraire , elles aplanissent le chemin pour y arriver.

gc 142.   Les philosophes , quand ils parlent en public , ne
choisissent pas leurs auditeurs ; il est libre à chacun
de venir les entendre. Il n'en est pas de même des
chrétiens. Ils sondent, autant qu'il est possible, les
cœurs de ceux qui se présentent pour les écouter.
Ils les préparent d'abord en particulier ; et, avant de
les admettre à leurs assemblées , ils s'assurent qu'ils
sont suffisamment affermis dans la résolution de
bien vivre. Alors ils les admettent; mais ils les distinguent en deux ordres : l'un, des commençans
qui n'ont pas encore reçu le don de la purifi-
cation ; l'autre, de ceux qui ont donné des garan-

ties suffisantes pour laisser croire qu'ils ne se permettront rien qui ne soit digne d'un chrétien. C'est parmi les derniers qu'on choisit des personnes pour avoir l'œil sur la conduite de ceux qui sont reçus ; pour éloigner de l'assemblée commune, ceux qui sont coupables de quelque crime ; pour y introduire et pour traiter avec bonté ceux qui mènent une vie sans reproche ; enfin, pour les rendre de jour en jour plus parfaits.... Nous faisons notre possible pour ne composer nos assemblées que de sages, et nous ne craignons point de révéler ce qu'il y a de plus grand et de plus divin dans notre croyance, lorsque nous avons des auditeurs capables de l'entendre. Au contraire, nous gardons un profond silence sur nos mystères, quand ceux qui écoutent manquent d'intelligence, et que, selon l'expression de l'Apôtre, ils ont encore besoin d'être *nourris de lait.* Au reste, nous avouons sans peine, quoi qu'en pense Celse, que nous nous proposons d'instruire tous les hommes dans la doctrine divine. Nous donnons aux enfans des préceptes proportionnés à leur âge ; nous enseignons aux esclaves à devenir libres par les nobles sentimens que nous versons dans leurs cœurs. Aussi les apôtres du christianisme déclarent-ils hautement qu'ils sont redevables à tous, aux Grecs et aux Barbares, aux sages et aux insensés, qu'ils donnent tous leurs soins pour guérir l'intelligence des derniers,

Page 143.

Hebr., v. 12.

Rom., i. 14.

et pour dissiper leur ignorance.... Quoi donc! il est permis aux Grecs et aux philosophes d'exhorter à bien vivre les enfans, les esclaves, les insensés; de les appeler à l'étude de la philosophie; et on nous fera un crime de les inviter à s'instruire de notre religion! Nous n'avons cependant d'autre dessein que de guérir tous les êtres raisonnables, et de leur assurer la bienveillance du Dieu de l'univers....

Quels sont après cela les maîtres que Celse nous accuse « de traiter de fous, de vieux radoteurs, » qu'il met sous sa protection, comme valant mieux » que nous? » Seroient-ce ceux qui entraînent les femmes à des pratiques superstitieuses, à des spectacles dissolus, et la jeunesse dans ces désordres où nous la voyons tous les jours se précipiter? Pour les philosophes et les maîtres qui enseignent quelque chose d'utile; jamais Celse ne prouvera que nous leur ayons enlevé leurs disciples. Il est vrai que nous appelons aussi au christianisme les philosophes, quoique Celse prétende que nous ne recherchions que les insensés. Nous promettons hardiment et ouvertement le bonheur suprême à tous ceux qui vivent conformément à la loi de Dieu, qui lui rapportent toutes leurs actions, qui font tout comme en présence de Dieu, témoin et juge de toutes leurs œuvres. Sont-ce là, comme on le prétend, des principes de bateleurs et d'ignorans?

« Nous nous garderions bien, nous dit-on, de révé-
» ler nos maximes à des enfans en présence de leurs
» pères et de leurs maîtres. » Mais de quels pères,
de quels maîtres parle-t-on ? Seroit-ce des partisans
de la vertu, des ennemis du vice ? Nous ne les craignons pas ; nous sommes sûrs du suffrage de pareils juges. Si ce sont au contraire des calomniateurs
de la vertu, des apôtres du vice, nous nous tairons ;
et vous ne sauriez nous en blâmer. Vous-mêmes,
révéleriez-vous à des jeunes gens les mystères de
la philosophie, devant des pères qui regarderoient
la philosophie comme une science vaine et oiseuse ?
De même des maîtres. Nous écarterons sans doute
avec le plus grand soin des instituteurs corrompus
et corrupteurs, qui n'entretiennent leurs élèves que
de vers passionnés, de comédies obscènes et d'autres choses semblables. Mais parlez-vous de maîtres
qui enseignent la philosophie ? Non, nous n'éloignons pas d'eux leurs disciples ; mais trouvant
ceux-ci préparés par l'étude de la philosophie,
nous tâcherons de nous servir de ces élémens Page 147.
pour élever les esprits aux connoissances essentielles et sublimes du christianisme, à cette philosophie par excellence, cette philosophie mysté-
rieuse qui est la philosophie de Dieu même, des
prophètes, des apôtres et de Jésus-Christ.

 « Je n'ai rien exagéré, poursuit Celse ; car ceux
» qui appellent aux autres mystères crient : Que

» ceux-là approchent, dont les mains sont pures
» et la langue circonspecte, qui sont exempts de
» tout crime, à qui la conscience ne reproche rien,
» qui ont toujours bien vécu. Ainsi s'expriment ceux
» qui prononcent l'expiation de tous les crimes.
» Écoutons à présent les chrétiens •Tous les pé-
» cheurs, disent-ils, tous les insensés, tous les en-
» fans, tous les malheureux seront reçus dans le
» royaume de Dieu. Et qui entendez-vous par pé-
» cheurs, sinon les hommes injustes, les voleurs,
» les empoisonneurs, les sacriléges? Vous voulez
» donc rassembler une société de brigands et de
» scélérats! »

Nous répondrons qu'il y a bien de la différence
entre présenter aux malades des remèdes pour leur
guérison, et inviter ceux qui se portent bien à
s'instruire des choses divines. Nous n'avons garde
de confondre ces deux choses. D'abord nous exhortons les hommes à chercher leur guérison; nous
invitons les pécheurs à écouter des docteurs qui
leur apprendront à ne plus pécher, les insensés à
recevoir la sagesse, les enfans à penser en hommes
raisonnables. Nous promettons aux malheureux de
leur montrer la route du bonheur. Quand ils ont
tous été effectivement corrigés par notre doctrine,
et qu'ils ont fait des progrès dans la vertu, nous
pensons à les initier à nos mystères; car *nous par-*
1 Cor., xi. 6. *lons aux parfaits le langage de la sagesse.* Comme

nous enseignons *que la sagesse n'entrera point dans une âme corrompue, et n'habitera point dans un corps sujet au péché*, nous disons aussi : Que celui qui lève vers Dieu des mains pures vienne à nous ; que celui dont la langue est circonspecte, parce qu'il médite jour et nuit la loi divine, et qui a appris à discerner le bien d'avec le mal, ne craigne pas de prendre les alimens solides et spirituels qui conviennent aux athlètes de la piété et de toutes les vertus ; que celui qui est exempt non-seulement de tout crime, mais des fautes même les plus légères, s'approche avec confiance pour être initié aux mystères de la religion de Jésus, qui n'ont été institués que pour les justes et pour les saints.

Sap., 1. 4.

Page 148.

« Un voleur, nous dit Celse, s'adresseroit-il à » d'autres qu'à ceux que vous invitez à venir parmi » vous ? »

Pour être exact, il falloit ajouter que le but d'un voleur est de se servir de ces personnes pour voler et assassiner : au lieu que le nôtre n'est autre que de les retirer de ces désordres, de guérir les plaies de leurs âmes, d'éteindre les feux des passions qui les brûlent.

Celse qui nous cherche toujours des crimes, nous en fait un de dire *que Dieu a été envoyé vers les pécheurs*. C'est comme s'il blâmoit un prince compatissant qui enverroit un médecin pour traiter ses sujets malades. Le Verbe de Dieu a donc été envoyé aux pécheurs, comme médecin et comme docteur des divins mystères, à ceux qui se sont purifiés et qui ne pèchent plus.

Celse qui brouille tout à son ordinaire, s'écrie :
Page 149.
« Eh! pourquoi n'a-t-il pas été envoyé à ceux qui » sont sans péché? Est-ce donc un mal de n'avoir » pas péché? »

Entend-il ceux qui ne pèchent plus? Nous venons de dire que le Sauveur des hommes a été envoyé pour eux et dans cette qualité. Entend-il ceux qui n'ont jamais péché? Nous lui répondrons qu'il est impossible d'en trouver de tels, si l'on excepte l'humanité toujours sainte de Jésus. « Il » falloit, dit Celse, appeler tous les hommes, puis-» que tous les hommes sont pécheurs. » C'est précisément ce qu'a fait Jésus : *Venez à moi,* dit-il, *vous tous qui êtes dans le travail et dans la souf-*
Matth., xi. 28.
france, et je vous soulagerai.

« Pourquoi, continue-t-il, les pécheurs sont-ils » préférés aux autres? »

Les pécheurs ne sont point préférés comme pécheurs, mais il arrive quelquefois qu'un pécheur, vivement touché de ses désordres, sincèrement humble et pénitent, sera effectivement préféré à un autre qui paroît moins grand pécheur, mais qui, se flattant de ne l'être point du tout, s'enorgueillit de ses prétendues vertus. C'est ce que nous enseigne la parabole du pharisien et du publicain. Celui-ci

disoit : *Mon Dieu, ayez pitié de moi qui suis un pé-* Luc., xxviii.
cheur. Le pharisien au contraire, enflé d'orgueil : *Je* 9 et suiv.
vous rends grâces, disoit-il, *de ce que je ne suis pas*
comme le reste des hommes, injustes, voleurs, adul-
tères, et en particulier, comme ce publicain. Or, voici
le jugement que Jésus porte de ces deux hommes :
Le publicain rentra justifié dans sa maison, parce que
quiconque s'exalte sera humilié, et que quiconque
s'humilie, sera exalté. Nous n'avançons rien d'exagéré, ni d'injurieux à la Divinité, quand nous enseignons que tous les hommes disparoissent devant
la majesté suprême de Dieu, et qu'ils doivent sans
cesse le supplier de leur donner ce qui leur manque,
et que lui seul peut leur donner.

Celse s'imagine que nous invitons les pécheurs Page 151.
parce que, ne pouvant attirer chez nous des hommes
justes et honnêtes, nous sommes réduits à ouvrir
nos portes à ce qu'il y a de plus décrié et de plus
corrompu. Mais il suffit de jeter les yeux sur nos assemblées pour avoir la preuve du contraire. Il est
naturel en effet que ceux qui ont mené une vie
sage et réglée souhaitent que notre dogme sur les
récompenses réservées aux justes soit vrai, et par
conséquent qu'ils soient plus portés à les croire
que ceux qui ont vécu dans le désordre. Ceux-ci au
contraire doivent avoir de la répugnance à admettre
un juge suprême qui les condamne aux châtimens
qu'ils ont mérités.

Il arrive même quelquefois que les pécheurs,
quoique disposés, par l'espérance du pardon, à
reconnoître ce que nous enseignons sur le jugement de Dieu, sont retenus dans leurs anciens désordres par les chaînes de l'habitude, et ne parviennent que très-difficilement à les briser. Celse
va plus loin ; il assure que les pécheurs d'habitude
ne peuvent jamais se réformer entièrement, même
par la crainte des peines qui les attendent. Il se
trompe. Car, bien qu'il soit vrai que tous les hommes
sont naturellement enclins au mal, et qu'un trop
grand nombre en a contracté l'habitude, il n'est pas
vrai néanmoins que ces derniers ne puissent changer entièrement. Dans les différentes sectes de philosophie, ainsi que parmi nous, on a vu des hommes
vicieux se corriger à tel point, qu'on les cite comme
des modèles de vertu. Les philosophes les plus
renommés sont d'accord avec nous pour réfuter
Celse sur ce point. Ils pensent tous que le retour
à la vertu n'est jamais impossible aux hommes...

Au reste il est beaucoup moins étonnant que
des discours philosophiques, composés avec tout
l'artifice du langage, aient pu produire ces heureux
effets. Ce qui l'est bien davantage, c'est que les
prédications de ces hommes grossiers que Celse
traite avec un souverain mépris, aient pu, comme
par enchantement, changer à ce point la multitude,
faire aimer et pratiquer la tempérance aux hommes

Page 152.

les plus débauchés, la justice aux plus dépravés, armer d'un courage invincible les cœurs les plus timides, leur faire braver à tous la mort et les tourmens pour la défense de notre religion : c'est là de tous les prodiges le plus grand, le plus extraordinaire. Les discours des apôtres qui ont fondé l'Église de Dieu ont persuadé les esprits, mais d'une manière bien différente de la sagesse de Platon et des autres philosophes qui n'avoient rien au-dessus de l'homme. Dieu lui-même dictoit aux apôtres les raisonnemens qu'ils employoient ; son Esprit leur communiquoit le don de persuader. Aussi leur prédication s'est-elle répandue dans tout l'univers avec une rapidité inouïe ; et forçant tous les obstacles qu'opposoient une nature perverse et des habitudes criminelles, elle a converti, elle a réformé à son gré un nombre innombrable d'hommes dont rien jusque-là, pas même la crainte, n'avoit pu arrêter les désordres... La volonté secondée par l'étude et le travail est bien puissante ; elle exécute les choses les plus difficiles, celles mêmes qui paroissoient impossibles....

Tel est le langage que Celse nous prête : « Les Page 154. » sages sont déclarés contre notre doctrine, leur » sagesse les aveugle et les trompe. »

Je lui répondrai que, si la sagesse est la science des choses divines et humaines, et de leurs causes ; si elle est, comme l'assurent nos Écritures, une émanation de la Divinité même ; jamais un sage ne sera l'ennemi de notre doctrine, jamais il ne sera aveuglé ni trompé par la sagesse. Ce n'est point la sagesse, c'est l'ignorance qui fait l'erreur. Il n'est rien sur la terre de solide que la science et la vérité qui sont les filles de la sagesse. Si, au mépris de la définition même de ce mot, vous donnez le nom de sagesse à tout sophiste qui se mêle de dogmatiser, sans doute un sage de cette trempe combattra notre doctrine ; et lui-même, dupe de ses subtilités et de ses conjectures, donnera dans toute sorte d'erreurs ; mais une pareille sagesse, qui n'embrasse que le mal et le faux, mérite-t-elle le nom de sagesse ? Appelons-la plutôt ignorance ; c'est là son vrai nom.

Page 156.   « Les docteurs du christianisme ressemblent à » ces charlatans qui se font fort de vous guérir, et » qui écartent les médecins habiles dans la crainte » de voir leur ignorance découverte. »

Quels sont-ils ces habiles médecins dont parle Celse ? Il ne dira pas que ce sont les philosophes ; car, puisqu'il prétend que nous ne nous adressons jamais à ceux qui étudient la philosophie, les philosophes ne peuvent pas être les médecins de qui nous détournons ceux à qui nous proposons nos remèdes comme des remèdes d'une vertu divine. Il faut donc qu'il aille les chercher ailleurs, dans la lie du peuple ; mais il n'y trouvera que la bassesse des sentimens et des systèmes pernicieux, tels que celui qui établit le polythéisme. Ainsi, de quelque côté qu'il se tourne, il ne peut se défendre du reproche de témérité, quand il nous accuse de ne vouloir pas souffrir qu'on appelle d'habiles médecins. Mais quand nous détournerions de la philosophie d'Epicure, où seroit le mal? Ne sont-ce pas ces prétendus médecins qui ont infecté les esprits en niant la Providence, et en plaçant le souverain bien dans la volupté? Aurions-nous tort d'écarter aussi de nos prosélytes ces autres médecins connus sous le nom de péripatéticiens qui détruisent également la Providence, et brisent tous les liens entre le Créateur et les créatures? En désabusant les hommes, en leur persuadant de se consacrer uniquement au Dieu de lumière, nous remplissons les devoirs de la piété, et nous fermons les profondes plaies qu'ont faites ces docteurs de mensonge. Et quand nous empêcherions de consulter les médecins de la secte de Zénon, qui enseignent que tout doit périr hors Dieu seul, et qui ont imaginé un Dieu matériel, sujet à la corruption, changeant, et susceptible de toutes sortes de formes; ne serions-nous pas louables de prémunir contre tous ces dogmes pervers, de faire aimer et adorer le Créateur, le Dieu des chrétiens, qui, pour éclairer et convertir tous les hommes, a envoyé ses disciples répandre parmi les nations la semence salu-

taire de sa doctrine ? Nous guérissons aussi ceux
qui se sont laissé infatuer des rêveries de la mé-

Page 157. tempsycose. N'est-il pas important en effet pour
la perfection des âmes de savoir qu'elles ne passeront point dans les corps des bêtes, et que les
méchans ne seront point punis par la perte de la
raison et du sentiment, mais que Dieu les châtie
par des peines et des souffrances qui les purifient
et les engagent à revenir à lui ? Voilà les instructions que les sages ont soin parmi nous de donner
aux simples qu'ils regardent comme leurs enfans.
Nous ne bornons donc pas notre zèle aux enfans,
aux simples, aux insensés ; nous ne leur disons pas :
Fuyez les médecins, gardez-vous de la science. Nous
ne disons pas que la science est un mal ; nous n'ex-
travaguons pas au point d'imaginer que la science
soit nuisible aux esprits, ni que la sagesse puisse
perdre quelqu'un. Ceux qui enseignent chez nous
n'ont garde de dire à leurs disciples : *Attachez-
vous à nous.* Attachez-vous uniquement, disent-ils,
au Dieu souverain et à Jésus, l'apôtre de sa doctrine. Aucun de nous n'a eu la folle prétention que
Celse nous attribue de dire : *Moi seul je vous sau-
verai.* Aucun n'a dit que les vrais médecins tuent
ceux à qui ils promettent guérison : vous voyez
combien d'impostures Celse a entassées contre
nous....

Page 158.   Après tant d'invectives et d'accusations, Celse veut encore avoir l'air de nous faire grâce, et d'en supprimer un grand nombre. « Je pourrois, dit-il, » leur faire bien d'autres reproches, mais pour ne pas » trop m'étendre, je me contenterai de dire qu'ils » sont coupables envers Dieu et les hommes, » quand, pour attirer dans leur parti les méchans, » ils les bercent de chimériques espérances, et leur » font sacrifier les biens présens à d'autres qu'ils » représentent comme fort supérieurs. »

Il est faux que ce soient les méchans que nous gagnions avec le plus de facilité. Ceux qui brûlent de faire profession du christianisme sont ceux que la terreur des supplices dont il menace engage à s'abstenir de ce qu'il défend, et qui, ne craignant que les supplices éternels, bravent tous les tourmens que les hommes peuvent inventer, tous les travaux, la mort même : ce sont ceux qui s'exercent à pratiquer toutes les vertus, la sagesse, la tempérance, la bienfaisance. Or, j'en fais juge tout homme sensé, est-ce à de pareils traits qu'on peut reconnoître les méchans? ils ne sont pas même susceptibles de la crainte de Dieu à laquelle nous exhortons les hommes, comme à un sentiment utile au grand nombre, qui n'est pas capable de connoître et d'apprécier le souverain bien, le seul désirable pour lui-même, et bien au-dessus des plus magnifiques promesses. Les méchans en sont moins capables que les autres....

Page 159. La plupart des hommes ne démêlent pas l'intention du législateur ni le but de ses menaces. Cependant, sa doctrine sur les punitions futures, malgré les nuages qui la couvrent, est aussi salutaire aux hommes qu'elle est certaine. Celse traite de chimères les espérances que nous donnons sur la vie future, où nous jouirons de la société de Dieu même. Mais, lui répondrai-je, vous regardez sans doute aussi comme chimérique l'opinion de Pythagore et de Platon qui soutiennent que l'âme doit s'élever jusqu'au plus haut des cieux pour y contempler le grand spectacle qui fixe l'attention des bienheureux. Vous regardez comme abusés par de vaines espérances tous ceux qui croient l'âme immortelle; vous regardez comme les jouets de leur espérance ceux qui se persuadent que l'âme a une autre origine que le corps, et qu'elle ne périra point avec lui.

Que Celse ne craigne pas d'engager le combat; qu'il lève le masque; qu'il avoue qu'il est épicurien; qu'il réfute les preuves victorieuses que les Grecs et les barbares nous donnent de l'immortalité de l'âme; qu'il montre que nos espérances à cet égard ne sont point fondées, que sa secte est la seule qui n'amuse point par de trompeuses espérances, parce qu'elle n'en laisse aucune, et que, selon ses principes, l'âme meurt avec le corps.

Page 160. Au reste qu'on ne croie pas que je m'écarte de

nos principes en m'appuyant contre Celse du suffrage des philosophes qui enseignent l'immortalité
de l'âme. Si nous avons avec eux quelque chose de
commun, il n'en est pas moins certain que la félicité de la vie future n'est que pour ceux qui auront
embrassé la religion de Jésus dans toute sa pureté,
et qui n'en reconnoissent point d'autres que celle du
Créateur de l'univers, sans aucun mélange de culte
envers aucune créature.

Je m'attends à présent qu'on va me démontrer la supériorité de ces biens que nous avons tort sans doute
de dédaigner. Qu'on mette en parallèle cette fin bienheureuse que Dieu réserve par le Christ, c'est-à-
dire son Verbe, sa sagesse, sa toute-puissance,
à ceux qui auront mené une vie pure et irrépro-
chable, qui auront aimé constamment le Dieu de
l'univers; qu'on la compare avec celle que promettent les sectes des philosophes grecs ou barbares, et les différens mystères; qu'on montre
que cette dernière est réelle, digne de la bienfaisance de Dieu et des mérites des gens de bien,
tandis que celle que nous prêchons n'est rien de tout
cela; qu'on montre que l'Esprit-Saint n'a point
inspiré les prophètes; qu'on montre que des
préceptes qui, de l'aveu de tout le monde, sont
purement humains, doivent être préférés à ceux
qui ont été donnés par Dieu même, comme nous
le prouvons; qu'on mette dans la balance avec les

biens si vantés que nous vous abandonnons, ceux pour lesquels nous nous estimons heureux de les sacrifier.

Il est manifeste du moins qu'il n'y a point d'exagération à soutenir qu'on ne peut rien faire de mieux que de se dévouer entièrement au Dieu suprême, et d'embrasser une doctrine qui, nous détachant de tout ce qui est créé, nous élève à Dieu par son Verbe, sa Sagesse et son Fils.

Page 161. *Livre quatrième.* Avant de commencer ce quatrième livre, nous nous adressons à Dieu par Jésus-Christ, en le priant de vouloir bien présider à mon langage, comme il fit autrefois pour son prophète Jérémie, à qui il disoit : *Voilà que j'ai mis mes paroles dans votre bouche ; voilà que je vous ai établi sur les peuples et sur les royaumes, pour arracher et pour* Jérém., i. 9. *planter, pour édifier et pour détruire ;* car nous avons ici besoin de paroles qui arrachent des esprits les fausses et dangereuses impressions que pourroient y avoir faites les écrits de Celse et de ses pareils. Nous avons besoin d'un langage propre à détruire cet édifice de mensonge et d'orgueil, construit sur le modèle de cette tour fameuse que les hommes prétendirent autrefois élever jusqu'au ciel. Nous avons besoin d'une sagesse qui abatte *toute hauteur qui* ii Cor., x. 3. *s'élève contre la science de Dieu,* et confonde l'orgueil avec lequel Celse nous insulte. Ce n'est pas assez encore d'arracher et de détruire, il faut, à la place de ce qui a été arraché, planter dans le champ du père de famille ; à la place de ce qui a été détruit, édifier la maison du Seigneur, et bâtir un temple à sa gloire.

Celse attaque à la fois et les juifs qui, ne voulant pas reconnoître que le Christ soit venu, l'attendent encore, et les chrétiens qui soutiennent que Jésus est le Christ annoncé par les prophètes.... Pour étayer son assertion d'une apparence de raisonnement, il devoit bien rapporter quelques-unes de nos prophéties, et faire sortir de leur discussion la preuve de ce qu'il avance contre les espérances des uns, et la foi des autres. Mais, soit qu'il n'ait pu en éluder la force, soit qu'il ne les ait pas même connues, il ne dit pas un mot de ce grand nombre de prédictions qu'il avoue cependant être spécieuses. Il se borne à cette question : *Pourquoi Dieu seroit-il venu sur la terre ?* Pourquoi ? nous pouvons le lui apprendre. Pour deux raisons principales : la première, pour *sauver les brebis perdues de la maison d'Israël ;* la seconde, pour enlever aux juifs, à cause de leur incrédulité, ce que l'Écriture appelle le royaume de Dieu, et appeler à la vigne d'autres ouvriers, à savoir les chrétiens, pour la cultiver mieux et la faire fructifier. Ces motifs sont au moins plus plausibles que ceux qu'imagine notre philosophe. « Étoit-ce, demande-t-il, pour savoir

Page 162.

Matth., xv.
24.

Idem. xxi.
43.

Ibid., 41.

Page 165.

» ce qui se passoit parmi les hommes ? Est-ce donc
» qu'un Dieu ne savoit pas tout ? et s'il savoit tout,
» pourquoi n'a-t-il pas corrigé tous les hommes ?
» Cela passoit-il le pouvoir d'un Dieu ? » Plaisanterie
de bien mauvais goût ! Dans tous les temps, Dieu
avoit fait, de siècle en siècle, descendre sa parole
dans les âmes de ses serviteurs et de ses prophètes,
pour l'instruction de ceux qui sont disposés à l'é-
couter. Et, depuis l'avénement de Jésus-Christ, c'est
par la doctrine chrétienne qu'il redresse, non pas
sans doute ceux qui veulent persister dans leurs
désordres, mais ceux qui consentent à se laisser
diriger dans une voie meilleure. Celse voudroit-il
que Dieu se rendît toujours présent aux regards des
hommes, qu'il arrachât de vive force tous les germes
dépravés qui existent dans leurs cœurs, pour n'y
laisser que de vertueuses impressions ? Mais dans
cette hypothèse, que devient la liberté de l'homme ?
Quel mérite aura-t-on de croire à la vérité, et de haïr
le mensonge et l'erreur ? On ira plus loin, et l'on demandera avec Celse, si Dieu ne pouvoit faire, en
vertu de sa toute-puissance, que les hommes vinssent au monde dans un état parfait d'innocence,
de manière qu'ils n'eussent jamais besoin de correction. Ces réflexions ne manquent guère d'em-
barrasser les simples et les ignorans ; elles n'arrêtent pas ceux qui connoissent mieux la nature
des choses. Ils savent qu'en ôtant à la vertu son

libre arbitre, on lui ôte son essence, on l'anéantit.
Mais cette question auroit besoin d'un ouvrage
exprès pour être approfondie. Les Grecs l'ont
traitée fort au long dans leurs écrits sur la Providence; ils n'ont garde de dire comme Celse : « Dieu
» connoissoit ces désordres, et ne les corrigeoit pas;
» il n'étoit pas assez puissant pour cela. » J'ai souvent eu occasion de parler de ces matières; et l'on
trouvera dans nos divines Écritures de quoi s'instruire là-dessus, pourvu qu'on les entende.

Au reste on peut rétorquer contre Celse, lui-
même ce qu'il objecte contre les juifs et les chrétiens, en lui disant : Répondez, Dieu sait-il oui ou
non ce qui se passe parmi les hommes ? Si vous reconnoissez un Dieu, une Providence, comme vous
semblez en faire profession dans votre livre, il faut
qu'il sache tout ce qui s'y passe; et s'il le sait, pourquoi ne corrige-t-il pas les désordres ? Sommes-
nous obligés nécessairement de vous dire pourquoi
il ne les corrige pas, bien qu'il les connoisse ? Et
vous qui ne voulez pas vous découvrir ici franchement pour ce que vous êtes, sectateur d'Épicure,
mais qui faites semblant d'admettre la Providence;
vous dispenserez-vous de nous répondre, si nous
vous faisons la même question : Pourquoi Dieu qui
sait tout ce qui se passe dans le monde, n'empêche-
t-il pas tous les désordres ? Pourquoi par sa puissance ne déracine-t-il pas tous les vices de l'hu-

Page 164.

manité ? Pour nous ; nous n'hésitons pas à répondre que Dieu ne manque jamais d'envoyer vers les pécheurs des instrumens de conversion, et des moyens de salut, avec des différences sensibles dans le choix qu'il en fait. Par exemple, Moïse et les prophètes ont bien prêché la vérité, mais ils ne s'employoient pas exclusivement à la conversion du genre humain ; Jésus-Christ seul, d'une nature bien plus excellente, est venu réformer, non une contrée particulière, mais l'univers tout entier ; il est venu pour être le sauveur de tous les hommes.

« Mais pour venir sur la terre, il a donc fallu que » Dieu quittât son trône ? »

Celse, qui nous fait cette misérable objection, connoît bien peu la divine toute-puissance. Il ne sait pas *que l'Esprit du Seigneur remplit l'univers, et que comme il soutient tout, il entend aussi tout ce*
Sap., I. 7. *qui se dit.* Ainsi, quoique le Verbe qui étoit, dès le commencement, dans Dieu, et qui est Dieu lui-même, descende parmi nous, il ne sort pas de son trône, il n'abandonne pas un lieu pour en occuper un autre où il n'étoit pas auparavant. Dieu va partout sans passer d'un lieu dans un autre. Quand nous disons qu'un homme est abandonné de Dieu, qu'un autre en est rempli, nous ne parlons alors que de l'âme du méchant que Dieu a effectivement abandonnée, et de celle du juste que l'Esprit-Saint a remplie de ses dons. La présence de Dieu, l'avénement du

Verbe ne produisent de changement que dans
l'homme qui, de débauché, de superstitieux qu'il
étoit, devient bon, tempérant et religieux.

« Comment est-il arrivé que Dieu ne se soit sou-
» venu qu'après tant de siècles de ramener les
» hommes à la justice ; et que jusqu'alors ils lui
» aient été indifférens ? »

Page 165.

Il est faux de dire que Dieu ait jamais délaissé
les hommes, puisque nous montrons dans tous
les siècles une longue succession de prophètes et
d'hommes justes, animés par l'Esprit-Saint, qui se
sont employés dans la proportion de leurs moyens
à convertir les autres. Il s'est rencontré plus particulièrement, à diverses époques, des hommes
plus favorisés de Dieu. Les raisons que nous pourrions déduire en faveur de cette conduite de la
Providence sont trop mystérieuses et trop relevées, pour pouvoir être mises à la portée du commun de nos lecteurs. Car pour répondre à la question de Celse : « Pourquoi Dieu ne s'est occupé
» qu'après tant de siècles de la justification du genre
» humain, » il faudroit nous étendre sur la disper-
sion des hommes ; exposer pourquoi, *tandis que
le Très-Haut séparoit les nations, et marquoit à chacune ses limites, il adopte Jacob pour son peuple, et
choisit Israël pour son héritage.* Il faudroit expliquer
pourquoi tels et tels naissent dans certains états et
sous telle domination ; pourquoi enfin, dans les

Page 166.

Deut., xxxii.
8, 9.
Ps. cxxxiv. 4.

derniers temps, il fut dit au Sauveur par Dieu son Père : *Demandez, et je vous donnerai les nations pour héritage, et la terre entière pour votre domaine.* Car il y a des ressorts secrets, de mystérieux enchaînemens dans la conduite diverse de la Providence à l'égard des âmes humaines.

Ps. 11. 8.

A la suite des prophètes venus, quoi qu'en dise Celse, pour la réformation de l'ancien Israël, Jésus est venu à son tour réformer tout l'univers; et il n'a pas eu besoin, comme dans la première économie, de menaces, de fouets, de prisons, de supplices; il lui a suffi d'annoncer sa doctrine et d'en répandre la divine semence par toute la terre. S'il y a un temps déterminé pour la durée de ce monde, et si sa consommation doit amener un jugement où chacun sera traité selon ses œuvres; il faut que les plus avancés dans la connoissance de nos mystères établissent cette vérité par toutes les preuves que nous fournissent tant les saintes Écritures que les lumières de la raison; mais que les simples, incapables d'atteindre à toutes ces hautes spéculations de la divine sagesse, et c'est le plus grand nombre, s'en reposent sur l'autorité de Dieu et sur celle du Sauveur des hommes, se contentant de répondre : *C'est lui-même qui l'a dit.*

Page 167.

Quant à notre doctrine sur le déluge et le futur embrasement du monde; s'il faut en croire Celse, nous l'aurions empruntée des Grecs et des Bar-

bares, dont nous entendons mal les récits. Il est
surprenant qu'un homme qui a tant lu, et qui est
si versé dans l'histoire, ne soit pas mieux instruit
de l'antiquité de Moïse. Les Égyptiens mêmes, aussi-
bien que les auteurs de l'histoire phénicienne, ne
la contestent pas. Il suffit de lire les deux livres de
l'historien Josèphe contre Appion. Moïse et plusieurs de nos prophètes sont antérieurs aux historiens profanes; ils n'ont donc pu rien emprunter d'eux. Ce seroit bien plutôt, eux-mêmes qui
auroient copié les nôtres, et les auroient altérés en
les copiant. Que si l'on nous en demande la cause,
nous la trouvons dans la corruption des hommes,
qui parvenue à son comble a besoin d'être purifiée
par l'eau ou par le feu. Dieu, disent nos prophètes,
descend sur la terre pour la châtier par ces fléaux.
Ces expressions paroissent trop humaines à nos
philosophes, qui nous reprochent de faire descendre Page 168.
Dieu sur la terre avec des feux vengeurs, impitoya-
bles, lui dont nous disons *qu'il remplit le ciel et la*
terre; mais ce ne sont là que des termes figurés, Jerem. xxiii.
24.
qui ne doivent pas se prendre physiquement. Dieu
descend de sa grandeur et de sa majesté, lorsqu'il
daigne prendre soin des hommes, et en particulier
des méchans. Et comme l'usage a prévalu de dire
que les maîtres et les philosophes descendent à la
portée de leurs disciples; ainsi disons-nous avec
nos livres saints que Dieu descend. Ce terme,

comme celui de monter, s'emploie dans un sens
métaphorique et spirituel. Nous l'appelons *un feu*
dévorant; nous disons *que des fleuves de feu sortent*
de devant sa face, qu'il vient comme le feu qui épure
les métaux. Feu dévorant qui consume les œuvres
d'iniquité; feu qui épure les métaux, c'est-à-dire
qu'il purifie l'âme de tout alliage capable d'altérer
la pureté et l'excellence de son être.

Deut., IV. 24.

Dan., VII. 10.

Malach., III. 2.

Page 169.

« Pouvoit-il descendre sur la terre, sans con-
» tracter les vices de la terre, et par conséquent
» sans changer de nature? »

Oui, s'il ressembloit, soit aux dieux d'Épicure
formés d'atomes, et toujours exposés au risque
d'être détruits par d'autres atomes, s'ils n'avoient
grand soin de les écarter; soit au dieu des stoïciens
qui, étant corporel, est sujet à toutes les vicissitudes
de la matière. Ces philosophes ne pouvoient se
former de Dieu l'idée que la nature cependant nous
en présente, l'idée d'un être parfaitement simple,
indivisible et incorruptible. Le nôtre est immuable.
Pour vous, nous disent ses Écritures, *vous êtes tou-*
jours le même. Il est descendu sur la terre *avec la*
forme d'un Dieu; mais son amour pour les hommes
l'a porté à s'anéantir, afin qu'ils pussent le comprendre. Mais il est descendu, il s'est anéanti sans
éprouver aucun changement; il n'a point commis
de péché, il ne l'a point connu; il n'a point cessé
d'être heureux, quoiqu'il ait bien voulu s'abaisser au

Ps. CI. 28.

Philipp., II. 6.

Page 170.

dernier degré de l'humiliation pour le salut du genre humain... Si le Verbe de Dieu immortel semble à Celse avoir changé pour avoir pris un corps mortel et une âme humaine, qu'il apprenne que la nature du Verbe qui demeure toujours la même ne ressent rien de ce que souffrent l'âme et le corps; mais que, pour se proportionner à la foiblesse de ceux qui ne sauroient soutenir sa gloire et l'éclat de sa divinité, il se fait chair, il emprunte une voix sensible, jusqu'à ce qu'il ait élevé ceux qui le reçoivent sous cette forme, au point de pouvoir le contempler dans sa divine essence, et pour ainsi dire, dans sa première et sa plus noble forme.

Car nous reconnoissons diverses formes sous lesquelles le Verbe s'est fait voir à ceux qui suivoient sa doctrine, se mettant à la portée de tous, et de ceux qui avoient fait de grands progrès dans le chemin de la vertu, et de ceux qui ne venoient que d'y entrer. S'il parut aux disciples qui l'accompagnèrent sur le Thabor, bien différent de ce qu'il avoit paru aux autres, c'est que ces derniers n'auroient pu soutenir l'éclat de sa gloire. Ceux qui étoient incapables de distinguer ce qu'il y avoit de grand dans Jésus, disoient de lui : *Il n'avoit ni beauté, ni éclat; son extérieur étoit méprisable; il nous a paru comme le dernier des hommes.* Pour Celse, il n'a rien compris dans les changemens et la transfiguration de Jésus; il n'a pas su dé-

Isa., xxxv. 2.

mêler ce qu'il y avoit en lui de mortel et d'immortel.

Page 171. Celse revient à tout moment sur des questions qu'il n'entend pas, et m'oblige par-là de me répéter moi-même, parce que je ne veux laisser sans réponse aucune de ses chicanes. « Ou votre Dieu, » dit-il, s'est changé en un corps mortel, ce que j'ai » prouvé impossible ; ou du moins, il paroît tel à » ceux qui le voient, et par conséquent, il trompe, » il ment. Or, la tromperie et le mensonge sont tou- » jours un mal, à moins qu'on ne s'en serve pour » soulager un ami malade de corps ou d'esprit, ou » pour échapper à quelque danger dont menace un » ennemi. Mais aucun ami de Dieu n'est malade : » Dieu ne craint personne, et n'a pas besoin de re- » courir au mensonge pour échapper au danger. »

J'ai deux réponses à faire : l'une tirée de la nature du Verbe ; l'autre, de l'âme de Jésus. Je dis d'abord : De même que les alimens que prend une nourrice se changent en lait pour fournir à son enfant une nourriture convenable ; de même qu'un médecin prescrit un régime différent à des malades et à des personnes saines et robustes ; ainsi le Verbe qui nourrit nos âmes prend toutes sortes de formes et se fait tout à tous. Pour quelques-uns, il est 1 Cor., iii. 2. comme *un lait spirituel,* selon l'expression de l'Ecriture ; pour les foibles, une nourriture légère telle que les légumes ; pour les parfaits, il est une viande

Page 172.

solide.; mais le Verbe, en s'accommodant aussi à la portée de tous, ne trompe personne et ne ment point.

Quant à l'âme de Jésus, si on prétend qu'elle change, parce qu'elle vient animer un corps mortel, je demanderai de quel changement on veut parler. Si l'on entend qu'il y ait un changement dans son essence même, non-seulement je le nierai, mais je nierai que cela puisse arriver à aucune âme raisonnable. Si l'on ne veut dire autre chose, sinon que l'âme de Jésus a souffert de son union avec le corps où elle est descendue, qu'y a-t-il en cela d'absurde, que le Sauveur ait assez aimé les hommes pour leur donner un Sauveur, d'autant mieux que personne n'auroit jamais pu faire pour guérir les hommes, ce qu'a fait cette âme céleste, en se dévouant volontairement pour eux ?

Parmi un grand nombre de passages de nos divines Écritures que je pourrois citer à ce sujet, je me bornerai au suivant qui est de l'Apôtre : *Ayez les mêmes sentimens que Jésus qui, étant Dieu, et pouvant sans usurpation se dire égal à Dieu, s'est anéanti lui-même, en prenant la forme d'un esclave, en devenant un homme semblable à nous. Il s'est humilié en se rendant obéissant jusqu'à la mort et la mort de la croix. C'est pourquoi Dieu l'a glorifié, et lui a donné un nom au-dessus de tout nom.*

Philip., II. 5.

Ce que dit Celse contre l'artifice et le mensonge ne nous regarde point, puisque nous croyons

que Jésus est venu réellement et manifestement sur
la terre, et non pas seulement en apparence.....
Quant à ce qu'il dit, « qu'un malade et un insensé
» ne peuvent être amis de Dieu, » il est bien vrai que
Jésus n'a pas eu en vue de sauver ses amis en sauvant des malades et des insensés ; mais il s'est proposé de rétablir dans son amitié ceux qui, pour
leurs foiblesses spirituelles et leurs égaremens,
étoient devenus ses ennemis. Car nous lisons
expressément dans les Écritures, que Jésus est venu
pour justifier et pour sauver les pécheurs.

Page 173.

Matth., IX.
13.

Page 174.

« Les chrétiens prétendent que c'est en punition
» du crime commis envers Jésus-Christ, le condam-
» nant à la mort, et l'abreuvant de fiel, que les Juifs
» ont obligé Dieu à répandre sur eux-mêmes le fiel
» de sa colère. »

Que l'on nous réfute, que l'on nous démente,
s'il n'est pas vrai que toute la république des Juifs
n'ait pas été renversée, avant qu'il se fût passé une
génération, depuis qu'ils eurent ainsi traité Jésus.
Jérusalem a été détruite, si je ne me trompe, qua-
rante-deux ans après qu'ils l'eurent crucifié ; et
nous ne lisons pas que cette nation ait été jamais
asservie si long-temps, et privée de tout exercice de
sa religion. Si Dieu parut quelquefois les abandonner, en punition de leurs péchés, ce n'étoit que
pour un temps, après lequel il les visitoit et les
ramenoit dans leur pays et les rétablissoit dans

leur première liberté. La désolation des Juifs depuis tant d'années est une des preuves les plus convaincantes qu'il y avoit dans Jésus quelque chose de divin et de sacré. Je ne crains pas même d'affirmer que jamais ils ne seront rétablis, car ils ont commis le plus affreux de tous les attentats en conspirant contre le Sauveur du monde dans une ville où ils célébroient des sacrifices et des solennités, qui étoient autant de symboles des mystères de Jésus.

Pag. 175.

Les Juifs devenus à leur tour aussi-bien que les chrétiens l'objet des railleries de Celse, notre philosophe s'égaie sur le compte des uns et des autres, « en les comparant à des chauve-souris, à des four-» mis, à des grenouilles, à des insectes qu'il sup-» pose sortir de leurs tanières, et se rassembler » sur les bords de leurs souterrains ou de leurs » marais pour conférer ; et là, du tas de boue qui » fut leur berceau, pérorer entre eux à qui se trouve » être les plus grands pécheurs. Rien, disent-ils, » n'arrive dans le monde que Dieu ne nous informe » à l'avance par la voix des ambassadeurs qu'il dé-» pute vers nous. Indifférent sur tout le reste de » l'univers, il laisse rouler les cieux à l'aventure ; » et la terre devenir ce qu'elle veut, pour ne s'oc-» cuper que de nous. Nous sommes le seul peuple » à qui il envoie ses hérauts pour traiter avec nous ; » jaloux qu'il est de cimenter avec nous une éter-

» nelle alliance. Lui seul est Dieu, mais nous venons
» immédiatement après ; nous sommes ses images,
» semblables en tout à sa divine essence ; tout nous
» est soumis, la terre, les eaux, l'air, le ciel, tout
» a été fait pour nous, et ne fut destiné qu'à nous
» servir ; et parce qu'il en est dans notre république
» qui commettent le péché, Dieu, ou viendra en per-
» sonne, ou nous enverra son Fils, pour consumer
» les méchans par la flamme ; les autres partageront
» avec lui son éternelle félicité. En vérité, conclut
» Celse, de semblables disputes conviendroient
» mieux encore à des grenouilles, à des insectes,
» qu'à des Juifs, à des chrétiens. »

N'y a-t-il que les Juifs et les chrétiens à qui s'a-
dresse cette satire, ou bien s'étendroit-elle à tous
les hommes qui ne sont à l'égard de Dieu que de
misérables insectes, et des fourmis se débattant
sur un grain de sable ? Celse voudroit-il borner sa
fiction aux Juifs et aux chrétiens, sous le prétexte
que les autres religions ont un culte raisonnable,
et que nous seuls, avec nos dogmes et nos ridicules
traditions, méritions d'être assimilés aux insectes
qu'il met en scène ? Dans l'un et l'autre cas, je
réponds à Celse que sa comparaison manque de
justesse ; car s'il entend parler de toute la société
humaine par rapport à Dieu ; par où, lui dirai-je, la
trouverez-vous si méprisable ? par la petitesse du
corps ? est-ce là donc la mesure de la vraie gran-

deur? A ce compte, l'éléphant l'emporteroit sur Page 176,
l'homme par la taille et par la force. L'homme n'a-
t-il pas du côté de la raison une haute prééminence
sur tous les animaux qui en sont privés ? Dira-t-on
que ce glorieux privilége, qui le distingue si éminemment, se trouve obscurci dans l'homme par ses
passions et par ses vices ? Mais il n'y est jamais entièrement étouffé ; il ne dépend pas de lui d'anéantir les germes de vertu qui furent déposés dans
son cœur. Nous ne ferons pas à la nature humaine,
toujours capable de vertu, l'injure de croire que,
quelque puisse être l'empire de l'ignorance ou du
vice, il faille la rabaisser à l'égal de vils animaux.
Non. Mais s'il n'est question dans l'hypothèse de
Celse, que des Juifs et des chrétiens, à cause de
leurs dogmes qu'il proscrit sans les connoître ;
comparons-les, ces dogmes, avec ceux des autres
religions, et voyons à qui ce rapprochement des
hommes avec les fourmis et les insectes convient
le mieux, supposé qu'il y ait des hommes à qui
il convienne. Ne seroit-ce pas bien plutôt à ceux
qui sont assez abrutis pour méconnoître Dieu
dans ses ouvrages, et pour adorer à sa place Page 177.
des idoles de pierre, d'or ou d'argent, bien plutôt qu'à ceux qui, dociles aux lumières de la raison, s'élèvent de l'admiration des grands spectacles qu'ils ont sous les yeux, à la reconnoissance du Créateur, s'abandonnent à sa parole,

parce qu'ils savent qu'il est tout-puissant, qu'il lit dans les cœurs, qu'il entend toutes nos paroles, que seul il suffit à tous nos besoins? Quoi! comparer aux plus vils insectes, à des vers, des hommes dont la religion les élève au-dessus des épreuves de la vie, des craintes de la mort, de tous-les sophismes d'une fausse sagesse; des hommes à qui elle apprend à fouler sous les pieds ce que la volupté offre de plus enchanteur, à s'unir à Dieu par la continence, à cultiver la justice, l'humanité et la douceur; à faire de leur corps le temple de Dieu et le sanctuaire du Verbe? Sont-ce là les hommes qui méritent d'être assimilés à des vers, à des brutes se roulant dans un bourbier; s'imaginant follement, comme Celse nous en accuse, que la Divinité ne s'occupe que d'eux seuls; que pour eux elle abandonne le soin de tout le reste; nous qui reconnoissons que Dieu *aime tout ce qui respire, qu'il ne hait rien de ce qu'il a fait, et qu'il ne l'auroit pas fait s'il l'avoit haï;* nous qui lisons dans nos saintes Écritures: *Vous êtes, Seigneur, indulgent envers tous, parce que tous sont à vous, Seigneur, qui aimez les âmes; que votre esprit incorruptible est dans tous. Vous corrigez par degrés ceux qui pèchent, et vous les avertissez de se corriger. La miséricorde du Seigneur remplit la terre; la miséricorde du Seigneur est sur toute chair. Le Seigneur est bon, puisqu'il fait lever son soleil sur les*

Pag. 178.

Sap., xi. 25.

Sap., xii. 1, 2.

Ps. xxxii. 5.

bons et sur les méchans, qu'il fait pleuvoir sur les justes et sur les injustes ? Nous savons que, si noûs voulons être ses enfans, nous devons chercher à l'imiter, en faisant du bien à tous les hommes: *Car il est le Sauveur de tous les hommes ; et son Christ est la victime de propitiation pour nos péchés, et non-seulement pour les nôtres, mais aussi pour ceux de tout le monde.*

Matt., v. 45.
Page 179.

Pour les paroles : *Nous venons immédiatement après Dieu,* Celse les aura peut-être entendues de quelqu'un de ceux qu'il appelle des vers ; mais en ce cas, il en use comme celui qui condamneroit toute une secte de philosophes, parce qu'un de leurs élèves auroit montré de l'orgueil et de l'insolence. Nous n'ignorons pas que les anges sont au-dessus des hommes, et tellement au-dessus, que les hommes ne leur deviennent égaux que lorsqu'ils sont parfaits. *Après la résurrection,* dit Jésus, *les justes seront comme les anges.*

Matth., xxii.
3o.
Page 180.

Quand Celse fait dire à ses vers que Dieu les a faits entièrement semblables à lui, peut-être est-ce par allusion à ces paroles de la Genèse : *Faisons l'homme à notre image et à notre ressemblance.* Il ne sait pas qu'il y a une grande différence entre *faire l'homme à son image,* et le faire entièrement semblable à soi. S'il avoit mieux étudié l'Écriture, il ne nous feroit pas dire non plus que *tout nous est soumis ;* jamais aucun de nos sages ne l'a avancé ; il

Gen., i. 26.

y auroit lu cette maxime que nous professons : *Que celui qui est le plus grand parmi vous , soit le serviteur de tous.* Le tragique grec dit que le soleil et la lune servent les humains : on loue, on commente ce vers ; et que nous disions la même chose ou à peu près, on nous en fait un crime. Celse nous fait dire : « Dieu viendra ou enverra son Fils pour consu-

» mer les méchans par les flammes, tandis que nous,

» privilégiés, nous jouirons éternellement de son

» bonheur. » C'est sur ce ton plaisant qu'il parle du jugement de Dieu, du châtiment réservé aux impies, des récompenses promises au juste. En vérité, voilà un grave philosophe! Nous ne l'imiterons pas; nous ne nous récriminerons point contre les philosophes qui se vantent de connoître tous les secrets de la nature, et sont éternellement en dispute sur la manière dont le ciel et la terre ont été formés ; sur l'origine, la durée et la destinée des âmes, si Dieu les a créées, si elles sont éternelles, si elles passent dans différens corps, si elles restent toujours dans le même, si elles sont mortelles ou immortelles. Il ne nous seroit pas difficile de jeter du ridicule sur des hommes qui, oubliant les bornes étroites de leur esprit, tranchent les questions les plus relevées, prononcent sur la nature de la Divinité, qu'il n'est donné à personne de connoître, sinon à ceux qui sont éclairés de l'esprit de Dieu. Nous ne nous permettrons pas même de les com-

Matth., xx. 27.

Page 181.

parer à des vermisseaux qui, du tas de boue où ils
rampent, s'efforcent de s'élever jusqu'au ciel. Nous
ménageons davantage l'intelligence humaine, surtout quand elle méprise toutes les choses vul-
gaires, pour ne s'occuper que de la recherche de
la vérité.

Celse déclame contre les Juifs : « C'étoit des
» esclaves fugitifs, échappés de l'Égypte, qui n'ont
» jamais rien fait de grand et de mémorable, et qui
» ont toujours été comptés pour rien. »

Nous avons réfuté déjà cette calomnie, en lui
prouvant que ce n'étoit point des esclaves ; qu'ils
n'étoient point Égyptiens d'origine ; mais des étrangers (1). S'il prétend qu'on les a toujours comptés
pour rien, parce que les écrivains grecs en ont peu
parlé ; nous lui répondrons que, pour peu que l'on
examine de près l'établissement de leur république
et leur législation, on se convaincra qu'ils formè-
rent sur la terre une société approchante de celle du
ciel, ne reconnoissant d'autre Dieu que le Créateur
souverain de l'univers, sans aucun alliage de superstition. Leurs lois ne permettoient pas qu'il y eût
parmi eux ni peintres ni sculpteurs; précaution sage Page 182.
qui empêchoit des hommes grossiers de confondre
le vrai Dieu avec les idoles. Quelle vigueur de discipline, qui ne souffroit ni débauchés, ni femmes
de mauvaise vie ! On ne recevoit pour juges que

_____
(1) *Supra*, page 96.

des hommes d'une intégrité long-temps éprouvée ;
et c'est parce que leur probité avoit quelque chose
au-dessus de l'homme, que dans le style des Hébreux on les appeloit des dieux. Le peuple entier
des Juifs étoit comme un peuple de philosophes,
occupés, à certains jours déterminés, à la seule
étude de la loi. Mais comme il n'y a rien de
solide et de permanent sur la terre, il a fallu que
leur république s'altérât et dégénérât insensiblement, jusqu'aux jours où la divine Providence a
jugé à propos de substituer au peuple juif les hommes de toutes les nations qu'elle a appelés à la
religion de Jésus. Jésus, qui n'étoit pas un sage
à la manière des hommes, mais qui participe à la
Divinité, est venu affranchir la terre du joug des
démons qui se repaissoient du sang et de la graisse
des victimes, et nous a donné des lois, qui feront
le bonheur de tous ceux qui leur seront fidèles.

Qu'ils aient été peu remarqués par les autres
peuples, cela tenoit à leur constitution. *Formant
une race choisie de prêtres et de rois*, ils évitoient
toute communication avec les autres peuples, pour
se garantir de la contagion. Heureux d'être à couvert
sous la sauvegarde de Dieu même, ils n'avoient
point l'ambition des conquêtes ; et cependant ils
étoient assez nombreux pour se défendre. Tels ont
été les Juifs, tant qu'ils se sont montrés dignes de la
protection du ciel. Quand ils avoient besoin d'être

Pag. 183.

*Exod., xix.
6.*

rappelés à la vertu par l'infortune? Dieu les aban-
donnoit, mais pour un temps seulement plus ou
moins long; jusqu'à ce que, s'étant rendus coupables de l'attentat le plus énorme, en faisant mourir
Jésus-Christ; ils ont été pour jamais abandonnés de
Dieu.

« Ramassés dans un coin de la Palestine où ils Page 186.
» vivoient au sein de la plus profonde ignorance,
» n'ayant pas la moindre idée de ce qui nous est
» raconté sur l'origine des choses par Hésiode et
» par d'autres écrivains divinement inspirés ; ils ont
» imaginé je ne sais quels contes absurdes, sur leur
» premier homme et sur une première femme, sur
» certains préceptes que Dieu leur auroit donnés,
» et que le Serpent à qui ils ne plaisoient pas, les
» empêcha d'observer, en conséquence de quoi
» Dieu a été vaincu par le Serpent. »

Le docte Celse qui reproche aux Juifs et aux chrétiens leur ignorance, est lui-même si peu instruit
du temps où vécurent Hésiode et ces autres *écrivains divinement inspirés*, qu'il les met avant Moïse,
quand il est incontestable que Moïse a écrit long-
temps avant la guerre de Troie. Ce ne sont pas les
Juifs qui supposent contre toute vérité, même
contre toute vraisemblance, que *les hommes soient
nés de la terre*, comme l'affirment vos *écrivains
divinement inspirés*; et nous donnent ces absurdes
contes dont ils composent et les premières his-

toires et les généalogies de leurs dieux. Platon ne voyoit pas en eux des hommes *divinement inspirés,* lui qui les a bannis de sa république, à commencer par Homère, comme étant les corrupteurs de la jeunesse.

Page 192. Celse traite avec la même légèreté diverses histoires de la Genèse, et crie à l'absurde. Où est l'absurde que Dieu ait présidé à ces événemens, qu'il ait pris un soin particulier des justes et de ses serviteurs fidèles? Il trouve mauvais que nous les expliquions par l'allégorie, toutefois sans abandonner le sens historique; car les histoires racontées par nos Écritures sont très-véritables, sans doute; mais ces mêmes histoires ont encore des objets plus importans et plus sublimes que la lettre même de l'évé-Page 193. nement. Un de nos sages le déclare en termes exprès : *Vous qui lisez la loi, dites-moi ne l'entendez-vous pas? Il est écrit qu'Abraham eût deux fils, l'un de l'esclave, et l'autre de la femme libre : le fils de l'esclave est né selon la chair, le fils de la femme libre est né selon la promesse : or, tout cela est une allégorie. C'est la figure des deux Testamens. L'un, donné sur le mont Sinaï, n'engendre que des esclaves, c'est Agar : mais la Jérusalem d'en haut est libre; et celle-là est notre mère.*

Galat., IV,
22 et seq.
Pag. 195. Celse trouve plus simple de les censurer, que de les citer et de les discuter. Il ne parle que de ce qui paroît répréhensible, et omet ce qui est

vraiment louable. Ainsi dans sa critique de l'histoire de Joseph, il ne dit pas un mot de la chasteté de ce patriarche, ni des prodiges qui précé-
dèrent et accompagnèrent la sortie d'Égypte.

« Les plus sensés parmi les Juifs et les chrétiens
» sont obligés de recourir à l'allégorie, pour cacher
» et l'indécence et l'absurdité de leurs fictions, dont
» ils rougissent eux-mêmes. » C'est bien plutôt à nous
qu'il appartient de faire ce reproche aux récits des
Grecs. Est-il rien de plus absurde, de plus licen-   Page 198.
cieux, de plus infâme que ce qu'ils racontent de
leurs prétendues divinités? Pénétrés de respect pour
le nom de Dieu, nous ne nous permettons rien
qui puisse le blesser : nous ne racontons point de
fables, même allégoriques, qui soient capables de
corrompre la jeunesse.

Plusieurs écrivains célèbres ont marqué l'estime   Page 199.
qu'ils faisoient de nos Écritures, en les commen-
tant, et s'attachant à développer le sens figuré caché
sous la lettre, tels que Philon, les philosophes Aris-
tobule, et Numénius dans plusieurs de ses livres,
où il cite fréquemment Moïse et les prophètes.

Dans ce nombre, Celse va chercher ce qu'il y a
de plus foible, comme ayant été écrit pour les esprits simples, plutôt que pour les lecteurs éclairés ;
par exemple, dit-il, *La conférence de Papiscus et de
Jason* (1) ; ouvrage, ajoute-t-il, plus fait encore

_____

(1) Par Ariston de Pella. Cette conférence, connue de S. Jérôme qui

pour exciter l'indignation et la pitié, que pour
intéresser la curiosité. J'en appelle à tous ceux
qui voudront bien prendre la peine de lire ce petit
ouvrage; ils verront s'il mérite l'indignation ou la
pitié, et qui des deux excite plus ce double sentiment, ou de l'écrivain ou du censeur. L'auteur est un
chrétien qui dispute contre un Juif par les Écritures
judaïques, et lui démontre que les oracles où il est
parlé du Messie se rapportent à Jésus, bien que le
Juif lui résiste assez vivement et ne soutienne pas
mal son caractère.

Pous nous, nous demandons à tous ceux qui
nous liront, que, sans s'arrêter aux calomnies de
Celse, ils prennent la peine d'étudier nos Écritures;
qu'ils s'appliquent à en pénétrer l'esprit et l'objet.
Ils verront que leurs auteurs sont fortement persuadés de tout ce qu'ils avancent, qu'ils n'attestent
Page 200. pour la plupart que les faits dont ils ont été témoins,
et des faits de la plus haute importance pour tout
le genre humain.

Eh! quelle doctrine est plus capable de porter les
hommes à bien vivre, que celle qui leur apprend

---

la cite en deux endroits, sous le nom d'*Altercation* ou Dialogue, fut écrite
en grec vers l'an 140 de Jésus-Christ. Il paroît qu'Eusèbe l'avoit lue.
(Voy. D. Cellier, *Hist.* tom. 1, pag. 694.) Un autre Celse que le philosophe épicurien, la jugeant utile à la défense du christianisme contre
les Juifs, la traduisit du grec en latin. Nous en avons encore la préface
insérée à la suite de l'édit. du S. Cyprien d'Oxford, pag. 169—172, sous
le titre : *Ad Vigilium de judaica incredulitate.*

que Dieu connoît toutes nos actions, toutes nos
paroles et toutes nos pensées ? Nous défions nos adversaires d'en nommer une seule...,.

« Il est assez difficile, à qui n'est point philoso- Page 206.
» phe, de démêler l'origine du mal ; mais c'est assez
» pour le vulgaire, de savoir que le mal ne vient
» point de Dieu, qu'il est attaché à la matière, et à Page 207.
» tout ce qui est mortel. Or, toutes les choses mor-
» telles roulent dans un cercle absolument uniforme,
» en sorte que le passé, le présent et l'avenir se res-
» semblent nécessairement. »

Celse, en disant que la chose est difficile pour
quiconque n'est pas philosophe, insinue assez clairement qu'elle est facile pour un philosophe. Je
suis loin de son avis : je la crois plus que difficile ;
impossible même pour le philosophe, à moins que
Dieu ne daigne lui révéler ce que c'est que le mal,
comment il a pris naissance, comment il peut être
guéri.

Assurément c'est un mal, et le plus grand de
tous, de ne pas connoître Dieu, ni le culte qu'il
faut lui rendre. Or, voilà un fait incontestable, de
l'aveu de Celse lui-même : que les philosophes ont
toujours été sur ce point dans la plus complète
ignorance ; témoin les disputes de leurs écoles.
Peut-on en effet arriver à connoître l'origine du
mal, avec l'opinion que la piété puisse s'accorder
avec les lois dominantes dans la plupart des socié-

tés civiles? Peut-on y arriver sans avoir une connoissance précise de ce qui concerne le démon et
ses anges; car ceux que nous appelons ainsi ne
l'ont pas toujours été. Sortis des mains de Dieu
comme créatures intelligentes, ils sont devenus
démons par leur révolte contre Dieu; et voilà
ce qu'il faut savoir. D'où je conclus que s'il y
a une question difficile et embarrassée, c'est celle
qui roule sur l'origine du mal. Non sans doute,
Dieu n'est pas l'auteur du mal. Le principe du
mal est dans la volonté de chacun de nous qui
le porte à de mauvaises actions. Et, à parler exactement, il n'y a pas d'autre mal. Mais il faut convenir que c'est là une question des plus délicates,
qui demande d'être traitée avec beaucoup de cir-
conspection et de lumière; que l'on ne peut même
résoudre que par une grâce particulière d'en haut.

Page 208.

Dans le système de Celse, « Le retour des diffé-
» rentes périodes ramène nécessairement les mêmes
» événemens. » Une pareille assertion méritoit bien
d'être appuyée de quelques preuves. S'il en étoit
ainsi, plus dans l'homme de libre arbitre. S'il falloit nécessairement que tout ce qui étoit arrivé,
arrivât de nouveau, il faudroit nécessairement que
Socrate revînt encore philosopher, qu'il fût encore
accusé d'avoir introduit des dieux étrangers, et corrompu la jeunesse; qu'Anytus et Mélitus se décla-
rassent ses accusateurs; que ses juges le condam-

nassent encore à boire la ciguë. Il faudroit nécessairement que Phalaris exerçât encore sa barbarie,
qu'il fît mugir ses victimes dans le taureau enflammé;
et qu'Alexandre, tyran de Phères, l'imitât. Il faudroit
nécessairement que Moïse sortit de nouveau de
l'Égypte avec son peuple; que Jésus revînt sur la
terre, pour y exécuter encore ce qu'il auroit déjà
exécuté dans une infinité de périodes antérieures;
que le christianisme subît encore les mêmes révo-
lutions; et que Celse le calomniât avec un acharnement mille fois reproduit.

Celse nous objecte que « Dieu n'a pas besoin de cor-   Page 209.
» riger ses ouvrages. » Certainement, lorsque Dieu
châtie la terre, et qu'il la purifie par l'eau ou par le
feu, il ne ressemble point à l'artisan qui retouche
à son ouvrage parce qu'il est défectueux par quelqu'endroit; mais il met un frein à la méchanceté.
Car quoiqu'il ne soit rien parti de ses mains que
de bon et d'achevé, il a fallu qu'il remédiât à ce que
la méchanceté avoit infecté; il ne néglige ni n'oublie aucun de ses ouvrages. De même que l'intelligent et infatigable cultivateur diversifie ses travaux selon que l'exigent les saisons de l'année et
les productions de la terre; ainsi, dans le cours
des siècles qu'il dirige comme celui des années,
Dieu fait tout ce que demande le bien de l'univers.
Lui seul le connoît parfaitement, et lui seul peut le
procurer.

« Mais de ce que telle chose vous paroît mal,
» s'ensuit-il qu'elle le soit effectivement? Peut-
» être est-elle utile à vous-même ou à quelqu'autre,
» ou à l'univers. »

Quoiqu'il n'y ait rien d'irréligieux dans cette
opinion; elle ne laisse pas de supposer que le mal
n'est point une chose absolument condamnable
de sa nature, puisqu'il peut arriver que ce qui
passe pour mal, vu dans le particulier, devienne

Page 210. bien sous un rapport plus général. De peur donc
que l'on n'en prenne occasion de faire le mal, nous
observerons que, quoique Dieu, sans offenser
notre libre arbitre, sache tirer un bien général des
péchés et des crimes des particuliers, le pécheur
n'en est pas moins coupable. Quand un criminel
est condamné aux travaux publics, il fait certainement quelque chose d'utile; en est-il moins détesté?
Quel homme, pour peu qu'il ait de sens, voudroit
être utile à ce prix? Aussi Paul, l'apôtre de Jésus,
nous enseigne que les hommes vicieux, lors même
qu'ils contribuent au bien général, n'en sont pas

I Tim., 1. 10. moins dignes de mépris et d'horreur.

Celse, très-peu versé dans l'intelligence de nos
saintes Écritures, y blâme certaines expressions
qui prêtent à Dieu des passions humaines. Elles
parlent le langage des hommes, pour se faire entendre d'eux avec plus de fruit. Si Dieu parloit

Page 211. toujours en Dieu, comment la multitude pourroit-

elle l'entendre ?... Nous parlons de *colère* de Dieu ;
mais nous n'avons garde de dire que la colère soit
dans Dieu une passion. Ce n'est qu'une conduite
sévère pour châtier et faire rentrer en eux-mêmes
les grands pécheurs. Ainsi d'autres expressions de
même genre.

« Ne nous bornons pas à ne parler que des juifs. Page 212.
» Donnons, comme je m'y suis engagé, des éclair-
» cissemens sur le système général de la nature. »

Où est l'homme raisonnable et connoissant tant
soit peu la foiblesse humaine, qui ne soit révolté
d'un ton si arrogant ? Mais voyons comme il rem-
plira ces pompeuses promesses.

Il nous reproche longuement d'enseigner que
Dieu a tout fait pour l'homme. Et, par l'histoire
des animaux, par les témoignages de sagacité qu'ils
laissent apercevoir, il prétend prouver que toutes
choses n'ont pas été moins faites pour les animaux
que pour l'homme. En quoi il imite, à mon avis,
ceux qui, emportés par la haine, blâment dans les
personnes qu'ils n'aiment pas, ce qu'on loue dans
leurs amis ; la passion qui les aveugle les empêche de
voir que ce qu'ils disent contre les premiers retombe
sur les seconds. De même Celse, dans le désordre
de son raisonnement, ne s'aperçoit pas qu'il s'en
prend aux stoïciens qui pensent, non sans fondement, que l'homme, et les êtres doués de la raison,
l'emportent sur tous ceux qui en sont privés, et

11.

que c'est pour eux principalement que la Providence a formé l'univers. De même que les magistrats qui ont l'intendance des marchés, n'ont en
vue que de pourvoir au~ besoins des hommes, ce
qui n'empêche pas que les animaux ne profiter t de
l'abondance des vivres; ainsi la Providence, en
donnant sa prédilection aux êtres intelligens, étend
également ses soins sur ceux qui ne le sont pas.
Dira-t-on que les magistrats s'c .cupent des animaux autant que des hommes, et les confondent
dans le même rang?

Page 213.

Celse nie clairement la Providence, ou il en admet une qui ne prend pas plus soin de l'homme que
des arbres, des herbes et des épines. L'un et l'autre
système est également impie; et ce seroit une folie à moi de répondre à un homme qui ne peut
nous accuser d'impiété qu'en posant de pareils
principes. Il est aisé de voir lequel de nous deux
est l'impie.

Il insiste: « Voulez-vous que les arbres, les herbes
» et les épines soient pour l'homme? Eh! pourquoi,
» vous demanderai-je, ne seroient-ils pas égale-
» ment pour les animaux, et même pour les plus
» féroces? »

Laissons-le attribuer au concours fortuit des
atomes cette variété innombrable de fruits de la
terre et d'espèces de plantes; laissons-le nier que
tout cela annonce de l'art, du dessein, une intel-

ligence même au-dessus de notre admiration. Pour nous, fidèles adorateurs du Dieu créateur du monde, nous lui rendons grâces de ce qu'il a préparé une pareille demeure, non-seulement pour nous, mais pour les animaux qui nous servent. *Il fait pousser à la terre de l'herbe pour la nourriture des animaux qui servent l'homme ; il en fait sortir du pain pour nourrir l'homme lui-même, du vin pour le réjouir, de l'huile pour le parfumer.* Il n'est pas étonnant que la Providence ait pourvu à la nourriture des animaux même les plus féroces. Plusieurs philosophes conviennent que ces animaux sont pour l'homme, puisqu'ils disent qu'ils sont destinés à exercer l'homme. Un de nos sages s'exprime ainsi : *Ne dites pas : Qu'est-ce que ceci, et pourquoi existe-t-il ?* On saura la raison de tout en son temps.

Celse qui ne permet pas à la Providence d'avoir moins de prédilection pour les animaux que pour l'homme, continue ainsi : « Ce n'est qu'à force de » travaux et de sueurs que nous parvenons à nous » nourrir ; tandis que la terre, sans être semée ni » labourée, offre d'elle-même aux animaux tout ce » qui leur est nécessaire. »

Il ne voit pas que Dieu a voulu exercer l'industrie et l'activité de l'homme, et qu'il l'a fait naître avec beaucoup de besoins, pour le forcer à inventer les arts qui le nourrissent, qui l'habillent, qui le

Ps. ciii. 14.

Page 214.

Eccles. xxxix. 22.

logent. N'étoit-il pas plus utile à l'homme de travailler pour subvenir à ses besoins, que d'être oisif et paresseux dans l'abondance? C'est de nos différens besoins que sont venus tous ces arts si précieux, l'art de labourer, l'art de cultiver la vigne et les jardins, l'art du charpentier et du forgeron qui nous procurent tous les instrumens nécessaires à la vie, l'agriculture, la navigation qui transporte les productions d'un pays dans un autre où elles manquoient; en sorte que nous trouvons dans l'indigence même de l'homme un motif de plus de reconnoître et d'admirer la Providence. Parce que les animaux ne sont point propres aux arts, elle y supplée en se chargeant elle-même de leur nourriture, en leur donnant des défenses naturelles contre le froid ou contre leurs ennemis.

Page 215.   « Si quelqu'un prétend que nous sommes les
» rois des animaux, parce que nous les prenons à
» la chasse, et que nous en couvrons nos tables;
» je répondrai : Pourquoi ne diroit-on pas plutôt
» que nous sommes faits pour eux, puisqu'ils nous
» prennent aussi et nous dévorent? d'autant plus
» que, sans secours, sans autres armes que celles
» qu'ils ont reçues de la nature, ils triomphent ai-
» sément de nous; au lieu que nous avons besoin
» contre eux d'armes et de secours étrangers, de
» toiles, de chiens. et d'un grand nombre de chas-
» seurs. »

Vous voyez que l'intelligence donnée en partage à l'homme par la nature, l'emporte sur les armes que les bêtes en ont reçues ; et, quoiqu'il y en ait de beaucoup plus fortes que nous, et d'une prodigieuse grandeur, telles que les éléphans ; nous savons les soumettre à notre empire. A force de bons traitemens, nous apprivoisons celles qui peuvent l'être. Pour les autres, ou pour celles qu'il ne nous serviroit de rien d'apprivoiser, nous nous mettons à l'abri de leur violence ; nous les enfermons sûrement ; et quand nous voulons nous en servir, nous les tuons aussi aisément que les animaux domestiques. C'est ainsi que le Créateur a tout soumis à l'homme. Nous nous servons des chiens pour la garde des troupeaux et des maisons ; nous nous servons des bœufs pour cultiver la terre, des bêtes de charge pour porter toute sorte de fardeaux. Quant aux lions, aux ours, aux léopards, aux sangliers et aux autres bêtes féroces ; la nature les a destinés à réveiller et entretenir le sentiment de courage qu'elle a versé dans nos cœurs.

« Du moins, dit Celse, avant qu'il y eût des villes, » que les arts fussent inventés, et les sociétés for- » mées, avant que les hommes eussent des armes » et des toiles, les hommes assurément ne pre- » noient point les bêtes féroces ; c'étoient elles » qui prenoient les hommes et qui les dévoroient. »

On peut remarquer d'abord que c'est par l'in- Page 216.

telligence et la raison que l'homme l'emporte sur
la bête, et que celle-ci ne doit sa supériorité qu'à
sa férocité : ce qui établit une grande différence
entre l'homme et les autres animaux. D'ailleurs,
Celse ne prend pas garde qu'il se contredit lui-
même, puisqu'il soutient que le monde est éternel ; comment pourra-t-il assigner un temps où
les arts et les villes n'étoient pas encore? Mais
s'il a parlé de la sorte pour s'accommoder à notre
sentiment ; nous lui dirons que nous reconnoissons une Providence, un Dieu qui préside à tout,
et qui par conséquent a dû garder et préserver
l'homme.

Gen., 1. 19,
xvi. 7, etc. Nous apprenons en effet, par les écrits de Moïse,
que les premiers hommes conversoient familiè-
rement avec Dieu, et qu'il leur envoyoit souvent
ses anges. Il étoit de la bonté, et même de la justice
de Dieu de veiller spécialement à la sûreté de
l'homme, jusqu'à ce que l'invention des arts, et
les progrès des connoissances l'eussent mis en
état de se défendre lui-même, et de n'avoir plus
besoin du secours des ministres du ciel. D'où je
conclus qu'il est faux qu'on doive croire qu'au
commencement, c'étoient les bêtes qui prenoient
les hommes et les dévoroient, et qu'ainsi ce seroit
à elles que Dieu auroit assujetti les hommes. Notre
Page 217. savant adversaire ne voit pas qu'en combattant
notre doctrine, nous ne sommes pas les seuls à

qui il ait à répondre, mais qu'il a contre lui le plus grand nombre des philosophes qui croient à la Providence, et lui opposeront qu'elle a tout fait pour les êtres intelligens ; qu'il combat une doctrine utile au genre humain ; et qu'il y a une impiété réelle à vouloir qu'il n'y ait point de différence entre l'homme et la bête. Et c'est là qu'il aboutit, quand il ajoute : « Si l'on prétend que » l'homme diffère de l'abeille et de la fourmi, en » ce qu'il habite des villes, qu'il est régi par des » lois, qu'il obéit à des chefs et à des magistrats, » rien n'est plus frivole que cette preuve ; car les » fourmis et les abeilles en ont autant. Les abeilles » sont gouvernées par un roi ; elles forment un état » où il y a autorité d'une part, subordination de » l'autre, où l'on fait la guerre, où l'on remporte » des victoires, où l'on use du droit des vainqueurs. » On y voit des villes, des faubourgs, des travaux » ménagés avec ordre, où la paresse et la fainéan- » tise sont réprimées par une justice sévère. Elles » donnent la chasse aux frelons et les mettent à » mort. »

Celse, en parlant de la sorte, montre bien qu'il ignore la différence qui existe entre les ouvrages de la raison et de la sagesse, et ce qui se fait par un mouvement aveugle et machinal. Il ne faut pas chercher la raison dans les animaux, parce qu'ils n'en ont point.

Celui qui est la raison originelle, et qui est aussi le souverain modérateur de l'univers, a voulu qu'il y eût dans les animaux un instinct naturel, qui, tout irréfléchi qu'il est, remplaçât la raison, et fût très-distinct de l'intelligence qui bâtit les villes, y fait fleurir les arts et régner les lois, ordonne la hiérarchie des pouvoirs, les distingue par des désignations précises, produit les actions vertueuses. Rien de semblable chez les animaux. Ce n'est qu'abusivement que l'on transporte à leurs sociétés les mots de gouvernemens, de villes, de magistratures, qui n'ont de vérité que dans leur application à des êtres intelligens. Que leur instinct soit une image de la raison ; ce n'est pas pour eux un titre d'éloge, mais un bienfait de la Providence qui a voulu faire de leurs mœurs la leçon des hommes. Ainsi l'exemple de la fourmi leur apprend l'économie et l'amour du travail ; celui des abeilles les invite à la subordination, ainsi qu'à partager les travaux nécessaires pour l'harmonie de la société. Peut-être aussi que l'image des guerres qui se font chez les abeilles, fournit aux hommes des leçons sur la manière de faire la guerre, quand on s'y voit contraint. Pour des villes et des faubourgs, il n'y en a point d'apparence dans leurs ruches. Les compartimens si réguliers de leurs habitations, les alternatives de travail et de repos, qui s'y trouvent observées, n'ont d'autre objet que l'utilité de l'homme à qui

elles donnent leur miel et leur cire ; c'est lui qui
en fait tantôt un remède, tantôt un aliment. Le
traitement dont elles usent à l'égard des frelons
n'est point du tout la justice qui s'exerce dans les
villes contre les lâches et les méchans. En tout
cela, il faut admirer la Providence ; et reconnoître
la science de l'homme qui a pu embrasser et la
connoissance et la direction de tant de détails ;
en sorte qu'il est non-seulement le ministre des
desseins de la Providence, mais qu'il a lui-même
ses vues, et pour ainsi dire, sa providence.

Page 218.

Celse, après avoir fait tous ses efforts pour dégrader l'homme, et ce qu'il y a de plus relevé parmi
les hommes, par le parallèle qu'il en fait avec l'a-
beille, passe à l'éloge et au parallèle de la fourmi.
Il prétend rabaisser notre prévoyance, notre économie, les services que nous nous rendons mu-
tuellement, en montrant tout cela dans la fourmi.
Il ne réfléchit pas combien ces insidieuses comparaisons, combien surtout la perfide préférence qu'il
accorde aux qualités des animaux sur les hommes
peuvent amener des conséquences funestes à la
morale publique. Un lecteur peu instruit, après
avoir lu ces sophismes, ne sera-t-il pas tenté de
dire : A quoi bon secourir les autres et les soulager,
pour mériter après cela d'être mis à côté de la
fourmi qui soulage de même sa compagne, quand
elle est fatiguée ou trop chargée ?.. Au reste, plus

il affecte de prodiguer ses éloges aux bêtes ; plus,
sans le vouloir, il relève l'ouvrage du Verbe, principe de tout, et l'homme lui-même, qui, par les
ressources de sa raison, ajoute un nouveau relief
aux dons de la nature.

Page 219.   Il ne s'en tient pas là. Il voudroit nous persuader
que les bêtes n'ont pas moins que nous la raison
en partage. A l'entendre, « les fourmis ont entre
» elles des conversations suivies. Les principes
» généraux des sciences ne leur sont pas incon-
» nus (1). »

Quoi de plus ridicule qu'un pareil système de
la part d'un philosophe qui entreprend de nous
éclairer sur toute la nature, et qui, par le titre de
son ouvrage, s'est engagé à n'enseigner que la
vérité !

Perdant toute honte, il ajoute : « Si quelqu'un
» abaissoit du haut du ciel ses regards sur la terre ;
» quelle différence, je vous le demande, verroit-il
» entre ce que font les hommes, et ce que font les
» abeilles ou les fourmis ? »

Mais dans son hypothèse, le spectateur dont il
parle arrêtera-t-il sa vue aux corps, sans examiner

(1) Cette étrange folie, avec toutes les conséquences qui en dé-
rivent, a trouvé des sectateurs dans les temps modernes. De nos
jours, un philosophe a essayé de l'accréditer dans un recueil de
Mémoires sur l'histoire naturelle (Dupont de Nemours.). Il se vantoit de ne pas connoître le Dieu des chrétiens. Connoissoit-il mieux le
Dieu de la nature ?

s'il n'y a pas d'un côté, une intelligence qui dirige les opérations des uns, de l'autre, simplement une combinaison d'actions qui tient aux seuls mouvemens des organes?...

Si les animaux avoient les notions qu'on leur suppose, on ne seroit pas réduit à n'en citer jamais que deux ou trois exemples toujours les mêmes; ils auroient des connoissances aussi multipliées et aussi variées que l'homme, à qui l'expérience, la raison, la réflexion ont appris tout ce qu'il sait, et qui l'augmente journellement.

Page 221.

Page 222.

« Il y a dans l'âme des bêtes quelque chose de » divin et de fort supérieur aux hommes. Quoi de » plus divin que de connoître et de prédire l'avenir! » Or, l'art de la divination n'est fondé que sur les » connoissances et les pronostics tirés des bêtes, » et en particulier des oiseaux? Les bêtes par con- » séquent connoissent Dieu mieux que nous. »

A la manière dont Celse parle ici, on croiroit que tout le monde convient de ce qu'il avance. Au contraire, rien de plus opposé que les opinions des Grecs et des Barbares sur ce point. On dispute s'il existe un art de la divination; et, au cas qu'il existe, quel en peut être le principe.

Celse avoit donc à prouver ce qu'il assure si légèrement. Il avoit à répondre aux objections de ceux qui combattent son système. Et tandis qu'il nous reproche de croire trop facilement au Dieu souve-

rain, il veut que nous croyions, sur sa parole, que
les oiseaux ont des notions de la Divinité plus
sûres et plus lumineuses que les hommes. Il faut

Pag. 223.

donc qu'il convienne que les oiseaux sont plus
éclairés que lui-même, que les théologiens des
Grecs, un Phérécide, un Pythagore, un Socrate, un
Platon. Dans ses principes, il doit nous envoyer à
l'école des oiseaux, plutôt qu'à celle des philosophes,
pour nous former des idées justes de la Divinité.

Mais voici une observation qui suffiroit pour
renverser ce beau système, et pour enlever aux
oiseaux toutes ces sublimes connoissances. C'est
que, si véritablement ils prédisoient l'avenir, ils
ne donneroient pas continuellement dans les
piéges que leur tendent les hommes ou d'autres
bêtes. S'il y a quelque chose de merveilleux dans
l'art des augures et des auspices, nous sommes
persuadés qu'il faut l'attribuer aux démons, qui
sont continuellement occupés à séduire les hommes
et à les détourner du culte du vrai Dieu.

Page 226.

Le vrai Dieu, pour révéler l'avenir, ne se sert
point des bêtes, ni même des hommes pris au
hasard. Il choisit les âmes les plus pures et les
plus saintes, qu'il remplit de son Esprit, et dont il
fait ses prophètes. Aussi lisons-nous dans la loi de
Moïse : *Vous n'aurez ni augure ni aruspice parmi
vous, comme ces nations que le Seigneur exterminera*

Nomb. XXIII.
23.

sous vos yeux.

Celse ne se contente pas d'ériger les bêtes en Page 227. prophètes; il prétend encore « qu'elles sont plus » chères et plus fidèles à Dieu que nous, qu'elles » le connoissent, qu'elles entretiennent avec lui » un commerce plus intime que l'homme, que » leurs conversations sont plus saintes, et qu'elles » observent religieusement les sermens. »

Il s'ensuivroit donc que, selon lui, les bêtes Page 228. sont plus chères à Dieu que tous ces grands philosophes qu'il élevoit tout à l'heure jusqu'aux cieux; que leurs dialogues l'emportent incomparablement sur tous ceux d'un Socrate et d'un Platon. Le voilà donc réduit à envier le sort des bêtes, d'un dragon, d'un loup, d'un renard, d'un aigle, d'un épervier. Et il doit nous savoir gré de souhaiter qu'il leur ressemble.

Sans nous arrêter à relever de pareilles extravagances, nous remarquerons que les hommes, même les plus savans, ne peuvent se flatter d'avoir aucun commerce avec la Divinité, tant qu'ils restent attachés au vice. Il n'y a que la vraie sagesse et la vraie piété qui puissent mériter aux hommes cet inestimable avantage. Tels furent Moïse et les prophètes.

Voici la conclusion de Celse : « Tout n'a donc Page 229. » pas été fait pour l'homme, non plus que pour le » lion, l'aigle et le dauphin. Pour que le monde » fût parfait, les différens êtres n'ont dû se rapporter à aucune partie, du moins en premier lieu,

!» mais seulement au tout. C'est de ce tout que Dieu
» prend soin. Voilà ce qu'il n'abandonne jamais,
» ce qui ne se corrompt jamais, ce qui ne se ré-
» concilie point au bout d'un certain temps. Dieu
» ne se fâche pas plus contre les hommes que con-
» tre les singes ou les mouches. Il ne fait point de
» menaces; chaque être garde le rang où il l'a
» placé. »

Je ne répondrai qu'un mot. Nous avons prouvé
ailleurs que le monde a été fait pour l'homme,
pour les créatures raisonnables, et non pour le
lion, l'aigle et le dauphin. Sans cela le monde qui
est l'ouvrage de Dieu, ne seroit point parfait comme
Celse prétend qu'il l'est, et avec raison. Dieu a soin
du monde sans doute; mais il a soin surtout des
créatures raisonnables. Jamais sa Providence n'a-
bandonne le monde. Le mal qu'y introduit le
péché de la créature raisonnable, il le fait disparoître, et se réconcilie le monde au temps qu'il a
marqué. Il ne se fâche point *contre les singes ni les*
mouches ; mais il a chargé ses prophètes et le Sau-
véur qui est venu sur la terre de faire des menaces
aux hommes qui violent la loi naturelle, afin qu'ils
rentrent en eux-mêmes et qu'ils se corrigent.
Quant à ceux qui méprisent ses avertissemens et
ses menaces, ils subiront les punitions qu'il est
juste que décerne contre eux le Dieu qui doit maintenir l'ordre dans l'univers.

Page 250.

Livre cinquième (1). Ce n'est point, sage Ambroise, la démangeaison de parler qui me fait entreprendre ce cinquième livre contre Celse. Je sais *qu'il n'est pas possible de parler beaucoup sans pécher ;* mais je voudrois, autant qu'il est en moi, ne laisser sans réponse aucune des objections de Celse contre les Juifs et contre les chrétiens. Que ne m'est-il donné de faire passer mes paroles jusqu'au cœur de tous ceux qui ont lu son ouvrage, d'en arracher le trait qui a blessé quiconque n'est pas couvert d'une armure divine, et de fermer la plaie qu'il a pu faire à la foi de chacun d'eux! Mais il n'appartient qu'à Dieu de pénétrer invisiblement dans les cœurs avec son Christ et son Esprit. Pour nous, notre ambition se borne à mériter le titre de *ministres sans reproche, qui savent bien dispenser la parole de vérité* (2). Je vais donc, par déférence pour vos ordres, poursuivre la réfutation de ses sophismes. Ai-je réussi jusqu'à présent? j'en appelle au jugement de mes lecteurs. Je prie Dieu qu'il ne permette pas que j'emploie ici aucun raisonnement profane ; que je donne à la foi de ceux à qui je

Prov., x. 19.
Page 231.

II Tim., xi. 15.

---

(1) Nous avons suivi en général pour ce livre et les suivans l'abbé de Gourcy, tant dans ses analyses que dans ses traductions.

(2) Bossuet fait remarquer cette invocation d'Origène parmi les prières que nos pieux et savans docteurs ont toujours grand soin d'adresser à Dieu pour se recommander, eux et leurs lecteurs, à l'efficacité de la grâce. *Défense de la tradit.*, tom. iii des *Œuvres posthumes*, édit. in-4°. Amster. 1753.

désire être utile la sagesse humaine pour appui ;
mais que l'Esprit saint daigne m'inspirer, qu'il
m'éclaire ; lui qui seul peut donner l'intelligence
de la divine parole ; qu'il m'aide à *abattre toute*
hauteur qui s'élève contre la science de Dieu ; à con-
fondre l'orgueilleux qui ose insulter à notre Jésus,
à Moïse et aux prophètes ; et que la même vertu
d'en haut qui communique sa puissante énergie
aux prédicateurs de son Évangile, daigne encore
s'imprimer à mes paroles.

II Cor., x.5.

« Vous ne devez pas croire, dit l'ennemi des
»Juifs et des chrétiens, qu'il y ait eu ou qu'il puisse
»y avoir jamais ni Dieu ni Fils de Dieu descendu
»sur la terre. Seroit-ce quelque ange, ou plutôt
» quelque démon ? »

Page 232.

Voilà encore des objections cent fois répétées
par notre impitoyable adversaire, et sur lesquelles
nous ne reviendrons point ; nous y avons tant de
fois répondu ! J'ajouterai une simple observation ;
c'est qu'ici encore il ne s'accorde ni avec lui-même,
ni avec ceux de sa religion, qui croient, et lui-
même l'a avancé, que plusieurs de leurs dieux,
entre autres Apollon et Esculape, sont venus habiter
avec les hommes. Or, de deux choses l'une :
ou on ne les a point vus sur la terre, ou ce n'é-
toient pas des dieux. Dites plutôt que c'étoient des
démons qui ne valoient pas les hommes.

Page 233.

« Seroit-ce quelque ange ? » Il est bon de lui

apprendre notre doctrine à ce sujet. Nous appelons *Anges des esprits dont l'emploi est d'être envoyés pour servir ceux qui doivent être les héritiers du salut.* Hebr., 1. 14. Tantôt ils montent au ciel pour porter au trône de Dieu les prières des hommes; tantôt ils descendent sur la terre pour distribuer aux hommes les dons de Dieu. On les trouvera quelquefois nommés dieux dans nos saintes Écritures, parce qu'il y a Ps. LXXXI. 1. dans eux quelque chose de divin; mais nulle part on n'y lira qu'il soit ordonné de rendre aux anges, aux envoyés de Dieu, le même culte qu'à Dieu. Au contraire, tous les vœux, toutes les actions de grâces, toutes les supplications, toutes les prières proprement dites, doivent chez les chrétiens se rapporter uniquement à Dieu par la médiation du pontife par excellence supérieur à tous les anges, par le Verbe de vie qui est Dieu. C'est pourquoi nous adressons aussi au Verbe nos prières, nos vœux et nos actions de grâces.

Pour nous rendre les anges favorables, il suffit d'avoir pour Dieu, autant que notre nature le permet, les mêmes sentimens qu'ils ont eux-mêmes. Il faut les imiter comme eux-mêmes imitent Dieu. Il faut tâcher de perfectionner de jour en jour la connoissance que nous avons du Verbe, Fils de Dieu, et d'approcher le plus qu'il est possible de la connoissance qu'en ont les anges.

Quand Celse avance que les anges dont nous

12.

parlons sont vraisemblablement des démons, il
montre bien qu'il n'a pas lu nos Écritures ; il auroit
vu qu'elles ne donnent le nom de démons qu'à ces
esprits malfaisans qui ne sont occupés qu'à séduire
les hommes et à les éloigner de Dieu et des choses
célestes pour les rabaisser vers la terre.

Page 234.

Celse reproche aux Juifs « de ne pas adorer ce
» qu'il y a de plus auguste dans le ciel et de plus
» puissant, le soleil, la lune, les astres, quoiqu'ils
» adorent le ciel et les anges du ciel. »

Il parle de choses qu'il ignore. Tout le monde
peut aisément se convaincre que les Juifs ainsi que
les chrétiens n'adorent que Dieu seul, le Créateur
du ciel et de tout l'univers. Ils n'oublient pas ce
précepte de leur loi : *Prenez garde, en levant les
yeux au ciel, de vous laisser éblouir par l'éclat du
soleil, de la lune et des étoiles, et d'adorer ce que
que le Seigneur votre Dieu a créé pour servir toutes
les nations...* (Au sujet des chrétiens). Quoi! ceux
qui avoient appris à fouler généreusement aux pieds
toutes les créatures, à n'attendre que de Dieu seul le
salaire magnifique de leurs œuvres, d'une vie passée
dans la vertu ; ceux à qui on avoit dit : *Vous êtes la
lumière ; que votre lumière brille devant les hommes,
afin qu'ils glorifient votre Père qui est dans les cieux ;*
ceux qui s'avançoient avec ardeur vers cette sagesse éclatante et sans tache, qui est une émanation de la lumière éternelle ; ceux qui l'avoient déjà

Exod., xx.
3, 4, 5.
Deut., iv. 19,
20.

Page 238.

1 Joan. 1. 5,
9.

atteinte, auroient-ils pu être assez frappés de cette lumière grossière du soleil et des étoiles ; auroient-ils assez méconnu le prix de la vraie lumière, de la lumière du monde, la lumière des hommes, qu'ils avoient dans eux-mêmes, pour lui préférer la lumière si inférieure de ces astres, et pour leur rendre un culte religieux ?...

Dieu descend parmi les hommes par sa providence, sans changer pour cela de lieu. Son Verbe est toujours au milieu d'eux selon sa promesse : *Voilà que je suis tous les jours avec vous jusqu'à la consommation des siècles.* Comme le sarment ne peut porter de fruit s'il est retranché de la vigne ; de même les chrétiens, disciples du Verbe, ces branches spirituelles de la véritable vigne, qui est le Verbe de Dieu et le Christ, ne sauroient porter les fruits de la vertu, s'ils ne demeurent attachés à lui. Mais s'ils ont toujours au milieu d'eux Dieu même qui remplit le ciel et la terre, s'ils sont toujours unis à son Verbe ; comment peuvent-ils prostituer leurs vœux et leurs prières aux astres dont ils sont si éloignés ?

Il n'est pas vrai pour cela que nous méprisions les cieux et les astres, comme Celse nous en accuse. Nous n'avons garde de mépriser ces ouvrages merveilleux qui louent Dieu si éloquemment ; mais loin d'exiger de nous des adorations et des vœux, ils nous diroient plutôt : Pourquoi nous adorez

Page 239.

Matth., XXVIII. 20.

Joan., XVI. 4.

Ps. CXLVIII. 20.

vous, nous, qui, comme vous, adorons et glorifions
Dieu seul notre Créateur et le vôtre?

Page 240.

« C'est encore, dit Celse, une opinion extrava-
» gante des chrétiens que Dieu, semblable à un cui-
» sinier, allumera un feu qui consumera tout, ex-
» cepté eux seuls, soit qu'ils soient encore vivans
» alors, soit qu'ils soient morts même depuis long-
» temps; et qu'ils sortiront du sein de la terre avec
» les mêmes corps qu'ils avoient eus pendant leur
» vie; c'est bien là une espérance digne des vers.
» Eh! quelle âme peut ambitionner de rentrer dans
» un corps réduit en pourriture? Comment donc un
» tel corps peut-il redevenir le même qu'il étoit?
» À cela ils n'ont rien à répondre, sinon que Dieu
» est tout-puissant, comme si Dieu pouvoit ce qui
» est indécent et déraisonnable. Il ne faut pas croire
» que Dieu exaucera les vœux insensés et injustes
» des méchans; ce n'est pas pour cela qu'il est le
» modérateur de l'univers, c'est pour faire tout ce
» qui est convenable, tout ce qui est juste. Je ne
» nie pas qu'il ne puisse accorder l'immortalité aux
» âmes humaines, mais il ne peut ni ne veut l'ac-
» corder à des cadavres infects. Cela est évidemment
» contre la raison. Or, Dieu est la raison souve-
» raine de tout ce qui existe, il ne sauroit donc agir
» contre la raison, sans agir contre lui-même. »

Remarquez d'abord comme Celse calomnie et
tourne en ridicule la doctrine de l'embrasement

du monde, qui a été enseignée cependant par plusieurs philosophes grecs d'une certaine réputation,
lesquels probablement en avoient puisé l'idée dans
les livres des Juifs, plus anciens qu'eux tous.

Il y aura un feu qui punira, un feu qui purifiera,
un feu qui brûlera sans consumer, un feu qui pénétrera sans les anéantir ceux dont les actions, les
paroles, les pensées mériteront qu'on les compare
à ces vains matériaux *de bois, de foin et de paille*
qui n'établissent pas une solide construction, et
que le Seigneur tel *qu'un feu dévorant*, à quoi il
est assimilé dans nos saintes Écritures, livrera à un
feu vengeur.

Celse n'entend pas mieux nos Écritures et notre
croyance, quand il dit que ceux qui sont morts depuis long-temps sortiront de la terre avec leurs
cadavres sans aucun changement. Un passage de
saint Paul, mal compris par lui, peut avoir donné
lieu à cette erreur. *Quelqu'un demandera*, dit l'A-
pôtre: *comment les morts ressusciteront-ils? dans
quelle sorte de corps paroîtront-ils? vous ne voyez
pas, ajoute-t-il, que ce que vous semez ne peut être
vivifié qu'il ne meure auparavant; et quand vous
semez, vous ne semez pas le corps de la plante qui
naîtra, mais de simples graines; c'est Dieu qui donne
les corps qui en sortent, et il donne à chaque semence
le corps qui lui est propre.*

Vous voyez la différence qu'il établit entre la

Page 241.

1 Cor., III. 12.

Malach., III. 2.

Page 243.

1 Cor. xv. 35-38.

semence jetée en terre, et le corps de la plante qui en sort ; et que par la fécondité que Dieu donne aux semences, il se fait une espèce de résurrection, de manière que les unes produisent des épis, et les autres les arbres les plus élevés. Ce que Dieu fait à l'égard des semences, il le fait pour les corps qui sont, pour ainsi dire, semés dans la terre, et que sa puissance, quand le temps en sera venu, transformera en des corps, changés selon leurs mérites. L'Écriture nous développe fort au long la différence qu'il y a entre le corps tel qu'il est semé, et le corps tel qu'il renaît : *Il est semé dans la corruption, il ressuscitera incorruptible ; il est semé dans l'humiliation, il ressuscitera glorieux ; il est semé dans la foiblesse, il ressuscitera plein de vigueur ; le corps animal est semé, il ressuscitera spirituel.* Notre espérance n'est donc pas *une espérance de vers.* Notre âme ne désire donc pas d'être réunie à un corps corrompu. Et comme la nature du corps est corruptible, il est nécessaire qu'il obtienne l'incorruptibilité. Comme il est sujet à la mort, il faut qu'il soit revêtu de l'immortalité ; afin que, selon l'oracle des prophètes, la victoire soit ravie à la mort qui nous avoit asservis à son empire, afin que l'aiguillon dont elle avoit percé notre âme soit brisé pour jamais.

Nous croyons donc avec certitude à la future résurrection des morts, comme fondée sur l'Écriture

Ibid. 42-44.
Page 244.

Osée, xiii.
14.

Page 246.

qui est la parole de Dieu. Nous avons dans les promesses de Jésus-Christ une confiance inébranlable, sûrs que *le ciel et la terre* avec ce qu'ils renferment *passeront*, mais que *les paroles* du Verbe de Dieu *ne peuvent passer* sans être accomplies.

Matth., xxiv, 35.

Nous n'avons pas recours à une misérable défaite, quand nous disons que tout est possible à Dieu. Nous savons bien que les choses qui répugnent et qui sont absurdes ne sauroient y être comprises; nous avouons que Dieu ne peut rien de ce qui est mal; autrement il ne seroit pas Dieu.

Quant à ce qu'on ajoute : que Dieu ne veut pas ce qui est contre la nature, il faut distinguer. Si on entend par ces mots *contre la nature*, ce qui est opposé à la vertu et à la raison, nous convenons que Dieu ne voudra jamais ce qui est contre la nature. Tout ce que la volonté et la sagesse de Dieu ont prescrit ne sauroit être contre la nature, quelque incroyable qu'il soit ou paroisse à certaines personnes. Mais si l'on veut parler avec une rigoureuse précision, nous soutiendrons qu'il y a des choses au-dessus de la nature que Dieu peut faire. C'est ainsi qu'il élève l'homme au-dessus de sa nature, pour l'associer en quelque sorte à la nature divine.

Après avoir reconnu que Dieu ne veut rien de contraire à la nature, nous ne ferons pas difficulté de convenir qu'il ne peut réaliser les désirs dé-

Page 247.

pravés de l'homme. L'amour seul de la vérité nous anime dans la discussion de l'ouvrage de Celse; c'est pourquoi nous lui accordons sans peine que Dieu qui est l'auteur de la nature innocente et vertueuse, et le principe de tout bien, ne peut être le fauteur des vices et des passions. Pour ce qui est de l'immortalité, nous assurons, non-seulement que Dieu peut la donner à l'âme, mais qu'il l'a donnée en effet. Qu'il répète après cela, d'après un ancien (Héraclite), « qu'un *corps mort* vaut moins que du » fumier. « Nous nous contenterons de lui répondre que le fumier n'est bon qu'à être jeté dehors; mais que le corps de l'homme mérite quelques égards, par l'honneur qu'il a eu de servir à l'âme de domicile, particulièrement si cette âme fut vertueuse. D'où vient que chez tous les peuples policés il a été établi d'honorables sépultures pour les morts....

Page 253. Que Celse nous demande « d'où nous venons, » nous autres chrétiens, et quel est notre chef, » nous lui répondrons que nous venons sous la conduite de Jésus, pour changer en socs de charrue les glaives que nous tirions contre nos semblables. Non, nous ne savons plus nous en servir pour faire la guerre; nous sommes devenus les enfans de la paix par Jésus que nous suivons comme notre chef après avoir abandonné ceux auxquels nos pères s'étoient attachés. C'est de lui que nous avons reçu la loi qui nous a dessillé les yeux.

Celse nous allègue Hérodote, Pindare, l'oracle de Jupiter Ammon, pour prouver que la loi étant la reine de tous les hommes, ils doivent se conformer aux lois de leur pays. Son but est d'appliquer ce principe aux chrétiens, et d'en inférer que ne formant pas un peuple particulier, ils sont coupables de s'être séparés des Juifs, pour s'attacher à la doctrine de Jésus.

Page 255.

Qu'il nous réponde donc si les philosophes qui ont secoué le joug de la superstition, et qui mangent des mets défendus par les lois de leur pays sont criminels ou non ? Car si la philosophie donne ce droit, pourquoi le christianisme ne le donneroit-il pas également ?

En prétendant qu'on ne peut jamais être répréhensible d'obéir aux lois et aux usages de son pays, il s'ensuivroit que les Scythes font très-bien de manger leurs semblables, et les Indiens de manger leurs propres parens.

Il y a en général deux sortes de lois, la loi naturelle que Dieu a gravée dans le cœur de l'homme, et la loi civile ou la loi écrite. Quand la loi civile n'est pas contraire à la loi divine, tous les citoyens sans doute sont obligés de la suivre et même de la préférer à toutes les lois étrangères ; mais, dès qu'elle ordonne des choses opposées à la loi divine, la raison elle-même ne nous-dit-elle pas qu'il faut alors mépriser les lois et les législateurs hu-

Page 256.

mains, pour n'obéir qu'au souverain législateur, à Dieu même, et pour régler notre vie sur ses préceptes, à quelques travaux, à quelques dangers qu'il fallût s'exposer pour cela? Puisque, dans ce cas, il est impossible de plaire en même temps à Dieu et aux hommes; ne seroit-il pas absurde de préférer de plaire aux derniers, et de se conformer à leurs lois impies? Or, s'il est juste au contraire et raisonnable de préférer en toute occasion la loi naturelle, qui est la loi de Dieu, à la loi que les hommes oseroient porter contre la loi de Dieu; c'est surtout quand il s'agit de lois qui ont la Divinité même pour objet.

Page 258. Le pompeux éloge que Celse fait de la loi qu'il nous oppose, en l'appelant la reine du monde, ne sauroit convenir à des lois locales et bornées, encore moins à des lois impies; il ne peut s'appliquer qu'à la loi divine à aquelle tous doivent obéir. C'est sur elle que nous nous proposons de régler notre conduite; c'est par soumission pour elle que nous rejetons les lois impies.

Page 260. Celse revient aux Juifs. « Quelle raison pou- »voient-ils avoir de se préférer aux autres peuples? »C'est un sot et vain orgueil de leur part, de s'i- »maginer qu'ils ont exclusivement la connoissance »du grand Dieu. Non, ils ne le connoissent même »pas; ils n'ont été que les dupes des impostures de » Moïse. Eh! qu'importe d'ailleurs qu'on l'adore,

» ce grand Dieu, sous le nom de Jupiter, ou d'Am-
» mon, ou d'Adonaï, ou de Sabaoth, ou enfin de
» Papæus, comme les Scythes ? »

Je crois avoir assez indiqué ailleurs les caractères qui distinguent le peuple juif entre tous les
autres. Sans parler de son célèbre temple, ni de
la majesté de ses cérémonies; si nous jetons un
coup d'œil sur sa législation et sur sa police, nous
ne trouverons aucune nation qu'on puisse lui comparer. Le peuple juif avoit banni, autant qu'il est
possible, tous les arts, toutes les professions inutiles ou dangereuses, et avoit rassemblé tout ce
qui peut être avantageux à un état. On n'y voyoit
ni théâtre, ni cirque; on n'y souffroit point de
femmes qui fissent un de ces commerces infâmes
qui outragent la nature et nuisent à la population
même.

Page 260.

Quel avantage pour les Juifs d'être instruits, dès
la plus tendre enfance, à s'élever au-dessus de la
nature sensible, pour chercher et découvrir la Divinité! Quel avantage d'apprendre, dès l'âge qui
sait à peine bégayer, que l'âme est immortelle,
qu'il y a un jugement après cette vie, et des récompenses pour ceux qui auront bien vécu! Le peuple
de Dieu rejetoit aussi toutes sortes de divinations
qui ne sont propres qu'à séduire les hommes, et
qui sont manifestement l'ouvrage des démons. Ils
puisoient la connoissance de l'avenir dans les écrits

des prophètes, dont la sainteté consommée leur avoit mérité la grâce d'être remplis de l'Esprit divin.

Quelle sagesse, quel sentiment d'équité dans la loi qui ne permettoit pas qu'un Juif servît plus de six ans! Les Juifs doivent être plus jaloux qu'aucune autre nation de conserver leurs lois. Ils seroient inexcusables de ne pas en sentir l'excellence et la supériorité, et d'ignorer qu'elles ont une origine bien différente de celle des autres lois. Aussi le peuple juif, quoi qu'en dise Celse, surpasse en sagesse, non-seulement les autres peuples, mais ceux même qu'on nous vante comme philosophes. Les philosophes, avec tous leurs beaux discours, se laissent entraîner au culte des idoles et des démons; tandis que le dernier des Juifs reconnoît et n'adore que le Dieu souverain. Les Juifs ne sont-ils pas fondés à s'estimer plus qu'eux tous, à les regarder comme des enfans, comme des hommes sans religion, et à fuir leur commerce?

Plût à Dieu qu'ils eussent été fidèles à leur loi; qu'ils n'eussent point trempé leurs mains dans le sang de leurs prophètes, et enfin, dans le sang même de Jésus! Nous verrions sur la terre cette ville céleste que Platon n'a pu qu'imaginer. Je n'en dis pas assez : ce qu'a fait Moïse, ce qu'ont fait ses successeurs est au-dessus de Platon. Ils ont formé et gouverné un peuple choisi entre tous les peuples ; ils lui ont enseigné une doctrine pure, et éloignée de toute sorte de superstitions.

Celse prétend que ce qu'il y a de plus auguste Page 261. chez les Juifs, se trouve de même chez d'autres peuples. « Point de différence, dit-il, entre le » culte du ciel et le culte de Dieu, entre les sacri- » fices des Perses et ceux des Juifs. »

Il ne fait donc pas attention que, chez les Juifs, comme il n'y a qu'un Dieu, il n'y a aussi qu'un temple, un autel pour les holocaustes, un autel pour les parfums, et un seul grand-prêtre. Quel rapport y a-t-il entre les Perses qui sacrifient à Jupiter sur les plus hautes montagnes, et les Juifs qui offrent dans leur temple des sacrifices tout dif- férens? Et ces derniers sacrifices n'étoient que l'ombre et la figure des choses célestes ; on avoit soin d'expliquer quel en étoit l'esprit, et ce qu'ils signifioient. Que les Perses appellent, s'ils veulent, le ciel Jupiter, nous n'avons garde d'adorer ni le ciel, ni Jupiter. Nous disons dans nos prières : *Cieux des cieux louez Dieu, et que les eaux qui sont au-dessus des cieux louent le Seigneur.* Ps. cxlviii. 4. Page 262.

Celse prétend qu'il est fort égal d'appeler Dieu Jupiter ou le Très-Haut, ou Ammon, ou Adonaï. J'observerai d'abord qu'il est faux de dire, comme l'a cru le chef de l'école péripatéticienne, qu'il y ait eu, dans l'institution des noms, rien d'arbitraire ou d'indifférent, et que les différentes langues

parlées sur la surface du globe, aient été l'ouvrage des hommes. Nous sommes bien éloignés
d'appeler Dieu, Jupiter ou Ammon qui ne sont
que des démons. Nous souffririons la mort plutôt
que de prostituer de la sorte le nom de Dieu. Au
reste, le nom qui signifie Dieu, comme mot ap-
pellatif, dans la langue des Scythes, des Égyptiens,
ou dans toute autre langue, peut être donné à
Dieu sans péché.

Page 263. Quant à la circoncision, quoiqu'elle soit commune aux Juifs avec les Égyptiens, et les peuples
de la Colchide, on ne peut pas même les comparer en cela, puisqu'ils la pratiquent par des raisons fort différentes. C'est ainsi que ceux qui font
les mêmes sacrifices et les mêmes prières ne se ressemblent nullement, s'ils les adressent à différentes divinités. C'est ainsi que les sectes des philosophes grecs, des épicuriens, des stoïciens et
des platoniciens, pour employer les mêmes termes
de justice et de courage, n'en sont pas plus d'accord entre elles, quand il s'agit d'expliquer la nature et les fonctions de ces vertus.

Pour ce qui est de l'abstinence, les Juifs ne se
glorifient certainement pas de ce qu'ils s'interdisent
la chair de porc, comme si c'étoit un point de
grande importance. Il est vrai qu'ils distinguent
deux classes d'animaux purs et impurs, et qu'ils
rangent le pourceau parmi les derniers. Ils donnent

des raisons de cette distinction; mais Jésus l'a abolie. Un de ses disciples, qui l'ignoroit, disant : *Je n'ai jamais rien mangé d'immonde,* entendit une voix qui répondit : *N'appelez pas immonde ce que Dieu a purifié.* Act. x. 14, 15.

Peu nous importe, ainsi qu'aux Juifs, ce que Celse ajoute des prêtres égyptiens, qu'ils ne s'abstiennent pas seulement de la chair de porc, mais de celle de chèvre, de brebis, de bœuf et de poisson. Pour nous qui savons que *ce n'est pas ce qui entre dans la bouche qui souille l'homme,* et que *la nourriture ne fait nullement notre mérite aux yeux de Dieu;* nous ne nous glorifions point de nous en abstenir; mais nous ne mangeons pas non plus par sensualité. Nous laissons les pythagoriciens se vanter de s'abstenir de manger de la chair de tous les animaux; et il y a une grande différence entre leur abstinence et celle de nos Ascètes (1). La leur n'a d'autre fondement que leur absurde métempsycose; mais pour nous, nous nous proposons de Matth., xv. 11. 1. Cor. viii 8.

---

(1) Religieux ou moines qui faisoient profession d'une vie plus sainte, plus austère et plus retirée que les autres. Ce nom étoit connu dès le temps du paganisme. Eusèbe rapporte à ces Ascètes ce que Philon dit des Thérapeutes, *Hist. eccles.,* lib. ii, cap. xvii. Il les appelle les ascètes du culte de Dieu, c'est-à-dire, qu'ils *s'exerçoient* aux œuvres de la piété et de la charité la plus consommée. Il y a eu de tout temps dans l'Église chrétienne, de ces ascètes. Ils habitoient les uns dans les villes, les autres dans des villages ou dans des lieux qui en étoient éloignés. Les plus célèbres dans ces temps furent S. Paul ermite, S. Pacôme, S. Antoine, S. Théodore, S. Pamphile martyr.

1 Cor., IX.
27.
Coloss., III.
5.
Rom., VIII.
13.

châtier notre corps, de le réduire en servitude, de réprimer la fornication, l'impureté, la concupiscence, tous les désirs déréglés.

« Faut-il croire que les Juifs soient plus agréables
» à Dieu que toute autre nation, et que c'est à eux
» seuls que Dieu ait envoyé des anges ? »

Il est aisé de prouver contre Celse que les Juifs ont été singulièrement favorisés de Dieu. Les infidèles même appellent le Dieu des Hébreux le Grand Dieu. La protection divine a éclaté manifestement, en conservant les foibles restes de cette nation ; en la préservant des suites du ressentiment d'Alexandre de Macédoine, à qui ils avoient refusé de se joindre contre Darius leur allié. On lit même que ce conquérant se prosterna devant le grand-prêtre des Juifs, et qu'il dit avoir vu en songe ce pontife qui lui avoit prédit qu'il feroit la conquête de toute l'Asie (1). Nous assurons donc que les Juifs ont été protégés de Dieu au-dessus de tous les autres peuples, et que cette faveur et cette protection ont passé d'eux à ceux qui ont cru en Jésus. Aussi les Romains, vainqueurs des Juifs, ont-ils épuisé vainement leur puissance contre les chrétiens. Ils les vouloient exterminer ; la main de Dieu combattoit pour les chrétiens ; il a voulu que, d'un coin de la terre, sa parole se répandît sur le reste du monde.

Page 264.

Page 265.

(1) Joseph. *Antiq. jud.* lib. XI, cap. VIII.

En voilà assez pour répondre aux reproches calomnieux que Celse fait aux Juifs. Montrons, en discutant la suite de ses objections, que nous sommes bien fondés à nous glorifier de connoître le souverain Dieu; que ni Moïse, ni Jésus n'ont pu nous séduire par des prestiges; que c'est au contraire pour nous le suprême bonheur d'avoir entendu Dieu par la bouche de Moïse, d'avoir reconnu pour le fils de Dieu Jésus, dont Dieu même a certifié la divinité. Nous sommes assurés que si nous conformons notre vie à sa doctrine, nous serons magnifiquement récompensés.

Quand nous assurons que la vérité pure et sans aucun mélange se trouve dans la doctrine de Jésus, nous ne le disons point pour nous vanter, mais pour la gloire de notre divin maître, à qui le Dieu de l'univers, les oracles des prophètes juifs, et l'évidence même rendent témoignage; car il est évident qu'il n'a pu faire de si grands prodiges et en si grand nombre, sans le secours de Dieu. Voyons donc la suite des objections de Celse.

« Laissons, dit-il, ce que nous pourrions dire Page 266.
»contre leur maître; accordons même qu'il fût un
»ange. A-t-il été le premier et le seul? S'ils ré-
»pondent qu'il fut seul, ils sont en contradiction
»avec eux-mêmes; car ils nous racontent qu'il est
»venu à la fois jusqu'à soixante ou soixante-dix
»anges qui, s'étant pervertis dans la suite, ont été

13.

»précipités dans des lieux souterrains, où ils ex-
»pient leurs crimes. Ils assurent qu'il y avoit aussi
»un ange dans le sépulcre de Jésus ; d'autres en
»mettent deux qui annoncèrent à des femmes la ré-
»surrection de Jésus. Sans doute le fils de Dieu
»n'a pu lui-même ouvrir son tombeau ; il a eu be-
»soin d'un ange pour enlever la pierre. Un ange
»avertit cet artisan que Marie étoit enceinte ; un autre
»avertit ses parens de prendre la fuite avec l'enfant.
»A quoi bon tout cela, et tous ces anges qui ont été
»aussi envoyés soit à Moïse soit à d'autres ? Jésus
»est sans doute aussi un ange envoyé de Dieu.
»Qu'ils prétendent, s'ils veulent, que c'est aussi
»pour des choses de la plus grande importance.
»Est-ce pour les péchés des Juifs, pour les fausses
»interprétations qu'ils donnoient à leur loi, pour
»la dépravation des mœurs ? »

Nous pourrions nous borner à observer que ce
que nous avons dit de Jésus réfute d'avance ce que
Celse vient de nous opposer ; mais , pour qu'on ne
croie pas que nous laissions rien sans réponse,
nous allons ajouter encore quelques réflexions. Celse
veut se faire un mérite de nous épargner des objections ; mais dans le vrai , il a épuisé tout ce qu'il
avoit à dire. C'est là apparemment une figure de
rhétorique. Il nous fait une grande grâce de nous
accorder que Jésus est un ange ou un envoyé de
Dieu. C'est un fait dont nos yeux, pour ainsi dire ,

rendent témoignage : que Jésus est venu pour enseigner et sauver tous les hommes. Mais un ange
ordinaire ne suffisoit pas pour cela ; il falloit, comme
parle le Prophète, *l'ange du grand conseil*. Il a   Isa., ix. 5.
annoncé aux hommes le grand dessein du Dieu
de l'univers sur eux, c'est-à-dire, que tous ceux
qui vivroient dans la vraie religion, et conformément à ses préceptes, mériteroient de partager le
bonheur de Dieu même ; tandis que les incrédules
et les rebelles seroient éloignés de la présence de
Dieu, et périroient sans ressource.

    Quant à ce que dit Celse de ces soixante ou
soixante-dix anges, il l'a tiré des livres d'Énoch
qu'il n'a pas entendus, et que d'ailleurs l'Église
ne reçoit pas comme divins.

    Suivent quelques chicanes de Celse sur les   Page 26.
anges. Elles ne peuvent regarder que des hérétiques, tels qu'Apelle qui, rejetant les livres des
Juifs, nioit par conséquent les apparitions des
anges qui y sont rapportées.

    Celse, pour trouver de la contradiction entre
nos évangélistes, remarque que les uns parlent de
deux anges qu'on vit au tombeau de Jésus, et les
autres, d'un seul. La contradiction s'évanouit, si
l'on fait attention que les premiers, c'est-à-dire,
Matthieu et Marc, parlent de l'ange qui leva la   Matth.,
pierre du tombeau, et les seconds, Luc et Jean,   xxviii. 2.
  Marc. xvi. 5.
des deux anges vêtus d'habits éclatans, qui appa-   Luc. xxiv. 4.
  Joan., xx.
  12.

rurent à des femmes auprès du tombeau, ou de
ceux qui étoient dans l'intérieur même du tombeau, vêtus de blanc. Ce n'est pas ici le lieu de
prouver la vérité du récit des évangélistes, ni de
développer le sens allégorique dont il est susceptible.

Vous croyez comme très-authentique tout ce
que les Grecs vous racontent des apparitions. Ce
ne sont pas seulement vos mythologistes, mais vos
philosophes mêmes qui les ont accréditées parmi
vous. Et quand des hommes dévoués au Dieu de
l'univers, qui aimeroient mieux souffrir toutes
sortes de tourmens et la mort même, que de se
permettre un seul mensonge sur la Divinité; quand
ils vous attestent qu'ils ont vu de leurs yeux des
anges, vous ne les croirez point, vous les traiterez
d'imposteurs! Tous ceux qui cherchent la vérité
examinent avec le soin le plus scrupuleux, avant
de prononcer qu'un historien est véridique ou
menteur.

« Le fils de Dieu ne pouvoit-il pas ôter lui-même
» la pierre du tombeau ? » Sans recourir ici au sens
figuré, je ferai seulement une réflexion qui se
présente d'elle-même : c'est que la dignité et l'autorité de Jésus paroissent encore plus lorsqu'il se
fait rendre cet office par un de ses anges qui sont
ses ministres. Je ne dirai pas que les Juifs, coupables de la mort du Verbe, intéressés à ce qu'on

le crût mort pour toujours, ne vouloient pas que
son sépulcre fût ouvert; mais qu'un ange, plus
puissant que tous ses ennemis, avoit enlevé la pierre Page 269.
qui fermoit le sépulcre, afin que les disciples de
Jésus qui le croyoient mort, fussent convaincus
qu'il étoit plein de vie et qu'il les avoit précédés
dans des lieux d'où il alloit leur donner l'intelligence des vérités sublimes qu'il leur avoit déjà en-
seignées, mais qu'ils ne comprenoient pas encore.

Au reste, je ne vois pas quel avantage Celse peut
tirer de ces anges que Dieu a envoyés à Marie, à
Joseph, à Moïse. Il ne faut pas confondre avec
leur ministère celui de Jésus, bien plus important
et plus relevé. La foi des Juifs n'étant pas moins
pervertie que leurs mœurs, il est venu pour transporter le royaume de Dieu à d'autres peuples qui
s'efforcent, dans toutes nos églises, de gagner au
vrai Dieu les infidèles par l'exemple de leurs vertus
formées sur leur croyance.

Celse dit bien des choses inutiles ou fort peu Page 270.
exactes sur nos Écritures. Il assure que « la grande
»Église (1) a sur ce point la même croyance que les
» Juifs. »

(1) C'est-à-dire l'Église catholique. On peut remarquer en passant le
respect qu'elle imprimoit à ses plus grands ennemis. On verra de même
dans tous les écrits des païens et des hérétiques, que les sectes hérétiques ont bien pu déchirer et calomnier la véritable Église de Jésus
Christ; mais jamais se confondre avec elle, ni partager son autorité
et la vénération qu'elle inspiroit aux infidèles mêmes. Aussi la rage des

Page 271.

Il est vrai que les chrétiens et les Juifs croient également les Écritures divinement inspirées ; mais ils ne s'accordent nullement sur l'explication qu'ils en donnent. Nous disons que les Juifs, *quand ils* 1 Cor., xII. 15. *lisent Moïse, ont un voile sur les yeux ;* parce que l'esprit de la loi de Moïse est inconnu à ceux qui refusent d'entrer dans la voie marquée par Jésus-Christ ; et nous savons que, quand quelqu'un d'entre eux se convertit au Seigneur, qui est esprit, le voile tombe, et qu'il voit clairement, comme dans un miroir, la gloire du Seigneur, que la lettre de la loi lui cachoit auparavant.

Page 272.

Celse nous reproche encore différentes erreurs que soutiennent les hérétiques. Mais, comme ceux qui rejettent la Providence ne sont point de vrais philosophes, ainsi ceux qui ont imaginé des systèmes absurdes, et proscrits par les disciples de Jésus, ne sont pas dignes du nom de chrétiens. C'est donc bien en vain que Celse affecte de citer un grand nombre de ces sectes, d'en exagérer les déréglemens et les visions. Qu'en conclure contre

persécuteurs l'a toujours distinguée des hérétiques. Ils ne persécutoient pas les premiers, ils les méprisoient trop. Ils sentoient que la seule Église catholique étoit redoutable pour eux par la divinité de sa doctrine, la sainteté de ses mœurs, la fermeté invincible de son courage, par les victoires continuelles qu'elle remportoit sur eux. En inondant la terre du sang de ses enfans, ils ne faisoient qu'y répandre sans cesse une semence de nouveaux chrétiens. *Note de l'abbé de Gourcy.*

la vraie Église des chrétiens, qui les méconnoît et les rejette avec horreur de son sein?

« Les chrétiens se déchirent les uns les autres ; » ils se portent une haine mortelle ; l'amour de la » paix et le désir de la réunion ne les engagera point » à se rien céder. »

Page 273.

Il est cependant certain que nous tous qui professons la doctrine de Jésus, et qui l'avons prise pour règle de notre conduite, loin de nous permettre les injures et les invectives contre ceux qui pensent différemment de nous, *quand on nous maudit, nous bénissons ; quand on nous persécute, nous souffrons sans nous plaindre.* Il n'y a rien même que nous ne fassions volontiers pour ramener ceux qui se sont égarés, pour les engager à s'attacher au Créateur seul, et à vivre continuellement comme devant un jour en subir le jugement. Ce n'est qu'après que toutes nos tentatives ont été sans succès, que nous suivons le précepte de l'Apôtre : *Évitez l'hérétique après l'avoir repris jusqu'à deux fois, parce qu'alors il est perverti sans ressource, et condamné par son propre jugement.* Ceux qui disent : *Bienheureux les hommes doux et pacifiques,* sont bien éloignés de haïr et de déchirer leurs frères errans.

1 Cor., IV. 12.

Tit. III. 10. Matth., v. 9.

Livre sixième. Je continue, dans ce sixième livre, pieux Ambroise, de repousser les calomnies de Celse; mais je ne m'attacherai point à ce qu'il

Page 275.

emprunte de la philosophie ; car il cite différens.
passages de Platon pour prouver que ce qu'il y a
dans nos saintes écritures de plus propre à faire
impression sur les esprits éclairés, nous est commun
avec les philosophes. Il prétend même que les
Grecs ont beaucoup mieux développé ces vérités,
et sans avoir besoin d'avoir recours aux menaces
ni aux promesses de Dieu ou de son Fils.

Nous répondons à cela que, si les docteurs de
la vérité ont en vue d'être utiles au plus grand
nombre d'hommes qu'il est possible, et d'instruire
également les esprits tardifs et les esprits pénétrans,
les Grecs et les barbares ; il est évident qu'ils doivent parler d'une manière populaire qui soit à la
portée de tous. Mais les maîtres qui ont rebuté les
simples et les ignorans parce qu'ils n'étoient pas
capables de suivre leurs discours, et qui ont borné
leurs soins et leur attention à ceux qui avoient été
nourris dans l'étude et dans les lettres, ont resserré
leur zèle pour le bien public dans des limites fort
étroites.

J'ai voulu venger contre Celse et ses partisans la
simplicité de nos Écritures qui semblent obscur-
cies par des ouvrages brillans et pleins d'art. Nos
prophètes, Jésus et les apôtres , se sont proposé
d'attirer la multitude, et de l'engager à faire ses
efforts pour découvrir les mystères sublimes cachés
sous le voile du style le plus simple en apparence.

Et, pour dire sans détour la vérité, peut-on comparer, pour l'effet et pour l'avantage qui en a résulté, ces discours si fleuris, si recherchés de Platon et des autres écrivains semblables, à la manière simple et populaire de nos auteurs, qui ont su si sagement, soit en parlant soit en écrivant, descendre à la portée de la multitude ?

Au reste, je ne prétends point par-là porter atteinte au mérite de Platon dont les beautés ne sont pas absolument sans utilité. J'ai voulu seulement faire entendre quel est l'esprit de nos auteurs, quand ils disent : *Notre discours et notre prédication ne consistent point dans les paroles persuasives de la sagesse humaine, mais dans la manifestation de l'Esprit et de la vertu, afin que notre foi ne soit point appuyée sur la sagesse des hommes, mais sur la vertu de Dieu.*

Page 276.

1 Cor., II. 4.

La divine Écriture nous apprend que ce n'est pas assez pour toucher les cœurs des hommes de dire la vérité de la manière même la plus propre à persuader, si Dieu ne féconde, pour ainsi dire, nos discours par sa grâce toute-puissante, comme parle le prophète : *Le Seigneur communiquera une puissante vertu à ceux qui annoncent sa parole.* Ainsi, quand nous accorderions que les Grecs ont quelques dogmes communs avec nous, ils n'auroient pas pour cela la même force pour persuader et pour convertir; mais les disciples de Jésus, qui n'avoient aucune teinture de la philosophie grecque,

Ps. LXVII. 12.

ont parcouru différentes contrées de la terre, et ont fait embrasser aux peuples la religion et la vertu qu'ils leur enseignoient, selon les dispositions de chacun.

Que ces anciens sages donnent leurs leçons à ceux qui sont capables d'en profiter ; que le fils d'Ariston nous dise, dans une de ses épîtres, « que »le langage humain n'a pas de termes pour expri- » mer le souverain bien, mais qu'à force d'en nour- » rir son âme par la méditation, il s'y allume tout »à coup, comme la lumière jaillit du feu ; » nous lui applaudirons sincèrement. Nous avouons sans peine que Dieu leur a communiqué des connois-sances précieuses. C'est pour cela aussi que ceux qui connoissent le vrai Dieu, sans lui rendre le culte qui lui est dû, sont très-coupables et très-punis-sables.

Page 277.   Ces sages qui ont parlé du souverain bien avec tant d'élévation, vous les voyez descendre dans' le Pyrée pour adresser leurs vœux à Diane comme à Dieu, et se mêler aux fêtes qu'une imbécile multi-tude célèbre en son honneur. Après avoir fait de belles dissertations sur l'âme, sur la félicité qui lui est réservée, si elle a bien vécu ; ils ne rougissent point de se dégrader jusqu'à sacrifier un coq à Escu-lape. Combien saint Paul n'a-t-il donc pas euraison de leur adresser ce reproche : qu'après avoir connu les perfections du Créateur par ses créatures, ils se sont évanouis dans leurs pensées, et leur cœur insensé est resté dans la plus profonde ignorance sur le culte légitime de la Divinité? On les a vus, ces hommes si fiers de leur sagesse et de leur théologie, prosternés aux pieds d'une idole qui représente un homme mortel, et même adorer avec les Égyptiens des oiseaux, des quadrupèdes et des reptiles. Ceux mêmes qui ne se sont point rabaissés à ce point-là n'en restent pas moins convaincus *d'avoir changé la vérité pour le mensonge, et servi la créature plutôt que le Créateur.*

Rom., 1. 18-23.

Parce que les sages et les savans du siècle avoient donné dans les plus grossières erreurs, *Dieu a choisi les insensés selon le monde, pour confondre les sages ; ce qu'il y a de plus vil et de plus foible, pour confondre les forts ; ce qui n'est point pour confondre ce qui est; afin que nulle chair ne se glorifie en sa présence.*

1 Cor., 1. 27-29.

Ce qu'il est important surtout de remarquer, c'est que la maxime de Platon sur le souverain bien, n'a pu lui inspirer à lui-même ni à aucun de ses lecteurs, la véritable piété; au lieu que le style simple de nos livres embrase d'une sainte ardeur ceux qui les lisent avec des intentions droites; ils y puisent aussi une lumière céleste.

«Si je croyois, a dit Platon, qu'on pût exposer ces sortes de vérités au peuple, quelle plus noble fonction pour moi, que de répandre partout des notions si utiles au genre humain, de mettre la

Page 278.

nature dans son jour et de l'exposer à tous les
yeux? »

Je laisse à d'autres à rechercher comme ils pourront, si véritablement Platon avoit découvert des
choses plus relevées et plus divines que ce qu'il a
écrit. Mais je pourrois démontrer que nos prophètes
ont eu des connoissances bien plus sublimes. Je
ne crains pas d'affirmer qu'après nos prophètes, les
disciples de Jésus, éclairés par la grâce d'en haut,
ont su, beaucoup mieux que Platon, ce qu'il falloit
écrire, et de quelle manière; ce qu'il falloit, au
contraire, ne pas présenter au peuple; en un mot,
ce qu'il falloit dire et ce qu'il falloit taire. C'est ce
qu'entre autres l'évangéliste saint Jean nous fait
sentir, lorsque, dans son Apocalypse, il nous dit
avoir entendu sept tonnerres qui lui défendoient de
rien communiquer sur certains sujets.

Moïse et les prophètes sont pleins de traits sublimes et dignes de Dieu qui les inspiroit. On ne
sauroit dire avec Celse qu'ils les aient empruntés
de Platon, qu'ils auroient mal entendu; puisqu'ils
sont plus anciens, non-seulement qu'Homère et
Platon, mais même que les lettres grecques. Si
quelqu'un entendoit des apôtres de Jésus, moins
anciens que Platon, ce que Celse avance de Moïse
et des prophètes; nous lui demanderions s'il est
vraisemblable qu'un ouvrier en tentes comme Paul,
ou des pêcheurs tels que Pierre et Jean, aient pris

Apoc., x.
3-4.

de Platon, et de Platon mal entendu, les admirables connoissances qu'ils ont transmises sur la Divinité.

Celse vante beaucoup la méthode et la dialectique de Platon; comme si nos livres ne nous recommandoient pas souvent l'étude, l'examen et la vraie philosophie. S'il en est parmi nous qui négligent la lecture de nos livres; qui ne s'attachent pas à les approfondir, à en pénétrer le sens, à en demander à Dieu l'intelligence, comme Jésus nous le recommande, *à frapper à la porte pour la faire ouvrir;* nos livres en sont-ils moins estimables?

Luc., xi. 9.

Celse rapporte un passage de Platon où ce philosophe s'exprime ainsi : « Le bien est connu de peu de personnes, parce que le grand nombre, plein de présomption et de mépris pour les autres, avance hardiment des opinions singulières, comme si c'étoit des choses merveilleuses. » A quoi il ajoute : « Platon ne s'avise pas de nous » raconter des prodiges; il ne ferme pas non plus la » bouche à celui qui voudroit lui demander raison » de ce qu'il affirme. Il ne nous ordonne pas de » croire avant tout que son fils est le vrai Dieu; que » ce fils de Dieu est descendu sur la terre, et lui a » tout appris. »

Page 280.

Ne pourroit-on pas récriminer aussi contre Platon, les absurdes rêveries, les prodiges ridi-

cules qu'il a mêlés à ses plus graves assertions?
Jamais les disciples de Jésus n'ont raconté rien de
pareil à l'occasion de leur maître.

Au reste le critique qui accumule les beaux passages de Platon, auroit bien dû citer celui où il
rend ce témoignage précis à la divinité du Fils de
Dieu; le voici, il est tiré de sa lettre à Hermias et à
Corisque : « Vous prierez le Dieu de l'univers, l'auteur de tout ce qui est et de tout ce qui sera. Vous
prierez son Père et son Seigneur, que nous con-
noîtrons tous, autant que la foiblesse humaine le
permet, si nous nous adonnons, comme nous le
devons, à la philosophie. »

Celse nous oppose que « ce n'est pas assez de
» croire simplement, mais qu'il faut rendre raison
» de sa croyance. » En cela, Paul est d'accord avec
lui, puisqu'il blâme ceux qui croient téméraire-
1 Cor., xv. 2. ment.

Page 281.   Il répète que Platon ne se vante pas comme nous;
qu'il dit exactement le vrai; qu'il n'annonce jamais
ses opinions comme quelque chose de nouveau ou
venu du ciel. Mais nous prouvons l'origine céleste
de nos dogmes, quand nous avons les prophètes
pour garans. La prophétie est le caractère distinc-
tif de la Divinité, la connoissance des choses futures étant au-dessus de l'intelligence humaine.
L'accomplissement de la prophétie est donc une
preuve sans réplique que Dieu en est l'auteur.

Nous ne révélons pas nos mystères sans discernement à quiconque vient à nous. Nous n'avons garde de lui dire : il faut croire avant tout que celui que nous vous proposons est le Fils de Dieu. Nous ne communiquons notre doctrine qu'après avoir bien examiné les mœurs, et sondé les dispositions de chacun ; car nous avons appris *comment il faut répondre à chacun.* Il y a des personnes à la vérité que nous nous contentons d'exhorter à croire ; elles ne sont capables de rien de plus. Mais pour les autres, nous tâchons de leur démontrer ce que nous leur proposons. Nous ne disons point du tout comme Celse nous en accuse : « Croyez que » celui que nous vous annonçons est le Fils de Dieu, » quoiqu'il ait été chargé de fers, et condamné à un » supplice ignominieux qu'il a subi publiquement ; » croyez-le par cette raison-là même. » Au contraire, nous donnons de chacun de nos dogmes les preuves les plus fortes.

« Quoique, parmi les chrétiens, les uns proposent » un Messie, les autres un autre ; ils se réunissent » pour nous dire : Croyez, si vous voulez être sauvés ; » sinon retirez-vous. Que feront donc ceux qui » veulent sincèrement faire leur salut ? jetteront-ils » le dé, pour savoir quel parti prendre ? »

Il nous est aisé de répondre que, s'il étoit venu sur la terre plusieurs personnages qui se donnassent chacun pour le Fils de Dieu, de manière qu'il

Page 282.

Colos., IV. 6.

fût difficile de distinguer lequel d'entre eux est véritablement le Fils de Dieu, il y auroit lieu à la demande de Celse. Mais Jésus est le seul qui ait paru dans cette qualité. Ceux qui ont entrepris de faire des prodiges comme Jésus, pour se concilier la même vénération que lui, on s'est bientôt convaincu qu'ils ne méritoient que le mépris. Tels ont été Simon le magicien, et Dosithée. Il ne reste aucun partisan du premier, et à peine trente du second. Judas le Galiléen, et avant lui Théodas (1), avoient voulu passer pour de grands personnages ; mais comme leur doctrine ne venoit pas de Dieu, ils ont disparu presque aussitôt, et tous leurs sectateurs ont été dissipés sur-le-champ. Sur quoi donc

Page 283.

est fondée la plaisanterie de Celse, « que nous au» rions besoin de dés pour nous décider sur le »choix d'un Messie ? »

Passons à un autre chef d'accusation rebattu par notre adversaire. Celse, qui n'entend pas nos Écritures, et qui est dans l'habitude de leur donner des sens forcés, nous reproche de dire *que la sagesse des hommes n'est que folie devant Dieu*. Ce sont les

1 Cor., III. 19.

paroles de l'Apôtre, d'où il conclut que « nous n'ad» mettons dans notre société que des ignorans et » des insensés. » Il prétend avec aussi peu de fondement que nous avons pris des Grecs cette distinction de sagesse divine et de sagesse humaine ; elle

_____

(1) Voy. Tillem. *Mém. eccl.* tom. III, pag. 40 et 41.

se trouve en effet dans Héraclite et dans Platon.

La sagesse humaine est celle que nous appelons la sagesse de ce monde, et que nous disons être une folie devant Dieu. La divine, c'est Dieu qui la donne à ceux qui se préparent à la recevoir, et sur-tout lorsque, connoissant la différence de ces deux sagesses, ils disent à Dieu dans leurs prières: *Le plus parfait des enfans des hommes, s'il est dépourvu de votre sagesse, sera compté pour rien.* Nous regar-dons la sagesse humaine comme un exercice pour l'âme, et la divine comme sa fin. Cette dernière est aussi nommée la solide nourriture de l'âme, par celui qui a dit : *Les parfaits, qui sont accoutumés à faire le discernement du bien et du mal, se nourris-sent d'alimens solides.*

Au reste, ce n'est ni Héraclite ni Platon, comme Celse l'imagine, qui sont les auteurs de cette dis-tinction. Elle existoit dans nos prophètes qui leur sont bien antérieurs.

La sagesse divine est le premier des dons de Dieu, la science est le second, la foi le troisième. Il faut bien que les simples, qui pratiquent la piété selon leurs forces, aient un moyen assuré de salut. C'est pourquoi Paul dit : *L'un reçoit de l'Esprit le don de parler avec sagesse, l'autre le don de parler avec science, et un troisième, la foi.* Aussi rien n'est plus rare que les hommes doués de la sagesse divine. On ne les trouve que parmi ceux qui se distinguent

Page 284.

Sap., ix. 6.

Hebr., v. 14.

1 Cor., xii. 8.

entre tous les chrétiens; et l'on ne révèle point les
secrets de la sagesse « à des ignorans, à des esclaves,
» à des hommes grossiers; » tels sont les noms que
Celse donne à ceux qui ne sont pas initiés aux connoissances des Grecs. Pour nous, nous appelons
ainsi ceux qui ne rougissent pas d'invoquer des
choses inanimées, de demander la santé à la foiblesse même, la vie à des morts, du secours à qui
n'a aucun pouvoir. Et quoique quelques-uns d'entre
eux assurent que ce ne sont pas des dieux, mais
simplement les simulacres et les images des dieux;
ils n'en méritent pas moins le nom d'ignorans et
d'insensés, pour s'imaginer, comme ils font, que des
artisans puissent représenter la Divinité. Le dernier
des chrétiens n'a jamais porté jusque-là l'ignorance et la stupidité.

Au reste, quoique nous disions que, plus on est
éclairé, plus on est capable de s'élever jusqu'aux
espérances du christianisme; nous ne prétendons
point pour cela qu'on ne puisse pas avoir la sagesse
divine, à moins d'être consommé dans la sagesse
humaine; et nous avançons hardiment que la seule
sagesse humaine comparée à la sagesse divine,
n'est que folie.

Au lieu de nous combattre par des raisons,
Celse a recours aux injures, et nous reproche de
chercher les hommes les plus grossiers, à qui nous
puissions faire accroire tout ce que nous voulons.

Il ignore donc que, dès les temps les plus reculés, **Page 285.**
nous avions des sages qui excelloient même dans
les sciences étrangères. Moïse *étoit instruit de*
toutes les sciences des Égyptiens. Daniel, Ananie, **Act., vii. 22.**
Azarie, Misaël, surpassoient de beaucoup tous les
sages d'Assyrie dans les connoissances même de
leur pays. Encore à présent, nous voyons dans
nos Églises des hommes distingués dans ce que
nous appelons *la science de la chair*, en petit **1 Cor., i, 26.**
nombre, il est vrai, seulement par rapport au reste
de la multitude. Nous en avons aussi qui, de cette
sagesse charnelle, se sont élevés jusqu'à la science
divine.

Celse, qui n'a pas saisi ce que nous disons de
l'humilité, nous attaque à ce sujet, et prétend que
nous avons pillé Platon sans l'entendre (1). Voici le
passage de Platon, tiré de son traité des lois :

(1) Tout ce système de Celse n'étonne point de la part d'un ennemi aussi déclaré contre le christianisme. Tout lui étoit bon pour
étayer la cause qu'il défendoit. Mais, après la savante réfutation d'Origène, on a droit d'être surpris et indigné de voir la même calomnie
reproduite, non pas seulement par Voltaire et ses copistes, mais par
des écrivains plus graves. Barbeyrac soutint cette opinion dans ses
Notes sur Puffendorf. Combattu par D. Cellier, il ne répondit que
par de nouvelles invectives contre les Pères. Brucker et Deslandes,
dans leurs histoires de la philosophie, et du platonisme en particulier,
ont renouvelé l'attaque. Diderot a rempli d'infidélités révoltantes chacun des articles fournis à l'Encyclopédie sur cette matière. Toutes ces
erreurs ont été relevées, avec la critique la plus lumineuse, par l'auteur de l'*Histoire de l'Éclectisme*, ou *des nouveaux platoniciens*. 2 vol.
in-12, 1766. Voyez surtout le vol. ii, pages 75 et 230.

« Dieu, comme les anciens nous l'ont appris,
» renferme en lui le principe, la fin et le milieu de
» tout ce qui existe. Il est toujours suivi de la jus-
» tice, qui punit tous les attentats commis contre
» la loi divine. La justice est toujours suivie de
» l'homme humble, qui doit être un jour heu-
» reux. (1) »

Celse ignore ce qu'avoit dit, bien long-temps
avant Platon, un de nos Sages : *Seigneur, mon
cœur ne s'est point enflé ; mes yeux ne se sont point
élevés avec orgueil ; je ne me suis point porté à des
choses grandes et éclatantes qui fussent au-dessus de
moi.* Nous apprenons de là que l'humilité ne consiste pas à s'abaisser d'une manière abjecte et indécente. Cet homme humble, dont parle le Psalmiste, quoiqu'il aime à méditer des choses sublimes
et admirables, c'est-à-dire, les dogmes de la foi,
ne s'en humilie pas moins *sous la puissante main de
Dieu*, à l'exemple de Jésus, qui *n'a pas cru que ce fût
une usurpation de s'égaler à Dieu, mais qui s'est
anéanti en prenant la forme et la nature d'esclave,
en devenant semblable à l'homme ; qui s'est rabaissé
en se rendant obéissant jusqu'à la mort, et la mort
de la croix.*

Ce précepte de l'humilité est d'une si grande
importance, qu'il n'a pas fallu un docteur ordi-

Ps. cxxxi. 1.

1 Petr. v. 6.

Philip., xi.
5, 7.

_____

(1) Lib. iv *De legib.* edit. Bipont., *inter argument.* Dict., Tiedman.,
pag. 254.

naire pour l'enseigner aux hommes. C'est notre Page 286.
Sauveur lui-même qui nous dit : *Apprenez, de moi
que je suis doux et humble de cœur ; et vous trouverez le repos de vos âmes.* Matth., xi.
29.

La maxime de Jésus : *Qu'il est plus aisé à un
chameau de passer par le trou d'une aiguille, qu'à
un riche d'entrer dans le royaume des cieux,* Celse Matth., xix.
24.
assure que c'est une sentence de Platon altérée de
la sorte par Jésus. Mais y a-t-il rien de plus ridicule que d'imaginer que Jésus, né et élevé parmi
les Juifs, comme le fils d'un pauvre artisan, sans
avoir jamais étudié, ainsi que les écrits de ses disciples en font foi, ait lu et se soit approprié les
pensées de Platon ?

Au lieu de faire des critiques aussi peu fondées,
Celse, si l'amour de la vérité, et non la haine du
christianisme conduisoit sa plume, Celse auroit
cherché les raisons secrètes de cette comparaison
pourquoi Jésus a choisi le chameau et l'aiguille.
Il auroit examiné si, lorsque Jésus déclare les pauvres heureux, et les riches malheureux, il parle Luc, vi. 24.
26.
des riches et des pauvres, tels que nous les voyons.
Il est bien certain qu'on ne peut pas louer tous les
pauvres indistinctement, puisqu'il y en a de très-
corrompus.

Celse tâche de rabaisser ce qu'il y a dans nos
Écritures sur le royaume de Dieu. Il cite, dans
cette vue, divers passages de Platon, qui, à l'en-

tendre, sont vraiment divins et bien supérieurs à nos livres ; c'est pourquoi je vais rapporter quelques passages de ceux-ci qu'on pourra comparer avec

Page 287. ceux de Platon. Ces derniers, quelque spécieux qu'ils soient, n'ont pu persuader à leur auteur de servir le Créateur avec la piété dont un philosophe devoit l'exemple. Ils n'ont pu même le préserver du crime de l'idolâtrie et de la superstition.

Nous lisons dans nos saintes Écritures que *Dieu*
Ps. xvii. 12. *s'est caché dans les ténèbres*, c'est-à-dire, que les attributs divins sont enveloppés de profondes ténèbres. Dieu se cache en quelque sorte dans les ténèbres à l'égard de ceux qui ne sauroient le comprendre, ni soutenir l'éclat de sa gloire, tant à cause des souillures que l'âme contracte par son union avec un corps grossier, que parce qu'elle est trop bornée pour pouvoir embrasser l'immensité de l'Être suprême ; et pour montrer encore qu'il est donné à peu d'hommes de connoître les secrets de Dieu. Il est écrit que Moïse seul approchoit des ténèbres qui déroboient Dieu au peuple, et que le
Exod., xx. peuple avoit défense d'approcher (1).

Notre Sauveur et notre Seigneur, le Verbe de Dieu, nous apprend que lui seul est digne de connoître son Père, et qu'il le fait aussi connoître à

---

(1) On peut voir, dans le sermon du P. Lenfant *sur la foi*, un magnifique développement de ce fait considéré allégoriquement. Tom. ii, pag. 294 — 296.

ceux dont il éclaire l'esprit. *Personne*, nous dit-il, *ne connoît le Père, sinon le Fils, et ceux à qui le Père l'a révélé;* car personne ne peut connoître l'incréé et le premier-né de toutes les créatures comme le Père qui l'a engendré. Personne ne peut connoître le Père comme son Verbe vivant, qui est sa sagesse et sa vérité. C'est lui qui dissipe les ténèbres où le Père s'est caché, qui découvre *l'abîme* dont il s'est couvert *comme d'un vêtement.* C'est par le Fils en un mot que, quiconque doit connoître le Père, le connoît en effet.

Matth., xi. 27.

Ps. civ. 6.

Que Platon, en parlant de Dieu, dise : « Roi de l'univers, il marche environné de tous les êtres. Le monde tout entier est pour lui; tout ce qu'il y a de bon est son ouvrage. Avec les choses qui tiennent le second rang, il est au second rang; au troisième, avec celles qui occupent le troisième rang. L'âme humaine soupire bien après la connoissance de ces vérités, comme ayant de l'affinité avec elles; elle les contemple, elle en recherche les propriétés, mais il n'y en a aucune de parfaite. Il n'en est pas de même de ce grand roi (1). »

Page 288.

Celse s'extasie sur cette définition. Comparez-lui les passages d'Isaïe sur les Séraphins enveloppant de leurs ailes la face et les pieds de Dieu; d'Ézéchiel, sur les Chérubins par lesquels Dieu est porté.

Is., vi. 2.

Ezech., i. 5-18.

(1) Lettre ii, *Dionys.*, pag. 69, tom. xi, edit. Bipont., 1787.

Le philosophe grec est-il aussi le premier qui ait parlé d'un lieu plus élevé que les cieux (1)? David, bien long-temps avant Platon, invitoit *les*

Ps. cxlviii. 4.

cieux des cieux à louer le Seigneur. Nos prophètes sont pleins de ces magnifiques pensées; et ce n'est pas eux qu'on accusera d'avoir copié Platon, plutôt que celui-ci d'avoir imité nos prophètes, dont les livres ne lui étoient probablement pas inconnus. C'est pour s'être instruit dans les mêmes écrits des prophètes, que notre saint Paul n'aspiroit qu'à ce qui est au-dessus des cieux, et au delà des bornes du monde; et qu'il n'y avoit rien qu'il ne fît pour en obtenir la possession. Ce qui lui fait dire : *Les*

Page 289.

tribulations légères et momentanées de cette vie pro-duisent dans le ciel un poids immense et éternel de gloire, pour nous qui ne contemplons pas les choses visibles, mais les choses invisibles. Les premières

II Cor., iv. 17, 18.

sont temporelles, les secondes sont éternelles. Par les choses visibles et temporelles, il est clair que l'Apôtre entend tout ce qui tombe sous les sens; et par les choses invisibles et éternelles, celles qui sont seulement du ressort de l'esprit. L'ardeur avec laquelle il désire celles-ci, lui fait trouver plus légères et méprisables toutes les épreuves de la vie. Et, quoiqu'au milieu des travaux et des peines, loin de se laisser abattre, il est plein d'espérance et de courage, parce que, dira-t-il,

(1) Plat. *in Phœd.*, *ibid*, tom. x, pag. 319 et seq.

nous avons un grand pontife, Jésus, Fils de Dieu, Hebr., IV. 14. qui s'est ouvert l'entrée des cieux, et qui a promis d'y conduire tous ceux qui auroient reçu avec docilité sa loi, et qui y conformeroient leur vie. *Vous serez*, avoit dit Jésus-Christ lui-même, *avec moi, où je vais*. Voilà donc l'espérance qui nous Joan., XIV. 3. soutient : C'est qu'après des travaux et des combats passagers, nous serons transportés au plus haut des cieux et qu'après avoir goûté, durant notre séjour sur la terre, de ces *sources d'eau vive, lesquelles, selon la parole de Jésus-Christ, jaillissent jusqu'à la vie éternelle*, nous irons nous plon- Joan., IV. 14. ger *dans ces eaux qui sont au-dessus des cieux*, con- Ps. CXLVIII. 4. templer éternellement les perfections invisibles de Dieu, le voir, non plus dans ses ouvrages, mais dans sa propre essence, mais *face à face*, comme 1 Cor., XIII. 12. parle ce fidèle disciple de Jésus-Christ, parce qu'alors nous serons dans cette absolue perfec- tion, *où tout ce qui est imparfait sera aboli*. Ibid., 10.

Celse accuse les chrétiens « de blasphémer contre Page 293. » le Créateur, contre le Dieu des Juifs, de l'appeler » un Dieu maudit, du moins quand Jésus se trou- » voit en opposition avec Moïse. » C'est là encore une calomnie manifeste de l'illustre philosophe. Nous ne reconnoissons et n'avons reconnu jamais d'autre Dieu que le Dieu des Juifs, l'auteur de l'uni- vers. Celse imite les Juifs qui répandirent les plus atroces diffamations contre le christianisme naissant, accusant ses disciples d'égorger des enfans dans leurs assemblées, de s'abreuver de leur sang, et de s'abandonner à toutes sortes d'infamies à la faveur des ténèbres. Quelque absurdes que fussent ces impostures, elles ne laissèrent pas de faire impression, et d'inspirer à un grand nombre de personnes de l'aversion et de l'horreur pour nous....

Page 302. « J'ai vu, poursuit Celse, chez des prêtres de » votre religion, des livres barbares, remplis de » noms de démons et de prestiges. En effet, vos prê- » tres ne sont capables de rien de bon, et ils ne » peuvent même que nuire aux hommes. ».

Plût à Dieu que toutes les accusations intentées contre les chrétiens ressemblassent à celle-ci. On seroit convaincu que ce ne sont que de pures calomnies; car tous ceux qui connoissent les chrétiens savent bien qu'ils n'ont jamais rien ouï dire de semblable.

Il ajoute que « la magie ne peut rien sur les philosophes. » Cependant Méragène qui n'étoit pas chrétien, mais philosophe, et qui a écrit les *Actions mémorables* d'Apollonius de Tyane, magicien lui-même(1), rapporte que plusieurs philosophes célè-

_____

(1) Nous n'avons plus l'écrit de Méragène. A son défaut, il nous reste une vie d'Apollonius de Tyane. Elle n'est que le récit de ses *Actions mémorables*, par Philostrate, qni l'écrivit plus de cent ans après la mort de son héros. C'est là que Hiéroclès avoit puisé l'idée de sa comparaison des prétendus miracles d'Apollonius avec ceux de Jésus-Christ, si puissamment réfutée par Eusèbe.

bres étoient allés trouver cet Apollonius, sur la réputation qu'il avoit d'être un grand magicien (1). Pour
les chrétiens, ils peuvent assurer, fondés sur l'expérience, qu'ils n'ont rien à craindre des démons
ni de la magie, tandis qu'ils adorent, par Jésus, le
Dieu de l'univers, qu'ils vivent selon l'Évangile, et
qu'ils prient la nuit et le jour avec le respect conve-

---

(1) Toute l'école de Pythagore et de Platon étoit infatuée de magie.
Les philosophes croyoient à la divinité d'Apollonius de Tyane, de Plo-
tin, témoin ce qu'en racontent Philostrate, Porphyre, Eunape, Fir-
micus Maternus. S'il n'est pas prouvé rigoureusement que S. Paul ait
rencontré à Éphèse le fameux Apollonius de Tyane (Voy. Tillem.
tom. 1, pag. 251), il est certain, comme l'observe S. Jean Chrysostôme,
Hom. XLII, *in act. nov. Test.* tom. III, pag. 371., qu'il ne s'arrêta long-
temps à Éphèse, que parce qu'il trouva cette ville infectée de philosophes adonnés à la magie. Il ne l'est pas moins qu'il eut à combattre dans
Rome le célèbre magicien Simon. Et l'éclatante victoire qu'il obtint
sur lui n'empêcha pas que cet imposteur ne fît des dupes même après
sa mort. On étoit si fort persuadé de son pouvoir surnaturel, qu'on lui
érigea une statue avec le titre de dieu. S. Justin l'affirme en présence
de tout l'empire, Voy. la note de Tillem. à ce sujet et *Mém.* tom. II,
pag. 482. Il méritoit de recevoir un pareil honneur de la part de ceux
qui s'étoient le plus violemment déclarés contre le christianisme. Les
faux miracles de la magie étoient propres à décréditer les vrais prodiges.
Le démon le savoit bien. Aussi lisons nous que, du temps de Jésus-
Christ et de ses apôtres, il réussit à donner le plus grand cours à cette
science infernale, dont il essayoit d'opposer les opérations aux miracles
du christianisme. Les Juifs et les païens secondoient puissamment ses
manœuvres, en confondant les uns avec les autres. Voy. Bullet, *Établ.*
du christ. pag. 94 et 152. S. Augustin, après Origène, a donc bien
raison d'accuser les philosophes d'avoir protégé, non-seulement par
leurs écrits, mais par leurs exemples, les plus absurdes comme les plus
criminelles superstitions. *Confess.* lib. X, ch. 42, *et de Civit. Dei*, lib. IX,
cap. X.

nable ; car *l'ange du Seigneur campe auprès de ceux qui craignent le Seigneur, et il les garantira de tout mal.*

Ps. xxxiii. 18.

Page 306.

« Il y en a d'autres parmi les chrétiens, continue » Celse, qui enseignent des erreurs tout-à-fait im- » pies. C'est une suite de la profonde ignorance » où ils sont des secrets de la divinité. Ils ont ima- » giné qu'il y avoit un ennemi de Dieu, auquel ils » ont donné le nom de Diable, et en hébreu Satan. . » Mais c'est rabaisser Dieu à la condition des mor- » tels, que de supposer qu'il y a un ennemi qui l'em- » pêche de faire aux hommes le bien qu'il voudroit. » Le fils de Dieu est donc vaincu par le Diable ; et » il nous enseigne à mépriser ce que nous devons » souffrir du Diable à son exemple. Il nous avertit » que Satan viendra, qu'il usurpera les honneurs » divins, et qu'il fera de grands prodiges, mais que » nous devons les mépriser, et ne croire que lui seul. » Ce sont bien là les discours d'un imposteur, qui » fait tous ses efforts pour écarter ceux qui pour- » roient le démasquer et le confondre. »

Puis, il cite des passages d'Héraclite et de Phé- récide sur la guerre des Géans et des Titans avec les dieux, et plusieurs vers d'Homère où est mar- quée, de la manière la plus énergique, la punition que Jupiter a fait subir aux dieux révoltés, et à Junon elle-même. Celse tourne en allégories tous ces contes, qu'il vante beaucoup, en même temps

qu'il parle avec un souverain mépris de notre doctrine. Cependant tout ce qu'il y a de vrai sur la rébellion des génies ou des démons se trouve dans
les livres de Job et de Moïse, bien plus anciens
qu'Homère, Phérécide, Héraclite et les autres philosophes.

    Il résulte de la rébellion du diable rapportée
dans nos livres : que le mal tire de lui son origine,
et les méchans le sont devenus en le prenant pour
modèle. Il n'étoit pas possible que le bien, qui
n'est bien que par accident et par communication,
ressemblât à ce qui est bien par sa nature. Cependant ce bien, tout accidentel qu'il est, demeure
toujours dans ceux qui veulent le conserver, et qui,
dans cette vue, se nourrissent du pain descendu du   Joan., VI. 51.
ciel, et du vin par excellence. Au reste, comme
Dieu veut forcer de concourir au bien, ceux même
qui l'ont abandonné par un effet de leur perversité,
il a permis à ces êtres dégradés, de tenter les
hommes, afin qu'il y eût une espèce d'arène, où de
généreux athlètes pussent combattre et remporter
le prix de la vertu. Ainsi éprouvés et purifiés par   II Tim., II. 5.
les méchans, comme l'or dans le feu, ils devien-
nent dignes de s'élever jusqu'aux choses divines,
et parviennent à la souveraine félicité. Quiconque
est vicieux et vit d'une manière opposée à la vertu,
est un Satan, qui signifie ennemi, puisqu'il est l'ennemi du Fils de Dieu, qui est la justice, la vérité,

la sagesse essentielles. Mais le nom de Satan est donné et convient spécialement à celui qui fut le premier des bienheureux, l'image de Dieu, et qui, par sa faute, a perdu pour jamais tous les avantages dont il étoit comblé (1).

Celse parle de l'Antechrist. Il n'a pas vu ce qu'en disent Daniel, Paul, et le Sauveur lui-même dans l'Évangile. Nous allons en dire un mot.

Il n'y a pas moins de différence entre les cœurs des hommes qu'entre leurs physionomies. Ceux qui pratiquent la vertu le font avec plus ou moins d'ardeur; ceux qui sont livrés au vice ne le sont pas non plus également. Les hommes ordinaires se trouvent placés entre les deux extrémités du bien et du mal. Jésus seul, qui a sauvé et réformé le genre humain, est au faîte de la perfection. L'Antechrist est dans l'abîme de la perversité. Dieu, dont la science embrasse tous les temps, a fait annoncer la venue de l'un et de l'autre, afin que les hommes fussent avertis de s'attacher à l'un, et de se tenir en garde contre l'autre. Le premier est le Fils de Dieu; le second, son adversaire, a mérité le nom de fils du Diable ou de Satan. Et comme le dernier attentat du crime est de se parer des dehors de la vertu; l'Antechrist, avec le secours du diable son père,

Page 307.

Joan., VIII. 44.

(1) Il sera facile de voir combien nous nous sommes éloignés de la traduction de l'abbé de Gourcy, pour chercher à nous rapprocher mieux de notre original.

fera de grands prodiges, et étalera de trompeuses vertus. On peut lire dans saint Paul et dans Daniel des prédictions frappantes et détaillées sur l'Antechrist.

« Les anciens ayant donné au Monde le nom de »Fils de Dieu, comme à une production toute »divine, les chrétiens ont appelé du même nom »leur Jésus. Il faut avouer qu'il y a beaucoup de rap- »port de l'un de ces deux Fils de Dieu à l'autre. »

Page 308.

Celse ignore qu'avant tous ces anciens, nos prophètes avoient parlé d'un Fils de Dieu ; il oublie que Platon lui-même en a fait mention dans ses lettres, où il parle du Créateur de l'univers comme étant fils de Dieu, mais sans pour cela confondre l'ouvrage avec l'ouvrier.

Nous disons que l'âme de Jésus est unie, mais de la manière la plus intime, au Verbe, premier-né des créatures, pour n'être qu'un avec lui. Pourquoi s'en étonner ? *Si celui qui demeure attaché au Seigneur est un même esprit avec lui ;* quelle union peut être comparable à celle qui, dans Jésus, identifie son âme avec le Dieu Verbe, sagesse, vérité, justice essentielles ? Nous disons qu'il a un corps mystique : c'est son Église, dont les fidèles sont les membres, et que son Esprit anime, comme l'âme anime le corps. Tous ces principes s'enchaînent.

Page 309.

1 Cor., VI. 17.

« Il n'y a rien d'extravagant comme leur cosmogonie. » Celse se contente de l'affirmer, sans le prouver. S'il donnoit quelques motifs de sa décision, nous tâcherions de les détruire. Son silence nous dispense de rien ajouter à ce que nous avons dit, à ce sujet, dans notre commentaire sur l'ouvrage des six jours.

Page 313. Il n'explique pas davantage cette autre assertion : que « si le monde est l'ouvrage de Dieu, les maux » sont donc aussi son ouvrage. »

Le bien proprement dit, le bien par excellence, c'est la vertu; le mal, c'est tout ce qui est opposé à ce bien. Les mots de bien et de mal sont souvent pris en ce sens par l'Écriture, par exemple dans le Ps. xxxiii. 10. psaume où il est dit : *Évitez le mal, et faites le bien.* On a étendu ces noms à des objets extérieurs qui contribuent à la conservation de la vie, ou qui lui Job. ii. 10. sont nuisibles; comme dans Job : *Si nous avons reçu les biens de la main de Dieu, pourquoi n'en recevrions-nous pas aussi les maux ?* Ce qu'on ne sauroit entendre des maux proprement dits, d'actions mauvaises et vicieuses. Quant aux autres, c'est-à-dire Page 314. les choses fâcheuses et nuisibles à l'homme, rien n'empêche qu'on n'en ramène la cause à Dieu, comme autant de moyens dont il se sert pour amener l'homme à la pénitence. Nous disons que les pères, les mères, les maîtres font du mal à leurs enfans quand ils les châtient pour les corriger, et les médecins aux malades quand ils emploient le fer et le feu pour leur guérison. Nous ne les en blâ-

mons point. Il n'est pas plus étonnant que Dieu se
serve des maux sensibles pour guérir ceux qui ont
besoin de ces sortes de remèdes.

« Est-ce que Dieu ne peut pas exhorter et per-   Page 315.
» suader ? »

Dieu exhorte continuellement dans nos Écritures
et par l'organe de ses ministres. Pour la persuasion,
elle dépend de deux personnes, de celui qui est
persuadé, comme de celui qui persuade. Si tous ne
sont pas persuadés, ce n'est pas que Dieu ne puisse et
ne veuille persuader ; mais c'est que plusieurs rejettent ses exhortations, quelque persuasives qu'elles
soient. Les maîtres les plus consommés dans l'art de
persuader ne persuadent pas toujours, parce qu'ils
ne sauroient forcer la volonté de ceux qui s'y refusent. Dieu inspire les discours les plus capables de
persuader, mais il ne contraint pas la persuasion (1).

« Rien de ce que nous connoissons ne peut se   Page 318.
» trouver dans Dieu. » Proposition fausse dans sa
généralité, puisque nous connoissons plusieurs
choses qui sont réellement dans Dieu, la sainteté,
la félicité, la divinité. Cependant on peut dire aussi

(1) Le texte grec présente ici une inexactitude que les interprètes
n'ont pas manqué de relever. Il n'entre point dans notre plan de discuter les opinions particulières. Au reste la doctrine d'Origène sur
l'accord de la grâce avec le libre arbitre a été doctement expliquée
et vengée par Bossuet dans sa *Défense de la tradition des SS. Pères*,
contre Rich. Simon, ch. xxviii et suiv. tom. iii des *OEuvres posth.* in-4°,
1753, pag. 467—474. Voyez aussi les textes d'Origène sur cette matière,
recueillis par D. Maréchal, dans sa *Concordance*, et D. Cellier, à son article, tom. ii, pag. 733.

qu'il n'y a rien dans Dieu de ce que nous connoissons, parce que toutes les perfections de Dieu surpassent infiniment non-seulement nos connoissances, mais celles même des êtres supérieurs à
l'homme.

Si notre critique avoit lu les passages de David
et de Malachie, où il est dit : *Vous êtes toujours le*
même. Je suis le Seigneur; et je ne change pas, il
auroit su que nous n'attribuons à Dieu aucun changement de conduite ou de dessein ; car, demeurant
toujours le même, il régit les êtres changeans selon que leur nature le demande.

Celse nous attribue plusieurs opinions dont personne de raisonnable parmi nous ne conviendra.
Par exemple : jamais un chrétien n'a dit que la
couleur, la figure, le mouvement puissent se rencontrer dans Dieu. Si l'on trouve quelques passages qui semblent indiquer du mouvement de la
part de Dieu, comme celui-ci : *Adam et Ève en-*
tendirent la voix de Dieu qui se promenoit dans le
paradis; ces expressions ne doivent s'entendre
que dans un sens allégorique, c'est-à-dire ici :
Après leur péché, leur conscience troublée par les
remords le leur fit croire à ce mouvement.

Quand Celse reconnoît que tout vient de Dieu,
il détruit d'un mot tous les principes de sa secte.
Oui, *c'est de Dieu*, nous dit l'Apôtre, *c'est par lui,*
c'est pour lui que tout est. De lui: c'est-à-dire qu'il

Ps. ci. 28.
Malach., iii.
6.

Gen., iii. 8.

Page 520.

Rom., ii.
36.

est le principe de tout; *par lui*, c'est-à-dire qu'il conserve tout; *pour lui*, qu'il est la fin de toutes choses; Dieu ne peut rien devoir à personne.

Il ajoute que Dieu est incompréhensible au Verbe même. Il faut distinguer. S'il parle du verbe qui est en nous, ou que nous prononçons, de nos connoissances ou de nos discours; il est bien certain que Dieu est incompréhensible au verbe pris en ce sens: mais s'il s'agit du Verbe *qui étoit dès* Joan.,1. *le commencement, qui étoit dans Dieu, et qui étoit Dieu;* ce qu'avance Celse est insoutenable. Le Verbe divin non-seulement comprend Dieu, mais il le fait connoître à ceux à qui il a manifesté le Père.

« Nous ne pouvons pas même nommer Dieu. » Distinguons encore. Est-ce à dire que nous manquons de termes pour exprimer les perfections de Dieu telles qu'elles sont? cela est vrai; nous en manquons même pour exprimer avec précision les qualités naturelles et les propriétés constitutives des différens êtres. Est-ce à dire qu'il n'est pas même possible de parler des perfections divines, de manière à en donner quelque connoissance aux hommes autant que la foiblesse de leur intelligence le permet? la pensée est fausse.

« Comment connoîtrai-je Dieu, ou le chemin Page 321. » qui conduit à lui? comment me le montrerez-» vous? Vous m'environnez de ténèbres; je ne vois » rien de distinct. C'est apparemment que ceux

» qui, des ténèbres passent au grand jour, éblouis,
» aveuglés par sa lumière, n'en peuvent soutenir
» l'éclat. »

Oui, sans doute, ceux-là marchent dans les ténèbres, qui, égarés par les productions des peintres
et des sculpteurs, ne veulent pas élever leurs yeux,
et n'ont pas la force de dédaigner tout ce qui tombe
sous les sens, pour fixer leurs regards sur le Créateur de l'univers. Au contraire, ceux-là sont au
milieu de la lumière, qui ont pour guide et pour
flambeau le Verbe lui-même; qui ont appris de lui
combien il y a d'ignorance, d'impiété et de stupidité à adorer les créatures au mépris du Créateur;
qui veulent sincèrement se sauver; ceux-là que Jésus-
Christ a conduits au Dieu suprême et éternel. Car,
Le peuple des gentils, qui étoit assis dans les ténèbres,
a vu une grande lumière. La lumière s'est levée sur
ceux qui étoient assis dans la région de l'ombre de la
mort ; et cette lumière est Jésus-Christ. Aussi aucun des chrétiens ne dira à Celse et à quelque autre
de nos calomniateurs : *Comment connoîtrai-je Dieu?*
aucun ne dira : *Comment connoîtrai-je le chemin*
qui conduit à Dieu? Ils ont entendu dire à Jésus :
Je suis la voie, la vérité et la vie, et ils s'en sont
convaincus par leur propre expérience en le suivant. Ce que Celse dit ici de plus vrai, c'est que,
lorsqu'un chrétien l'a entendu parler avec autant de
confusion, il est en droit de lui répondre : *Vous*

Matth., iv.
16.

m'environnez de ténèbres ; je ne vois rien de clair ni d'intelligible dans vos discours. Celse et ses partisans n'ont en effet d'autre but que de répandre les ténèbres autour de nous. Mais, par la lumière du Verbe, nous dissipons toutes les ténèbres des dogmes impies. Ce n'est donc pas des ténèbres à une éclatante lumière, que Celse nous fait passer ; c'est, au contraire, du sein de la lumière où nous sommes qu'il voudroit nous jeter dans de profondes ténèbres. Il mérite l'anathème d'Isaïe qui dit : *Malheur à vous* Isa., v. 20. *qui donnez à la lumière le nom de ténèbres, et aux ténèbres le nom de lumière.* Pour nous à qui le Verbe de Dieu a ouvert les yeux de l'âme, nous ne confondons pas la lumière avec les ténèbres. Nous Page 322. voulons demeurer dans la lumière, et nous n'avons aucune société avec les ténèbres. La lumière éternelle connoît ceux à qui elle doit se montrer. Il y a des yeux foibles qui ne pourroient la soutenir. Pour les yeux malsains et blessés, ce sont ceux des hommes qui ne connoissent pas Dieu, et que les passions empêchent de contempler la vérité. Ils doivent, ainsi que des aveugles qui, suivant les traces d'une multitude insensée, prostitueroient leur culte aux démons, ils doivent demander au Verbe d'être éclairés. Et si, à l'exemple de l'aveugle qui crioit : *Jésus, fils de David, ayez pitié de* Matth., xx. *moi,* et qui fut guéri par Jésus, ils implorent la 30. miséricorde du Verbe, ils recevront de lui des yeux perçans et nouveaux, tels qu'il convient au Verbe de les donner.

Eh! qui pourroit sauver l'homme, et le conduire au Dieu suprême, sinon le Verbe Dieu? Dès le commencement dans Dieu, il s'est fait chair dans le temps en faveur de ceux qui étoient chair, pour se rendre semblable à ceux qui ne pouvoient le voir comme Verbe Dieu. Devenu chair, et prenant une voix corporelle, il appelle à lui ceux qui sont chair, pour les rendre d'abord conformes au Verbe qui a été fait chair, ensuite pour les élever jusqu'à contempler le Verbe avant qu'il fût chair, de manière que, devenus parfaits, ils disent: *Quoique nous ayons connu le Christ selon la chair, nous ne le connoissons plus ainsi maintenant. Il a donc été fait chair, et,* comme tel, *il a habité au milieu de nous.* Il s'est transformé une fois sur le Thabor, où non-seulement il a paru dans tout son éclat, mais où il a fait voir la loi spirituelle et les prophéties représentées par Moïse et par Élie. On a pu dire alors: *Nous avons vu sa gloire, la gloire du Fils unique du Père, plein de grâce et de vérité.*

Celse nous fait dire que « parce que Dieu est » grand et difficile à comprendre, il a envoyé son » Esprit dans un corps semblable au nôtre, pour se » faire entendre à nous et nous instruire. » Comme si le Fils unique de Dieu, le Verbe de Dieu, le premier-né de toutes les créatures, l'image parfaite du

II Cor., v. 16.

Joan., 1. 14.

Ibid.

Page 323.

Dieu invisible, sa sagesse, par qui il a tout fait, n'étoit pas aussi grand, aussi difficile à contempler que le Père. Dieu, quelque grand qu'il soit, quoique invisible, puisqu'il n'a point de corps, peut néanmoins être contemplé, mais par les cœurs purs seulement. Un cœur souillé ne peut contempler celui qui est la pureté même.

Celse suppose que nous disons que Dieu a envoyé son Esprit revêtu d'un corps. Jamais nous n'avons dit que l'Esprit, ni que Dieu fût un corps. Dieu communique de son Esprit à tous ceux qui en sont dignes; et cet Esprit habite en eux sans se séparer ni se diviser. Dieu est appelé dans nos Écritures *un feu consumant*, il n'est pas corporel pour cela. Quoique les péchés soient appelés *du bois, du foin, de la paille,* ils ne font pas pour cela des corps, ni les bonnes œuvres non plus, qu'on désigne par les mots *d'or, d'argent, de pierres précieuses.* Ainsi Dieu qui est appelé le feu qui consume ce bois, ce foin, cette paille, n'est pas non plus corporel. Ce sont des figures qu'on emploie pour nous rendre sensibles les êtres spirituels et purement intellectuels. Pour distinguer les derniers, l'Écriture a coutume de les nommer *Esprits* et *spirituels.* Dieu nous a *rendus,* dit saint Paul, *capables d'être les ministres de la nouvelle alliance, non par la lettre, mais par l'Esprit; car la lettre tue, et l'Esprit vivifie.* Il appelle *la lettre* le sens des divines Écritures qui n'a rap-

Page 324.

Hebr., XII. 29.

1 Cor., III. 12.

II Cor., III. 5, 6.

port qu'aux objets sensibles; et l'*Esprit*, celui qui s'élève jusqu'aux choses intellectuelles. *Dieu est Esprit*, dit Jésus à la Samaritaine, *et il faut l'adorer en esprit et en vérité;* c'est-à-dire, qu'il faut lui rendre un culte spirituel, et non pas un culte charnel, en lui sacrifiant des animaux. Il ne faut point adorer le Père en figure, mais en vérité : *La vérité a été faite par Jésus-Christ.* Et quand nous nous convertissons au Seigneur qui est Esprit, il fait tomber de nos yeux ce voile qu'y laissent les ordonnances de la loi ancienne.

De ce que nous soutenons que *Dieu est Esprit*, Celse conclut que nous pensons comme les stoïciens que c'est un Esprit répandu partout, et renfermant en lui tous les êtres. Ainsi *l'homme animal n'entend pas ce qui est de l'Esprit de Dieu; c'est même pour lui une folie,* comme parle saint Paul. A la vérité, la Providence embrasse tous les êtres dont elle a soin, non pas à la manière des corps, mais comme vertu divine. Si l'on veut en croire les stoïciens, les principes du monde sont corporels, par conséquent corruptibles. Ils n'en excepteroient pas même le Dieu souverain, si ce dogme n'étoit pas trop révoltant. Le Verbe même de Dieu, selon eux, n'est autre chose qu'un Esprit corporel. Pour nous qui prétendons démontrer que l'âme raisonnable l'emporte sur tous les corps, et qu'elle est une substance invisible et incorporelle, nous sommes bien éloignés

Joan., IV. 21, 24.

Joan., I. 17.

1 Cor., II. 14.

Page 325.

de croire corporel le Verbe par qui tout a été fait, et qui a présidé non-seulement à la formation de l'homme, mais à celle des êtres les plus vils. Ainsi, que les stoïciens disent tant qu'ils voudront que tout sera consumé par le feu, nous ne croirons jamais qu'une substance spirituelle puisse être la proie des flammes ; que l'âme de l'homme, que les Anges, les Dominations, les Principautés et les Puissances puissent être convertis en feu.

Celse trouve honteux que Jésus soit né d'une Pag. 526. femme. Il ne sait pas combien la naissance de Jésus, qui venoit pour sauver les hommes, est pure et sainte. Sa mère fut et demeura vierge. Celse s'imagine que la nature divine est altérée et souillée en demeurant dans le sein d'une femme, et en s'unissant à un corps, à peu près comme ceux qui disent que les rayons du soleil sont altérés et infectés quand ils tombent sur de la boue ou sur quelque corps infect.

« Puisqu'un esprit divin animoit le corps de Page 527. » Jésus, il a dû nécessairement surpasser tous les » hommes par la taille, la beauté, les forces, la voix, » l'éloquence. Une distance infinie sépare la divi- » nité de la nature humaine. Cependant Jésus » n'avoit rien qui le distinguât des autres hommes, » au contraire. »

Les évangélistes ne nous apprennent rien de l'ex- térieur de Jésus. Les prophètes seuls, comme Isaïe, sont entrés dans ces détails. Celse, en nous faisant

cette objection, reconnoît donc que Jésus a été
l'objet des prophéties, et qu'il est par conséquent
Fils de Dieu. Il détruit lui-même par cet aveu
toutes ses calomnieuses déclamations contre Jésus.

Page 328.
Isa., LIII. 1 et
suiv.
Isaïe dit, il est vrai, que Jésus *n'aura ni beauté,
ni éclat ; qu'il parottra comme le dernier des hommes.*
Ps. XLIV. 4.
Le psalmiste au contraire vante sa beauté et ses
attraits divins qui lui assurent l'empire de la terre.
Les évangélistes racontent que sur la montagne
Matth., XVI.
18.
Jésus se montra plein de gloire et de majesté. Voilà
qui prouve bien que Jésus l'emportoit sur tous les
enfans des hommes. Son extérieur changeoit,
comme il le vouloit, selon les différentes circonstances. Tel est le pouvoir de Dieu sur la nature
qu'il a créée, et qu'il modifie à son gré.

Page 329.
« Pourquoi enfin a-t-il été envoyé dans un coin
» de la terre, plutôt que de le faire paroître en pré-
» sence de tous les hommes ? » Je réponds que ce
n'est pas sans raison que Jésus est venu dans *ce coin
de la terre.* Il falloit qu'il vînt chez un peuple instruit
du dogme de l'unité de Dieu, qui lisoit ses prophètes, qui savoit que le Christ lui étoit promis et
qui l'attendoit. Il falloit qu'il y vînt dans le temps
le plus propre à le faire connoître ensuite du reste
de la terre....

Pour que le Verbe éclairât toute la terre, il n'étoit
nullement nécessaire, comme le demande Celse,
qu'il y eût plusieurs Jésus. Il suffisoit que le Verbe

le soleil de justice, se levât en Judée, et de là répan-
dit ses rayons au fond des âmes de tous ceux qui
vouloient le recevoir. Si quelqu'un cependant veut *Page 330.*
voir plusieurs personnes remplies du Saint-Esprit,
et occupées à l'exemple de Jésus du salut des
hommes, il peut remarquer que tous ceux qui professent la pure doctrine de Jésus et qui y confor-
ment leur vie, l'Écriture les appelle *Christ. Ne tou-* Ps. civ. 15.
chez point mes Christs, et ne faites point de mal à mes
prophètes. Quoique nous ayons appris que l'Antechrist viendra, nous savons cependant qu'il y a eu Joan., 1.
déjà plusieurs Antechrists dans le monde; de même 18.
nous sommes assurés que le Christ est venu, et qu'il
a fait plusieurs Christs, que le Dieu ou Christ *a oints*
aussi, parce qu'ils ont aimé la justice, et qu'ils ont
haï l'iniquité. Pour Jésus, comme il a aimé la justice Hebr., 1. 9.
et haï l'iniquité plus que personne, il a reçu les
prémices de cette onction ; ou, pour mieux dire, il
l'a reçue tout entière ; et il en a fait part aux autres
Christs, proportionnément aux dispositions de
chacun d'eux....

Il prend fantaisie à Celse d'appeler les Chaldéens *Page 331.*
« un peuple très-divin, et dès les premiers temps. »
Les Chaldéens sont cependant les inventeurs de l'art
trompeur de tirer les horoscopes. Il met au même
rang les mages, qui ont donné leur nom à la magie,
science funeste aux hommes. Les Égyptiens, qu'il
insultoit auparavant, il les appelle aussi un peuple

très-divin, sans doute parce qu'ils ont persécuté les Juifs. Il fait le même honneur aux Perses, tout décriés qu'ils sont pour leurs incestes avec leurs mères et leurs filles ; et aux Indiens, quoiqu'il ait reconnu que plusieurs d'entre eux se nourrissent de chair humaine. Quant aux Juifs, à qui l'on ne peut reprocher rien de pareil ; loin de les traiter de divins, il prononce, comme de dessus le trépied, qu'ils vont être détruits. Il n'a fait attention ni au soin que Dieu a pris des Juifs, ni aux premières lois qu'il leur a données. Il n'a pas vu que *leur réprobation a été le salut des gentils, que leur crime a été la richesse du monde, leur misère la richesse des gentils; jusqu'à ce que la plénitude des gentils soit entrée dans l'Église.*

Rom., 11. 25-26. *C'est alors que tout Israël,* que Celse ne connoît point, *sera sauvé.*

Je m'étonne qu'il échappe à Celse de dire « que » Dieu, qui sait tout, n'a pas su qu'il envoyoit son » Fils à des hommes pervers qui le feroient mourir. » Mais Celse peut-il avoir oublié que les prophètes de Dieu avoient prévu et prédit tout ce que Jésus devoit souffrir un jour? Il convient lui-même, peu après, que nous soutenons que tous ces événemens avoient été prédits.

Page 332. *Livre septième.* Nous commençons ce septième livre en priant Dieu par Jésus, que Celse calomnie, d'éclairer notre cœur, puisqu'il est la vérité même, et de nous enseigner à dissiper les prestiges du mensonge.

Celse entreprend d'abord d'affoiblir l'autorité des oracles des prophètes, en les comparant avec les oracles du paganisme. Mais ceux-ci sont décriés même chez les païens. En supposant qu'ils ne soient pas tous l'ouvrage de l'imposture, il faut du moins les attribuer aux démons, qui veulent empêcher les âmes de s'élever vers le ciel et de retourner à Dieu. Sans parler de la manière indécente et obscure dont les païens assurent que la Pythie est inspirée, elle est hors d'elle-même et furieuse lorsqu'elle prononce ses oracles. Il n'y a que les démons qui puissent ôter ainsi l'usage de la raison. Ce sont eux dont les derniers des chrétiens montrent tous les jours la foiblesse, en les chassant des corps qu'ils obsèdent, sans le secours de la magie, par la seule force de la prière. Le caractère de l'Esprit divin n'est pas de jeter dans ces agitations violentes qui ressemblent plutôt à la possession. Celui qui est rempli de l'esprit de Dieu, doit en ressentir le premier les salutaires impressions. Il faut que son âme, toute pénétrée de lumière, ne soit jamais plus clairvoyante que dans les momens de l'inspiration. Aussi les vrais prophètes de Dieu, bien différens de ces prophétesses, éclairés par l'Esprit divin, étoient-ils calmes, tranquilles, en rendant leurs oracles. Leurs corps même étoient comme morts à ce

Page 533.

Page 534.

qui se nomme parmi nous les pensées et les mouvemens de la chair; et leur vie tout entière étoit sans
reproche. Peut-on en dire autant des plus sages
même d'entre les païens ?

Page 335. Si ceux qui rendent des oracles chez les gentils
étoient véritablement dieux, ils porteroient les
hommes à la vertu et à la réforme de leurs mœurs.
Ils choisiroient pour leurs organes des hommes
recommandables par leur sagesse et par leur vertu,
et non pas des femmes; ce seroient du moins des
vierges, ou des femmes d'une sagesse reconnue.

Page 337. Celse voudroit bien révoquer en doute nos prophéties. Mais le moyen d'en contester l'authenticité, quand les mêmes prophètes qui ont prédit
ce qui est arrivé à Jésus-Christ, ont fait tant d'autres prédictions sur des événemens reculés bien
loin d'eux, et fidèlement accomplis ? « Ils ont fait
» des prédictions, comme on en fait encore aujour-
» d'hui dans la Phénicie et la Palestine. » Celse ne
s'explique pas davantage, il ne le pouvoit pas; mais
ce qui est certain, c'est que dans ces contrées il ne
s'est jamais trouvé de prophètes parmi les infidèles,
et que les prophéties ont cessé chez les Juifs à la venue de Jésus. Le Saint-Esprit les a abandonnés en
punition de leur révolte contre le Seigneur et contre
son Christ. Il s'est manifesté par d'assez éclatans
prodiges, après le commencement de la prédication de Jésus, et encore plus après son ascension.

Les miracles, il est vrai, ont diminué ; cependant il en reste toujours des traces parmi les chrétiens sanctifiés par la doctrine de l'Évangile, et par leur vie conforme à cette divine loi.

Celse veut qu'il y ait diverses sortes de prophéties. Page 338. Pourquoi ne pas les exposer ? « Rien de plus com-
» mun que de voir de ces prétendus prophètes, sans
» autre talent que la mobilité de leur langue et leur
» impudence, attrouper les gens par des gestes et
» des mouvemens qui leur donnent un air d'in-
» spirés. On en rencontre de la sorte dans les villes et
» dans les camps. Ils pourroient tout aussi bien
» dire : Je suis Dieu, je suis le Fils de Dieu, ou le
» Saint-Esprit, venu pour sauver le monde sur le
» penchant de sa ruine. Heureux celui qui croit en
» moi ! Tous les autres, je les précipiterai dans un
» feu éternel avec leurs villes et leurs campagnes.
» Tous ces hommes, qui ne se doutent même pas
» du supplice qui les attend, gémiront alors et se
» repentiront; mais il ne sera plus temps. Ceux qui
» m'auront été fidèles, je les conserverai dans l'é-
» ternité. Puis ils ajoutent à ces menaces et à ces
» promesses des paroles obscures, extravagantes,
» auxquelles tout homme de bon sens ne peut rien
» entendre, mais qui donnent lieu aux ignorans, ou
» au premier imposteur qui se présente, de les ap-
» pliquer à tout ce qu'il leur plaît. »

Avec de la bonne foi, Celse auroit indiqué les

prophéties dont nous assurons que le Fils de Dieu
ou l'Esprit divin est l'auteur. Il se seroit efforcé de
prouver que les discours des prophètes, soit ceux
qui tendent à la correction des mœurs, soit ceux
qui contiennent leurs prédictions, n'ont pas été
divinement inspirés. Les contemporains des prophètes ont recueilli et conservé avec soin leurs
oracles, afin que leurs descendans les respectassent
comme la parole de Dieu même, et que, touchés de
leurs exhortations, persuadés par la fidèle corres-
pondance des événemens avec les prédictions, ils
pratiquassent la vertu et s'exerçassent à la piété
conformément à leur doctrine et à leurs avertissemens.

Remarquons que la Providence a voulu, pour le
salut du genre humain, que tout ce qui a rapport
à la conversion et aux mœurs fût clair et à la portée
de tous. Dans les prophéties il se trouve, il est vrai,
beaucoup d'obscurités, de paraboles et d'allégories,
qui ont besoin d'être étudiées et approfondies par
des hommes instruits et pénétrans qui en facilitent
l'intelligence au commun des fidèles ; mais il est
absolument faux que ces prophéties n'aient aucun
sens raisonnable, et que les simples, les imposteurs
puissent les appliquer à tout indifféremment. Celse
n'a eu d'autre but que de détourner, par ses artificieuses calomnies, de la lecture des prophètes, semblable en cela aux impies qui parloient ainsi d'un

prophète : *Qu'est-ce que cet insensé est venu nous dire?* iv Reg., ix. 11.
Il n'appartient qu'à un homme véritablement sage
en Jésus-Christ d'expliquer la suite des prophéties,
et d'en éclaircir les obscurités par une étude assidue
des Écritures, et en appuyant ses explications par
d'autres passages des mêmes livres.

Celse en impose manifestement quand il assure Page 339.
« avoir entendu de ces prophètes, lorsqu'ils étoient
» pressés de questions, avouer que leurs ténébreux
» oracles étoient autant d'imaginations. » De son
temps il n'y avoit point de prophètes. S'il y en avoit
eu, on n'auroit pas manqué de recueillir leurs prophéties comme celles des anciens. Il auroit bien dû
les nommer : son silence est la preuve de son imposture.

Il prétend que nous n'avons rien à répondre
quand on nous fait voir que les prophètes attribuent à Dieu des actions honteuses et criminelles. En partant de là, il fait beaucoup de raisonnemens contre les chrétiens; mais ici encore il
n'est pas de meilleure foi. *Nous sommes toujours* 1 Petr., iii. 15.
prêts, comme dit Pierre, *à satisfaire quiconque nous*
demande raison de notre foi. Nous sommes en état
de montrer qu'elle n'a rien de contraire à la saine
raison, et que nulle part nos Écritures n'attribuent
à Dieu rien de honteux ni de criminel. C'étoit à Page 340.
Celse à rapporter ces passages des prophètes qu'il
calomnie avec tant d'impudence.

Voici un nouvel effort de notre critique pour saper par le fondement la foi dans Jésus-Christ : « Si les prophètes eussent prédit que le grand Dieu » seroit esclave, ou malade, ou qu'il mourroit, fau- » droit-il donc pour l'accomplissement de cette » prédiction que Dieu fût effectivement esclave, ou » malade, ou qu'il mourût ? mais jamais les prophètes » n'ont pu faire une prédiction qui seroit une im- » piété. Il ne s'agit donc pas d'examiner s'ils ont » prédit ou non, mais si la chose prédite est conve- » nable et digne de Dieu. Et quand on supposeroit » que tous les hommes échauffés par le fanatisme » eussent prédit de Dieu quelque chose de honteux » et de criminel, on ne devroit leur ajouter aucune » foi. Comment donc la piété croira-t-elle ce que » les chrétiens prétendent être arrivé à leur Dieu ? »

On voit par là que Celse sentoit de quel poids sont les prophéties pour persuader la foi en Jésus. C'est pourquoi il s'efforce d'écarter cet argument invincible, en disant : « Il ne faut pas examiner si les » prophètes ont prédit ou non. » Mais s'il eût voulu procéder de bonne foi, et suivant les règles mêmes du raisonnement, il eût dit, Je vais démontrer qu'on n'a pas prédit telles choses de Jésus, ou que ces prédictions n'ont pas été accomplies dans la personne de Jésus ; et il eût exposé sa démonstration. Alors on eût été en droit de juger et des prophéties que nous rapportons à Jésus, et des preuves que

Page 341.

Celse auroit opposées à nos explications. On eût jugé si Celse détruisoit effectivement l'argument que nous tirons des prophéties en faveur de Jésus, ou il eût été convaincu de la plus punissable impudence, pour avoir nié et combattu la vérité la plus lumineuse.

« Les prophètes du grand Dieu auroient prédit » de lui des choses impies et impossibles! » Cette assertion n'est qu'un sophisme; car toute proposition dont s'ensuivent deux conséquences contradictoires est un sophisme que les stoïciens ont bien raison de proscrire. Or telle est l'assertion de Celse : D'un côté *il est nécessaire que ces choses arrivent, puisqu'il est nécessaire que tout ce que les prophètes du grand Dieu ont prédit arrive ;* et cependant elles ne peuvent arriver, puisqu'*elles sont impies et impossibles.* Mais c'est calomnieusement que Celse prétend que les prophètes ont prédit de Dieu des choses impies et impossibles. Car nos prophètes n'ont pas prédit que Jésus souffriroit et mourroit comme Dieu, ainsi qu'il le suppose, mais seulement comme homme. Il ne faut pas confondre les qualités divines dans Jésus avec la nature humaine qu'il s'est unie. Jésus dit de lui-même : *Je suis la voie, la vérité, la résurrection.* Vous ne verrez aucun chrétien, même parmi les plus simples et les moins instruits, vous dire que la vérité, la vie, la résurrection soient mortes; ce qui pourtant auroit lieu, pour

Page 342.
Joan., xiv. 6.

que la supposition de Celse eût quelque fondement. Sans doute les prophètes n'ont pu faire de
pareilles prédictions ; et voilà tout ce que Celse dit
de vrai. Cela seroit indigne de Dieu. Mais ce qui a
été prédit par les prophètes est digne de Dieu ; à savoir : Que la splendeur et l'image de la Divinité s'u-
nissent à l'âme et au corps de Jésus pour répandre
sa doctrine, pour réconcilier au Dieu de l'univers
et conduire à la suprême félicité quiconque recevra
et ressentira la vertu du Dieu Verbe incarné. En
un mot si l'on considère Jésus comme Dieu, il n'a
rien fait que de saint et de conforme à l'idée de
Dieu. Si on le considère comme homme, le Verbe
lui a communiqué sa sagesse plus qu'à aucun autre
mortel. Il a souffert comme un sage et un homme
parfait tout ce qu'il falloit qu'il souffrît pour le genre
humain. Non, il n'est point absurde qu'un homme
meure ; et que sa mort, non-seulement soit un
exemple pour les autres, mais encore le principe
de la destruction de l'empire du démon, qui avoit
asservi le monde entier. Nous en avons la preuve
dans les serviteurs de Jésus, qui, affranchis du joug
du démon, se dévouent à Dieu, et s'efforcent d'a-
vancer de jour en jour dans la vraie piété.

« Voici, dit Celse, une contradiction frappante : Si
» les prophètes du Dieu des Juifs ont prédit la venue
» de Jésus son Fils, comment ce Dieu commande-
» t-il, par l'organe de Moïse, d'amasser des richesses,

Page 343.

» de dominer, de remplir la terre, de massacrer tous
» les ennemis, sans distinction d'âge ni de sexe ?
» Comment menace-t-il les Juifs, s'ils ne lui obéis-
» sent pas en cela, de les traiter eux-mêmes en en-
» nemis ; tandis que son Fils le Nazaréen donne des
» lois tout opposées ; qu'il déclare qu'aucun riche,
» aucun ambitieux, aucun homme passionné pour
» la gloire ou même pour la sagesse n'aura accès
» auprès de son Père ; que les hommes ne doivent
» pas plus s'occuper de leur nourriture que les
» corbeaux, ni de leur habillement que les lis ; que
» celui qui vous frappe sur une joue, il faut lui
» tendre l'autre ? Qui ment de Moïse ou de Jésus ?
» Est-ce donc que son Père, lorsqu'il l'a envoyé,
» avoit oublié ce qu'il avoit recommandé à Moïse ?
» Est-ce qu'il auroit lui-même condamné ses pro-
» pres lois, et chargé son envoyé d'en porter aux
» hommes de contraires ? »

Celse, qui se pique de n'ignorer rien, se trompe
grossièrement en ne voyant rien dans la loi et les
prophètes au delà de l'écorce de la lettre. Il a dû
au moins remarquer qu'il est hors de toute vraisemblance que nos Écritures aient promis les richesses
temporelles aux Juifs, tandis qu'il est constant que
les plus vertueux ont vécu dans une extrême pauvreté. Ainsi ces prophètes qui, en récompense de
la sainteté de leur vie, furent remplis de l'Esprit divin, *couverts de peaux de chèvres et de brebis, persé-* Hebr., 11.
37, 38.

cutés, manquant de tout, furent errans dans les déserts, sur les montagnes, et dans les cavernes. Car,
comme dit le psalmiste, *les justes sont éprouvés par*
beaucoup d'afflictions.

Si Celse avoit lu dans la loi de Moïse cette maxime,
Vous prêterez à plusieurs nations, et vous n'emprun-
terez de personne, il l'auroit prise aussi à la lettre.
Mais quel Juif a pu jamais être assez opulent pour
prêter non-seulement à ses compatriotes, mais à
des nations entières? Est-il présumable que les Juifs
fussent demeurés si long-temps attachés à la loi de
Moïse, s'ils s'étoient bornés au sens que Celse prête
à la simple lettre? Si l'on nous disoit qu'ils ne lui
étoient pas fortement attachés, nous renverrions à
leur histoire....

Je distingue la loi ancienne, comme plusieurs
l'ont fait avant moi, en loi littérale et loi spirituelle.
Dieu appelle la première, par un de ses prophètes,
des jugemens et des préceptes qui ne sont pas bons,
et la spirituelle, au contraire, *des jugemens et des*
préceptes qui sont bons. Y a-t-il contradiction?
Saint Paul prévient l'objection quand il dit dans
le même sens que *la lettre tue, et que l'esprit*
donne la vie. Si Celse, suivant la lettre qui tue, explique par les richesses périssables de la terre les
paroles de la loi qui promet des richesses au juste;
pour nous, nous entendons ces richesses qui ou-
vrent les yeux de l'esprit, les richesses en paroles,

Ps. xxxiii.
20.

Deut., xxviii
12.
Page 344.

Page 345.

Ezech., xx.
25.

Ibid. 21.

1 Cor., iii. 6.

en sagesse, en bonnes œuvres, dont parle l'Apôtre, dans ces termes : *Recommandez aux riches de ce siècle de ne pas s'enorgueillir, de ne pas mettre leur confiance en des richesses incertaines, mais dans le Dieu vivant, qui fournit abondamment à tous nos besoins; de faire le bien, de devenir riches en bonnes œuvres et de donner volontiers.* 1 Tim., vi. 17, 18.

La pauvreté opposée à ces richesses est vraiment funeste. Or quiconque est riche en ce genre de richesses, comme Paul, peut prêter à plusieurs nations, comme cet apôtre qui remplissoit tout de l'Évangile du Christ, et qui, instruit des mystères par la révélation du Verbe, n'avoit besoin d'emprunter ni de recevoir d'instruction de personne. La promesse, *Vous dominerez sur plusieurs nations, et personne ne vous dominera,* s'est également vérifiée en lui. Il a soumis les gentils à la foi de Jésus par la force de la parole. Pour lui, il n'a cédé à aucun homme; il étoit au-dessus d'eux. C'est dans le même sens qu'il remplissoit la terre. Deut., xv. 6.

Il n'est pas difficile d'expliquer les passages où il est dit que le juste met à mort ses ennemis. *Je faisois mourir, dès le matin,* dit le psalmiste, *tous les pécheurs de la terre, pour exterminer de la cité du Seigneur tous les ouvriers d'iniquité.* Il prend figurément la terre pour *la chair, dont la prudence est ennemie de Dieu,* et la cité du Seigneur pour son âme, qui est le temple de Dieu. Dès que les rayons Ps. c. 8. Rom., viii. 7.

du soleil de justice commencent à éclairer son âme, il détruit la prudence de la chair, et purge son âme de toutes les pensées injustes et trompeuses.

Page 347.
Ps. cxxxvi.
8.

Nous entendons de même l'imprécation suivante : *Heureux, fille de Babylone, celui qui écrasera tes enfans contre la pierre !* Les enfans de Babylone ou de confusion sont les pensées qui donnent naissance aux vices, et qui répandent dans l'âme les ténèbres et le désordre. La force de la raison doit les étouffer sur-le-champ si l'on veut être heureux. Il n'y a certainement rien en tout cela de contraire aux préceptes de Jésus. La maxime de l'Évangile Matth., xix.
24. qu'*il est difficile à un riche d'entrer dans le royaume de Dieu* n'est pas plus opposée à la loi, si l'on entend simplement par riche celui que les épines des richesses empêchent de porter les fruits de la parole.

Celse veut encore que la doctrine de Jésus ferme au sage tout accès auprès du Père. Mais de quel sage parle-t-il ? D'un sage de la sagesse de ce monde, 1 Cor., 1. 24. qui est une folie devant Dieu. Nous en convenons; mais si c'est de la sagesse du Christ, qui est la vertu et la sagesse de Dieu, nous disons au contraire qu'un tel sage est bien au-dessus de tous ceux qui sont dépourvus de cette divine sagesse.

Quant à la passion de la gloire humaine , nous croyons qu'elle n'est pas moins défendue par la loi ancienne que par la nouvelle.

Les endroits de l'Évangile où nous sommes aver-

tis de ne pas nous inquiéter de la nourriture et du
vêtement, mais d'avoir confiance au Père céleste,
qui a soin de nourrir les oiseaux et de parer les lis, Matth., vi. 25.
n'ont rien de contraire aux bénédictions de la loi.

Celse veut aussi trouver en opposition la loi avec Page 34ᵘ. .
la maxime de l'Évangile qu'*à celui qui frappe sur* Matth., v, 38.
une joue il faut présenter l'autre. Mais il ne sait pas
que nous lisons dans les lamentations de Jérémie :
Il présentera la joue à celui qui le frappera, et il sera Thr n., iii. 27.
rassasié d'opprobres.

Je pourrois réfuter de même tout ce que Celse a
avancé, et prouver que le Dieu de l'Évangile n'est
jamais opposé au Dieu de la loi; que ni Moïse ni
Jésus n'ont menti; que le Père, en envoyant Jésus,
n'avoit pas oublié ce qu'il avoit ordonné à Moïse;
et que jamais il ne s'est repenti et n'a condamné
les lois qu'il avoit portées. Et pour dire un mot de Page 349.
la différence des deux lois, nous remarquerons que
la loi mosaïque, prise littéralement, n'eût pu convenir aux gentils appelés à la foi, et soumis aux
Romains, puisque les Juifs même ne pouvoient
l'observer sous leur empire; et d'un autre côté, que
la loi chrétienne n'auroit pu être observée long-
temps par les Juifs. Leur république n'auroit pu
se maintenir avec sa législation, si elle n'avoit
pas eu le droit de faire la guerre à ses ennemis, de combattre pour la patrie, et de punir de
mort, ou autrement, les meurtriers, les adultères,

les malfaiteurs, qui n'auroient pas manqué de se prévaloir de l'inaction des lois, et d'un défaut de résistance dont la nation eût été victime.

La même Providence qui a donné la loi, et l'Évangile après la loi, ne voulant pas que la république
des Juifs subsistât plus long-temps, a détruit à la
fois leur cité, leur temple et leur culte. Au contraire
elle a fortifié et agrandi de jour en jour la religion
chrétienne, quoiqu'une foule d'obstacles se soient
réunis pour l'anéantir. Mais parce que Dieu avoit
résolu de sauver les gentils par la loi de son Fils,
il a fait échouer tous les complots des hommes.
Plus les rois, les magistrats, les peuples s'achar-
noient contre elle, plus aussi s'augmentoit le nombre des chrétiens, plus leur religion faisoit de
progrès.

Celse nous accuse de faire de Dieu un être corporel, et de lui donner une forme humaine. C'est une
calomnie sans fondement. Ni nos livres, ni aucun
des nôtres, n'ont jamais enseigné de pareilles
erreurs. Ainsi ce seroit perdre le temps que de s'arrêter à les réfuter. Nos Écritures assurent au contraire que Dieu est un être purement spirituel. C'est
pour cela que *jamais personne n'a vu Dieu*, et que
le premier-né de toute créature est appelé *l'image
du Dieu invisible*, par conséquent d'un Dieu incor-
porel. *Dieu est Esprit*, dit Jésus, *et il faut que ceux
qui l'adorent l'adorent en Esprit et en vérité.*

Joan., 1. 18.

Coloss., 1.
15.

Page 350.
Joan., IV. 24.

Il prétend que ce que nous disons d'une autre vie, d'une terre incomparablement meilleure que celle-ci, est emprunté des anciens, qu'il appelle divins, et surtout de Platon. Il n'a pas su que dans Moïse, plus ancien que les écrivains grecs, Dieu promet aux fidèles observateurs de sa loi une *terre bonne* *et spacieuse où coulent le lait et le miel.* Cette terre n'est point la Judée, qui elle-même est enveloppée dans la malédiction générale de la terre prononcée par le Seigneur en punition du péché d'Adam. La Judée et Jérusalem n'étoient que l'ombre et la figure de cette terre heureuse où est la Jérusalem céleste. C'est d'elle que Paul, instruit du vrai sens des Écritures, nous parle en ces termes : *Vous vous* *êtes approchés de Sion, la montagne et la cité du Dieu* *vivant, la Jérusalem céleste, habitée par plusieurs* *milliers d'anges.* Tel est le langage uniforme des prophètes. C'est de cette bienheureuse terre que parle le psalmiste : *Le Seigneur est grand dans sa* *cité sur sa sainte montagne. Les hommes doux, les* *justes, ceux qui attendent le Seigneur, posséderont* *la terre par héritage, l'habiteront dans les siècles des* *siècles, et se réjouiront dans le sein de la paix.* . . . .

Celse prétend que notre dogme de la résurrection est pris du système de la métempsycose mal entendue. Nous avons appris que notre âme incorruptible et invisible par sa nature habite un corps mortel qu'elle doit dépouiller, pour en revêtir un

Exod., iii. 8.

Page 351...

Tit. 1. 14. Hebr., 1. 14. 22.

Ps. lxxvi. 3. xlviii. 23.

Page 353.

plus parfait, et prendre son essor vers les demeures célestes. Il s'imagine de plus qu'il nous faudroit un corps pour voir Dieu ; il se trompe. Nous n'avons pas besoin de corps pour connoître Dieu ; ce n'est point l'œil du corps qui voit Dieu, et qui a reçu de lui la faculté de le connoître. Ce qui voit Dieu, c'est un cœur pur d'où il ne sort rien de déréglé ni de vicieux, conformément à cette parole de Jésus-Christ : *Heureux ceux qui ont le cœur pur, parce qu'ils verront Dieu.* Mais parce qu'il ne dépend pas de nous d'avoir un cœur pur, et qu'il est nécessaire que Dieu le crée tel, celui qui sait prier lui dit : *O Dieu, créez en moi un cœur pur.*

Page 354.

Matth., v. 8

Ps. LI. 12.

Il nous fait dire sans fondement, « Comment irons-nous à Dieu ? » comme si Dieu étoit dans un lieu particulier. Il renferme tout dans son immensité, sans pouvoir être renfermé nulle part. Celse nous calomnie en disant que nous espérons voir Dieu des yeux du corps, l'entendre et le toucher des oreilles et des mains du corps. Nous savons que, dans nos Écritures, il est fait mention d'yeux, d'oreilles et de mains qui n'ont de commun que le nom avec ces parties du corps. Il ne s'agit de rien moins que d'un sens divin, tout-à-fait différent des sens ordinaires.

Page 355. Celse insinue que Jésus, après sa résurrection, n'étoit qu'un fantôme, qui a pu aisément faire illusion à ses disciples, et disparoître aussitôt après.

Jésus un fantôme trompeur et passager! lui qui a fait et qui fait tous les jours tant de prodiges réels et durables; qui met en fuite les démons, les dieux de nos adversaires; qui, dans tous les pays de l'univers, convertit les hommes, les attire à la vertu par la force de sa Divinité, et leur fait pratiquer tout ce que sa loi ordonne!...

A entendre Celse, nous serions des hommes tout charnels, qui ne jugeons que par les sens, lorsque, bien loin de nous arrêter au seul témoignage des sens, nous ne nous en servons que comme d'instrumens qui nous élèvent aux objets spirituels et invisibles. Le nom de charnel ne convient à personne moins qu'à un chrétien qui a appris *à mortifier les actions de la chair et les membres terrestres, à porter sur son corps la mortification de Jésus-Christ;* et qui sait que *les hommes charnels ne sauroient plaire à Dieu.*

Il prend de là occasion de nous exhorter à nous élever au-dessus de la terre et des sens. Celse s'y prend mal pour nous persuader. Il commence par nous dire des injures, nous traitant d'hommes timides et lâches, nous qui, plutôt que de consentir à dire un mot pour abjurer notre religion, combattons constamment jusqu'à la mort; nous qui bravons non-seulement la mort, mais tous les supplices. Il nous traite d'hommes esclaves de leur corps, quoique nous nous dépouillions de notre

Page 357.

Rom., VIII. 13. 8.-9. 1. Colos., III. 5. Rom., VIII. 8.

corps, par religion, plus facilement qu'un philosophe n'ôte son manteau....

Page 373. ' Celse veut prouver que nous n'avons rien qui nous relève au-dessus d'aucune secte ; et voici sur quel argument : « Les chrétiens ne peuvent souffrir » ni temples, ni autels, ni simulacres ; ils ont cela de » commun avec les Scythes, les Nomades, les Sères, » et les Perses. Ils ne croient pas que l'or, l'argent, le » cuivre poli par la main de l'homme, puissent de-» venir un Dieu. Qui le croit, sinon le plus insensé » des hommes ? Ce ne sont là que des dons consacrés » aux dieux, et les images des dieux. S'ils pensent » que les statues ne sauroient même être les images » des dieux, parce que les dieux sont faits bien diffé-» remment ; ils se contredisent grossièrement, puis-» qu'ils enseignent que Dieu a fait l'homme à son » image. Ils vont plus loin ; ils nient que ceux à qui » on élève ces statues soient des dieux ; ils pré-» tendent que ce ne sont que des démons, et qu'un » adorateur du vrai Dieu ne peut sans crime rendre » un culte aux démons. »

Page 376. Je répondrai à Celse qu'il ne suffit pas pour nous comparer les Scythes, les Nomades, les Sères, et les Perses, qu'ils rejettent les temples, les autels, les statues des dieux ; il faudroit qu'ils le fissent pour les mêmes raisons que nous. Les disciples de Zénon, et même ceux d'Épicure, s'abstiennent de l'adultère, mais par des motifs bien différens : les premiers, par amour de l'ordre et de la justice ; les seconds, par la crainte des suites, par leur principe même, qui est l'amour de la volupté, à laquelle nuisent des plaisirs indiscrets : car un épicurien se permettroit sans scrupule l'adultère, s'il étoit sûr d'en pouvoir dérober la connoissance à tous ceux dont il a à craindre le ressentiment ou le mépris. C'est dans le même esprit que ces peuples rejettent Page 373. les idoles, par attachement pour de faux dogmes, mais nullement par respect pour la Divinité, et dans la crainte de la dégrader, ou de prostituer leur culte aux démons. Mais pour les Juifs et les chrétiens, ils ont en horreur les temples et les idoles, parce qu'il est écrit dans leur loi : *Vous n'adorerez* Page 375. *et ne craindrez que le Seigneur votre Dieu, et vous* Deut. VI, 13. *ne servirez que lui. Vous n'aurez point d'autres dieux* Exod. xx, 3. 4. *que moi. Vous ne vous ferez aucune idole, aucune image pour l'adorer, soit de ce qui est dans le ciel, ou sur la terre, ou dans les eaux.* Et ils sont prêts à mourir, plutôt que de souiller par l'impiété le culte pur qu'ils rendent au seul vrai Dieu.

Les Perses n'ont point de temples ; mais ils adorent le soleil et les créatures, ce qui nous est expressément défendu. Au reste, ce n'est pas seulement un crime d'adorer les idoles et de leur adresser des vœux ; c'en est un aussi de le feindre, et de se laisser entraîner aux temples par l'exemple et l'autorité de la multitude, comme font les philosophes, les disciples d'Aristote, d'Épicure et de Démocrite. Leur exemple contribue à en entraîner et à en séduire encore d'autres qui croient sincères les démonstrations de ces faux sages.

Page 376.   Nous assurons aussi que les simulacres ne peuvent être l'image de Dieu; et nous ne craignons pas de tomber par-là en contradiction, comme Celse nous en accuse. Nous n'avons jamais dit que l'image et la ressemblance de Dieu se trouvât dans l'homme entier, mais dans l'âme seule, qu'il a douée de la raison et formée pour la vertu.

Il nous fait après cela de violens reproches sur ce que nous ne rendons pas de culte aux démons : « Est-ce que tout, dit-il, n'arrive pas selon la vo- » lonté de Dieu ? Est-ce que sa providence ne règle » pas tout ? Tout ce que font, ou les anges, ou les » démons, ou les héros, n'est-il pas conforme à la » loi portée par ce grand Dieu ? N'est-ce pas de lui » que les démons tiennent leur puissance et leur » ministère ? et, par conséquent, celui qui rend un » culte à Dieu doit en rendre aussi aux démons. »

Page 377.   Il y auroit bien des choses à discuter et à réfuter dans cette objection. Contentons-nous de dire que Celse ne connoît point du tout la nature des démons, qui ont été créés il est vrai dans l'innocence et la sainteté, mais qui se sont pervertis eux-mêmes en se révoltant contre leur Créateur. Aussi voyonsnous qu'ils ne sont occupés qu'à faire du mal.

Pourquoi les magiciens et ceux qui usent de sorti-léges les invoquent-ils ?

Il est faux que tout arrive par l'ordre de Dieu, et conformément à sa loi. Autrement tous les péchés et tous les crimes viendroient de Dieu, et seroient conformes à l'ordre éternel. Les hommes, quand ils pèchent, ainsi que les démons, désobéissent à Dieu, et suivent, non sa loi, mais *la loi du péché*, comme parlent nos Écritures. Il est certain que la Providence divine s'étend à tout, et que rien n'arrive sans sa permission; mais il ne s'ensuit pas de là que tout arrive par l'ordre de Dieu, et conformément à sa loi.

Rom., viii. 2.

Livre huitième. Nous commençons notre huitième livre par implorer le secours de Dieu et de son Verbe, pour réfuter solidement les sophismes de Celse, et démontrer avec évidence la divinité du christianisme. Puissions-nous, comme l'Apôtre, nous montrer les dignes ambassadeurs du Christ auprès des hommes !

Page 380.

ii Cor., v. 20.

Celse nous demandoit tout à l'heure pourquoi nous ne servons pas les démons; et aussitôt, se chargeant de répondre pour les chrétiens : « C'est, » dit-il, qu'une de leurs maximes est qu'il n'est pas » possible de servir deux maîtres à la fois; maxime » séditieuse, digne d'une secte ennemie de la so- » ciété. » Cela peut être vrai pour le service des hommes, puisqu'on ne sauroit s'attacher au service de l'un, sans abandonner celui des autres; cela est faux pour le service de Dieu, à qui tout ce qui vient des hommes ne sauroit faire ni peine ni tort. Le culte que l'on rend à ses ministres ne se rapporte-t-il pas à lui? Où peut être la sédition de ne reconnoître *qu'un seul Dieu, Père, de qui tout procède, qu'un seul Seigneur, Jésus-Christ, par qui tout est?* Nous nous éloignons il est vrai de la société; mais de quelle société? de la société de ceux qui sont étrangers à l'alliance de Dieu, et bannis de la sainte cité. Nous nous en éloignons, afin de vivre en citoyens du ciel. On ne put jamais obtenir des ambassadeurs de Sparte qu'ils se prosternassent devant le roi de Perse; en vain même les gardes du roi voulurent user de violence : ils ne reconnoissoïent d'autre maître que la loi de Lycurgue. Pour nous, honorés d'une ambassade bien plus auguste par Jésus-Christ, ni les princes, ni les démons, ni leurs satellites ne pourront jamais nous forcer à adorer les dieux ou les monarques d'aucune nation.

Celse se réfute lui-même, en avançant « qu'il ne » faut adorer que ceux que Dieu veut qu'ils le » soient. » Qu'il montre donc que Dieu commande d'adorer les démons!

« Ce sont les ministres de Dieu. »

S'ils l'étoient, nous pourrions examiner quelle

Page 381.
1 Cor., viii. 5.

Page 383.

Page 384.

Ibid.

sorte de culte il conviendroit de leur rendre ; mais nous nous sommes assez expliqués sur la nature des démons. Nous n'adorons qu'un seul Dieu et son Fils, son Verbe, son image, par qui nous offrons nos prières au Juge suprême. Nous le supplions qu'en qualité de Pontife par excellence, et de victime pour nos péchés, il daigne présenter à Dieu nos vœux, nos sacrifices, nos prières. Nous adorons le Père en adorant le Fils, qui est son verbe, sa sagesse, sa vérité, sa justice, et tout ce que doit être le Fils d'un tel Père...

Page 386.

Celse révient encore sur le reproche fait aux chrétiens de n'avoir point de temples ni d'autels. Nous lui répondrons encore que l'âme de chaque juste est l'autel d'où il élève des parfums vers le ciel : ce sont les prières formées par une conscience pure ; d'où vient qu'un des apôtres a dit : *Les parfums sont les oraisons des saints*. Les statues et les dons qui plaisent à Dieu, ce ne sont pas les ouvrages des artisans ; ce sont les vertus que son Verbe divin forme au dedans de nous, et par lesquelles nous imitons le premier-né de toutes créatures, le modèle de la justice, de la tempérance, de la force, de la sagesse et de toutes les vertus. Ceux qui se dépouillent du vieil homme et se revêtent du nouveau, deviennent l'image du Créateur, et lui élèvent au milieu d'eux des images telles qu'il les veut. Et comme parmi les sculpteurs et les peintres il y a des

Page 389.

Apoc., v. 8.

talens sublimes et consommés, des Phidias et des
Polyclètes, des Zeuxis et des Apelles; il y a aussi
parmi les chrétiens des hommes qui retracent si
parfaitement l'image du Dieu suprême, que le Jupiter de Phidias ne sauroit lui être comparé. Mais
l'image la plus ressemblante et la plus achevée est

Joan., xiv.
10.
dans notre Sauveur même, qui dit, *Mon Père est
dans moi.*

Page 390.
Nos temples sont de même nature que nos autels
et nos statues. Nous ne construisons pas des temples
morts et animés pour l'auteur de la vie. Ses temples
sont nos corps; et si quelqu'un souille par le crime
ce temple divin, Dieu l'exterminera comme un im-

1 Cor., iii.
16.
pie et un profanateur. Le plus auguste et le plus saint
de **tous** les temples de Dieu, est le corps de notre
Seigneur Jésus-Christ. L'Écriture sainte, en nous
révélant le mystère de la résurrection, nous apprend
que ces temples détruits par la mort seront rebâtis

1 Petr. ii. 5.
dans le ciel de pierres vives et des pierreries les plus
précieuses.

Page 392.
« Dieu est le Dieu de tous les hommes; il est
» bon, il n'a besoin de rien; il n'est pas suscep-
» tible d'envie. Pourquoi donc ceux qui lui sont
» spécialement dévoués ne prendroient-ils point
» part aux fêtes publiques? »

Je ne sens point du tout la force du raisonnement
de Celse. Nous ne ferions point difficulté de prendre
part aux fêtes publiques, si elles n'étoient pas

fondées sur l'erreur, si l'on pouvoit les regarder comme une suite du culte religieux qui est dû à Dieu; mais si ce sont des fêtes purement humaines et contraires au culte divin, il est certain que tout fidèle et religieux adorateur de Dieu refusera avec raison de les célébrer.

Si l'on nous objecte les fêtes du dimanche, de la préparation aux fêtes de Pâques, de la Pentecôte, que les chrétiens ont coutume de célébrer ; nous répondrons que le chrétien parfait, qui, par ses paroles, ses pensées, ses actions, est toujours avec le Verbe de Dieu son Seigneur, célèbre chaque jour le dimanche, c'est-à-dire le jour du Seigneur. De même celui qui se prépare continuellement à la véritable vie, qui s'abstient de toute volupté, qui châtie son corps et le réduit en servitude, célèbre chaque jour la fête de la préparation. Celui qui pense que le Christ, la pâque des chrétiens, a été 1 1 Cor., v. 7. immolé, et qu'on célèbre sa fête en mangeant sa chair; qui, par ses pensées, ses discours, sa conduite, passe de cette vie à la vie céleste, célèbre chaque jour la pâque ou la fête du passage.

Celui qui, après être ressuscité avec le Christ, est Page 393. sans cesse en oraison avec les apôtres, pour mériter de recevoir l'Esprit divin, lequel arrache du cœur des hommes toutes semences d'iniquité et de corruption, celui-là, sans doute, célèbre aussi chaque jour la fête de la Pentecôte. Mais le commun des

fidèles n'étant pas capable d'une perfection si relevée, il a besoin d'un culte extérieur et sensible, qui
lui rappelle le souvenir de ces mystères, qui sans
cela s'effaceroient de son esprit. Au reste, quel contraste entre l'innocence et la sainteté de nos fêtes
et la dissolution et les excès des fêtes païennes!

Il seroit trop long d'expliquer pourquoi la loi
ordonne *de manger du pain d'affliction les jours de*
fêtes. L'homme, composé *d'un corps qui se soulève*
contre l'esprit, et d'un esprit qui se soulève contre la
chair, ne sauroit célébrer ces fêtes de corps et d'esprit à la fois. S'il les célèbre d'esprit, il affligera la
chair, qui s'oppose à l'esprit; s'il les célèbre de
corps, il ne peut le faire d'esprit.

« Pourquoi ne mangeons-nous pas de ce qui est
» offert aux idoles ? pourquoi n'assistons-nous pas
» aux sacrifices publics ? Si les idoles ne sont rien,
» il n'y a aucun inconvénient à le faire. »

Je crois devoir renvoyer à la première épître de
saint Paul aux Corinthiens, où il enseigne combien
il est dangereux à cause du scandale, combien même
il est criminel de manger des mets offerts aux idoles,
de manger à la table des démons, qui nous exclut
nécessairement de celle du Seigneur.

« Si les chrétiens s'abstiennent des viandes of-
» fertes aux idoles, ils devroient s'abstenir aussi de
» toutes sortes de viandes, comme les pythagori-
» ciens. »

Exod., xii. 8.
Gal., v. 17.

1 Cor., viii.
4. 11.

Oui, si nous croyions à leur métempsycose. La loi judaïque ordonnoit de s'abstenir d'un grand nombre d'animaux regardés comme immondes; Jésus, qui vouloit que sa doctrine procurât le salut de tous les peuples, nous a affranchis de ces lois gênantes. Pour qu'on sût sans équivoque à quoi *Page 396.* s'en tenir, *il sembla bon* aux apôtres assemblés à Antioche, ou, comme ils parlent, *au Saint-Esprit,* Act., xv. 28. de ne défendre aux gentils que l'usage des choses offertes aux idoles, des viandes suffoquées ou du sang...

Celse nous fait un reproche aussi faux qu'absurde: *Page 402.* c'est, dit-il, que « nous attachons l'efficace de nos »prières à la langue barbare dont nous nous ser-»vons, tandis que nous avouons qu'en grec et en »latin nous ne pouvons rien obtenir. » Chacun de nous prie Dieu dans sa langue; et notre Dieu, qui est le Dieu de toutes les langues et de tous les pays, nous entend et nous exauce tous également...

Il fait dire aux chrétiens ce que n'a dit jamais aucun chrétien instruit et religieux: « J'ai accablé » d'injures l'idole de Jupiter et d'Apollon; je les ai » même frappés, et ils ne s'en vengent point. »

La loi divine nous défend de maudire les dieux, Exod., xxii. de peur que notre langue ne s'accoutume à maudire. 28. Le Verbe divin nous a appris à ne nous venger jamais, même en paroles; à bénir quand on nous Rom., xii. maudit. D'ailleurs rien n'est plus vain et plus in- 14

sensé que de maudire de l'or, de la pierre à laquelle vous avez fait prendre la forme de vos prétendus dieux. Nous ne nous moquons point de
vos simulacres; mais on auroit bien droit de se moquer de leurs imbéciles adorateurs.

Page 405.   Celse ajoute : « Nous n'épargnons pas non plus
» les injures à votre Jésus et à ses adorateurs : nous
» les chargeons de chaînes, nous les faisons mourir,
» sans qu'ils s'en vengent. »

Mais il s'en venge pour nous. Jérusalem, où le
Fils de Dieu fut mis en croix, et tout son peuple
Luc., xxiii. déicide qui crioit avec fureur, *Crucifiez-le, cruci-*
21.   *fiez-le;* voyez : quel homme sur la terre peut ignorer
leur déplorable sort ? Jérusalem fut assiégée peu de
temps après ; et, malgré la défense la plus opiniâtre,
elle fut prise et ruinée de fond en comble. Son
peuple criminel et impénitent a été livré à ses ennemis, et exterminé. La cause de cette affreuse
catastrophe n'est autre que le sang de Jésus répandu
sur cette terre qui n'a pu supporter plus long-temps
son peuple sacrilége...

« Qu'est-il arrivé de nouveau depuis la mort de
» Jésus ? » Rien de plus nouveau et de plus extraordinaire que ce qui est arrivé, soit à ce peuple juif
exterminé et dispersé sur la surface de la terre, soit
au peuple chrétien né tout à coup au milieu des
contradictions et des persécutions. Les gentils,
étrangers à l'alliance de Dieu, exclus jusque-là de

ses promesses, éloignés de la vérité, sont accourus en foule embrasser la vérité et le culte de Dieu. C'est là l'ouvrage d'un Dieu, et non d'un imposteur. Si Jésus a souffert les plus grands supplices, cela prouve et sa patience héroïque et la cruauté de ses ennemis. Mais il est faux que sa loi ait péri avec lui. *Si le grain de froment*, dit Jésus, *ne meurt dans la terre, il demeure seul; mais, quand il est mort, il rapporte beaucoup de fruit.* Jésus est ce grain, qui, après sa mort, a produit et produit tous les jours quantité de fruits ; et le Père céleste veille sur tous ces fruits et les conserve. Quand il a souffert, ce n'étoit pas malgré lui, mais volontairement. A son imitation, ses disciples souffrent qu'on les enchaîne, qu'on les mette à mort. Mais ses martyrs, témoins de sa vérité, triomphent dans cette guerre où ils périssent. Par leur patience, par leur constance à confesser la foi en Dieu et en Jésus-Christ, ils s'élèvent au-dessus de leurs persécuteurs. S'il y a des chrétiens qui fuient et qui mettent par-là leur vie en sûreté, ce n'est point par lâcheté, c'est pour obéir au précepte de leur maître, et pour procurer le salut des infidèles.

Le peuple juif, avant qu'il eût mérité d'être rejeté de Dieu pour sa rébellion et son endurcissement, paroissoit être un peuple de philosophes. Pour les chrétiens, dont la société s'est formée d'une manière inouïe, on croira sans peine qu'il a fallu des

Joan., 12. 24.

Page 406.

Page 408.

miracles plutôt que des discours pour les déterminer à abjurer la religion de leur pays, et à en
embrasser une autre. Il n'est nullement vraisemblable que des hommes de la lie du peuple et sans
lettres, tels que les apôtres, eussent entrepris d'annoncer l'Évangile, s'ils n'eussent mis leur confiance
dans la puissance divine dont ils étoient dépositaires. Il l'est encore moins que les peuples qui les
entendirent se soient laissé persuader d'abandonner aussitôt des usages, des dogmes, un culte que
leurs pères leur avoient transmis depuis tant de
siècles, pour en adopter d'autres tout contraires,
s'ils n'avoient été ébranlés et convertis par des prodiges éclatans opérés sous leurs yeux.

Celse, qui nous accable d'injures, auroit dû, ce
semble, avoir au moins assez d'humanité pour nous
épargner. Notre charité à nous embrasse tous les
hommes sans exception. Elle s'efforce de polir et
d'éclairer les hommes grossiers et charnels, de
purifier les hommes impurs, de rendre la raison
et la santé aux âmes malades et déraisonnables...
Pour nous, qu'une foule de motifs attache à la religion chrétienne, nous faisons tout ce qui est en nous
pour en faire adopter les dogmes à tous les hommes;
Page 411. mais, quand nous en trouvons dont les calomnies,
trop répandues contre les chrétiens, ont fermé les
oreilles à nos discours, nous avons soin de faire
usage des seuls principes qui nous sont communs

avec eux, pour affermir au môins dans la croyance des peines et des récompenses après cette vie ceux mêmes qui refusent d'être chrétiens. Car il n'est point d'homme dans l'âme de qui les notions communes sur le juste et l'injuste, sur ce qui est honnête ou honteux, soient entièrement effacées. Tous les hommes, spectateurs de l'ordre admirable qui règne dans les cieûx, des soins de la Providence qui a pourvu abondamment à leurs besoins et à leurs plaisirs, doivent prendre garde de rien faire qui puisse déplaire au divin Auteur de tant de biens. Qu'ils soient persuadés que leur sort éternel dépend de la vie qu'ils auront menée sur la terre ; que ceux qui auront rempli leur devoir et pratiqué la vertu seront heureux ; que les méchans, au contraire, seront punis de leurs désordres, de leur intempérance, de leur mollesse, de leurs débauches... Nous userons donc avec reconnoissance des biens de cette vie ; nous en supporterons les maux comme des épreuves où la vertu s'épure et brille comme l'or dans le creuset. *Nul n'est couronné que l'athlète* de la piété *qui a combattu généreusement jusqu'à la fin...* Nous ne rendons aucun honneur aux démons. Nous ne sommes ni injustes, ni ingrats en cela. Nous ne leur devons rien. Dieu ne leur a confié l'administration d'aucun de ses ouvrages. Ils ne sont occupés qu'à nuire et à faire du mal aux hommes. Nous

Page 115.

Rom., II. 5.

louons les bons anges à qui Dieu a donné quelque
part dans le goúvernement dps choses humaines ;
mais nous ne leur rendons pas pour cela le culte
qui n'est dû qu'à Dieu, et qu'ils sont bien éloignés
d'ambitionner. Nous n'adorons que Dieu. Nous

Matth., ɪv. 9. répondons aux démons comme Jésus : *Vous ado-*
rerez le Seigneur votre Dieu, et vous ne servirez.
Matth., vɪ.
24. *que lui. Personne ne peut servir deux mattres.* Nous
ne balancerons pas *entre Dieu et Mammone.* Nous
ne craignons d'être ingrats et injustes qu'à l'égard
de Dieu, qui nous a comblés de biens, de qui nous
avons tout reçu en cette vie, et de qui nous at-
Page 416. tendons encore plus dans l'autre. Le pain nommé
Eucharistie est le symbole de notre reconnoissance envers Dieu...

Page 420.   Pour ce qui est des princes de la terre, nous
n'ambitionnons point leur faveur, s'il faut l'a-
cheter par le crime, par l'impiété et la désobéis-
sance à Dieu, le maître des rois et de leurs süjets ;
nous dédaignons de la gagner par la flatterie, par
de basses complaisances, indignes d'une âme
noble et élevée : mais, quand les princes n'exigent
rien de contraire à la loi de Dieu et à notre devoir,
nous ne sommes pas assez insensés pour vouloir
les irriter contre nous et mériter leurs châtimens.
Page 421. Nous avons appris à l'école de nos divines Écri-
Rom., xɪɪɪ. 1. tures : *Que toute âme soit soumise aux puissances*
supérieures ; car il n'y a point de puissance qui ne

vienne de Dieu. Ainsi ceux qui résistent aux puis-
sances résistent à Dieu. Nous ne jurons point par
la fortune de l'empereur. Soit qu'on entende, par
la fortune, un être vain et chimérique, nous ne
pouvons jurer par ce qui n'est point, comme nous
jurons par Dieu ; soit qu'on entende par ce mot le
démon de l'empire romain, nous aimerions mieux
mourir que de jurer par cet esprit pervers. Nous
confessons hautement que les souverains ont reçu
leur puissance, non du fils de Saturne, mais du Dieu
tout-puissant, de qui il dépend de les élever sur le
trône, ou de les en faire descendre. Ils n'ont rien
à craindre de la religion chrétienne, qui ordonne
de les honorer et de leur obéir. Et si les barbares
devenoient chrétiens, ils deviendroient en même
temps pacifiques et justes, ils cesseroient d'être des
ennemis redoutables pour l'empire...

Page 423.

Nous souffrons patiemment la persécution,
quand Dieu permet au tentateur de nous persécuter ; mais quand Dieu veut nous affranchir de la
persécution, nous jouissons d'une paix profonde
au milieu du monde qui nous hait. Nous nous re-
posons avec sécurité sur la parole de celui qui a
dit : *Ayez confiance en moi, j'ai vaincu le monde.*
S'il veut que nous combattions encore pour la
piété, que nos ennemis approchent, voici ce qu'ils
nous entendront dire : *Je puis tout en Jésus-Christ*
qui me fortifie. De deux passereaux qui se vendent

Page 424.

Joan., xvi. 33.

Phil., iv. 13.

Matth., x.
29. *une obole, il n'en tombe pas un dans les filets sans notre Père qui est dans les cieux.* La Providence divine a tellement embrassé cet univers, qu'elle *a compté tous les cheveux de notre tête.*

Ibid.
Page 424.

Page 425.   Celse, après nous avoir attribué des discours que nous n'avons jamais tenus, forme une espèce de vœu pour que « toutes les nations de l'Europe, » de l'Asie et de l'Afrique se réunissent à suivre la » même loi ; mais, ajoute-t-il, la chose est impos- » sible. »

Page 426.   Pour nous, nous ne le croyons pas. Il y a cette différence entre les maux du corps et ceux de l'âme, que la science de la médecine est impuissante pour guérir tous les maux du corps ; mais l'âme n'a point de vice dont Dieu et son Verbe ne puissent la purifier. A la fin des temps, tous les vices seront abolis. Le prophète Sophonie, en particulier, prédit fort au long la conversion de tous les peuples, Soph., iii. 8.
et seq. qui, à l'envi, *invoqueront le Seigneur et porteront son joug. Alors il n'y aura plus d'iniquité, plus de mensonge, plus de tromperie, plus d'alarmes.* Si tout cela ne peut s'accomplir pleinement en cette vie, ce sera du moins dans l'autre...

Celse nous exhorte à rendre au prince tous les services qui dépendent de nous, à combattre, s'il le faut, et à conduire les armées. Nous lui répondons que nous rendons aussi bien des services au prince, mais des services divins ; que nous portons les

armes, mais les armes de Dieu même. En quoi
nous nous conformons au précepte de l'Apôtre,
qui nous recommande surtout *de faire des prières,* 1 Tim., II 1.
des demandes, des actions de grâces pour tous les 2.
hommes, pour les rois, et pour ceux qui sont élevés en
dignité. Plus un chrétien est éminent en piété, Page 427.
plus il est utile au prince. Il le sert bien plus avantageusement que ceux qui portent les armes, et
qui font un grand carnage de ses ennemis.

Nous disons en particulier aux gentils : Les ministres de vos dieux, vous les exemptez du service
militaire ; vous ne voulez pas qu'ils offrent à vos
idoles des victimes avec des mains teintes de sang ;
à plus forte raison devez-vous dispenser les ministres de Dieu de tremper leurs mains dans le sang
des hommes. Alors ils lèvent leurs mains pures,
ils adressent leurs prières à Dieu pour celui qui
règne avec justice, pour ceux qui font une guerre
juste, afin qu'il leur accorde la victoire légitime sur
leurs coupables ennemis. Et quand, par la force
de nos prières, nous triomphons des démons, qui
sont les perturbateurs de la paix et les auteurs de
toutes les guerres, nous sommes encore plus utiles
que les soldats qui portent les armes. Nous rendons un service essentiel à la société quand nous
joignons à la prière des méditations et des exhortations pour détourner les hommes de tous les désordres. Nous ne combattons pas, il est vrai, sous

les ordres de l'empereur (1); mais nous combattons avantageusement pour lui, quand, sous l'étendard de la piété, nous attirons sur sa personne la protection de Dieu. Oui, les chrétiens sont des citoyens bien plus utiles à la patrie que tous les autres. Non contens de prier pour le salut de nos concitoyens, nous les instruisons, nous les formons à la piété envers le Dieu de l'univers; nous leur apprenons à s'élever vers la cité céleste et divine, en les faisant vivre saintement dans les étroites cités de la terre. Nous engageons ceux qui parmi nous ont le talent de la parole, et dont les mœurs sont irréprochables, de gouverner les Églises dont se compose cette autre patrie spirituelle. Nous rejetons tous les ambitieux, mais nous forçons ceux que leur modestie empêche de se charger de ces emplois. Ainsi les sages conducteurs qui nous gouvernent le sont parce qu'ils y ont été contraints; et celui qui les y a contraints, c'est le grand roi que nous croyons le Fils de Dieu et le Verbe-Dieu.

Au reste, ce n'est pas pour se dispenser des devoirs communs de la vie, que les chrétiens fuient les magistratures, mais pour se consacrer plus

Page 428.

---

(1) Cette proposition se restreint naturellement au seul ministère des autels. L'étendre à toutes les classes de la société chrétienne, seroit se mettre en contradiction avec tous les monumens de l'histoire ecclésiastique, qui nous montre, dès la plus haute antiquité, des chrétiens *dans les armées, au sénat, au forum.*

particulièrement à des devoirs plus divins et plus
nécessaires, puisqu'ils embrassent le service de
l'Église et le salut des hommes. Ce ministère n'est
pas seulement légitime, il est nécessaire. Les soins
de nos pasteurs s'étendent à tous; et aux fidèles
qui sont dans l'Église, pour que, de jour en jour,
ils deviennent plus parfaits; et à ceux qui sont encore dehors, afin que leurs discours et leurs actions
respirent la piété. Ainsi ils instruisent le plus grand
nombre d'hommes qu'il leur est possible, afin
qu'ils méritent d'être unis au Dieu souverain par
son divin Fils Verbe de Dieu.

Je termine ici, pieux Ambroise, le travail que
vous m'avez demandé pour répondre au discours
prétendu véritable de Celse. C'est maintenant aux
lecteurs de l'un et de l'autre à prononcer entre
Celse et moi; à juger dans lequel de ces deux
ouvrages il y a plus de piété, de vérité, le plus de
cet Esprit de Dieu qui porte les hommes à bien
vivre.

AUTRES OUVRAGES D'ORIGÈNE.

Sur l'ancien et le nouveau Testament.

LE premier et le plus considérable, ce sont ses
Hexaples, recueil des versions publiées jusqu'à lui
des saintes Écritures. Origène les réunit dans un

18.

seul volume, qui présente, rangés sur six colonnes
parallèles, 1° le texte hébreu, écrit en caractères
hébreux; 2° le même texte, en caractères grecs; 3° la
version d'Aquila; 4° celle de Symmaque; 5° celle
des Septante; 6° celle de Théodotion (1). Elles n'é-
toient pas les seules qui eussent paru plus ou moins
complètes, et toutes avec des différences essentielles. Origène avoit eu le bonheur d'en rencontrer
trois autres, dont les auteurs nous sont inconnus (2).
Il les réunit comme par appendices, et sous des colonnes nouvelles, aux divers livres qu'elles tradui-
soient : ce qui en étendoit le nombre jusqu'à huit,

(1) Sur *le texte hébreu*, on peut consulter les dissertations de l'abbé
de Vence dans la *Bible de D. Calmet*, vol. 1, à la pag. 345 et suiv., et
vol. vii, pag. 34 et suiv. — Sur la version des *Septante*, le même abbé
de Vence, vol. 1, pag. 81. — Aquila, originaire du Pont et païen de religion, se convertit au christianisme, puis changea de religion pour se
faire juif. Il traduisit la *Bible* vers l'an 130 de Jésus-Christ, dans la vue
non-seulement de décrier la version des Septante, mais d'obscurcir les
prophéties qui concernent Jésus-Christ. — Théodotion, juif de la secte
des ébionites, suit en général les Septante. Sa version parut vers l'an
184 de Jésus-Christ. — Symmaque, vers la fin du 2e siècle ou au commencement du 3e, donna une quatrième version de l'Écriture, moins littérale que celle d'Aquila, mais plus claire; il s'est beaucoup éloigné des
Septante, surtout pour la chronologie. Pour plus d'éclaircissemens
voy. Duguet, *Conf. ecclés.*, tom. 1, pag. 222 et suiv., et les éditeurs
d'Origène.

(2) La première à Jéricho, en 217 : elle ressemble souvent à une paraphrase plutôt qu'à une traduction, surtout dans les douze petits prophètes; la seconde à Nicople, sur le cap d'Actium, vers 228 de Jésus-
Christ; elle paroît être l'ouvrage d'un chrétien; la troisième, sur laquelle on ne nous apprend rien, fut composée par un ébionite : elle
manque plus que les autres de fidélité.

et même neuf, d'où leur vient le nom d'Octaples
et d'Ennéaples; mais l'ancienne dénomination a
prévalu (1). Le savant auteur n'y borne pas son travail à une simple compilation. Parce qu'il s'étoit
glissé beaucoup de fautes dans les copies des Septante, pour rendre cette version plus correcte et
plus exacte, il en fit la révision sur l'hébreu, avec
la précaution de marquer les variantes par des
obèles et par des étoiles. Ce grand ouvrage, qui
ne nous est point parvenu dans son entier, a servi
de modèle à nos modernes polyglottes, qui ne
l'ont pas fait oublier.

Non content de rédiger en un seul corps les éditions diverses de la Bible, de les confronter, de les
corriger les unes par les autres, travail immense
dont on sent toutes les difficultés pour le temps
surtout où il fut exécuté, Origène entreprit de l'expliquer tout entière : et il en vint à bout, soit en
éclaircissant les textes par des scolies ou notes
courtes et savantes; soit par des commentaires ou
dissertations sous le nom de *Tomes,* par lesquels il
en établit les divers sens, s'attachant, avec une prédilection qu'on lui a reprochée, au sens allégorique (2); soit, enfin, par des homélies prononcées

(1) La plus estimable des éditions qui en ont été publiées est celle
du P. Montfaucon, imprimée à Paris en 1713, 2 vol. in-fol.

(2) *More suo totus in allegoriæ interpretatione versatus est.* Hieron ,
*Prol. Comm. in Malach. — Allegoriis nimis indulsisse Origenem Patres
clamant.* Huet , Origen., tome 1, pag. 170.

dans les églises d'Orient et d'Italie au nombre de plus de mille (1). C'est là que, selon l'expression de saint Jérôme, déployant toutes les voiles de sa brillante imagination et d'une science en quelque sorte inépuisable, il quitte terre, et semble voguer en pleine mer (2). Saint Épiphane affirme qu'Origène avoit commenté toute la Bible (3).

Page 116.

Après ces grands ouvrages, qui lui ont mérité l'admiration même de ses ennemis, car il faut avouer, à la honte de l'humanité, qu'il en eut, et d'implacables (4), viennent des traités particuliers sur divers points d'histoire et de critique, comme sa *Réponse à Julien Africain sur l'histoire de Suzanne;* de philosophie et de religion, tant sur le dogme que sur la morale; des lettres, et autres ouvrages que nous n'avons plus.

Les principaux sont :

1.° Le *Périarchon,* ou *des principes,* en quatre livres, dont l'original est perdu. Saint Jérôme en avoit fait

_____

(1) *Mille et eo amplius tractatus quos in ecclesia locutus est edidit.* Hier., *Ep. ad Pammach.,* t. IV, cap. CCCXLVI. *Sena millia librorum.* S. Epiph. *Hæres.,* cap. LXIV, n° 63. Ce qui a fait dire à S. Jérôme et à Vincent de Lerins : *Quis nostrum tanta potest legere quanta ille conscripsit?* Hier., ep. XLI *ad Pamm.,* tom. IV, col. 346. *Nemo mortalium conscripsit plura.* Vinc. Lirin. *Comm.,* pag. 351, ed. Baluz.

(2) *De vir. ill.,* cap. LVI, pag. 611.

(3) S. Epiph. *Hæres.* LXIV, cap. V. Cave, *Script.,* pag. 73.

(4) Voy. les judicieuses dissert. de Duguet à ce sujet dans ses *Confér. ecclés.,* tom. I, pag. 203 et suiv.; l'*Origenes defensus* du P. Halloix; le jugement sur Origène, qu'en portent D. Ceillier, *Hist. des écriv. ecclés.,* tom. II, pag. 774; et Tillem., *Mém.,* tom. III, pag. 384.

une traduction ; Ruffin en publia une autre : c'est la seule qui nous reste, et qui nous ait conservé l'ouvrage d'Origène (1). Il l'entreprit dans le dessein de rétablir la vraie doctrine d'Origène, corrompue par des hérétiques de son temps, qui couvroient leurs erreurs du nom de ce grand homme ; artifice dont Origène se plaint lui-même, et que ses apologistes ont eu raison de dévoiler (2). 2° Un traité *de la prière*, justement célèbre. 3° Une *Exhortation au martyre*, adressée à Ambroise, et à Prototecte prêtre de l'Église de Césarée en Palestine, arrêtés pour la foi dans la persécution de Maximin.

Le premier motif qu'il y fait valoir, c'est l'espérance des récompenses que Dieu prépare dans le ciel à ceux qui souffrent pour la justice. Exemple des saints patriarches qui ont renoncé à tout pour suivre la voix de Dieu, particulièrement d'Abraham : « La même voix qui lui commanda de sortir de son pays pour une terre étrangère, nous dit peut-être à ce moment : Sortez de toute la terre. Notre devoir est d'obéir. »

Le second motif est l'épreuve que Dieu met à la charité de ses serviteurs. « Il veut s'assurer si en effet vous l'aimez, comme vous le dites, de tout votre cœur et de toute votre âme. C'est par une vie pure

Page 171.
De exhort.
martyr., ed.
Basil., 1674.
Page 163.

Page 171.

---

(1) Il y en a de longs extraits dans l'ouvrage intitulé *Philocalia*.

(2) *In Apolog. Pamph.*, pag. 251, tom. 11. Origen., *Oper.* S. Hieron, édit. Huet, *Origen.*, pag. 196 et seq. D. Ceillier, tom. 11, pag. 649.

qu'il faut se préparer au martyre, afin de ne pas donner prise au démon, qui travaille à nous infecter de pensées mauvaises, pour nous entraîner ou dans le renoncement ou dans l'hésitation. Il faut se garder de la moindre parole capable de faire soupçonner notre foi; tout endurer de la part de nos adversaires, et les moqueries, et les menaces; compter pour rien la compassion qu'ils ont l'air de donner à l'erreur ou au fanatisme dont ils nous accusent; s'élever courageusement au-dessus des affections les plus douces de la nature et de l'amitié. »

Page 172.

Pages 176, 177.

Le troisième motif est puisé dans l'esprit du christianisme. « L'Évangile tout entier nous prêche le renoncement à nous-mêmes, le mépris de la vie présente pour une vie meilleure. Le martyre est une route assurée vers le salut. » S'adressant à Ambroise en particulier: « Quand je posséderois sur la terre autant de biens, et plus encore que vous n'en possédez, je souhaiterois mourir martyr pour le nom de Jésus-Christ, afin de recevoir d'autant plus dans le ciel que j'aurois plus quitté ici-bas; je souhaiterois, en mourant martyr, laisser des enfans, des champs et des maisons, afin de pouvoir devenir le père d'une plus nombreuse et plus sainte troupe d'enfans devant Dieu, et le Père de notre Seigneur Jésus-Christ, de qui procède toute paternité dans le ciel et sur la terre : car, s'il est juste que ceux qui n'ont point passé par l'épreuve des tourmens le

Eph., iii. 15.

cèdent à un autre dont la patience a éclaté sur les chevalets, dans les tortures et sur les bûchers, quand nous mourrions martyrs, nous qui sommes pauvres, la raison nous obligeroit de nous rabaisser au-dessous de vous, qui avez tout quitté pour l'amour de Jésus-Christ.

Page 177.

Le quatrième motif est pris des engagemens contractés au baptême. « Vous avez promis au Seigneur de le servir parce qu'il est votre Dieu. Maintenant ce n'est plus le temps de délibérer sur un choix que vous avez déjà fait. Vous le déclarâtes alors, et vous avez dit : Il n'arrivera jamais que nous servions des dieux étrangers ; que nous renoncions au Seigneur, qui est le seul Dieu vivant et véritable.

l'age 178.

Deut., v. 7.
Page 178.

» Ce n'est pas à ses ennemis, c'est à ses amis, à ses disciples que Jésus-Christ commande de boire son calice, de porter sa croix.

Page 198
Luc., xiv.
27.

» Notre Seigneur Jésus-Christ ne s'est pas contenté de nous exhorter à souffrir, le premier il nous en a donné l'exemple ; il n'est parvenu que par la voie des souffrances à son immortelle gloire.

Luc. xxiv.
26.

» Eh ! pourquoi tiendrions-nous à la vie, quand elle nous est disputée tous les jours par tant d'accidens qui sans cesse nous menacent ? tant redouter la mort, quand il viendra un moment où elle viendra nécessairement nous saisir ? Peut-être Dieu n'avoit-il prolongé votre vie jusqu'à ce temps de persécution que pour laver vos souillures dans votre sang. »

Pages 205 et
suiv.

Page 213. Un dernier motif, non moins pressant, « c'est le désir que notre âme a naturellement de s'unir à Dieu comme à un être avec qui elle a quelque affinité par sa raison et son intelligence. Pourquoi donc appréhenderions-nous d'être dépouillés de ce corps terrestre et corruptible qui ne fait qu'appesantir l'âme, abattre l'esprit sous le poids des soins dont il l'agite, et l'empêche d'aller jouir au sein de Jésus-Christ du repos qui doit nous rendre heureux à jamais de son propre bonheur?

Page 215. Voici le moment de faire voir sur quel fondement nous avons bâti notre édifice spirituel; si c'est Matth., vii. 26. sur la pierre ou sur le sable. Si la violence des tempêtes ne l'ébranle pas, c'est la preuve que l'édifice est fondé sur la pierre ferme, qui est Jésus-Christ. Montrons que nous avons reçu la divine semence de la parole sainte, non comme les chemins ouverts à tout le monde, non comme les terres pierreuses, ou celles qui sont chargées d'é- Ibid. 13-22 pines, mais comme cette bonne terre dont nous parle l'Évangile.

Votre mort ne restera pas stérile. La voix de votre Hebr., xii. 24. sang, comme celle d'Abel, demandera vengeance au Seigneur. Peut-être aussi, comme nous avons été rachetés par le sang de Jésus-Christ, peut-être de même quelques-uns pourront être rachetés par votre sang.

Passages tirés des autres écrits d'Origène.

Extraits du Périarchon (1).

« L'Écriture sainte est inspirée de Dieu; elle est **Page 1.**
l'ouvrage du Saint-Esprit. On prêche hautement
dans nos églises que l'Esprit-Saint a dicté à chacun
des prophètes et des apôtres tout ce qu'ils nous
ont transmis. »

Origène établit cette proposition sur divers raisonnemens. Le premier tiré du consentement una-
nime de tous les peuples à recevoir la doctrine
contenue dans l'ancien et le nouveau Testament.

« Il s'est rencontré parmi les Grecs et les Barbares **Page 2.**
des législateurs et des écrivains qui ont conçu l'espérance d'amener les hommes à la connoissance de la
vérité par leur doctrine ; pas un seul n'a réussi à la
faire adopter par tous les peuples. Les philosophes
eux-mêmes, avec tout l'appareil de leur dialectique,
et toute la pompe de leur éloquence, n'ont pu venir
à bout de persuader quelques contrées particulières ; ils n'ont pas même osé l'entreprendre, tant
un semblable projet leur sembloit inexécutable ! Il
étoit réservé à nos saintes Écritures de soumettre
à la législation de l'Évangile des milliers de Grecs
et de Barbares; il étoit réservé à ces divins livres

---

(1) Dans la *Philocalie*, à la suite du *Traité contre Celse*, édit. de Spencer, in-4°, Cantabr., 1658. Quatre livres, au rapport de S. Jérôme.
Ep. ad Paul., xxix.

d'obtenir des peuples entiers le sacrifice de leurs
anciennes coutumes, de tous leurs préjugés hérédi-
taires en fait de religion, de tous les intérêts, pour
une discipline nouvelle qu'ils ne pouvoient embrasser sans s'exposer à la haine des infidèles, et au
danger de perdre la vie : et, pour peu qu'on réfléchisse sur la rapidité avec laquelle cette doctrine
s'est répandue et s'est établie dans le monde à travers les persécutions qui menaçoient de l'anéantir
à sa naissance, on ne pourra s'empêcher de reconnoître qu'un progrès si étonnant étoit au-dessus des
forces humaines. »

Le second est tiré du fidèle accomplissement des
prophéties.

« Les prophètes avoient annoncé qu'après Jésus-
Christ, il n'y auroit plus de princes ni de chefs dans
Juda ; et nous voyons que depuis son avénement
le peuple juif est entièrement désolé, qu'il n'a plus
ni temple, ni culte, ni sacrifice, ni gouvernement. »

« Les prophètes, parlant du Messie, avoient dit que
la grâce *étoit répandue sur ses lèvres,* que *sa langue*
ressembleroit, *par son agilité, à la plume de l'habile*
écrivain : son caractère et la promptitude avec laquelle sa doctrine s'est répandue ont justifié la prédiction. Ils avoient prédit... or une conformité
aussi parfaite entre les prophéties et les événemens,
du moment où elle est bien établie, prouve par-là
même, selon moi, invinciblement la divinité des

Page 3.

Ps. xLix. 3.

Ibid. 2.

Pages 3 et
4.

Écritures. Il falloit l'accomplissement des prophéties, pour que l'on pût prouver manifestement l'inspiration des livres saints; car, bien qu'ils portas-
sent en eux-mêmes les caractères de l'inspiration,
on ne pouvoit néanmoins la démontrer par des argumens positifs avant l'accomplissement même
des prédictions. Mais l'avénement de Jésus-Christ,
par son incarnation, a mis le sceau de l'évidence à
cette importante vérité. Jusque-là on avoit quelque
apparence de raison pour en douter; mais depuis, il
n'a plus été possible. La lumière qui couvroit Moïse,
couverte comme d'un voile, a brillé de tout son éclat
avec l'apparition de Jésus-Christ.

»Qu'il se rencontre, en certains endroits de l'Écriture, des détails que la majesté divine paroît repousser; que les caractères de sa divinité échappent quelquefois à des intelligences peu élevées, ce n'est pas
la preuve que l'Écriture soit ici en défaut. De même
que, dans l'ordre des choses naturelles, il y a des parties qui heurtent nos idées sur la puissance et la
sagesse du Créateur, et fournissent aux incrédules
des objections dont ils savent bien se prévaloir, bien
qu'avec un raisonnement plus réfléchi on y recon- Page 5.
noisse la même Providence qui gouverne tout; de
même doit-on se pénétrer de la pensée que tout est
divin dans les Écritures, encore que la lettre ne
présente rien de sublime. C'est un trésor que Dieu
s'est plu à renfermer dans des vases d'argile, pour

empêcher que l'on n'attribuât à un langage humain
ce qu'elles révèlent de la puissance suréminente de
Dieu. En effet, s'il n'y avoit de remarquable dans
ces divins livres que la pompe d'une éloquence
vive et insinuante, ce seroit à la sagesse humaine, et
non pas à une vertu divine, qu'il faudroit rapporter
l'honneur de notre foi.

Page 7
et suiv.

» Il y a dans nos livres saints des obscurités ; nous
ne le désavouons pas : et ce qu'il y a de plus étonnant encore, c'est que les plus simples d'entre les
fidèles découvrent, à travers ces obscurités, des
mystères qui souvent échappent aux esprits les plus
pénétrans. Ceux-là veulent-ils leur donner un sens :
ou ils se trouvent obligés d'avouer leur ignorance,
ou ils donnent à gauche. Et ce n'est pas seulement
par rapport à l'ancien Testament que l'on se sent
arrêté par ces obscurités, le nouveau lui-même a
les siennes, que l'on n'éclaircit pas sans une grâce
particulière, telle qu'elle fut donnée à celui qui disoit : *Pour nous, nous avons l'Esprit de Dieu pour*
1 Cor., II.
16.
comprendre les dons que Dieu nous a faits. Peut-on,
par exemple, lire l'Apocalypse de saint Jean sans
admirer la profondeur des mystères qui s'y découvrent ? Les Épîtres même des apôtres n'ont-elles
pas leurs endroits obscurs et difficiles pour les plus
savans ?

» Comment prétendrions nous entendre toujours
le sens caché des divines Écritures, quand il se dé-

robe quelquefois à l'Apôtre lui-même ? D'où vient que vous l'entendez s'écrier : *O profondeur des richesses, de la sagesse et de la science de Dieu !* Ce qui le prouve encore, c'est l'aveu qu'il fait que les jugemens de Dieu sont impénétrables, et que ses voies divines ne peuvent être aperçues des hommes ; il ne dit pas qu'il est difficile de les pénétrer, mais que cela est impossible : ce qui n'empêche pas que Dieu ne les ait donnés à son Église pour la commune édification des fidèles. »

Rom., xi.
33.

Ibid.

B. Page 16.

Extraits de la Réponse à Jules Africain (1), *et de diverses Homélies* (2).

« Avec toutes ses obscurités, l'Écriture ne laisse pas d'être utile à tous ceux qui la lisent, même sans l'entendre. Dans ce cas, il en est de la lecture des livres saints comme des paroles dont l'efficacité est en elles-mêmes, et agit indépendamment de ce-

H. II.
Page 442.

---

(1) Jules Africain, ainsi nommé parce qu'il étoit originaire de cette partie du monde. Il fut d'abord païen. S'étant converti au christianisme, il s'appliqua particulièrement à l'histoire et à la chronologie, mais sans négliger les autres parties de la science. Aussi S. Jérôme et Socrate ont-ils vanté sa profonde érudition. Hier., *Ep. ad Magn.* lxxxiii. Socr., *Hist. eccles.*, lib. ii, cap. xxxv. Ayant assisté à une conférence sur une matière de religion où Origène s'étoit appuyé de l'autorité de l'histoire de Suzanne, Jules lui écrivit une lettre savante, où il en attaquoit l'authenticité. Origène lui en écrivit une également remarquable pour la défendre. Nous avons encore l'une et l'autre.

(2) Nous avons fait usage des éditions de Bâle, de Huet et de Genebrard, distinguant la première par la lettre B, celle de Huet par la lettre H, et celle de Genebrard par la lettre G.

lui sur qui on les prononce. La lettre et le son des paroles forment une sorte d'aliment dont les bonnes dispositions qui sont en nous se nourrissent et se fortifient, en même temps que les mauvaises, entraînées et surmontées par celles qui leur sont contraires, cèdent insensiblement au charme secret de cette sainte lecture, par qui elles sont comme assoupies. Ne nous lassons donc jamais de la lecture de ces livres divins, quoique nous n'en comprenions point le sens ; mais demandons qu'il nous soit fait selon la foi qui nous persuade que toute Écriture inspirée de Dieu est utile. Car enfin, ou il faut dire que l'Écriture n'est point inspirée de Dieu, si elle n'est pas utile ; ou qu'elle est utile, si l'on croit qu'elle est inspirée de Dieu(1).

» Barce que vous n'y entendez pas telle chose, ne croyez pas que ce soit la faute du livre. Prenez-vous-en plutôt à vous-même.

» Les saints oracles ne nous laissent pas ignorer que les Écritures sacrées sont *fermées et scellées.*

» C'est ce que nous apprend saint Jean dans son Apocalypse, quand il dit que le Sauveur tient la *clef de David, qu'il ouvre, et que personne ne ferme ; qu'il ferme, et que personne n'ouvre :* comme quand il parle du livre écrit au dedans et au dehors, que personne ne peut ouvrir, à l'exception du lion de la tribu de

---

(1) *Concord.*, par D. Maréch., tom. II, pag. 125. *Philoc.*, cap. XII, pag. 30.

Juda. Ce qui doit s'entendre non pas seulement de l'Apocalypse de saint Jean, mais en général de toute l'Écriture.

Apoc. v, 3.

» Il y a dans la nature une foule de choses que notre intelligence ne saisit qu'avec peine ; que même elle ne sauroit pénétrer. Faut-il s'en prendre au Dieu qui les a faites ? Par exemple, nous ne comprenons pas pourquoi il y a des poisons. Nous avons beau chercher, nous n'en découvrirons jamais le vrai motif. En coûtera-t-il beaucoup à notre ignorance de répondre que c'est là le secret de Dieu ? Pas d'autre réponse à toutes ces sortes de questions. Un jour viendra où toutes les énigmes de la nature se dévoileront à nos yeux, si nous sommes dignes d'arriver à la clarté céleste. Portons le même jugement des obscurités qui se rencontrent dans nos livres saints.

H. I.
Page 40.

»Nous faisons des vœux non-seulement pour que vous entendiez la parole de Dieu dans l'église, mais pour que vous vous appliquiez à sa lecture dans l'intérieur de vos maisons, et que vous méditiez jour et nuit la loi du Seigneur. Car c'est là principalement que se trouve Jésus-Christ ; et quoiqu'il soit présent partout à ceux qui le cherchent, il l'est néanmoins plus particulièrement dans la loi divine; afin que nous soyons sans cesse occupés à la méditer, à la ville ou à la campagne, et la nuit et le jour.

G. l.
Page 66.

G. I.
Page 20.

» Je tremble que l'Église n'enfante encore dans l'affliction et les gémissemens. Car n'est-ce pas pour elle un sujet d'affliction et de gémissemens de voir que les fidèles s'éloignent de nos temples, qu'ils dédaignent la parole de Dieu; qu'ils se rendent à peine à nos assemblées dans les jours de fêtes; et qu'ils y viennent encore moins pour satisfaire à un devoir de religion, que par un vain esprit de curiosité, et seulement pour y chercher une distraction et un relâchement?

Page 60.

» Où voit-on aujourd'hui des chrétiens qui s'appliquent aux sciences divines avec la même ardeur qu'ils en mettent aux études profanes?

Philoc.
Pages 41, 43.

» La nourriture de l'âme, c'est la lecture des livres saints qu'accompagne la prière fréquente. C'est là l'aliment qui la sustente, la fortifie, lui donne la victoire sur la chair.

» Ne dites plus : Je voudrois bien faire, mais je n'en ai pas la force; je voudrois garder la continence, mais la fragilité de la chair m'entraîne. Cet aiguillon de la chair, c'est vous-même qui le produisez, vous qui l'excitez en vous, vous qui l'armez contre l'esprit, qui fortifiez en vous la chair aux dépens de l'âme. Vous ne ménagez rien pour l'une; vous refusez tout à l'autre.

Périarch.
Pages 51,
36, 78.

» Il n'y a qu'un seul Dieu, créateur de l'univers, Esprit pur, dégagé de toute matière, dont la substance invisible échappe à nos sens. *Personne*, dit

l'Apôtre, *n'a jamais vu Dieu,* c'est-à-dire, ne l'a vu Joan., 1. 18.
des yeux du corps. Quand donc nous lisons qu'il
s'est fait voir à Moïse; entendons une vue non
réelle, mais spirituelle et intérieure, ce qui devient
possible à toute créature raisonnable; et il n'en est
point à qui il ne se manifeste par la beauté de ses
ouvrages et la brillante décoration de l'univers.
Connoissance toutefois imparfaite, qui ne s'élève
pas jusqu'à la divine essence. Elle reste voilée ici-
bas, même pour les âmes les plus pures et les plus
éclairées.

» Sa Providence embrasse tout, elle gouverne
tout. Et comme nous confessons que Dieu est in-
corporel, tout-puissant, invisible, de même nous
tenons comme dogme constant et invariable qu'il
veille sur nous, et que rien ne se fait ni dans le
ciel, ni sur la terre que par sa Providence. Mais
souvenez-vous que nous disons simplement que rien
ne se fait sans sa Providence, et non sans sa volonté. Car s'il y a bien des choses qui se font sans
sa volonté, il n'y a rien, absolument rien qui ait
lieu sans sa Providence.»

La foi de la Trinité est le fondement sur lequel H. II.
Page 163.
pose toute l'Église.

Un Dieu, en trois personnes, Père, Fils, et Saint- Page 812.
Esprit. Une Trinité qui pourtant se partage en trois
personnes réellement distinctes, car le Fils est autre
que le Père, et le Saint-Esprit autre que le Père et

le Fils, sans qu'il y ait toutefois nulle différence de nature ni de dignité dans les trois personnes divines : c'est là un mystère à quoi l'infidèle ne peut rien comprendre. Nous-mêmes nous ne le comprenons pas. Elle est au-dessus de toute intelligence et temporelle et éternelle. Tout ce qui est hors de cette Trinité sainte, se mesure par les siècles et par les temps. Mais dans l'éternité il n'y a point de temps. Une seule substance, une même nature dans la Trinité. Les trois personnes sont égales en toutes choses, en puissance, en opérations, en perfections. Le Fils et le Saint-Esprit participent à toute la splendeur de la gloire de Dieu le Père ; une seule et même vertu dans l'unité de la Trinité (1).

(1) Voici les paroles textuelles dont se compose ce paragraphe : *Trinitatis fides per quam substinetur omnis Ecclesia*. Hom. ix *in Exod.* n° 3, pag. 163.

Substantia Trinitatis ex toto incorporea. Périarch., lib. iv, n° 27 pag. 189.

Alius a Patre Filius, et non idem Filius qui est Pater, alius et ipse Spiritus Sanctus a Patre et Filio ; est ergo hæc trium distinctio personarum in Patre et Filio et Spiritu Sancto. Hom. xii *in Num.* n° 1, pag. 812.

Cum confitearis meum Deum, eademque confessione Patrem et Filium et Spiritum Sanctum asseras unum Deum ; quam inextricabile videtur hoc esse infidelibus! Hom. v *in Exod.* n° 3, pag. 145. *Sanctæ Trinitatis infinita cognitio... Supra omnem æternitatem intelligenda sunt ea quæ de Patre et Filio et Spiritu Sancto dicuntur. In ps.* cxlv, pag. 843. — Périarch., lib. iv, n° 28, pag. 145.

Una enim substantia est et natura Trinitatis. Hom. xii *in Numer.*, pag. 312. *Ut unitatem Deitatis in Trinitate cognoscas, solus Christus in præsenti lectione nunc peccata dimittit ; et tamen certum est a Trinitate pec-*

Dieu le **Père** est de toute éternité père de son fils ; car il n'est pas devenu père à la manière des hommes. Mais étant Dieu parfait, et ne pouvant par conséquent être privé de la qualité de père, qui est un bien par rapport à un fils tel que le sien ; quelle raison auroit-il eue d'en arrêter l'exercice, et de ne point se rendre père dès les commencemens, si l'on peut s'exprimer de la sorte (1)?

La génération éternelle du Fils n'empêche point le Père d'être toujours dans le Fils, comme le Fils est toujours dans le Père, parce que le Père est inséparable du Fils comme le Fils l'est du Père.

N'allez point chercher parmi les choses humaines d'objet de comparaison ni de rapprochement ; c'est là un mystère que la pensée elle-même ne sauroit atteindre. Ce n'est point l'adoption qui donne au Fils la qualité de Fils de Dieu ; il l'est de sa nature, procédant du Père, comme la splendeur de la lumière. Et comme la lumière n'a jamais pu être sans splendeur, de même l'idée de Fils est inséparablement unie à celle de Père ; en sorte qu'il n'est

H. I.
Pages 325, 306.

Périarch.
Page 55.

---

cata dimitti. In Isai. tom. 1, pag. 350. *Nihil in Trinitate majus, minusve dicendum est.* Periarch., lib. 1, cap. III, n° 7, pag. 63. *Non arbitror percipere aliquem posse omnem splendorem gloriæ Dei, nisi Filium Dei. Si ei addas etiam ejus Spiritum, optime ; et absolutissime de Deo et dices et senties. In Joan.* tom. II, pag. 416. *ed. Huet.*

(1) Bossuet a étendu admirablement cette pensée dans ses *Élévat. sur les mystères,* 2ᵉ sem. 1ʳᵉ élév. tom. x des *OEuvr. compl.* éd. in-4°. Paris, 1745. pag. 22 et suiv.

pas possible de concevoir un seul moment où le Fils n'ait pas été.

G. II.
Page 382.

Le Dieu que nous adorons est le Dieu de l'ancien et du nouveau Testament; le Dieu de tous les justes, tant de l'ancienne que de la nouvelle alliance. Si Énoch, Moïse, Aaron, Samuel, invoquoient le Seigneur, sans doute qu'ils invoquoient le Seigneur Jésus-Christ. Et si, invoquer le nom du Seigneur, c'est adorer le Seigneur, il s'ensuit qu'invoquer le nom de Jésus-Christ, c'est par-là même adorer Jésus-Christ. Nous offrons nos prières au Seigneur Jésus-Christ, comme nous faisons au Père de l'univers, parce que le Verbe divin nous enseigne lui-même qu'il faut rendre le même hommage à Dieu le Père et le Fils, comme il nous apprend dans l'Évangile à honorer le Fils comme le Père.

H. II.
Page 58.

La foi que les saints apôtres nous ont transmise sur l'Esprit-Saint, c'est qu'il est égal au Père et au Fils en honneur et en dignité. C'est lui, cet Esprit-Saint, qui a inspiré tous les saints, les prophètes et les apôtres; c'est par lui que les divines Écritures ont été écrites.

H. I.
Page 101.

Jésus-Christ après sa résurrection est descendu dans les lieux bas pour délivrer les âmes des saints qui s'y trouvoient détenues. Quelle inconvenance y a-t-il qu'un médecin aille visiter des malades; que le souverain médecin soit descendu vers ceux qui

avoient besoin de son secours ? Il y est descendu
non pour être l'esclave du tyran qui y régnoit, mais
pour le combattre et pour le vaincre. Il n'a pas cessé
dans ces lieux bas d'être le Christ, le Fils de Dieu.

Nous devons à la parole de Dieu le même respect
que pour le corps et le sang du Seigneur ; car la
parole dont nos âmes se nourrissent est une espèce de second corps dont le Fils de Dieu s'est revêtu (1). *H. II.
Page 171.*

Vous le savez, vous qui assistez à nos divins mys- *Page 176.*
tères, avec quelle précaution et quelle révérence
vous recevez le corps de Jésus-Christ qui vous y
est donné ; vous trembleriez qu'il ne tombât quelque parcelle du don sacré. Vous vous le reproche-
riez, et avec raison, comme une coupable négli-
gence. Or, si vous apportez tant de soins pour ne
rien perdre du corps de Jésus-Christ : croyez-vous
que ce soit un moindre manquement de négliger
la parole de Dieu ?

La manne qui fut donnée aux Juifs dans le dé- *Page 290.*
sert, n'étoit qu'une nourriture figurative. Mais ici,
la chair du Verbe de Dieu est un aliment réel, aux
termes de Jésus-Christ lui-même : Ma chair est véritablement une nourriture.

---

(1) C'est cette pensée qui fait tout le fond du sermon de Bossuet sur
le rapport entre le mystère de l'Eucharistie, et la parole de Dieu. *Serm.
pour le 2ᵉ dim. de car.* tom. iv, pag. 407. Il y cite le mot d'Origène à
la pag. 419, 420.

A. II.
Page 257.

Lorsque vous recevez le pain mystique, mangez-le dans un lieu pur ; c'est-à-dire ne recevez pas le sacrement du corps du Seigneur dans une âme impure et souillée par le péché. Car ce pain mystique est ce qu'on appelle le saint des saints. On ne le nomme pas simplement saint, mais le saint des saints, pour faire voir que cette nourriture n'est pas un aliment indifférent, qu'elle n'est pas pour ceux qui en sont indignes, mais seulement pour les saints.

Page 255.

Nous disons à Dieu, d'après l'ordre que Jésus-Christ lui-même nous en a donné : *Pardonnez-nous nos offenses, comme nous les pardonnons à ceux qui nous ont offensés.* Chacun de nous a donc le pouvoir de pardonner les offenses qu'il a reçues.

Édit. Oxon.,
Page 129.

Mais il n'y a que ceux sur qui Jésus a soufflé, qui aient le pouvoir de remettre celles qu'il appartient à Dieu seul de pardonner, et de lier les pécheurs dont les fautes n'admettent point de guérison.

H. II.
Page 988.

(Sur cette parole du Psaume XXXVII : *Je confesserai mon iniquité.*) Voyez ce que nous enseigne l'Écriture sainte : qu'il ne faut point cacher le péché que l'on a commis. Car, de même que ceux qui se sentent incommodés de réplétion d'humeurs, éprouvent du soulagement lorsque leur estomac s'en est débarrassé, de même le pécheur qui a confessé son iniquité, coupe racine à la cause de son mal. Seulement l'important est de bien choisir la personne à qui vous découvrirez votre péché.

G. I.
Page 295.

« Après avoir comparé ceux qui se déchargent
de leurs péchés par la confession avec ceux qui se
soulagent par le vomissement, et qui trouvent dans
ce remède le moyen de garantir leur estomac des
crudités et des indigestions dont il étoit accablé,
Origène ajoute que notre plus grande inquiétude
doit être de faire un digne choix d'un prêtre éclairé
et charitable pour lui déclarer notre conscience.
La seule chose, dit-il, que vous devez faire en cette
rencontre est d'examiner avec grand soin quel est
celui à qui vous devez confesser votre péché. Faites
une épreuve sérieuse du médecin à qui vous devez
exposer la cause de votre maladie, et voyez s'il sait
s'affoiblir avec les foibles, et pleurer avec ceux qui
pleurent, s'il connoît de quelle manière il faut
compatir aux afflictions des autres, et prendre part
à leur douleur; afin qu'ayant fait paroître dans sa
conduite la prudence et la commisération d'un véritable médecin, vous suiviez et pratiquiez avec
une fidélité très-exacte les conseils qu'il vous
aura donnés. Que si même il reconnoît que votre
maladie soit assez grave pour être exposée publiquement à l'assemblée de toute l'Église, et s'il juge
que ce remède soit nécessaire tant pour l'édification des autres que pour procurer plus facilement
votre guérison, c'est une chose dont vous devez délibérer mûrement, et dans laquelle vous êtes obligé de

vous conduire par l'avis de ce sage médecin. (1)»

La confusion que vous subissez devant les hommes vous sauvera de celle que vous auriez un jour à souffrir en présence des saints anges. Eh! pourquoi rougiriez-vous d'exposer aux yeux des hommes ce que vous savez bien n'être pas caché aux yeux du Seigneur? Pourquoi attendre d'autres accusateurs que de votre propre conscience? Peut-être Dieu m'épargnera si je ne m'épargne pas moi-même. Aimez-vous mieux que le démon se porte pour votre accusateur au tribunal du souverain Juge? Alors il aura pour compagnons de son châtiment ceux qu'il aura convaincus d'être les complices de ses iniquités.

G. 11.
Page 300.

Ce n'est qu'après de longues épreuves que s'accorde la rémission des péchés ; autrement on ouvre une libre carrière au péché. L'indulgence doit se proportionner à la pénitence qui en a été faite.

Périarch.
Page 420
et suiv.

L'âme humaine est d'un prix inestimable, comme

(1) Traduct. d'Hermant, *Vie de saint Jean-Chrysost.*, liv. xi. ch. xvii, pag. 775. Voyez aussi le même passage traduit avec plus de brièveté dans le vol. xiii (posthume) des *Vies des saints*, d'Alban Butler, pag. 173. Origène exprime la même doctrine dans l'Homélie iii sur le Lévitique, pag. 70 du tom. i, édit. de Genebrard. La foi de notre Église catholique, sur le devoir de la confession faite au prêtre, se trouve solidement appuyée par l'argument de prescription, par les textes précis de S. Irénée (*adv. Hæres.* lib. ii, cap. vi); de Tertull. (*adv. Marcion.* lib. ii, cap. xxv); de S. Cyprien, comme l'observe très-bien D. Ceillier à son article (*Hist. des écriv. ecclés.* tom. iii, pag. 41 et 199).

étant créée à l'image de Dieu ; comme son divin
auteur, invisible, intelligente, spirituelle. Le dogme
de son immortalité s'est fait sentir à tous les peuples, Chrétiens, Juifs, Grecs, Barbares n'importe.

Il est des péchés commis par ignorance qui seront expiés temporairement dans un lieu que la
justice divine a destiné à cet effet, et que les âmes
qui n'ont pas mérité de prendre aussitôt leur essor
vers le ciel habiteront, mais sans y demeurer enchaînées pour jamais.

Dieu a donné à l'homme le libre arbitre. Toutes
les âmes raisonnables ont reçu du Créateur cette
prérogative ; et aucune d'elles n'est sortie vicieuse
des mains de Dieu. Si donc parmi les hommes on
voit ceux-ci embrasser la vertu et pratiquer le bien,
ceux-là s'attacher au mal et commettre l'iniquité ;
cette différence ne doit pas être imputée au Créateur
qui les a faits tous semblables, mais à l'usage que
les uns et les autres ont fait de leur liberté. C'est leur
libre arbitre qui sauve les premiers en les portant à
imiter Dieu, et perd les autres en leur faisant négliger le bien. Il dépend de nous de mener une vie
louable ou criminelle. Nous ne sommes pas les
maîtres de certains accidens extérieurs qui nous
poussent soit vers le mal, soit vers le bien ; mais il
appartient à la raison de diriger la conduite dans
l'usage que l'on doit en faire. En commettant le
péché, l'âme s'asservit volontairement. Elle aban-

Périarch.
Page 422.
G. II.
Page 158.

donne son brevet d'immortalité, qui lui fut donné par son divin créateur. Nous restons libres de consentir ou de résister à ce qui nous porte soit au vice soit à la vertu.

Otez à la vertu la liberté de choisir, vous lui ôtez son mérite et son essence.

G. I.
Page 217. La grâce est tellement nécessaire pour faire le bien, que sans elle on ne peut ni confesser Jésus-Christ, ni pratiquer aucun autre commandement de Dieu. Jamais personne n'a pu faire aucune bonne action, qu'étant assisté du secours du Verbe divin. La nature humaine est incapable par elle-même de chercher Dieu, et de le trouver purement, sans le secours de celui qu'elle cherche. Dieu ne se manifeste qu'à ceux qui, après avoir fait tout ce qui est en eux, reconnoissent qu'ils ont besoin de la grâce de celui qui se fait connoître à eux. Aussi personne ne se flatte-t-il de la victoire, personne ne s'en fait honneur à soi-même ; on sait que c'est **G. I.** Jésus-Christ qui la donne. C'est lui, c'est ce divin **Page 192.** Sauveur qui combat pour nous contre les principautés et les puissances de ce siècle ténébreux. C'est donc avec raison que les saints ont coutume de chanter à Dieu des cantiques d'actions de grâces, quand ils ont remporté quelques avantages sur l'ennemi, persuadés qu'ils sont que c'est par la grâce divine et non par une vertu propre et personnelle à eux-mêmes qu'ils ont triomphé.

(S'adressant aux Catéchumènes): Qui vous a rassemblés dans l'Église? qui est-ce qui vous a fait quitter vos maisons pour vous réunir à cette assemblée? nous n'avons point été vous chercher chacun en particulier dans votre domicile, pour vous attirer dans le lieu où vous êtes : c'est le Père Tout-Puissant qui, par sa vertu secrète, a fait sentir à vos cœurs le mouvement même involontaire qui vous appeloit à la foi. Mais par-là même que nous pouvons nous laisser aller à ces impressions surnaturelles, il est possible aussi que l'on y résiste.

H. II.
Page 138.

Périarch.
Page 141.

Il n'y a pas d'homme qui n'ait jamais péché, à la réserve de Jésus-Christ seul, qui, en se revêtant de notre nature humaine, seul n'a point connu le péché. Personne, pas même l'enfant qui vient de naître, n'échappe à la contagion héréditaire du péché. Nous entrons dans le monde souillés de la tache que nous ont fait contracter un père, une mère coupables ; il n'y a encore une fois que le seul Rédempteur qui ait été sans péché. Tous les autres hommes sont demeurés quelque temps au moins sous le joug du péché. Pourquoi baptisons-nous les enfans, si ce n'est pour les purifier, par le bain du baptême, de la souillure qu'ils ont apportée en naissant? Autrement, à quoi bon leur appliquer la grâce de ce sacrement, s'il n'y avoit rien en eux qui eût besoin de rémission et d'indulgence ?

G. I.
Page 90.

Dieu fit aux Juifs un commandement de la cir-

G. II.
Page 394.

concision, non comme une pratique bonne par elle-
même, mais comme une marque qui les distinguât
du reste des nations ; comme un sceau que le fer
chaud imprime sur le front des animaux, pour empêcher de les confondre avec d'autres. Encore ne
devoit-elle avoir lieu que pour un temps.

Il y a aujourd'hui une autre circoncision, mais
spirituelle, qui doit s'imprimer non sur une partie
de la chair, mais sur tous les membres ; plus rigoureuse encore que la première.

G. I.
Page 135.

Tout acte qui n'a pas Dieu pour objet ou pour
principe, est vain et illusoire. Vous avez beau pratiquer à l'extérieur la loi divine ; si vous agissez in-
térieurement par un amour de vaine gloire pour
plaire aux hommes, vous êtes bien loin d'être sans
reproche : c'est faire injustement des œuvres de
justice.

Page 248.

Considérez les dispositions de la divine sagesse.
Dieu n'a point décerné, dans le Décalogue, des
peines contre les prévaricateurs de sa loi ; c'est
qu'il veut qu'on l'observe non par crainte, mais par
amour ; il veut une obéissance filiale. Ailleurs il punit de mort ces mêmes prévaricateurs, pour nous
apprendre que si nous venons à mépriser ses ordonnances il nous punira comme des esclaves en révolte, il en agira avec nous comme avec des esclaves, non plus comme avec des enfans.

G. II.
Page 110.

Pourtant Dieu ne laisse pas sans récompense sur

la terre les actes de vertu opérés par le seul mouvement de la justice naturelle. Quoique ce ne soit point là une huile d'un parfum bien suave, elle ne laisse pas d'avoir son prix auprès du Seigneur.

Sans la foi, il est impossible d'être sauvé. Il n'y a dans l'Église qu'une seule foi, qui est comme le lien qui unit les fidèles entre eux et avec leurs pasteurs.

G. I.
Page 183.
G. II.
Page 45.

Point d'autre mesure dans l'amour que l'on doit à Dieu, que de l'aimer sans mesure. L'aimer, c'est se consacrer à lui tout entier et sans réserve.

G. I.
Page 337.

« Quelque parfait qu'on soit dans la foi, si votre puissance manque, ô Seigneur! la foi sera réputée pour rien. Quand on serait parfait en pudicité, si l'on n'a pas la pudicité qui vient de Dieu, ce n'est rien. Si quelqu'un est parfait dans la justice et dans toutes les autres vertus, et qu'il n'ait pas la justice et toutes les autres vertus qui viennent de vous, ó mon Dieu! tout cela est réputé pour néant. Ainsi que le sage ne se glorifie pas dans sa sagesse, ni le fort dans sa force; car ce qui peut donner de la gloire n'est pas nôtre, mais il est un don de Dieu; c'est de lui que vient la force et tout le reste. (1) »

G. II.
Page 9.

L'ange dit à Loth, après qu'il fut sorti de Sodome: *Ne regardez point en arrière, et ne demeurez point dans toute cette contrée, mais sauvez-vous sur la mon-*

Gen., xix.
19.

---

(1) Traduit par Bossuet, *Défense de la Tradit.*, liv. xii, ch. xxvii, tom. iii des *OEuvr. posth.*, in-4°, pag. 467, 468.

tagne. Vous avez quitté Sodome, n'y retournez plus ; vous avez quitté vos vices et vos péchés, ne vous y rengagez plus. Mais il ne suffit pas pour le salut de ne point regarder en arrière, si l'on n'a soin outre cela de ne point demeurer dans toute la contrée ; c'est-à-dire qu'il seroit inutile de commencer à se mettre dans le chemin de la vertu si l'on demeuroit encore dans les confins du vice, et si l'on ne se sauvoit jusque sur la montagne dans laquelle seule on trouve le salut qui est Jésus-Christ.

« Il est remarqué dans le livre des Nombres que les Nazaréens, qui se consacroient à Dieu par un vœu particulier, ne devoient jamais boire de vin, ni de quelque autre liqueur qui pût enivrer. Mais comme, nonobstant cet engagement, ils pouvoient être tentés d'en boire et de violer leur vœu, Dieu, pour empêcher que cette passion ne les portât à ce qu'il leur défendoit, ne leur permet pas même de boire du vinaigre qui est fait de vin corrompu, ni de manger des raisins soit verts, soit secs, ni aucune chose qui vînt des grappes de la vigne. Admirable conduite! dit Origène, et qui doit vous apprendre que, si vous voulez arriver à la perfection, et conserver la grâce que vous avez reçue, vous devez quelquefois mortifier vos passions en des choses permises, afin qu'elles ne vous portent pas à de mauvaises. Ce n'est que du vinaigre qui n'est nullement agréable à boire, n'importe, il est fait

Num., vi. 20.

de vin; ce ne sont que des raisins aigres et insi-
pides, n'importe. Si vous ne mortifiez en cela votre
appétit , vous passerez bientôt les bornes, et vos
passions, qui sont insatiables et infinies, vous en-
traîneront à de fâcheuses extrémités (1). »

Ayez dans vos mains des lampes ardentes. Que le
feu de la foi brille toujours en vous, que la lampe
de la science y soit toujours ardente.

Luc., xii.
55.

« Cet usage où nous sommes de prier vers
l'Orient vous invite à regarder sans cesse cet orient
d'où se lève pour vous le soleil de justice, d'où vous
vient continuellement la lumière de la foi ; afin que
vous soyez toujours environnés de son éclat , et que
le jour de la foi luise sans cesse pour vous (2). »

Ed. Oxon,
Page 155.

La continence de la chair, destituée des autres
vertus, n'est pas une hostie à présenter au Seigneur.

G. I.
Page 187.

Mettez à votre chair le frein de la continence.
Egorgez-la devant le Seigneur par la mortification·
de tous vos membres. Tant que nous sommes assujettis à cette chair corruptible, c'est une nécessité
de la châtier.

Page 299.

Le moyen de conserver une chasteté rigoureuse,
à moins de s'étayer sur les étroites observances du
jeûne? Et comment s'appliquer à la méditation de
l'Écriture, si ce n'est par l'abstinence?

Ne vous persuadez pas que ce soit assez de se

T. IV.
Ed. Bened.
Page 562.

(1) Domin. de Joly, év. d'Agen, tom. 1, pag. 178, éd. Paris, 1734.
(2) Bossuet, *Serm. sur la vigil. chrét.*, tom. 1, pag. 267.

renouveler une seule fois ; il faut renouveler la nouveauté même (1).

G. I.
Page 289.

(Contre la médisance, à l'occasion de Marie sœur
de Moïse). Cet exemple est une instruction salutaire
qui nous apprend qu'il ne faut pas médire, non-
seulement contre les saints, mais contre le prochain
quel qu'il soit. Par le châtiment dont Dieu punit
ce péché, apprenons à en connoître l'énormité.
Ce n'est pas le seul témoignage que nous donnent
nos livres saints de l'aversion que le Seigneur a de
la médisance. Faisons usage de ces exemples comme
d'épées à deux tranchans pour retrancher de nos
cœurs le vice de la médisance, à moins que nous

Num., xii.
10.

ne voulions nous soumettre à la lèpre spirituelle
qui en devient le juste châtiment.

G. I.
Page 207.

C'est par la prière qu'Anne obtient le don de la
fécondité et le bonheur d'être la mère de Samuël.
Combien d'âmes stériles n'ont-elles pas dû, comme
elle, à la prière, le bienfait d'enfanter des discours
salutaires et pleins de la connoissance de la vérité!

(1) Bossuet a plusieurs fois cité ce précepte d'Origène d'après l'Apôtre ; *Serm.* tom. iii, pag. 464 (tom. viii, pag. 28). Le commentaire le
plus judicieux qu'il en fait, est, selon moi, celui qui se lit à la page 80
du *serm. sur la résurrection,* tom. viii. « C'est peu de se dépouiller de
» ses péchés et d'en nettoyer sa conscience ; il faut aller maintenant aux
» mauvais désirs ; il faut porter la main à ces habitudes vicieuses que le
» péché a laissees en nous en se retirant, comme un germe par lequel
» il espère revivre bientôt, comme un reste de racine qui fera bientôt
» repousser cette mauvaise herbe. »

Je ne me rappelle qu'avec effroi cette parole de Page 401. l'Écriture : Ne vous chargez point d'un fardeau plus pesant que vous ; et cette autre : Ne cherchez point à devenir juge, de peur que vous ne puissiez pas ôter les iniquités du peuple. Car enfin que me servira-t-il d'être assis avec autorité dans une chaire, et de recevoir les honneurs de la prééminence, si je ne suis pas autant élevé au-dessus des autres par la sainteté de ma vie, que je le serai par l'éminence de ma dignité ? Et ne dois-je pas m'attendre à être d'autant plus tourmenté, qu'étant un pécheur je recevrai de tout le monde des hommages qui ne sont dûs qu'au juste ?

Toutefois que voit-on aujourd'hui ? Des évêques H. I. Page 420. qui veulent enchérir sur le faste des princes. Il nous faudroit presque des gardes comme aux rois ; on se rend redoutable et inaccessible, surtout aux pauvres. Ceux qui nous demandent des grâces, on en agit avec eux comme les tyrans les plus durs et les plus farouches. Il semble que l'ordre sacerdotal devienne un titre d'orgueil, faute de connoître en quoi consiste sa vraie grandeur. On voit des prêtres qui perdent le souvenir de l'humilité, du moment où ils ont été ordonnés, comme s'ils ne l'avoient été que pour cesser d'être humbles ; au lieu qu'ils devoient devenir d'autant plus humbles qu'ils étoient devenus plus grands dans l'Église.

L'évêque ne doit prêcher aux fidèles que ce qu'il G. I. Page 84.

a appris de Dieu, et non ce qu'il ne sait que de lui-même.

G. I.
Page 199.

La lumière de la science s'obscurcira si vous ne fournissez de l'huile à la lampe. Et il arrivera par votre faute ce que dit le Seigneur dans l'Évangile : Matth., xv. 14. *Qu'un aveugle conduisant un autre aveugle, tous deux tombent dans le précipice.* Afin donc que la lumière de la science demeure dans les prêtres, et que cette lampe soit toujours allumée, acquittez-vous de ce que vous leur devez. Que si, recevant de vous abondamment les choses nécessaires, ils négligent de s'appliquer à l'instruction, ce sera à eux à rendre compte à Dieu de vos âmes.

Page 84.

Ce n'est pas le sacerdoce en lui-même qui sauve le prêtre, mais la pureté de ses mœurs. Sa dignité le sanctifie, et il honore sa dignité.

Page 31.

Voulez-vous savoir quelle différence il y a entre les prêtres de Pharaon et les prêtres du Seigneur : Le roi de l'Égypte enrichit les siens en leur donnant des terres ; Jésus-Christ ne donne aux siens d'autre partage que lui-même.

Deut., xviii. 2.

G. I.
Pages 130,
131.
Num., xviii,
8.

La loi ordonne d'offrir aux prêtres les prémices et des fruits et du bétail ; et je pense qu'il est nécessaire encore aujourd'hui d'observer cette loi au pied de la lettre. Il est convenable, il est avantageux aux fidèles d'offrir ces prémices aux prêtres de l'Évangile. Jésus-Christ lui-même l'a ordonné, en voulant que ceux qui annoncent l'Évangile vivent de l'Évangile, et que ceux qui servent à l'autel vivent de l'autel (1). Comme donc il est digne et convenable de donner cette marque de reconnoissance aux ministres de Jésus-Christ, je pense au contraire qu'il est indigne et impie de vouloir les en priver.

Il y a dans l'âme du pécheur une semence de démon qui, durant tout le temps qu'elle y réside, le détourne de faire aucun bien. Si mon péché n'étoit écrit qu'avec de l'encre, peut-être viendrois-je à bout de l'effacer ; mais c'est avec un stylet de fer, qui l'a empreint dans mon cœur, si fortement qu'il y reste attaché, et qu'il m'accompagnera devant le tribunal de Jésus-Christ.

A. I.
Page 157

Les péchés que nous commettons restent gravés dans notre âme (tant qu'ils ne sont pas effacés par la pénitence) (2). Au jour du dernier jugement, ils reparoîtront pour être nos accusateurs par-devant le tribunal du souverain juge. Vous avez commis un meurtre, vous êtes enrôlé au service du démon ; un adultère, vous vous êtes vendu au démon ; c'est là l'image et l'inscription du prince auquel vous vous êtes donné. Voilà sa monnoie et son effigie. Ces péchés se sont imprimés dans votre âme comme

---

(1) *Ita et Dominus ordinavit iis qui Evangelium annuntiant, de Evangelio vivere.* 1. Cor. IX, 14.

(2) **V.** la note au bas de la page 656 de D. Ceillier, tom. II de son *Hist. des écriv. ecclés.*

avec le burin ; ils se montreront au grand jour ,
pour le fidèle accomplissement de ce mot de Jésus-
Matth., x.
26.
Christ, *Rien de caché qui ne doive être manifesté.*

Comme la justice s'engendre de la justice , et la
chasteté de la chasteté , de sorte que celui qui n'est
d'abord que légèrement chaste le devient tous les
jours de plus en plus en conservant le ferment divin
de cette vertu ; de même celui qui a une fois reçu
le levain, quoique petit, de l'iniquité, devient de
jour en jour plus méchant, s'il n'a soin de rejeter
ce levain.

G. I.
Page 193.
A celui seul peut appartenir d'offrir le sacrifice
perpétuel, qui s'est voué à une perpétuelle chasteté.

Dites-moi, vous qui n'assistez à l'Église que les
jours de fêtes , les autres jours ne sont-ils pas aussi
des fêtes comme ceux-là ?

Parmi les hommes, les uns s'enorgueillissent
d'être issus de race royale, de familles distinguées ;
d'autres tirent vanité du pouvoir qu'ils ont de faire
du mal ; d'autres sont fiers de leurs richesses, de
leurs terres, de leurs habitations. Tous ces hommes
ou se glorifient vainement, ou se louent honteu-
sement, ou se flattent bien à tort. Il y en a d'autres
qui semblent avoir des raisons plus plausibles de
se glorifier, les uns pour leur sagesse ou la pureté de leur vie, quelques-uns pour les souffrances
qu'ils ont pu essuyer pour le nom de Jésus-Christ.

Tout cela est très-solide. Pourtant nous ne pouvons néanmoins nous en glorifier avec justice, si nous aimons la vérité, après que saint Paul lui-même, avec tant de sujet de se glorifier, n'a pu néanmoins le faire sans péril; et qu'il lui fut donné un ange de Satan qui le tourmentoit pour l'empêcher de tomber dans la vaine gloire.

II Cor. xii. 7.

Observez quelque disciple de Marcion, de Valentin ou de quelque autre hérétique: avec quel soin vous le verrez couvrir d'un masque de douceur et de pureté les idoles qu'il s'est faites, c'est-à-dire ses fausses opinions! Je crois, moi, qu'un hérétique de bonnes mœurs peut faire beaucoup plus de mal qu'un autre, parce qu'il a plus d'autorité que celui qui dément et qui décrédite la sienne par ses actions. C'est pourquoi nous devons nous garder soigneusement de ces hérétiques dont la conduite paroît si exemplaire, et dont on peut dire que la vie est réglée, non par l'esprit de Dieu, mais par celui du démon. Car de même que les oiseleurs présentent aux oiseaux un appât qui sert à les faire prendre plus aisément; de même, s'il est permis de parler de la sorte, il est une certaine sainteté diabolique dont use le malin esprit pour attirer l'homme dans l'erreur, et l'y engager davantage.

G. I. Page 405.

Vous ne devez point prêter l'oreille à ces hommes qui vous disent, *Voici le Christ avec nous*, quand

G. II, Page 93. Marc., xiii. 21.

ils ne se trouvent pas dans cette Église qui est toute resplendissante de clartés de l'orient à l'occident, qui est toute pleine d'une lumière éclatante; dans cette Église qui, du moment où elle a commencé à subsister au nom de Jésus-Christ, se doit maintenir jusqu'à la consommation des siècles.

« Telle étoit l'idée que se faisoit Origène de la prétendue sévérité des pharisiens, lorsqu'il appliquoit si ingénieusement aux hérétiques le reproche que Dieu faisoit à son peuple dans le prophète Ézéchiel, d'avoir pris les ornemens de son sanctuaire pour en revêtir les idoles; car, voyez, disoit ce savant homme, avec quelle régularité un Marcion, un Valentin, jeûnent, se mortifient et domptent leur chair : or, qu'est-ce que tout cela, sinon les ornemens du sanctuaire et du temple de Dieu, dont ils couvrent leurs mœurs, qui sont proprement leurs idoles ? (1) »

Matth., xxvi. 38.

(Pourquoi, demande Origène, cette douleur profonde où Jésus-Christ est plongé au jardin des Olives? Et il répond) «que c'est en pensant au peu de fruit que les hommes en général devoient tirer de sa passion; qu'il songeoit alors au grand nombre d'âmes qui ne laisseroient pas d'être damnées. (2) »

Hom. in Jer. xiv.

Quand nous disons dans les prières de l'Eglise,

(1) Bourdaloue, *Sermon sur la sévérité chrét.*, *Dominic.*, tom. 11, page 360, éd. Rigaud.

(2) La Colombière, *Sermons*, tom. 1, pag. 275.

Dieu tout-puissant, donnez-nous part avec vos pro-
phètes, et tous les apôtres de votre Christ, je ne sais
si nous comprenons bien ce que nous demandons.
Car c'est comme si nous disions en effet au Seigneur: Faites-nous souffrir ce que les prophètes
ont souffert; faites que nous soyons haïs des
hommes comme l'ont été les prophètes; et faites-
nous annoncer aux hommes votre vérité en telle
sorte que cela nous attire leur persécution. Autrement de dire à Dieu, *donnez-nous part avec eux,*
et ne vouloir pas souffrir comme eux, ce seroit
lui faire une demande injuste et déraisonnable.

Lorsque Dieu ne se montre pas irrité contre les
pécheurs, il est vrai de dire que c'est par colère
qu'il les épargne (1).

Si Dieu n'étoit que bon, nous mépriserions sa   IV.
bonté; et s'il n'étoit que sévère, le désespoir du
salut à la vue de tant de péchés que nous avons
commis nous précipiteroit dans l'abîme de tous
les vices.

(Sur la fuite du péché.) Nous devons travailler   I.
à en déraciner jusqu'aux germes les plus cachés.
Vous devez abattre cette maison qui, infectée par
la lèpre, est condamnée à être renversée. Ce n'est
pas assez : jusqu'aux pierres elles-mêmes, jusqu'aux
ruines de cette maison, tout doit en être détruit,

(1) Bossuet a magnifiquement développé cette idée dans son discours *sur l'importance du salut. Serm.*, tom. 1, pag. 227 et suiv.

de peur que le démon n'y trouve des matériaux dont il sauroit bien recomposer une autre maison d'iniquité.

« La tentation suppose deux parties ; l'une qui attaque, l'autre qui conteste ; et où il n'y a point de résistance, il n'y a point, à proprement parler, de tentation. Or, parmi ceux qui s'échauffent à la poursuite des biens temporels, combien y en a-t-il qui ne donnent pas seulement au démon la peine de les attaquer dans les formes ! (1) »

(Sur le vœu de saint Paul, *Je voudrois être anathème*, etc.) « Quelque étrange que paroisse un pareil souhait, il ne faut pas s'étonner que l'esclave veuille être anathème pour ses frères, après que le maître s'est fait périr pour ses esclaves. (2) »

Origène mourut en 253, sous l'empire de Gallus et de Volusien, laissant une mémoire immortelle, regardé dès son vivant comme un prodige d'érudition. Sa renommée, bien loin de s'affoiblir, n'a fait que s'accroître avec le temps, les préventions qui obscurcissoient sa gloire ayant cédé peu à peu à l'éclat des discussions (3).

(1) Trad. par Fromentières, *Carême*, tom. 1, pag. 92, 93.

(2) Trad. par Senault, *Panégyr.*, tom. III, pag. 507.

(3) *Cujus vitia, si quæ sunt in scriptis, potest eorum quæ fideliter scripsit luminosus quidam ac cœlestis splendor exsuperare.* Haymond Halberstad. episc. *Breviar. Hist. eccl.*, lib. VI, cap. III, pag. 208.

Sur les erreurs qu'on lui a reprochées, il est bon de consulter les écrivains qui en ont parlé avec moins de légèreté que ses critiques, entre

Si Origène n'a pas eu l'honneur d'être martyr, on ne peut lui refuser le titre de confesseur (1) ; il mourut dans la ville de Tyr, à l'âge de 69 ans.

autres Dufossé, dans la *Vie* qu'il a publiée d'*Origène* et de *Tertullien ;* Huet, Halloix, Petit-Didier, Duguet, dans les savantes apologies qu'ils ont données de la vie et des ouvrages de cet illustre défenseur de la vérité chrétienne. On peut regarder l'éloge qu'en ont fait les Centuriateurs de Magdebourg (*Eccles. hist. centur.* III, cap. x, pag. 268 et suiv.) comme une réfutation anticipée des sarcasmes que le ministre Saurin s'est permis contre Origène (*Serm.*, tom. II, pag. 219, éd. Lausanne, 1749). Bourdaloue, Bossuet ne le citent guère sans ajouter à son nom les titres de *pieux*, de *docte*, d'*admirable*.

(1) Ce grand homme l'avoit été dès l'âge de 17 ans ; et il ne tint pas à lui de répandre dès lors son sang pour le nom de Jésus-Christ. Sa vie tout entière appartint à la religion ; et peu d'hommes ont pu dire comme lui avec l'Apôtre, que le monde étoit crucifié pour lui, et lui pour le monde. Dans la dernière année de sa vie, il eut beaucoup à souffrir par la persécution de Dèce. Eusèbe en parle ainsi dans la version de Ruffin : *Ita ut mille mortibus vexatus sit, nec tamen una ei quam exoptabat accideret, persecutore summo studio id gerente, ut nec interitus præstaretur, nec pœna cessaret.*

SECTION SECONDE.

APOLOGISTES LATINS.

TERTULLIEN.

TERTULLIEN, prêtre de Carthage, publia son *Apologétique* vers l'an 194 de Jésus-Christ, sous l'empire de Sévère. Il l'adressa aux magistrats romains, soit à ceux mêmes qui siégeoient dans la capitale de l'empire et du monde, soit au proconsul et autres officiers qui tenoient leur tribunal à Carthage (1).

Tous les fidèles chrétiens se sont accordés à mettre cet ouvrage au premier rang des chefs-d'œuvre que l'antiquité chrétienne nous a transmis. Sa réputation s'étendit bientôt aussi loin que

(1) « Les uns ont prétendu qu'il n'étoit point à Rome lorsqu'il a écrit cet ouvrage, et que c'est aux sénateurs de Carthage qu'il l'adressa ; ce qui les a obligés de faire trouver en Afrique un capitole, un cirque , des pontifes, des coutumes et des lieux qu'elle ne vit jamais. » (Vassoult , *Préf. de sa trad. fran. de l'Apolog.*, sans indication de pages.) C'étoit là en effet l'opinion de Pamelius, l'un des plus savans éditeurs de Tertullien. Henri de Valois et Tillemont, qui l'ont combattue, (*Hist. ecclés.*, liv. v, chap. 5), ont été suivis par Petit-Didier (*Remarq. sur la Biblioth. de Dupin*, tom. 1 , pag 165), et par le nouveau traducteur de l'*Apologétique* , l'abbé de Gourcy. Voy. sa *préf.*, pag. 18.

On pourroit de même élever des doutes sur la date que l'on assigne ordinairement à la publication de cet ouvrage. Dupin la fixe à l'an 200 de Jésus-Christ (*Bibl.* tom. 1, pag. 230.) ; de Gourcy la recule deux ans plus tard. Ces sortes de discussions nous sont étrangères; nous les indiquons sans les approfondir.

l'Église elle-même, c'est-à-dire, au rapport d'Eusèbe, jusqu'aux extrémités de l'univers (1). « L'*A-*
» *pologétique*, dit l'abbé Fleury, est la plus ample
» et la plus fameuse de toutes les apologies des
» chrétiens (2). » Saint Augustin et saint Jérôme
ont vanté la prodigieuse érudition de l'auteur, son
éloquence mâle et généreuse, toute en raisonnemens, en images, en mouvemens pathétiques (3).
Fière et imposante, elle attache l'esprit par l'élévation des principes, la profondeur, quelquefois
même la hardiesse des pensées, et le cœur par une
sorte de mélancolie sombre et presque dramatique,
qui la rend plus intéressante encore ; c'est celle du
héros calme, mais sensible, qui marche à la mort
en bravant ses assassins, mais en déplorant l'iniquité de ses juges. Jamais auteur ne s'est mieux
peint dans ses ouvrages que Tertullien. On sait
que saint Cyprien, qui l'appeloit son maître, ne
passoit pas un jour sans le lire (4). Et, dans un
siècle plus récent, notre Bossuet a bien fait voir
quels disciples un tel maître pouvoit former. Vincent de Lérins le nomme sans difficulté le premier
écrivain de l'Église latine (il est vrai qu'il n'a pu

(1) Eusèb. *Hist. ecclés.,* liv. ii, ch. 2.

(2) *Hist. ecclés.* liv. v, n° 4, pag. 15, tom. ii, éd. in-12, Paris, 1725.

(3) S. Aug. tom. viii, ed. Bened. pag. 24, tom. vi, pag. 372. S. Jérôme, tom. iv, pag. 656, edit. Martianay.

(4) Dupin, *Biblioth. des auteurs ecclés.,* tom. i, pag. 282, d'après
S. Jérôme ; *de Vir. illustr.,* cap. liii, pag. 284.

parler de saint Augustin). Il ne voit personne à qui
le comparer sous les rapports de l'érudition tant
sacrée que profane. Il se plaît à louer sa vivacité
d'esprit, la véhémence entraînante de sa dialectique, toujours irrésistible, soit dans l'attaque, soit
dans la défense, l'énergie inimitable de son style,
et l'éclat de ses sentences (1). Sa plume est la
foudre ; elle·brille, elle tonne, elle renverse et ne
laisse dans les lieux qu'elle frappe que des ruines.
Sa critique n'est pas·seulement la lumière qui
éclaire, c'est la flamme qui dévore. Lactance, qui
juge sa diction plus sévèrement, n'en rend pas
moins hommage à sa prodigieuse science, et aux
services qu'il a rendus (2). Nous ne désavouerons
pas en effet que le style de Tertullien est dur (3) à
force de vigueur, obscur à force de précision,
enflé même, si l'on veut (4), parce que l'idiome
qu'il parle, quelque riche qu'il soit, secondant
mal la grandeur de sa pensée et la chaleur de son
sentiment, il sort de la règle et de l'usage pour se
créer un langage nouveau. Au reste, ces défauts,

(1) *Commonitorium.*, lib. 1, cap. xvi, pag. 545 , edit. Baluz.

(2) *Divin. instit.*, lib. v, cap. 1, pag. 459, edit. Lugd. Batav. 1660.
Angel. Politian., lib iv, *Epistol.* pag. 143, *edit. Amstelod.* 1644.

(3) Bossuet lui-même, qui l'admiroit avec tant de franchise, en convient. Ce *dur Africain*, dit-il, parlant de Tertullien, peut-être par allusion à ses principes comme à son langage. *Vie de Bossuet*, par
M. de Beausset, tom. 1, pag. 83, édit. Le Bel.

(4) Fénélon, *Dialog. sur l'éloq.*, pag. 226, éd. Paris. 1740.

qui tiennent à son pays autant qu'à son propre
génie (1), sont rachetés par tant de beautés, qu'on
peut les exagérer, même sans nuire à la réputation de
l'auteur. « Avouons aux plus délicats que son style
est de fer, a dit un moderne écrivain ; mais qu'ils
nous avouent aussi que de ce fer il a forgé d'excellentes armes, et qu'il a défendu l'honneur et
l'innocence du christianisme (2). »

Quant à la conduite de l'ouvrage, elle est sans
reproche ; la méthode en est régulière, la marche
vive et pressante, les matières sagement graduées.
Les conséquences les plus décisives viennent toujours s'y enchaîner aux principes les plus lumineux. L'esprit, le bon sens, l'érudition s'y font
remarquer également. L'imagination vive et brillante de l'auteur fait à tout moment jaillir de sa
pensée des expressions éclatantes, souvent des

---

(1) Houteville, *Relig. prouvée par les faits, disc. prélim.*, pag. 36.

(2) Balzac, liv. v, *lettr.* 11 *à M. Rigaut.* — Un écrivain d'une grande
renommée n'a point parlé de Tertullien en termes aussi honorables. S'il
faut en croire le P. Malebranche, l'auteur de l'*Apologétique*, des *Prescriptions*, des *Livres contre Marcion*, *contre les spectacles*,' n'auroit été
qu'un *visionnaire* (*Rech. de la vérité*, liv. 11, ch. 3, tom. 11, pag. 300);
et il en donne pour preuve son livre *de Pallio.* On a plus d'une fois ré-
torqué l'épithète contre l'accusateur lui-même. Nous ne croyons pas le
reproche mieux fondé pour l'un que pour l'autre. Peut-être Tertullien
seroit plus facile à défendre que Malebranche. Au reste le trait de
l'oratorien ne porte que sur un petit traité qui n'est qu'une satire,
qu'un jeu d'esprit, et n'est pas encore l'ouvrage d'un *visionnaire.*

traits de génie qu'il devient difficile de transporter dans toute autre langue.

L'*Apologétique* et les *Prescriptions*, déjà souvent publiées en français, l'ont été avec une supériorité remarquable par l'abbé de Gourcy, vicaire-général de Bordeaux, et membre de l'académie de Nancy. Il commença, par ces deux ouvrages, la Collection des Apologistes demandée par l'assemblée du clergé de 1775. Sa traduction parut en 1780, 1 vol. in-12. Il y auroit eu de notre part une vanité ridicule à prétendre faire mieux : nous l'avons communément suivie en l'abrégeant. Nous retranchons tout ce qui ne pourroit plus être aujourd'hui présenté à nos auditoires ; les détails d'une érudition curieuse seulement pour les antiquaires ; les plaisanteries qui vont, trop souvent peut-être, jusqu'au sarcasme. Tertullien n'est point un homme qui demande grâce, mais qui se rit de ses bourreaux.

J'observerai que, dans sa préface et dans ses notes de l'*Apologétique*, l'abbé de Gourcy ne rend pas assez de justice à la traduction que Vassoult en avoit publiée avant lui (1).

---

(1) L'*Apologétique* de Tertullien fut traduite du latin en grec peu de temps après sa publication. On ignore par qui ; cette traduction n'est point parvenue jusqu'à nous. (Le Nourry, *Appar.*, tom. II, pag. 1213 *et seq.*) Le même ouvrage a été depuis traduit plusieurs fois en notre langue : par L. Giry (1636 et 1684) et par Vassoult en 1715. Cette seconde traduction vaut beaucoup mieux que la première ; on estime surtout la préface et les notes. Celle de l'abbé de Gourcy, venue après,

L'édition que nous avons suivie dans tout notre travail sur Tertullien, est celle de N. Rigault, in-folio, Paris (1).

Nous mettons en tête ses *Défenses du christianisme* contre les ennemis divers qui le combat-toient; puis ses *ouvrages sur le dogme et sur la morale.* Nous terminons par le livre des *Prescriptions,* réuni au traité de saint Cyprien sur l'*Unité de la foi.*

Nous avons recueilli les principales imitations qui en ont été faites par nos prédicateurs français. Nos jeunes orateurs apprendront, par cette mé-thode, combien la lecture des Pères peut leur être profitable.

l'a fait oublier. Elle n'est pourtant pas sans mérite. Nous avons profité de l'une et de l'autre.

On vient de publier une quatrième traduction de l'*Apologétique,* faite il y avoit déjà long-temps par l'abbé Meunier, mort en 1780. L'éditeur, M. Dampmartin, a la bonne foi de convenir qu'elle est bien loin d'être parfaite; et il ajoute que si l'auteur revoyoit aujourd'hui son ouvrage, il y feroit d'utiles changemens. Il nous semble que ces utiles changemens se trouvent exécutés par le talent bien supérieur de l'abbé de Gourcy.

(1) *Q. Septim. Florentis Tertulliani opera, cum adnotationibus Nic. Rigaltii jurisconsulti,* Paris, 1634 et 1664. Nicolas Rigault, plus litté-rateur que jurisconsulte. Ses notes ne doivent être lues qu'avec dé-fiance.

OUVRAGES DE TERTULLIEN.

1. *Apologétique ;*
2. *Contre les gentils ;*
3. *A Scapula ;*
4. *Du témoignage de l'âme ;*
5. *Contre l'idolâtrie ;*
6. *De la couronne ;*
7. *Contre les Juifs ;*
8. *Contre Marcion ;*
9. *Contre Hermogène et les Valentiniens ;*
10. *Contre Praxéas ;*
11. *De la chair de Jésus-Christ ;*
12. *De la résurrection de la chair ;*
13. *De l'âme ;*
14. *De l'Oraison dominicale ;*
15. *Du Baptême ;*
16. *De la Pénitence ;*
17. *Du jeûne ;*
18. *De l'ornement des femmes ;*
19. *Que les vierges doivent être voilées ;*
20. *Livres à sa femme ;*
21. *Exhortation à la chasteté ;*
22. *De la pudicité ;*
23. *De la patience ;*
24. *Aux confesseurs ;*
25. *Le scorpiaque ;*
26. *De la fuite en temps de persécution ;*

APOLOGÉTIQUE.

I. S'il ne vous est pas libre, souverains magistrats Page 1. de l'empire romain, qui rendez vos jugemens en public et dans le lieu le plus éminent de cette capitale, s'il ne vous est pas libre, sous les yeux de la multitude, de faire des informations exactes sur la vie des chrétiens ; si la crainte ou le respect humain vous portent à vous écarter en cette seule occasion des règles de la justice ; si la haine du nom chrétien, comme il arriva dernièrement, trop disposée à recevoir les délations domestiques, ferme les oreilles à toute défense judiciaire : que du moins la vérité puisse se faire jour jusqu'à vous, en vous adressant par écrit ces modestes réclamations(1). Elle ne demande point de grâce, parce que la persécution ne l'étonne pas. Etrangère ici-bas, elle s'attend bien à y trouver des ennemis. Fille du ciel, c'est là qu'elle a son trône et son berceau, ses espérances, son crédit et son triomphe. Pour le présent,

(1) L'abbé de Gourcy traduit : « que la vérité puisse du moins, par le canal secret de *nos lettres*, parvenir jusqu'à vous, *occulta via litterarum*. » Le mot lettres présente ici une équivoque qui laisseroit croire que Tertullien adresse des *lettres. Litterarum ;* c'est l'écriture, opposée à la parole.

tout ce qu'elle demande, c'est de n'être pas condamnée sans être entendue (1). Qu'avez-vous à craindre
pour vos lois, en lui permettant de se défendre dans
le siége de leur empire? Ne leur seroit-il pas plus honorable de ne condamner la vérité qu'après l'avoir
entendue (2)? Au lieu qu'en la condamnant sans
l'entendre, outre la haine que votre injustice vous
attire, vous donnez lieu de croire que vous ne lui
permettez pas de se défendre, parce que vous ne
pourriez plus la condamner si vous l'aviez entendue.

Le premier objet sur lequel nous appellerons vos
regards, c'est l'injustice de la haine qui s'attache au
nom chrétien; injustice qui se manifeste et s'ag-
grave par l'ignorance même dont on voudroit la
défendre. Car enfin, quoi de plus injuste que de
haïr ce qu'on ne connoît pas? Fût-ce même quelque
chose de haïssable en effet, il ne l'est qu'autant qu'on
sait qu'il le mérite. Tant qu'on l'ignore, sur quoi
justifier la haine qu'on lui porte? C'est par le fait
plutôt que par le sentiment qu'il faut juger si la

---

(1) Bossuet traduit : « Tout le droit qu'elle peut avoir d'elle-même
sur la terre, c'est qu'on lui laisse, pour ainsi dire, passer son chemin et
achever son voyage en paix. » (*Panégyriques* , pag. 583, vol. vi des
Sermons , édit. de Versailles , Lebel, 1816.)

(2) Nous lisons, avec Pamelius , Havercamp, Rigaut, Vassoult, etc.,
etiam auditam, plutôt que *inauditam,* que substitue l'abbé de Gourcy.
Les motifs dont il appuie son changement, pag. 136 , ne nous paroissent
pas avoir la justesse dont il accuse tous les autres de manquer.

haine est légitime ou non. En haïssant parce que
l'on ne connoît pas, qui empêche que la haine ne
porte à faux ? De là nous concluons, et que l'on ne
nous connoît pas tant que l'on nous persécute,
et que l'on a tort de nous persécuter tant que
l'on ne nous connoît pas (1).

La preuve que l'on ne nous connoît pas (et
cette ignorance dont on se prévaut est une injustice coupable) (2), c'est que tous ceux qui ont
commencé à nous haïr parce qu'ils ne nous con-
noissoient pas, du moment où ils apprennent ce
que nous sommes renoncent à leurs préventions (3). C'est là ce qui nous donne nos chrétiens. Parceque l'on apprend à nous connoître, la

(1) « Le reproche que Tertullien faisoit aux philosophes de son
» temps, qu'ils ne combattoient la foi que parce qu'ils né la connois-
» soient pas , que parce qu'ils ne vouloient pas la connoître, ne convient
» pas moins aux incrédules de nos jours.» (Le P de Neuville (Charles),
Avent., pag. 583) : « On pourroit faire à ceux qui nous vantent sans
» cesse leurs doutes sur la religion, la même réponse que Tertullien
» faisoit autrefois aux païens, sur tous les reproches qu'ils faisoient
» contre les mystères et la doctrine de Jésus-Christ. Ils condamnent,
» disoit ce Père, ce qu'ils n'entendent pas, etc. « (Massillon , *Doutes sur*
» *la relig. Carême*, tom. iii, pag. 239-241.) Tout ce morceau est de
la plus grande éloquence.

(2) L'abbé de Gourcy traduit : *Votre ignorance est un témoin qui*
vous condamne, en déposant contre vous. Nous n'avons pu admettre
ce sens , qui coupe la phrase.

(3) Bourdaloue traduit : « Ils ne haïssent les chrétiens que parce
» qu'ils ne les connoissent pas ; et du moment où ils les connoissent,
» ils commencent à les aimer. » (*Serm. de l'aveuglem. spirit. Carême* ,
tom. ii, pag. 329.)

haine se tourne contre ce que l'on étoit auparavant ; on ne craint plus de professer un titre que condamnoit une haine aveugle. Et c'est là ce qui a formé cette société innombrable dont l'accroissement fait notre crime. « La ville est en état de siége ; les campagnes, les îles, les châteaux, tout est plein de chrétiens.» Voilà le cri qui retentit de toutes parts. Vous en voyez de tout sexe, de tout âge, de toute condition, se ranger sous cette bannière ; quelle calamité ! Et de cela même vous n'inférez pas qu'il y avoit là quelque bien qui vous échappe ! On s'interdit des soupçons plus équitables ; on ne songe pas à prendre une connoissance plus exacte. Il n'y a qu'ici que la curiosité soit morte. On aime à rester dans l'ignorance, là où d'ordinaire on est jaloux de connoître. On s'en tient à ses préventions, parce que c'est un parti pris de haïr.

On va me dire : « De ce qu'un grand nombre embrassent le christianisme il ne s'ensuit pas que ce soit un bien. Que de gens embrassent tous les jours le mal ! Que de transfuges de la vertu ! »

Qui le conteste ? Mais, de tous ceux que le vice entraîne, il n'en est pas un qui ose le faire passer pour la vertu. Pas une sorte de désordre à quoi la nature n'ait attaché un sentiment ou de crainte ou de honte. Tout malfaiteur appréhende d'être vu, tremble s'il est découvert, nie quand on le dé-

Page 2.

nonce; mis à la question, où n'avoue pas, ou n'a-
voue que par contrainte ; condamné enfin, s'afflige
et se désole, se fait le procès à lui-même; il s'en
prend ou à la fatalité ou à son étoile.

Voit-on rien de semblable dans un chrétien?
Jamais il ne rougit, jamais il ne se repent que de ne
l'avoir pas toujours été. Dénoncé comme tel, il
s'en fait gloire ; accusé, il ne se défend pas ; interrogé, il est le premier à confesser qu'il l'est; condamné, il rend grâces. L'étrange sorte de mal que
celle qui n'a aucun des caractères du mal, ni
crainte, ni confusion, ni détours, ni repentir, ni
regrets ! Quelle espèce de crime que celui dont le
prétendu coupable se réjouit, dont l'accusation
fait tous ses vœux, dont le châtiment comble son
bonheur? Appellerez-vous cela travers d'esprit
dans le chrétien? Mais, de votre avis, vous ne les
connoissez pas.

II. Quand vous auriez la certitude que nous
sommes vraiment criminels, et au plus haut degré,
pourquoi nous traitez-vous autrement que nos pareils, c'est-à-dire que les autres coupables, puisque là où le délit est le même, le châtiment doit
l'être aussi? Que d'autres soient accusés des mêmes
crimes qu'on nous suppose, ils ont le droit de se
défendre, soit par eux-mêmes, soit par l'organe
vénal d'un avocat. Ils sont libres de contester et
de répliquer, parce que la loi défend de condamner

personne sans l'entendre, sans qu'il se soit défendu. Les chrétiens sont les seuls à qui il soit interdit de parler pour justifier leur innocence, pour
éclairer la vérité, et prévenir des arrêts iniques.
Tout ce qu'on leur demande, pour servir la haine
publique, c'est de faire l'aveu de leur nom; car,
pour la preuve du crime, il n'en est pas question.
Mais quand il s'agit de tout autre prévenu, il ne
vous suffit pas, pour motiver un jugement, qu'il se
soit déclaré lui-même homicide, sacrilége, incestueux, ennemi public (car ce sont là les beaux
titres dont on nous honore): il vous faut de plus
l'enquête rigoureuse des circonstances, de la qualité du fait, du lieu, du temps, de la manière; des
témoins qui déposent des complices qu'il peut
avoir eus. Rien de tout cela dans la cause des chrétiens. Mais ne devroit-on pas également arracher
de la bouche des chrétiens l'aveu des crimes qu'on
leur impute si calomnieusement? Il faudroit vérifier combien d'enfans l'on a égorgés pour en
savourer la chair; combien d'incestes déjà commis
dans l'obscurité des nuits; le nombre de cuisi-
niers, de chiens dont on a emprunté le ministère (1). Quelle gloire pour le magistrat qui seroit venu à bout de découvrir un chrétien signalé
déjà par cent infanticides!

(1) Voyez tome 1 de cet ouvrage, à l'article *Persécution*, pag. 257.

Au mépris de toutes ces précautions, il est défendu même d'informer contre nous. La preuve en
est dans la lettre de Pline, gouverneur de Bithy-
nie, à l'empereur Trajan. Après avoir condamné à   Page 3.
mort plusieurs chrétiens, en avoir privé d'autres
de leurs emplois, épouvanté de leur nombre, il
finit par consulter ce prince sur la conduite qu'il
avoit à tenir à l'égard des autres. Il expose, dans
cette lettre, que tout ce qu'il a découvert des assemblées secrètes des chrétiens, outre leur entêtement à ne vouloir pas sacrifier, se réduit à ceci:
qu'ils se réunissent avant le jour pour chanter des
hymnes en l'honneur du Christ et de Dieu, et
pour entretenir parmi eux une exacte discipline,
tendante à éloigner l'homicide, l'adultère, la fraude,
la trahison, et généralement tous les crimes. L'empereur répond qu'il ne faut pas les rechercher,
mais les punir, quand ils seroient dénoncés.
Étrange jurisprudence! monstrueuse contradiction! Si l'on ne doit point les rechercher, ils ne sont
donc point coupables; si l'on ne doit point les punir,
ils sont donc criminels. Épargner et sévir à la fois,
dissimuler et condamner! Pourquoi vous contredire aussi grossièrement? Si vous condamnez les
chrétiens, pourquoi ne les recherchez-vous pas?
et si vous ne les recherchez pas, pourquoi ne
pas les absoudre? Il y a dans toutes les provinces
des forces militaires en permanence pour donner

la chasse aux voleurs. Contre les criminels de lèse-majesté et les ennemis publics tout citoyen est soldat; la surveillance et les informations s'éten-dent sur tout ce qui offre l'apparence de compli-cité et d'intelligence. Il n'y a que le chrétien qu'il soit défendu de rechercher. Mais le dénoncer, non; comme si la recherche pouvoit amener autre chose que la dénonciation. Vous ne le condamnez quand on le dénonce, que parce que personne n'avoit pensé à en faire la recherche; et s'il de-vient punissable, ce n'est point qu'il soit criminel, mais parce qu'il s'est laissé découvrir, quand on n'avoit pas droit de le rechercher. Par suite, vous violez toutes les formes prescrites dans toutes pro-cédures criminelles. Vous mettez les autres à la question, pour les faire avouer; les chrétiens, pour les contraindre à nier. Mais si c'étoit un crime, nous le nierions: et vous feriez bien d'employer les tortures pour nous forcer à l'avouer.

Direz-vous que, si vous n'allez pas aux informa-tions contre nous, c'est parce que le nom seul de chrétien emporte avec soi la conviction de tous les crimes? Mais qu'un homicide avoue son crime, vous avez beau savoir ce que c'est que le meurtre commis par lui, vous n'en voulez pas moins con-noître toutes les circonstances du délit. Votre in-justice est encore plus criante de vouloir, lorsque le seul nom de chrétien nous présente à vos yeux

comme chargés de tant de crimes, nous obliger
par la violence des tourmens à nier que nous le
soyons, pour être déchargés de toutes les autres
accusations qu'enferme ce seul nom. Apparemment que vous ne voudriez pas voir périr des
hommes que vous regardez comme des monstres
de crimes ? Vous dites à ce chrétien réputé homicide et sacrilége : *Niez*. S'il persiste à se dire chrétien, vous le faites déchirer. Cependant vous ne
dites point à un homicide, *nie* ton crime ; et vous
n'ordonnez point qu'on déchire un sacrilége pendant qu'il avoue. Si donc vous n'en usez pas de
même avec nous, tout en nous accusant de ces
mêmes crimes, vous ne nous en croyez donc pas
coupables (1) ? Vous nous déclarez donc innocens,
puisque c'est par la seule raison de cette innocence que vous ne voulez pas que nous persévé-
rions dans un aveu que vous vous sentez forcés de
condamner, non par justice, mais par nécessité.
Tel homme crie, *Je suis chrétien :* il dit ce qu'il
est, et vous voulez entendre ce qu'il n'est pas. Assis
sur vos tribunaux pour obtenir des accusés la confession de la vérité, vous voulez nous contraindre
nous seuls au monde de mentir. Vous demandez

---

(1) Ici nous avons suivi le sens que le traducteur Vassoult donne à la
phrase embarrassée du latin. L'abbé de Gourcy lui prête un tout autre
sens, que nous n'avons pu saisir malgré toutes les subtilités de l'explication qu'il en donne, pag. 138.

si je suis chrétien, je réponds que je le suis. Pourquoi user de violence pour me forcer à dire le contraire ? Ne vouliez-vous que me corrompre ? J'avoue, et vous me tourmentez. Que feriez-vous si je niois ? Que les autres nient, vous ne les croyez pas sur parole ; nous, que nous venions à dire non, on s'en contente.

Un tel renversement de choses doit vous faire craindre qu'il n'y ait quelque force secrète qui vous fait ainsi agir contre toutes les formes, contre la nature même des jugemens, contre les lois. Car, si je ne me trompe, les lois ordonnent de découvrir les coupables, non de les cacher ; de les condamner quand ils ont avoué, et non point de les absoudre. Telle est l'intention exprimée par les décrets du sénat, par les édits des empereurs.

Le pouvoir dont vous êtes dépositaires n'a rien de tyrannique, il est réglé par les lois. Il n'appartient qu'aux tyrans d'employer les tortures comme peines. La loi ne les ordonne chez vous que comme supplément aux enquêtes. La rigueur n'en est légitime que jusqu'à l'aveu du coupable. S'il les prévient par la confession, elles n'ont plus d'objet : il ne reste plus qu'à prononcer, qu'à appliquer au délit la peine portée par la loi, non à l'y soustraire.

Il n'est pas un juge qui se montre jaloux d'absoudre un coupable ; il ne lui est pas permis de le

Page 4.

vouloir. Cela étant, il ne forcera personne à nier. Vous, au contraire, persuadés, dites-vous, que ce chrétien est souillé de tous les crimes ; que c'est un conjuré contre les dieux et les empereurs, contre les lois et la morale, en un mot l'ennemi de la nature entière, vous le forcez à nier pour être à même de l'absoudre ; autrement la chose est impossible. C'est là une violation manifeste de toutes les lois. Vous exigez donc qu'il nie ce qui fait son crime, pour le donner après comme innocent, malgré lui-même, malgré tout ce qui s'est passé.

Quel étrange aveuglement de ne pas voir que celui qui avoue de son propre mouvement mérite bien mieux d'être cru que celui qui ne désavoue que parce qu'on l'y contraint ! Pouvez-vous compter sur un désaveu arraché de la sorte ? Et le même homme qui vient de mentir à sa conscience, ne pourra-t-il pas, au sortir du tribunal, se moquer de son juge, en redevenant chrétien ?

Il est donc évident que ce dont nous avons à nous justifier, ce n'est point d'aucun crime commis par nous, mais uniquement d'un nom qu'une jalousie de religion s'acharne à persécuter. On croit sur notre compte ce qui n'a jamais été prouvé ; on ne veut pas aller aux informations, parce que l'on a peur de n'avoir point les preuves du mal que l'on aime à supposer. Une prévention envieuse est bien aise de se conserver le droit de condamner,

sur une simple déclaration, un nom qu'il lui est
plus facile d'accuser que de convaincre de crime.
Et il est si vrai qu'on n'en veut qu'à notre nom,
que quand nous le confessons on nous met à la
torture, on nous traîne au supplice quand nous
persistons; et si nous nions, l'on nous absout.
Pourquoi vos procès verbaux ne nous chargent-ils
que du nom de chrétien, jamais du titre d'assassin,
d'incestueux, atteint de quelqu'un de ces crimes
dont vous savez bien que nous sommes incapables ?
Il n'y a que dans la cause des chrétiens que le mot
seul de crime soulève votre délicatesse. Mais si le
nom chrétien n'est celui d'aucun crime, n'est-ce
pas le comble de la déraison qu'il suffise cependant
pour nous rendre criminels ?

III. Que dis-je? la haine que nos ennemis portent
à ce nom les aveugle pour la plupart au point
qu'ils ne sauroient dire du bien d'un chrétien sans
y mêler la censure de son nom: L'honnête homme
que Caïus Saïus! c'est bien dommage qu'il soit
chrétien. Un autre: Un homme aussi sage que Lucius, s'être fait chrétien! je n'en reviens pas. Et
personne ne remarque que Caïus n'est honnête
homme, ni Lucius un sage, que parce qu'ils sont
chrétiens, ou qu'ils ne sont devenus chrétiens que
parce qu'ils étoient sages et vertueux. On loue
ce que l'on sait, on blâme ce que l'on ne connoît
pas; et l'on flétrit l'un par l'autre, comme si la

justice ne demandoit pas de présumer de ce que
l'on connoît en faveur de ce que l'on ignore, plutôt que de faire de ce que l'on ne voit pas la mesure de ce que l'on voit. D'autres fois, en parlant de
tels et tels, qui, avant de s'être convertis au christianisme, s'étoient signalés par une vie dissipée,
dissolue, scandaleuse même, on cherche à les
décrier par de satiriques rapprochemens qui tour-
nent à leur éloge ; tant la haine est maladroite!
On dit: Voyez cette femme galante, ce jeune homme
voluptueux, ce coureur de plaisirs, les voilà chrétiens. On ne voit pas que c'est faire à ce nom honneur de leur changement... (1) Il est donc vrai
que l'on hait un nom innocent, dans des hommes
irréprochables.

C'est la secte, dit-on, qu'on hait dans le nom de
son auteur. Mais est-ce une chose nouvelle que
des disciples prennent le nom de leur maître? Les
platoniciens, les épicuriens, les pythagoriciens, ne
portent-ils pas celui de leur philosophe? Jamais
on ne l'a trouvé mauvais. A la bonne heure, si l'on
prouve qu'une secte soit mauvaise et l'auteur dangereux, on prouvera par là même que le nom est
mauvais, qu'il doit être réprouvé. Pourquoi? A
cause de la secte et de son auteur. De même, avant
de prendre en aversion le nom de chrétien, il falloit

Page 5.

---

(1) Belle imitation de tout ce morceau dans Molinier, *Serm. choisis*,
tom. 1, pag. 133.

s'attacher à connoître la secte par l'auteur ou l'auteur par la secte. Mais ici, sans nulle information,
sans éclaircissement ni sur la secte ni sur l'auteur,
on accuse, on persécute le nom de chrétien. Un simple mot fait condamner sans ombre d'examen un
auteur et une secte qu'on ne connoît pas, et qui
ne se trouvent criminels que dans leur nom (1).

IV. Après avoir établi dans cette sorte de
préambule combien est injuste le principe de la
haine générale qui pèse sur nous, je vais maintenant démontrer le fait de notre innocence. Non-
seulement je justifierai les chrétiens des crimes
qui leur sont imputés, mais, devenu à mon tour
accusateur, je ferai voir que les vrais coupables
ce n'est pas nous. Je ferai voir à nos calomniateurs
que nous sommes incapables des horreurs que
nous sommes trop en droit de leur reprocher à eux-
mêmes, et cela pour les forcer à rougir de leur
prévention contre des hommes à qui ils devroient,
je ne dis plus rendre l'hommage que le crime doit à
la vertu, mais à qui du moins, pour parler leur
langage, ils devroient pardonner de leur ressembler. Je répondrai sur chacune des choses qu'ils

---

(1) « Qui dit un chrétien, croit dire un possédé, un parjure, un sacri-
» lége, l'ennemi du ciel et de la terre, du prince et de la patrie, de la
» raison et des mœurs. La qualité de chrétien passe pour une conviction
» d'impiété, de meurtre, de rébellion; il semble qu'en la prenant
» on ait quitté toutes les vertus, et qu'on se soit dévoué à tous les vices. »
Ch. de Neuville, *Serm. sur l'établ. de la relig. Car.*, tom. iv, pag. 166.

nous accusent de faire en secret, tandis qu'ils se les permettent en public, et pour lesquelles on nous traduit comme des scélérats, des insensés qu'il faut dévouer aux supplices et au mépris public.

Parce que la vérité dont nous vous faisons entendre la voix a réponse à tout, et que l'on croit lui fermer la bouche en lui opposant en dernier ressort l'autorité des lois, après lesquelles, nous dit-on, il n'est pas permis de revenir sur ses pas, et dont les souveraines dispositions doivent passer avant tout, je m'arrêterai un moment sur la discussion de ces lois, dont vous êtes les organes.

Premièrement donc, après que vous avez prononcé despotiquement, et sans nulle restriction qui adoucisse l'arbitraire de la sentence, *Il vous est défendu d'être chrétien,* n'est-ce pas avouer publiquement que vous usez de violence? n'est-ce pas déclarer votre tribunal tyrannique, puisque c'est dire que notre religion est défendue, parce que vous voulez qu'elle le soit, et non parce qu'en effet elle doit l'être? Car si c'est parce qu'elle ne doit pas être permise que vous la défendez, c'est apparemment parce que tout ce qui est mal doit être prohibé, comme tout ce qui est bien doit être permis. Or, si je réussis à prouver que ce qui est interdit par votre loi est bien, j'aurai prouvé qu'elle n'avoit pas le droit de le défendre, comme

2. 22

elle avoit droit de le faire si c'étoit mal. Si votre loi s'est trompée, c'est qu'elle est l'ouvrage d'un homme, car elle n'est pas descendue du ciel: or qu'y a-t-il de surprenant, ou qu'un législateur se soit trompé, ou qu'il revienne sur son propre ouvrage ? Les Lacédémoniens changèrent les lois de Lycurgue; et ce législateur se fit justice à lui-même, en allant loin d'eux se condamner à mourir de faim. Vous-mêmes, à l'aide du flambeau de l'expérience qui vous fait percer les ténèbres de l'antiquité, ne portez-vous pas tous les jours la faux dans cette vieille et obscure forêt de votre législation, réformée sans cesse par les ordonnances nouvelles qui émanent de vos royales cours ? L'empereur Sévère, tout ennemi qu'il est des innovations, ne vient-il pas d'abroger une loi peu réfléchie, quoique vénérable par son antiquité, la loi Papia, qui obligeoit d'être père avant l'âge que la loi Julia prescrit pour le mariage ? Et cette loi barbare qui mettoit le débiteur à la discrétion de son débiteur, et lui donnoit sur sa personne droit de vie et de mort, n'a-t-elle pas été abolie par les suffrages unanimes du peuple romain? La peine de mort a été commuée en une peine infamante suivie de la confiscation des biens, et l'on a mieux aimé ménager le sang que la honte.

Que de lois à réformer encore dont vous ne connoissez pas le vice ! S'il est vrai que ce n'est

Page 6.

ni leur antiquité, ni le nom de leurs auteurs, mais la seule équité qui les doit consacrer, on peut conclure que, du moment où on en reconnoît l'injustice, on a droit de les révoquer, n'importe leur sévérité. Doit-on leur faire plus de grâce, si à l'injustice elles joignent l'extravagance, comme celles qui ne sévissent que contre un nom? Si l'intention de la loi est dirigée contre les actions, pourquoi, à notre égard, s'arrête-t-elle au seul nom, tandis qu'elle ne condamne les autres que sur la preuve du fait? Je suis incestueux: pourquoi la loi n'informe-t-elle pas contre moi? J'ai égorgé un enfant : que ne me met-on à la question? J'ai manqué aux dieux, aux empereurs : pourquoi ne pas me permettre de me justifier, si je le puis? Il n'y a point de loi qui défende d'examiner les preuves du crime qu'elle condamne. Il n'y a point de juge en droit de punir, s'il ne sait que le crime a été commis. Il n'y a pas de citoyen qui observe bien rigoureusement une loi , s'il ne sait ce qu'elle punit.

Il ne suffit pas qu'une loi se rende, pour ainsi dire, à elle-même le témoignage de son équité; il faut qu'elle en persuade ceux qui doivent s'y soumettre. Elle devient suspecte , quand elle ne veut pas qu'on l'examine; criminelle , si elle commande une obéissance aveugle.

V. Pour remonter à l'origine de ces lois dont

22.

vous vous armez contre nous, il y avoit un ancien
décret qui défendoit aux empereurs d'introduire
aucune divinité nouvelle sans l'approbation du
sénat. M. Æmilius sait ce qui arriva, à ce sujet, à
son dieu Alburnus. Il n'est pas indifférent à notre
cause que, dans votre législation, la divinité s'ap-
précie au gré des opinions humaines. Si le dieu ne
plaît point à l'homme, il ne sera pas dieu. C'est au
dieu à rechercher la faveur de l'homme (1).

En conséquence, Tibère, sous le règne de qui
le christianisme commença, informé, par tous les
récits qui lui en venoient de la Palestine, des
preuves frappantes que son auteur y avoit données de sa divinité, en rendit compte au sénat,
appuyant de son propre suffrage ce qu'il avoit
entendu dire (2). Le sénat les rejeta, parce qu'elles
n'avoient pas été soumises à son examen ; mais
l'empereur, persistant dans son sentiment, menaça
de punir ceux qui persécuteroient les chrétiens.

Consultez vos annales, vous verrez que Néron
est le premier qui ait armé la puissance impériale
contre les chrétiens, quand ils commençoient à se
faire remarquer, surtout dans Rome. Nous regar-
dons comme titre de gloire, pour notre religion,

(1) Application par Bourdaloue, *Serm. sur le scand. de la croix*,
Dominic. tom. 1, pag. 450.

(2) Attesté par Eusèbe, *Hist. ecclés.* liv. 11, ch. 11. Voy. le chap. xxi
de l'*Apologétique* de Tertullien. Tillem. *Mém.* tom. 1, pag. 145.

que le premier de ses persécuteurs ait été un Néron; car il suffit de le connoître pour comprendre
qu'un tel prince n'a pu condamner que quelque
chose d'éminemment bon. Domitien, qui tenoit
un peu de Néron pour son humeur sanguinaire,
avoit essayé, après lui, la persécution; mais,
comme il étoit homme, il changea aisément de
système, et rappela même ceux qu'il avoit exilés.
Voilà quels ont été nos persécuteurs : des hommes
sans justice, sans piété, sans mœurs, dont vous ne
parlez communément que pour condamner leur
mémoire, et dont souvent vous réparez les injustices en rétablissant ceux qu'ils avoient condamnés. Mais, de tous les princes qui jusqu'ici aient
concilié le respect pour la religion avec la sagesse de la politique, nommez-en un seul qui se
soit déclaré contre nous. Et nous, au contraire,
nous pouvons en citer un qui nous a hautement
défendus; c'est Marc-Aurèle. Qu'on lise la lettre
où ce prince, dont le témoignage est parmi vous
d'un si grand poids, atteste que la soif cruelle qui
désoloit son armée en Germanie fut apaisée par la
pluie que le ciel accorda aux prières des soldats
chrétiens (1). S'il ne révoqua pas expressément

_____

(1) Ce fait est attesté, non seulement par nos auteurs chrétiens,
mais par les païens eux-mêmes. Eusèbe cite le témoignage d'Apolli-
naire, à qui l'on peut en ajouter bien d'autres, comme l'ont fait H. de
Valois dans ses savantes notes sur le chap. v du liv. v d'Eusèbe, et

les édits contre les chrétiens, du moins les mesures qu'il prit les laissèrent-ils respirer, en les mettant à l'abri des délateurs punis encore plus sévèrement qu'eux-mêmes.

Quelles lois sont-ce donc que celles qui ne sont exécutées contre nous que par des princes impies, injustes, infâmes, cruels, insensés ; que Page 7. Trajan a éludées en partie, par sa défense de rechercher les chrétiens ; que n'autorisent ni un Adrien, si curieux en tout genre, ni un Vespasien, le destructeur de la nation juive, ni un Antonin-le-Pieux et Vérus! Cependant c'étoit à des princes vertueux à exterminer une secte de scélérats, et non pas à d'autres scélérats.

VI. Que ces religieux et si zélés observateurs des lois et des usages de leurs pères me répondent maintenant ; qu'ils me disent s'ils ont toujours été bien fidèles à respecter, à suivre, sans jamais s'en écarter, les antiques ordonnances; s'il ne leur est pas arrivé de sortir de la ligne qui leur avoit été tracée ; si, au contraire, ils n'ont pas entièrement aboli, et effacé même de leurs souvenirs les plus utiles et les plus salutaires règlemens établis pour la direction des mœurs. Que sont devenues ces lois somptuaires, frein du luxe et de l'ambition ? Je vois l'affranchi d'hier disputer de faste avec le

D. Ruinart dans sa *Préface des Actes des martyrs*, pag. XLI et XLII.
V. Bullet. *Établiss. du christian.*, pag. 15, 220 et suiv.

sénateur. Je vois les théâtres se multiplier, devenir
des édifices réguliers; ce fut sans doute pour garantir du froid ces voluptueux et délicats spectateurs, que les Lacédémoniens inventèrent leurs
manteaux. Je vois nos dames romaines se confondre avec les courtisanes par l'immodestie de
leurs parures, par la licence des repas, sans respect pour les anciennes lois tutélaires de la fru-
galité et des bienséances. Il faut aujourd'hui que le
corps d'une femme se ploie tout entier sous le
poids de l'or. On ne s'épouse qu'avec l'intention
de se quitter; et le divorce devient le bénéfice du
mariage.

Vous vous piquez d'une scrupuleuse exactitude
à ne rien enfreindre des coutumes de vos pères
sur la religion; combien n'en avez-vous pas
transgressé! Vos consuls, de l'autorité du sénat,
avoient banni non-seulement de Rome, mais de
toute l'Italie, le dieu Bacchus avec tous ses sacrifices. Les consuls Pison et Gabinius, qui cependant n'étoient pas chrétiens, avoient interdit
l'accès du Capitole, c'est-à-dire du palais des
dieux, à Sérapis, à Isis, à Harpocrate, au dieu à
tête de chien; ils ont renversé leurs autels, pour réprimer les désordres de ces vaines et infâmes superstitions. Vous les avez rétablis depuis dans les
honneurs de la majesté souveraine. Où donc est la
religion? Où donc est ce prétendu respect pour les

antiques institutions? Tout est changé, costume,
mœurs, usages, jusqu'à la langue elle-même ; vous
n'en avez plus rien. Vous avez toujours à la bouche
les louanges de l'antiquité ; et chaque jour amène
sa nouveauté : également empressés et de vous

Page 8.

éloigner des exemples de vos pères dans ce qu'ils
avoient de bien, et de n'en retenir que ce qu'ils
avoient de mauvais. Je pourrai même vous prouver, dans la suite, que, semblables en ce point
aux chrétiens, à qui vous en faites cependant un
crime capital, vous négligez, vous méprisez, vous
détruisez le culte de vos propres divinités. Je vais
à présent répondre aux accusations des crimes
secrets, pour passer ensuite aux autres.

VII. Nous sommes, dans l'opinion publique,
les plus méchans des hommes, parce que, dit-on,
dans nos mystères, nous égorgeons un enfant,
dont nous mangeons la chair ; qu'à la suite de ce
repas, nous nous livrons à des incestes, lorsque
des chiens, complices de ces abominations, ont
renversé les flambeaux, et qu'en nous plongeant
dans l'obscurité ils nous ont débarrassés tout à
la fois de la lumière et de la pudeur. On le dit,
et depuis si long-temps qu'on le répète, vous
n'avez pas encore eu la curiosité de constater le
fait! Commencez donc enfin à vous en assurer, si
vous le croyez, ou à ne plus le croire, si vous ne
daignez pas vous en assurer. Votre refus de le

faire prouve bien qu'il n'y a rien de réel dans ce que vous n'avez pas le courage de vérifier. Ce ne sont pas là les instructions que vous donnez à vos exécuteurs ; ils nous demandent, non pas d'avouer ce que nous faisons, mais de nier ce que nous sommes.

La religion des chrétiens a commencé, comme je l'ai dit déjà, sous Tibère. La vérité s'est fait haïr dès qu'elle s'est fait connoître. Autant d'é-trangers, autant d'ennemis (1) : les juifs, par ja-lousie ; les soldats, par l'avidité du pillage ; nos serviteurs, par la malignité naturelle de leur profession. Tous les jours on nous assiége, tous les jours on nous trahit. Le plus souvent on vient à main armée nous surprendre dans le lieu de nos assemblées. Est-il arrivé jamais que personne ait entendu les cris de l'enfant égorgé par nos mains ? Nommez-moi le dénonciateur qui ait fait voir au juge nos lèvres ensanglantées. Quelle femme chrétienne a montré aux yeux de qui que ce soit la preuve de son opprobre ? Mais si quelqu'un avoit

(1) « En paroissant dans le monde, la religion chrétienne excita la' » haine publique, et y trouva un mépris égal à la haine : *Cum odio sui* » *simul cœpit esse veritas : tot inimici quot extranei.* Opposée à tout, » tout s'oppose à elle ; autant d'obstacles qu'il y avoit de passions dans » les hommes ; autant d'ennemis qu'il y avoit de gentils et de juifs ; » autant de persécutions qu'elle en a pu souffrir, sans être détruite : » voilà les commencemens de cette religion. » Molinier, *Serm. choisis,* tom. 1, 2ᵉ part. pag. 235.

été témoin de ces abominations, les auroit-il cachées? Se seroit-il laissé corrompre par les mêmes
hommes qu'il traînoit devant les tribunaux? S'il
est vrai que nous nous tenions toujours renfermés
dans les ténèbres, comment ce que nous faisons
a-t-il été découvert? Par qui notre secret a-t-il pu
être trahi? Par des indiscrets? Impossible. On
connoît la rigueur du silence dans les mystères.
S'il est inviolable dans ceux d'Éleusis et de Sa-
mothrace, à plus forte raison dans les nôtres, où
celui qui les trahiroit n'échapperoit pas à la vengeance des hommes dans cette vie, à la justice de
Dieu dans l'autre. Par des étrangers? D'où l'auroient-ils su? Lorsque l'on a tant de soin d'écarter les profanes des initiations les plus innocentes,
manquerions-nous de précautions pour les nôtres,
que l'on suppose si criminelles?

Je ne vois plus que la renommée qui ait pu
vous en instruire. Tout le monde sait ce que c'est
que la renommée. L'un de vos poëtes l'appelle *un
monstre que rien n'égale en vitesse* (1); qui ne vit
guère que de mensonges qu'il mêle à la vérité
même qu'il altère soit en plus soit en moins. Il
ne se soutient qu'autant que la chose qu'il publie
reste dans l'incertitude (2). Est-elle sûre? plus de

_____

(1) *Fama malum quo non aliud velocius ullum.* Virg. Æneid. lib. iv.

(2) Bourdaloue traduit avec plus de fidélité : « N'est-ce pas le caractère
» de ce bruit commun, de ne subsister que pendant qu'il impose, et de

renommée ; on ne doute plus, on affirme. Des *on dit* ne sont pas la chose. Qui donc peut ajouter foi aux discours de la renommée ? Ce n'est pas le sage, qui ne croit qu'autant qu'il est sûr.

Un principe que l'on ne nous contestera pas, c'est que, quelque universelle, quelque probable qu'une chose puisse être, elle a dû avoir un commencement, et que depuis elle a passé par une infinité de bouches et d'oreilles. Ce mot jeté au hasard se trouve bientôt tellement enveloppé, que personne ne s'occupe de remonter à la source que le mensonge a infectée : ce qui arrive tantôt par jalousie, tantôt par de simples conjectures, tantôt par cette vieille disposition, naturelle à tous les hommes, qui leur fait trouver du plaisir à mentir. Heureusement que tout se découvre à la longue; cela a passé en proverbe parmi vous. La nature a voulu que rien ne pût être long-temps caché, pas même ce qui a pu échapper à la renommée.

Page 9.

VIII. Vous avez donc raison de mettre sur le compte de la renommée seule les crimes dont on nous charge depuis tant d'années. C'est à son témoignage que vous en appelez contre nous, bien que depuis si long-temps elle n'ait pu réussir en-

»s'évanouir du moment qu'il n'impose plus ? Cependant, poursuivoit
»Tertullien, c'est le bruit commun que l'on nous objecte continuelle-
»ment, et dont on s'autorise pour ne nous rendre aucune justice. »
Serm. sur la médisance, Domin. tom. iii, pag. 266.

core à prouver rien de ce qu'elle a répandu et propagé si loin. J'en appellerai, moi, à la nature : qu'elle soit juge entre nous et ceux qui croient à de tels bruits.

Je suppose que nous promettions une récompense à la suite de ces abominations ; et cette récompense, ce n'est rien moins que la vie éternelle. Commencez par y croire. Je n en demande pas davantage pour le moment. Eh bien, vous y croyez : la voulez-vous à tel prix ? Venez : plongez le fer dans le cœur de cet enfant, qui n'a pu faire de mal à personne, qu'on n'accuse d'aucun délit, et que tous les membres de l'assemblée regardent comme à lui. Ou, si c'est à un autre que vous à l'égorger, assistez à l'exécution. Regardez mourir, avant qu'il ait commencé à vivre, cet être de même sang que vous ; calculez le moment où cette âme va s'échapper de ce corps qu'elle habite depuis si peu de temps. Recueillez ce jeune sang ; trempez-y votre pain, savourez-le, mangez sans répugnance. Observez bien, durant le repas, la place où est votre mère, votre sœur, afin qu'il n'y ait pas de méprise pour l'instant où les flambeaux éteints vous laisseront dans l'obscurité ; car ce seroit un crime contre la religion, de manquer un inceste. Voilà l'initiation, voilà le sceau qui vous met en possession d'une vie éternelle. Je vous le demande à vous-mêmes, en voudriez-vous à semblable condition ? Si ce n'est qu'une chimère, pouvez-vous y croire ? Mais vous y croiriez, je garantis que vous n'en voudriez pas à pareil prix. Vous en voudriez, certes, ce n'est pas là le chemin qui vous y condui-roit. Mais ce qui vous seroit impossible à vous, seroit-il plus possible à d'autres ? Ou bien si d'autres le peuvent, vous aussi, pourquoi ne le pourriez-vous pas ? Apparemment que nous sommes d'une nature différente. Sommes-nous des mons-tres ? la nature nous auroit-elle organisés singu-lièrement pour l'inceste et pour les repas de chair humaine ? Si vous croyez un chrétien capable de ces horreurs, vous l'êtes vous-même, puisque vous êtes un homme comme lui ; et vous l'en devez croire incapable, si vous sentez que vous l'êtes, parce qu'il est un homme comme vous.

Mais on n'en dit rien à ceux qui doivent être initiés, et nous profitons de leur ignorance pour les engager. Comme s'ils pouvoient ignorer les bruits qui courent à ce sujet ; comme s'ils n'avoient pas le plus grand intérêt à les approfondir, à s'assurer de la vérité. Pourtant c'est, ce me semble, un usage auquel on ne manque jamais, quelque part qu'on veuille être initié, d'aller d'abord trou-ver l'hiérophante pour savoir de lui les préparatifs qu'il y a à faire. Voici donc ce que le nôtre répond : « Il faut vous pourvoir d'un enfant bien délicat, » qui ne sache pas ce que c'est que la mort, qui rie

» à la vue du couteau levé sur sa tête ; il vous faut
» un pain pour le tremper dans le sang coulant à
» grands flots ; de plus, des chandeliers, des tor-
» ches, quelques chiens pour renverser les flam-
» beaux : surtout ne manquez pas d'amener avec
» vous votre mère et votre sœur. » Mais si elles ne
veulent pas ; si je n'ai ni mère ni sœur, si je suis
le seul chrétien de ma famille ? On ne seroit
donc pas bon chrétien, si l'on n'avoit ni mère
ni sœur ?

Mais encore, je le suppose, avant l'initiation on
ne savoit pas un mot de tout cela. Du moins on le
sait après ; et on le souffre, on ne réclame pas ?
Craindroit-on d'être puni ? On est sûr en nous
accusant de trouver des protecteurs. Et quel châtiment craindre, quand la mort elle-même devient
préférable au tourment de vivre avec le poids de
tant de crimes ? Je veux que la crainte leur ferme
la bouche. Pourquoi persister à être chrétien ?
Des engagemens qu'on n'eût pas pris si on les
eût connus, on les rompt aussitôt qu'on les connoît.

IX. Donnons à cette justification une nouvelle
force en rétorquant l'argument, et prouvant que
ces crimes dont vous nous accusez sans nul fondement, vous vous les permettez, et en secret et
en public ; et c'est pour cela peut-être que vous
nous en croyez capables. En Afrique, on immoloit

publiquement des enfans à Saturne, jusqu'au pro-
consulat de Tibère, qui fit attacher les prêtres de Page 10.
ce dieu aux arbres mêmes du temple qui couvroient
ces affreux sacrifices, comme à autant de croix
votives : j'en prends à témoin les soldats de mon
pays, qui exécutèrent les ordres du proconsul ; ce
qui n'a pas empêché que ces détestables sacrifices
ne se fissent toujours en secret. Les chrétiens ne
sont pas les seuls qui bravent vos ordonnances. Le
crime qui a pris racine ne s'extirpe jamais com-
plètement ; et puis un dieu ne change pas. Saturne,
qui n'a pas fait grâce à ses propres enfans, auroit-il épargné davantage des enfans étrangers, que
leurs pères et leurs mères venoient eux-mêmes lui
offrir, et qu'ils caressoient, au moment qu'on les
immoloit, pour les empêcher de pleurer ? Il y a
loin encore de l'homicide au parricide.

Ce n'étoient pas des enfans, mais des hommes
faits que les Gaulois sacrifioient à Mercure. Vos
théâtres peuvent vous apprendre ce qui se passoit
dans la Tauride. Encore aujourd'hui, dans la ville
la plus religieuse de l'univers, chez les descendans du pieux Énée, vous avez un Jupiter que,
dans les jeux célébrés en son honneur, on arrose
de sang humain. C'est, m'allez-vous dire, du sang
de criminels condamnés aux bêtes. Cessent-ils d'être
hommes ? Est-ce par honneur pour le dieu qu'on
lui sacrifie de tels hommes ? Toujours du moins

sont-ce là autant d'homicides. Oh! que ce Jupiter doit vous sembler chrétien! qu'il est bien le fils unique de son père pour la cruauté!

Mais comme il importe peu qu'en fait de meurtres d'enfans le motif soit la religion ou le caprice, l'assassin un père ou tout autre, c'est au peuple que je vais m'adresser.

Peuple altéré du sang des chrétiens, juges si intègres pour vous, si rigoureux pour nous, combien, dans cette immense multitude, n'y en aura-t-il pas de qui je vais frapper les consciences, en vous reprochant que c'est vous - mêmes qui êtes les meurtriers de vos enfans! Il n'y a de différence que par le genre de supplice. Par raffinement de cruauté, ou vous les noyez, ou vous les faites mourir de faim et de soif, ou vous les exposez aux chiens : ce seroit une mort trop douce de périr par le fer. Pour nous, l'homicide, quel qu'il soit, est défendu... Nous ne nous permettons pas même sur nos tables le sang des animaux; et vous le savez bien, puisque, parmi les épreuves diverses imaginées pour faire succomber la foi des chrétiens, vous leur présentez des viandes pleines de sang. Or, je vous le demande, pouvez-vous croire que des hommes accoutumés à ne voir qu'avec horreur le sang des animaux, soient si fort altérés de celui de leur semblable, à moins peut-être que vous n'ayez trouvé celui-ci plus délicat?

On nous accuse d'inceste: mais qui peut prêter plus justement matière à ce soupçon que ceux qui en ont reçu des leçons de Jupiter lui-même? Réfléchissez à combien d'incestes peuvent donner lieu parmi vous les méprises qui résultent du dérèglement des mœurs. Vous exposez vos enfans, vous les abandonnez à la pitié, ou les émancipez, pour les faire passer dans des familles étrangères, qui leur donnent de plus dignes pères. Insensiblement le souvenir d'une famille à laquelle on ne tient plus s'efface; et avec l'erreur le crime d'inceste se répand et se perpétue. Jouets éternels de la honteuse passion qui vous domine, vous la portez avec vous à la ville, dans les campagnes, par delà les mers; et les fruits déplorables de votre incontinence, semés en tous lieux, inconnus à vous-mêmes, finissent par s'allier ensemble ou avec leurs auteurs, sans le soupçonner.

Parmi nous règne la chasteté la plus sévère, la plus inviolable. Nous trouvons dans notre éloignement pour tout excès le rempart le plus assuré contre l'ombre même de l'inceste. Nous vous citerions des chrétiens qui, pour mieux se garantir, restent vierges jusqu'au tombeau, innocens sous les rides de la vieillesse. Si vous aviez pris garde aux désordres qui se commettent parmi vous, vous n'en accuseriez pas les chrétiens; mais par un double aveuglement, qui n'est que trop commun, vous ne voyez pas ce qui est, vous croyez voir ce qui n'est pas. C'est ce que je vous ferai observer pour tout le reste : venons à ce qui est public.

X. « Vous n'adorez pas nos dieux , nous dit-on , et vous n'offrez pas des sacrifices pour les empereurs. »

Il est vrai que ne rendant aucun culte à vos divinités, nous ne leur offrons point de sacrifices pour les autres, parce que nous ne leur en offrons pas pour nous-mêmes ; et voilà pourquoi nous sommes poursuivis comme criminels de lèse-majesté divine et humaine. C'est là le point capital de notre cause , ou plutôt la voilà tout entière: il mérite bien d'être examiné de près. Nous demandons seulement de n'être point jugés par la prévention ou par l'injustice : l'une renonce à trouver la vérité, l'autre se refuse à sa lumière.

Nous avons cessé d'adorer vos dieux depuis que nous avons reconnu que ce n'en étoient pas. Vous êtes donc en droit d'exiger de nous que nous démontrions qu'ils ne sont pas dieux, et qu'il ne leur est dû aucun culte. Autrement, nul doute qu'il ne fallût les adorer ; et les chrétiens seroient justement punissables s'il étoit certain que ces dieux qu'ils refusent d'adorer, d'après leur persuasion qu'ils n'en sont pas , le fussent effectivement. « Qu'importe , dites-vous, votre opinion? Ce sont des dieux à nous. » J'en appelle de vous-mêmes à votre conscience ; qu'elle nous juge ; qu'elle nous condamne, si elle peut nier que tous vos dieux aient été des hommes. Si elle nous le conteste , il sera facile de l'en convaincre par le témoignage des monumens de l'antiquité qui vous en ont transmis la connoissance, encore subsistans parmi nous, par celui des villes où ils sont nés, des pays où ils ont vécu, où ils ont laissé des traces de leur existence, où l'on fait voir encore leurs tombeaux , à commencer par Saturne...

XI. « A la bonne heure qu'ils aient été des hommes durant leur vie , toujours sont-ils devenus dieux après leur mort. » Examinons comment. D'abord vous ne me refuserez pas d'admettre qu'il existe par-dessus tout un Dieu suprême , et propriétaire de la divinité, qui l'auroit communiquée à des hommes ; car ceux qui ne l'avoient pas n'ont pu se la donner à eux-mêmes , et personne n'a pu la leur donner que celui qui la possédoit en propre ; car, enfin, ce seroit une absurdité de prétendre qu'on puisse tout seul se faire Dieu. Si l'on étoit maître de le devenir à son gré, on n'auroit pas commencé par être homme ; on auroit voulu être quelque chose de mieux. Si donc il existe un être qui puisse faire des dieux, je reviens à l'examen des raisons qui l'auroient pu déterminer à en faire parmi les hommes. Je n'en vois pas d'autres que les services dont ce grand dieu auroit eu besoin dans

ses fonctions. Mais ne seroit-ce pas une chose
indigne de lui qu'il eût besoin de quelqu'un, et
Page 13.
surtout d'un mort? Ne valoit-il pas mieux le faire
dieu pendant sa vie? et d'ailleurs quel service
pouvoit-il en attendre? Il n'en avoit pas eu besoin
pour créer le monde tel qu'il est avec ce caractère de haute sagesse et de puissance qui suppose,
dans celui qui l'a fait, un être infiniment parfait.
Sa providence n'a rien créé pour l'entretien et la
conservation de l'homme, qui n'ait été fait avant
l'homme. On dit bien que les hommes ont découvert différentes choses nécessaires à la vie, mais
non pas qu'ils les ont faites. Or ce qu'on découvre
existoit auparavant, et doit être attribué à celui qui
l'a fait et non pas à celui qui n'a pu que le découvrir. Si donc rien ne manquoit à l'univers dès les
commencemens, si toutes les parties de l'univers
servoient aux usages pour lesquels elles étoient
destinées, qu'étoit-il besoin de faire des dieux
pour leur assigner des emplois et des fonctions
qui n'en étoient pas moins remplis sans eux et
avant eux?

Donnez-nous une meilleure raison, et dites que
ces prétendus dieux le sont devenus en récompense de leurs vertus. C'est donc reconnoître que
ce dieu, fabricateur de dieux, est éminemment
juste, et qu'en conséquence il n'a pu ni prostituer
ni prodiguer une aussi magnifique récompense. Il

est donc curieux de voir si vos dieux n'auroient pas mérité plutôt d'être précipités au fond du Tartare que d'être élevés dans le ciel. Car vous ne désavouez pas toujours qu'il y ait un enfer, un ténébreux séjour destiné aux impies qui ont outragé la nature en maltraitant leurs pères, en abusant de leurs propres sœurs, en souillant le lit conjugal, en ravissant des vierges, en corrompan t de jeunes enfans; à ceux qui ont fait métier de brigandage, en pillant, massacrant, volant, mentant sans pudeur; à tous ceux, en un mot, qui ressemblent à quelqu'un de vos dieux notoirement couverts de crimes et d'infamie, et qu'il est impossible d'absoudre, à moins de prétendre qu'ils n'ont pas été des hommes. Mais il vous est également impossible et de nier et de soutenir qu'ils aient pu devenir dieux; car si vous n'êtes établis que pour punir ceux qui les imitent, si parmi vous-mêmes tout ce qui a conservé des mœurs se croiroit déshonoré d'entretenir quelque commerce avec des mécréans et des infames, s'il craint de leur parler, et d'habiter sous le même toit, et s'il étoit vrai que Dieu se fût associé de pareils hommes, pourquoi condamneriez-vous ceux dont vous adorez les collègues? Votre justice elle-même fait le procès aux habitans du ciel. Faites l'apothéose des plus grands scélérats, vous êtes sûr de flatter vos dieux en rendant un culte divin à leurs semblables.

Mais brisons sur ces infamies. Je suppose que vos dieux ont été des hommes vertueux, bienfaisans, irréprochables. Cependant, combien n'avez-vous pas laissé dans les enfers de sages qui valoient mieux encore! un Socrate, un Aristide le juste, un Thémistocle, célèbre par sa valeur, un Alexandre avec sa colossale grandeur, et l'heureux Polycrate, et le riche Crésus, et l'éloquent Démosthène. Qui d'entre vos dieux surpassa jamais un Caton en gravité et en prudence, un Scipion en science militaire, un Pompée en élévation de sentimens, un Sylla en bonheur, un Crassus en opulence, un Cicéron par les ressources du talent? C'étoient là des hommes que le Dieu suprême, à qui l'avenir ne peut être caché, auroit bien fait d'attendre pour leur décerner les honneurs divins. Il s'est trop pressé, à mon avis, il a trop tôt fermé le ciel, et il rougit d'entendre les murmures des âmes qui méritoient bien mieux les préférences.

XII. Je finis sur cet article. J'aurai l'occasion de vous faire voir ce qu'ils ne sont pas, après vous avoir montré ce qu'ils sont. Quant à leurs personnes, je ne vois que des noms d'anciens morts, je n'entends raconter que des fables, unique fondement du culte qui leur est rendu. Quant à leurs simulacres, même matière que celle qui est employée dans la composition des choses les plus communes....

En n'adorant point de vaines idoles, inanimées

Page 14.

comme les objets qu'elles retracent, ne méritons-nous pas plutôt d'être loués que d'être punis comme nous le sommes, puisque nous ne faisons que rejeter un culte monstrueux? Pouvons-nous craindre d'offenser ce qui n'est pas, ce qui par conséquent ne peut rien sentir?

XIII. « Mais enfin, ce sont des dieux pour nous. » Comment donc se fait-il que vous n'ayez pour eux que des insultes et des outrages, que les procédés du sacrilége et de l'impiété? Vous les appelez vos dieux, et vous les méprisez! vous les redoutez et vous les mettez en pièces! vous faites profession de les défendre, et vous vous en moquez! Jugez si je dis rien de trop. En premier lieu, chacun étant libre de porter où il veut ses adorations, ceux à qui vous les refusez ne s'en tiennent-ils pas offensés? La préférence que vous donnez à ceux-ci est une injure pour ceux-là. On ne choisit qu'en excluant. Ceux dont vous ne voulez pas, vous les avilissez; et vous n'avez pas peur de leurs ressentimens!

Les chapitres suivans traitent des diverses familles de dieux adorés par les païens, de l'idée qu'en donnent les poëtes et les philosophes, de l'impiété du paganisme dans ses superstitions, ses livres et ses spectacles.

Sur vos théâtres les plus infâmes des hommes se travestissent en dieux. Un vil histrion, décrié pour ses turpitudes, joue une Minerve, déesse de la sagesse, et vous applaudissez ! N'est-ce pas là outrager la majesté divine, la profaner....? Dirai-je que c'est dans vos temples, que c'est au pied des autels que se concertent les plus coupables intrigues (1), que se méditent les adultères, que se réunissent les rendez-vous les plus impurs ?...

Dans le chapitre suivant, Tertullien répond à la calomnie que les chrétiens adoroient une tête d'âne ou le soleil.

Page 18. XVII. Ce que nous adorons est un seul Dieu unique, qui, pour annoncer sa majesté suprême, a créé de rien cette masse immense de tout ce qui existe. Sa parole a commandé, sa puissance a fait exécuter, sa sagesse a ordonné. Invisible, quoique partout il se manifeste ; impalpable, quoique sa grâce nous trace son image ; incompréhensible, quoique l'intelligence humaine puisse arriver jusqu'à lui. C'est par là même que se prouvent et sa vérité et sa grandeur : car ce qu'on peut voir et mesurer à la manière ordinaire est moindre que les organes qui l'aperçoivent ou le touchent.

---

(1) Bourdaloue : « La calomnie suscitée du temps de Tertullien contre les fidèles, savoir : Que les plus honteux engagemens se formoient et s'entretenoient à la faveur des autels, *inter aras lenocinia tractari*, etc. (*Carême*, tom. II, pag. 295.) » La mémoire du savant prédicateur l'a trompé. C'est aux païens seuls que le reproche s'adresse.

Ce qui est immense ne peut être connu que de soi-même. C'est l'impuissance même où nous sommes de le concevoir qui nous donne l'idée de Dieu. Son essence sans bornes le découvre à la fois et le dérobe à nos regards. Le plus grand crime dans l'homme est de ne pas reconnoître celui qu'il lui est impossible de méconnoître.

Voulez-vous qu'on vous prouve son existence par cette foule d'excellens ouvrages de ses mains, qui nous soutiennent, qui nous conservent, qui nous réjouissent; par ceux mêmes qui nous impriment sa crainte; par le seul témoignage du sens intime. Interrogez votre âme elle-même : du fond de cette prison d'un corps qui l'enchaîne, du sein de tous les préjugés qui arrêtent son essor, de la fange même de ces passions terrestres qui l'énervent, lorsqu'elle s'éveille, comme au sortir de l'ivresse ou d'un profond sommeil, rendue tout à coup à sa constitution naturelle, elle proclame Dieu, elle l'invoque sous le seul nom qui lui convienne. *Grand Dieu ! bon Dieu ! ce qui plaira à Dieu :* ces paroles viennent à la bouche de tous les hommes. Elle la reconnoît aussi pour juge, quand elle s'écrie : *Dieu a les yeux ouverts, je me repose sur Dieu, Dieu me fera justice.* O témoignage de l'âme naturellement chrétienne! Et quand elle tient ce langage, ce n'est point le Capitole qu'elle regarde, mais le ciel, parce qu'elle sait bien que c'est là que réside le

Dieu vivant; de là qu'elle-même tire son origine,
puisqu'elle la tire de Dieu.

XVIII. Toutefois il a voulu nous rendre plus acces-
sibles et sa nature et l'économie de sa Providence,
et ses commandemens. Dans cette vue, à ses premiers
bienfaits il a ajouté l'Écriture, qui nous apprend à
le chercher, à le connoître, à croire en lui, à le servir. Dès le commencement, il a envoyé sur la terre
des hommes dignes, par la justice et l'innocence
de leurs mœurs, de le connoître et de le faire connoître. Il les a inondés de son Esprit, pour annoncer
qu'il n'y a qu'un seul Dieu qui a tout créé ; qui a
formé l'homme du limon de la terre (c'est là le
vrai Prométhée); qui a établi dans le monde la succession invariable des saisons ; qui nous donne
par les ouragans et les tonnerres l'impression de
sa majesté et de ses redoutables jugemens ; qui
nous a donné les préceptes à observer pour lui
plaire, ces mêmes préceptes que vous ignorez ou
que vous transgressez, mais auxquels sont attachées
de magnifiques récompenses ; qui réserve pour la
fin des temps une vie éternelle à ses serviteurs
fidèles, un feu éternel aux idolâtres, pour le jour
où tous les hommes qui sont morts depuis l'origine
des siècles ressusciteront, et comparoîtront à son
tribunal pour être châtiés ou récompensés selon
leurs œuvres. Nous avons ri comme vous de ces

dogmes: nous pensions comme vous; on ne naît pas chrétien, on le devient (1).

Les prédicateurs dont nous vous parlons, on les appeloit prophètes, parce qu'ils prédisoient l'avenir. Leurs prophéties et les miracles opérés par eux en témoignage du Dieu qu'ils annonçoient sont consignés dans nos livres sacrés, qui sont maintenant à la portée de tout le monde, grâce à la traduction qui en a été faite par les ordres de Ptolémée Philadelphe... Qu'on les consulte, on y apprendra à connoître Dieu, et bientôt à croire en lui.

Page 19.

XIX. Le premier caractère d'autorité de ces livres leur vient de leur haute antiquité. Chez vous, comme partout ailleurs, l'antiquité va de pair avec la religion. Or les livres d'un seul de ces prophètes, qui sont comme un trésor où est déposée toute la religion des Juifs, et par conséquent la nôtre, devancent de plusieurs siècles ce que vous avez de plus reculé, vos édifices, vos monumens, vos origines, vos institutions, votre histoire, vos langages les plus surannés, vos traditions, vos peuples et vos villes les plus renommées: ce n'est pas assez dire, vos dieux eux-mêmes, vos temples, leurs oracles et leurs sacrifices. Moïse a précédé d'environ huit cents ans la fondation de Rome, de trois cents la ruine de Troie, de plus de cinq

---

(1) *De vestris fuimus : fiunt non nascuntur christiani.* (Voyez Ch. de Neuville, *Serm.*, tom. IV, pag. 174.)

cents années la naissance d'Homère. Tous les autres prophètes venus après Moïse sont antérieurs et de beaucoup aux plus anciens de vos sages, de vos législateurs et de vos historiens.

Page 20.   XX. Un autre caractère qui rend nos livres plus respectables encore, c'est la divine inspiration dont ils sont manifestement empreints. La preuve n'est pas loin ; c'est le monde tout entier, et son histoire passée, présente et future, qui nous la fournissent (1). Ce qui arrive, ce que nous voyons tous les jours avoit été prédit. Il a été prédit que la terre engloutiroit des cités ; que les mers feroient disparoître des îles ; que les nations seroient en proie à des guerres étrangères et intestines ; que les royaumes se choqueroient les uns aux autres ; que la famine, la peste, des bouleversemens désoleroient certaines contrées, en changeroient la face ; que la justice deviendroit plus rare ; que l'injustice prévaudroit ; que la pratique de toutes les vertus seroit languissante ; que l'ordre des saisons et des élémens seroit interverti ; que des monstres et des prodiges troubleroient le cours de la nature.

Les maux que nous éprouvons, nos livres les

---

(1) Molinier, tout le sermon sur la *vérité de la religion chrétienne. Serm. chois.* Tom. II, pag. 165 et suiv. Il conclut avec Tertullien : *Idoneum, opinor, testimonium divinitatis veritas divinationis.* Pag. 251.

racontoient à l'avance. L'événement fait la preuve de la prédiction; et c'est là, ce me semble, une assez belle garantie de leur divinité. Les prophéties déjà accomplies nous font croire celles qui ne doivent s'accomplir que par la suite, puisque celles-ci sont mêlées à celles qui s'exécutent journellement. Les mêmes bouches les ont prononcées, les mêmes mains les ont écrites, le même Esprit les a dictées. La prophétie confond tous les temps dans l'avenir qu'elle prédit, au lieu que les hommes, autant qu'il leur est possible, distinguent le temps à mesure qu'il s'écoule, séparant le présent de l'avenir, et le passé du présent. Avons-nous tort, dites-moi, de croire pour l'avenir ceux que nous avons trouvés déjà si fidèles pour le présent et le passé?

XXI. Comme j'ai avancé que les livres des Juifs, si vénérables par leur antiquité, servent de fondement à la religion des chrétiens, et que cependant on la taxe de nouveauté comme ne remontant pas au-delà du règne de Tibère, ce que nous ne désavouons pas, peut-être nous accusera-t-on de chercher à répandre des opinions nouvelles à l'ombre d'une religion célèbre, à qui, du moins, vous laissez son libre exercice, tandis que nous n'avons rien de commun avec elle, ni la date, ni l'abstinence de certaines viandes, ni la célébration des fêtes, ni la circoncision, ni le nom; ce qui devroit être,

selon vous, si nous reconnoissions le même Dieu.
On ne connoît Jésus-Christ que comme un homme
ordinaire, que les Juifs ont jugé tel ; d'où l'on se
croit fondé à nous accuser d'adorer un simple
homme.

Cependant, bien loin d'en rougir, nous nous
faisons gloire d'être persécutés et condamnés pour
son nom ; et nous ne pensons point de Dieu autrement que les Juifs. Pour me faire entendre, il
est bon que je vous explique sommairement notre
doctrine sur la divinité de Jésus-Christ.

Les Juifs étoient la nation chérie de Dieu, à cause
de la justice et de la foi de leurs pères ; ce qui rendoit
leur peuple nombreux, et leur état florissant. Par
une prérogative singulière, Dieu les instruisoit en
personne de ses commandemens. Mais, follement
enflés des vertus de leurs pères, ils abandonnèrent
sa loi pour se plonger dans l'impiété et dans
toute sorte de crimes. Ils n'en conviendroient pas ,
le déplorable état où ils sont aujourd'hui le prouve
assez. Dispersés, vagabonds, bannis de leur patrie,
ils errent partout, sans avoir ni Dieu ni homme
pour roi , sans qu'il leur soit permis de mettre le
pied dans leur pays , même comme étrangers.

Page 21. Les saints oracles qui les menaçoient de ces
malheurs leur annonçoient aussi que sur la fin
des temps Dieu se choisiroit des adorateurs plus
fidèles de toutes les nations, de toutes les contrées

de l'univers, auxquels il feroit passer sa grâce,
mais une grâce plus parfaite, et proportionnée au
mérite de l'auteur du nouveau culte. Or le dispen-
sateur de cette grâce, le législateur de ce nouveau
culte, ce bienfaiteur de l'univers dont il alloit
être le réformateur et la lumière, on l'annonçoit
comme fils de Dieu ; non pas né à la manière de
vos dieux, pas même à la manière des hommes,
mais conçu au sein d'une vierge, par un enfantement miraculeux (1). Je vais vous expliquer sa
nature, pour vous faire entendre le mystère de sa
naissance.

Je vous ai dit que Dieu avoit créé le monde par
sa parole, sa raison et sa puissance. Vos philosophes
mêmes conviennent que le monde est l'ouvrage de
Dieu, c'est-à-dire de sa parole et de sa raison.
Nous disons aussi que la propre substance de cette
parole, de cette puissance et de cette sagesse de
Dieu, qui a fait toutes choses, est Esprit ; Verbe
quand il ordonne, raison quand il dispose, puissance quand il exécute. Nous avons appris que cet
Esprit est produit de Dieu ; qu'en le produisant

---

(1) Texte : Non pas un fils qui rougit du nom de fils, et des désordres de son père, etc. Par allusion aux généalogies de la fable.
Senaut étend ainsi la pensée de Tertullien : « Il veut que le sein qui
le porte soit l'image du sein de son Père, où il reçoit l'être sans corruption, et où, naissant de sa substance, il porte sans confusion le nom
de Fils. *Ita quidem genitus, ut non erubescat in filii nomine.* » *Paneg.*
tom. ii, pag. 244.

Dieu l'a engendré, et que par là il est Fils de Dieu,
Dieu lui-même, par l'unité de substance ; car Dieu
est Esprit. Le rayon sorti du soleil fait une portion
du tout, mais le soleil est dans le rayon, puisque
c'est son rayon ; il ne se fait pas une séparation, mais
seulement une extension de substance. Ainsi le
Verbe est-il Esprit d'Esprit, Dieu de Dieu, comme
la lumière est une émanation de la lumière. La
source de la lumière ne perd rien, ni de sa substance ni de son éclat, en se répandant et se
communiquant : de même ce qui procède de Dieu
est Dieu et Fils de Dieu. Et les deux ne font qu'un.
Autre en propriété, non en nombre ; en ordre, non
en nature ; sorti de son principe sans le quitter.

Ce rayon de Dieu, ainsi qu'il étoit prédit de tout
temps, est descendu dans une vierge, s'est fait
chair dans son sein ; il naît homme uni à Dieu. La
chair animée par l'Esprit se nourrit, croît, parle,
enseigne, opère, et c'est le Christ. En attendant
la preuve que nous sommes en état de vous donner,
recevez toujours cette doctrine, ne seroit-elle
qu'une fable comme les vôtres. Ceux qui, parmi
vous, ont imaginé leurs fables pour décréditer la
vérité par un faux air d'imitation, savoient qu'au
fond le Christ devoit venir. Les Juifs le savoient ;
car c'étoit à eux que les prophètes adressoient
leurs prédictions. Ils l'attendent encore aujour-
d'hui, et le grand sujet de contestation entre eux et

nous; c'est qu'ils soutiennent qu'il n'est pas encore venu. Deux avénemens du Christ sont marqués dans les prophètes : le premier, dans la bassesse de la condition humaine ; il est passé : le second, réservé à la consommation des siècles, où il se manifestera dans toute la pompe de sa divinité. Les Juifs n'ont pas voulu reconnoître le premier, et les confondent tous deux dans un seul, d'après l'idée qu'ils se sont faite d'un Messie plus éclatant. Leurs infidélités les ont empêchés de concevoir le premier, qui les auroit sauvés s'ils l'eussent cru. Leurs propres livres leur mettoient sous les yeux l'authentique déclaration que Dieu, pour les en punir, leur a ôté la sagesse et l'intelligence, l'usage des yeux et des oreilles. Parce que ses abaissemens ne leur laissoient voir dans sa personne qu'un pur homme, sa puissance devoit le faire passer à leurs yeux pour un magicien. D'un mot, chassant les démons, rendant la vue aux aveugles, la santé aux lépreux, le mouvement aux paralytiques, la vie aux morts, soumettant les élémens, commandant aux flots de la mer agitée par les tempêtes, se faisant des eaux une terre ferme, il manifestoit bien dans sa personne le Verbe de Dieu, son premier né, sa vertu, sa raison, l'Esprit qui en fait l'inaliénable essence. Mais les docteurs et les premiers de la nation, révoltés contre une doctrine qui les confondoit, jaloux de voir le peuple courir en foule

Isa., xliv. 18.

Page 22.

2

24

sur ses pas, forcèrent Pilate, gouverneur de la
Judée pour les Romains, de le livrer à leur haine
pour le faire mourir par le supplice de la croix.
Lui-même il l'avoit prédit. Ce n'est pas assez ; les
prophètes l'avoient prédit également il y avoit
plusieurs siècles. Attaché à la croix, il expira en
parlant, et prévint le ministère du bourreau. A
l'instant le jour disparut, avant midi. On ne vit
qu'une éclipse de soleil dans un événement que
l'on ignoroit avoir été prédit pour la mort du
Christ. Faute d'eu connoître la vraie cause, on prit
le parti de nier ; mais cette défaillance du monde
qui sembloit expirer avec son auteur, vous la trouverez consignée dans vos archives (1).

Après que son corps eut été détaché de la croix,
et mis dans le tombeau, les Juifs le firent garder
avec soin par une troupe de soldats, pour empêcher que, comme il avoit prédit qu'il se ressusciteroit de lui-même trois jours après sa mort, ses
disciples ne vinssent l'enlever pour faire croire à
sa résurrection. Mais le matin du troisième jour,
la terre trembla tout à coup ; l'énorme pierre qui

(1) « Parmi les païens, Phlégon, auteur grec et affranchi d'Adrien,
» marque exactement l'éclipse de soleil, arrivée la dix-huitième année
» du règne de Tibère, temps précis de la mort de notre Sauveur. Les
» annales de Rome faisoient mention de ce prodige ; les registres de
» l'empire en étoient chargés. De là vient que nos anciens apologistes
» aussi bien que nos premiers martyrs y renvoyoient ordinairement les
» païens. » (Fromentières, *Carême*, tom. II, pag. 187.)

fermoit le sépulcre fut renversée; les gardes effrayés se dispersèrent sans qu'il eût paru aucun des disciples; et l'on ne trouva plus dans le tombeau que les dépouilles d'un tombeau. Cependant les principaux de la nation, intéressés à supposer un crime, pour retenir tributaire et dépendant un peuple prêt à leur échapper, n'en répandirent pas moins le bruit que les disciples de Jésus l'avoient enlevé.

Le Christ ne se montra point à la multitude; l'impiété devoit être punie par l'aveuglement, et les magnifiques récompenses promises à la foi méritoient bien d'être achetées par quelques épreuves; mais il demeura durant quarante jours avec ses disciples dans la Galilée, qui fait partie de la Judée, leur enseignant ce qu'ils devoient enseigner eux-mêmes. Après quoi, les ayant chargés de prêcher son Evangile par toute la terre, il s'éleva dans le ciel, environné d'une nuée qui le dérobait à leurs yeux; prodige beaucoup plus sûr que celui de Romulus, dont vous n'avez pour garans que des Proculus. Pilate, chrétien dans le cœur, rendit compte de tous ces faits à Tibère (1). « Les Césars seroient chré-

---

(1) Il y avoit eu dès les premiers siècles de l'Église des Actes de Pilate, réputés authentiques. C'étoit une relation que cet intendant de la Judée faisoit à Tibère de ce qui s'étoit passé à la mort de Jésus-Christ; outre le procès qu'il en avoit instruit, elle contenoit diverses circonstances de la vie et de la résurrection du Sauveur, des miracles que l'on en publioit, et de l'opinion où l'on étoit de sa divinité. C'est

24.

tiens si le siècle qui nous persécute pouvoit se
passer des Césars, ou s'ils pouvoient être Césars
et chrétiens tout ensemble (1). Les apôtres, fidèles à
leur mission, se partagèrent le monde; et après
avoir eu beaucoup à souffrir de la part des Juifs déclarés contre la religion de Jésus-Christ, pleins du
courage que donne la conviction de la vérité, ils
semèrent le sang chrétien (2) à Rome, durant la
persécution de Néron...

Voilà l'histoire et la date précise de notre secte,

ce que nous apprenons d'Eusèbe, qui ne trouvoit rien de surprenant à
cette conduite de Pilate, parce que c'étoit, dit-il, une coutume in-
violablement observée par les gouverneurs de province d'avertir
l'emp reur de tout ce qui s'y passoit d'intéressant. (*Hist. eccl.* liv. ii,
ch. ii.) S. Justin, martyr, avoit eu connoissance de ces actes. Ils ne
restèrent pas long-temps en leur entier. S. Épiphane nous apprend
que les hérétiques y mêlèrent de coupables interpolations qui les discré-
ditèrent. (*Hæres.* l, cap. xi.) Les païens achevèrent de les corrompre,
ils y ajoutèrent même des blasphèmes contre la personne de Jésus-
Christ. Ce sont ceux que l'empereur Maximin fit répandre dans toutes
les parties de son empire, ordonnant que l'on en fît des lectures publiques partout où il y avoit des chrétiens.

(1) Trad. par Bossuet, *Panégyr. de S. Thomas de Cantorb.* tom. vi,
édit. de Versailles, 1816, pag. 596. Ce mot a besoin d'être modifié;
il l'a été surtout par Bossuet, avec autant de justesse que d'éloquence,
dans le panégyrique précité. Fénélon le cite dans son *Discours pour le
sacre de l'élect. de Cologne*, 1ʳᵉ part. Le P. Lenfant en a fait un bel
usage, appliqué à l'exemple, dans son sermon à ce sujet, tom. iv,
pag. 319 et 320. « Tertullien n'osoit assurer que la cour des Césars
» pût devenir chrétienne : *Si Cæsares potuissent esse christiani.* Tien-
» droit-il à la plupart des grands qu'on en doutât aujourd'hui ? » Ch. de
Neuville, *Carême*, tom. i, pag. 299.

(2) *Sanguinem christianum seminaverunt.* Nos grands prédicateurs
ont bien senti l'énergie de cette métaphore.

de notre auteur et de notre nom. Que l'on cesse donc de nous calomnier. Que l'on ne soupçonne pas davantage que nous cherchions à en imposer. Nous ne croyons pas qu'il soit permis jamais de mentir sur le fait de la religion (1). En disant qu'on adore ce qu'on n'adore pas en effet, on renie le véritable objet de son culte ; on abjure sa religion, en transportant à un autre les honneurs divins. Nous le disons, nous le proclamons à la face de tous les hommes et du pied des échafauds, sous les fouets qui nous déchirent, et font couler notre sang à grands flots, nous confessons hautement que nous adorons Dieu par le Christ. Croyez après cela que c'est un homme que nous adorons. C'est par lui et en lui seul que Dieu veut être connu et adoré.

Page 24.

Je répondrai aux Juifs que c'est par le ministère d'un homme, de Moïse, qu'ils ont appris à connoître Dieu ; aux Grecs, qu'Orphée dans la Thrace, Musée à Athènes, Mélampe à Argos, Trophonius dans la Béotie, avoient leurs initiations et leurs mystères ; que vous-mêmes, ô maîtres du monde, vous tenez d'un homme, de Numa Pompilius, les gênantes superstitions auxquelles vous êtes asser-

---

(1) « La religion, disoit Tertullien, est une chose sacrée, où il n'est jamais permis de mentir, puisque les moindres mensonges, les moindres déguisemens s'y changent en sacriléges. » (Le ministre Claude, dans *Morc. choisis des protest.*, pag. 191.) « Les chrétiens mouroient plutôt que de feindre d'être païens pour racheter leur vie. » (Cambacérès. *Serm.*, tom. 1, pag. 220.)

vis. Le Christ étoit-il moins qu'eux en droit de
nous exposer le secret de la divine essence qui lui
est propre ?... Examinez donc si la divinité de Jésus-Christ est bien prouvée. Et si la connoissance
de sa religion conduit à la réforme des mœurs et à
la pratique du bien, il en faudra conclure que
toute autre religion en opposition avec elle est
fausse : ce que je dis particulièrement de celle qui,
comme la vôtre, s'enveloppant de noms et de
simulacres de morts, n'a pour garantir sa divinité
que quelques prétendus prodiges et des oracles.

XXII⁰ et XXIII⁰ chap. Tertullien explique ces prodiges par les prestiges des démons.

Toutes leurs manœuvres n'ont qu'un seul objet, la
ruine de l'homme (1). Les dieux du paganisme ne sont
que des démons (pour preuve) :

Page 24.

Que l'on amène devant vos tribunaux quelque
possédé du démon, qui le soit notoirement. Un
chrétien, quel qu'il soit, n'importe, commandera
au malin esprit de parler ; et il confessera qu'il
n'est en effet qu'un démon, et qu'ailleurs il se
dit faussement dieu. Qu'on amène également quelques-uns de ceux que l'on croit agités par une divinité
dont l'esprit les anime, et fait sortir avec effort de

---

(1) *Operatio eorum est hominis eversio.* Voy. Bossuet citant ce mot
de Tertullien. *Serm.*, tom. ɪv, pag. 195.

leur poitrine haletante des paroles entrecoupées ;
et, n'osant mentir à un chrétien, s'ils ne confessent
pas qu'ils sont des démons, faites couler à l'instant même le sang de ce chrétien (1).

Que peut-il y avoir de plus manifeste et de plus
sûr qu'une pareille preuve ? Voilà la vérité elle-
même avec sa simplicité et son énergie. Que pourriez-vous soupçonner ? De la magie ou de l'imposture ? vos yeux et vos oreilles vous démentiroient.
Non, vous n'avez rien à opposer à l'évidence
toute nue. Si vos dieux le sont véritablement, pourquoi s'accusent-ils faussement de n'être que des
démons ? Est-ce par déférence pour nous ? Vos
dieux sont donc tributaires des chrétiens ? Mais
quelle étrange divinité que celle qui est assujettie
à des hommes, et, ce qui est plus humiliant encore,
à des antagonistes ! Si, d'un autre côté, ils sont
anges ou démons, pourquoi répondent-ils ailleurs
qu'ils ont un caractère divin ? Car enfin, de même
que ceux qui, dans votre esprit, passent pour être
des dieux, ne consentiroient pas, s'ils l'étoient réellement, à s'appeler démons, pour ne pas déchoir
de leur divinité ; ni ceux non plus que vous savez certainement n'être que des démons n'usur-
peroient pas dans d'autres temps le nom de

Page 23.

___

(1) Voy. encore Bossuet au même discours, pag. 197; et mieux
encore l'éloquente traduction qu'il fait de tout ce morceau, *Serm. du
premier dim. de carême.* (*Serm.* tom. IV, pag. 258 et suiv.)

dieux, s'il y en avoit effectivement; ils ne se ha-
sarderoient pas sans doute à profaner la majesté
de leurs maîtres. Tant il est vrai que la divinité
que vous adorez n'existe pas! puisque, si elle existoit, elle ne seroit ni envahie par les démons,
ni désavouée par les dieux. Les uns et les autres
s'accordant à confesser qu'ils ne sont pas dieux,
reconnoissez donc qu'ils sont tous des démons;
cherchez ailleurs la divinité. Les chrétiens, après
vous avoir convaincus de la fausseté de vos dieux,
vous font découvrir par la même voie quel est le
vrai dieu. S'il est unique, c'est celui que reconnoissent les chrétiens; il faut croire en lui et
l'adorer comme la foi et les rits des chrétiens le
prescrivent.

Que vos dieux vous disent après cela: Qu'est-ce
que ce Christ? qu'est-ce que sa romanesque histoire? Un homme de la lie du peuple; un magicien
ressuscité; oui, parce que ses disciples ont trouvé
moyen d'enlever son corps du tombeau? Qu'ils vous
disent s'il est encore parmi les morts, s'il n'est pas
plutôt dans le ciel, s'il ne doit pas en descendre sur
les ruines du monde, au milieu des frémissemens
et des gémissemens de tous les mortels, les chrétiens seuls exceptés; s'il ne doit pas en descendre
avec la majesté de celui qui est l'Esprit de Dieu,
son Verbe, sa sagesse, sa raison, son Fils. Qu'ils
rient avec vous de nos mystères. Qu'ils nient que

le Christ, après la résurrection générale, jugera tous les hommes (1). Qu'en présence de son tribunal ils viennent nous parler encore d'un Minos, d'un Rhadamante, à qui Platon et les poëtes ont donné cette commission ; qu'ils viennent du moins justifier leur commune ignominie, et nous demander grâce ; qu'ils fassent voir qu'ils ne sont pas d'impurs Esprits, quand les sacrifices infects et dégoûtans dont ils se repaissent, et les obscénités de leurs poëtes les en accusent ; qu'ils s'inscrivent en faux contre le jugement qui châtiera leurs abominations en confondant avec eux leurs adorateurs et leurs ministres.

Or tout ce pouvoir que nous exerçons sur eux nous vient du nom de Jésus-Christ, et des menaces que nous leur faisons de la part de Dieu, au nom du même Jésus-Christ (2). Craignant Jésus-Christ en Dieu, et Dieu en Jésus-Christ, ils sont soumis aux serviteurs de Dieu et de Jésus-Christ. De là vient qu'au moindre attouchement, au moindre souffle de notre bouche, effrayés par la pensée et par l'image de ce feu éternel auquel ils sont destinés, vous les voyez sortir à notre commandement des corps qu'ils occupent, pleins de fureur, exhalant

(1) Molinier a donné à ces paroles un magnifique développement. (*Serm. chois.*, tom. ii, pag. 224 et suiv.)

(2) Origène atteste le même fait dans sa réponse à Celse. Voy. le 2ᵉ vol. de cet ouvrage, pag. 108.

en votre présence leur honte et leur désespoir.
Vous les croyez quand ils mentent ; croyez-les
donc quand ils disent la vérité contre eux-mêmes.
On ment bien par vanité ; jamais pour se déshonorer. Aussi sommes-nous plus portés à croire
ceux qui font des aveux contre eux-mêmes que
ceux qui nient pour leur propre intérêt. Ce sont
ces mêmes aveux de vos divinités qui nous donnent tant de chrétiens, parce qu'on ne peut les

Page 26. croire sans croire au Christ. Oui, ce sont eux qui
nous pénètrent d'une ardente foi pour nos saints
livres, et prêtent à notre espérance un immuable
fondement. Ils reçoivent de vos mains en sacrifice
le sang des chrétiens ; voudroient-ils perdre de si
zélés, de si utiles adorateurs ? s'exposeroient-ils,
par un nouveau mensonge, à se voir un jour
chassés par vous-mêmes, si vous deveniez chrétiens ?

XXIV. Une semblable confession de vos dieux,
quand ils reconnoissent n'être pas des dieux, et
qu'il n'y en a point d'autre que celui que nous
adorons, suffit sans doute pour nous justifier du
crime de lèse-religion romaine. Car s'il est certain
que ce ne sont pas des dieux, il est par là même
prouvé que ce n'est pas une religion ; et s'il n'y a
point de religion, parce qu'il est certain qu'il n'y
a point de dieux, il est certain aussi que nous ne
pouvons pas violer la religion où il n'y en a point.

Au contraire, le reproche retombe sur vous-mêmes, puisque c'est vous qui, en adorant le mensonge, en méprisant, en repoussant la vraie religion, vous rendez coupables du crime trop réel d'irréligion.

Et certes, supposé même qu'ils fussent dieux, ne s'accorde-t-on pas généralement à croire qu'il y ait par-dessus tous les autres un Dieu plus élevé et plus excellent, maître de l'univers, dans qui réside la plénitude de puissance et la parfaite majesté (1)? Tel est le système adopté par le plus grand nombre d'entre vous au sujet de la Divinité, que le pouvoir souverain est dans les mains d'un seul qui en partage les fonctions avec la multitude. Ainsi Platon représente-t-il son grand Jupiter escorté dans le ciel d'une armée de dieux et de démons; et c'est d'après cette idée qu'il faut respecter, à l'égal de lui-même, tous ceux qu'il a établis ses lieutenans. Mais dites-moi, de quel crime se rendroit-on coupable à l'égard de l'empereur, si, pour mieux mériter ses faveurs, on concentroit sur sa personne seule tous ses hommages et toutes ses espérances? L'est-on davantage pour ne vouloir point donner à un autre la qualité de Dieu, pas plus que celle d'empereur à un autre

---

(1) Témoin Homère, Platon. Voy. au 1er vol. de cet ouvrage la doctrine de S. Justin, pag. 301, d'Athénagores pag. 341, de S. Clément d'Alexandrie, pag 392.

que le prince? Ne seroit-ce pas plutôt un crime
capital d'appeler ou de souffrir qu'on appelle
empereur qui que ce soit, hors l'empereur lui-
même ?

Permettez à l'un d'adorer le vrai Dieu, à l'autre
Jupiter; à l'un de lever les mains au ciel, à l'autre
vers l'autel de la foi; de prier, en comptant, celui-ci,
comme vous dites, les nuages, celui-là, les pan-
neaux d'un lambris; à l'un d'offrir à Dieu sa vie
en sacrifice, à l'autre celle d'un bouc. Prenez garde
que ce ne soit préconiser l'irréligion d'ôter la
liberté de religion et l'option de la divinité; de
ne pas me permettre d'adorer qui je veux, pour
me forcer d'adorer qui je ne veux pas (1). Il n'y a
point de dieu qui aime des hommages forcés ;
un homme même n'en voudroit pas.... Tous les
peuples du monde ont leurs cultes divers ; il n'y a
que nous à qui l'on refuse la liberté de conscience.
Nous offensons les Romains, nous ne sommes
plus Romains, parce que le Dieu que nous adorons
n'est pas celui des Romains. Mais que vous le
vouliez ou non, c'est pourtant le Dieu de tous
les hommes ; tous, nous lui appartenons. Mais
chez vous il est libre d'adorer tout, hors le vrai

---

(1) Voy. la Politique sacrée, liv. vii, art. iii, xᵉ propos. pag. 471 du
tom. vii, in-4°, éd. Paris, 1745. « Nulle puissance humaine ne peut
forcer le retranchement impénétrable de la liberté du cœur. » Fénélon, *Disc. pour le sacre de l'élect. de Cologne*, 2ᵉ part.

Page 27.

Dieu, comme s'il n'étoit pas juste que celui à qui tous les hommes appartiennent fût le Dieu de tous les hommes.

XXV. Je crois n'avoir rien à ajouter à ma démonstration de la fausseté de vos dieux, et de la vérité du nôtre. L'autorité de vos dieux même est venue mettre le sceau à l'évidence et à la force du raisonnement. Mais puisque je viens de citer nominativement les Romains, je ne refuserai pas d'entrer en lice avec ceux qui, préjugeant la question, affirment que c'est en récompense de leur zèle inviolable pour leur religion que les Romains seroient parvenus à ce comble de puissance qui les a rendus les maîtres du monde; et qu'il faut bien que ces dieux existent, puisque le peuple de tous qui s'est montré le plus pieux à leur égard a été de tous les peuples le plus florissant. Voilà donc le prix magnifique dont la reconnoissance des dieux a gratifié la ville qui les honore! C'est Sterculus, c'est Mutune, c'est Larentine (1), vos dieux originaires, qui auroient donc élevé votre empire à ce faîte de prospérité? Car pour les dieux étrangers, je n'imagine pas qu'ils eussent été d'humeur à préférer un autre peuple au leur, et à livrer à des ennemis la terre où ils ont reçu

---

(1) Sterculus, dieu du fumier. Mutunus étoit chez les Romains ce que Priape étoit chez les Grecs. Larentine ou Laurentia, femme du berger Faustule, surnommée *Lupa*, d'où le mot *Lupanar*.

le jour, où ils ont passé leur vie, où ils se son
signalés, où leurs cendres reposent... Junon,
par exemple, auroit-elle souffert que Carthage,
cette cité plus chère à son cœur que Samos elle-
même, fût renversée par la race d'Énée ; cette cité
où, comme parle le poëte, *étoient déposées ses armes
et son char, et qu'elle ambitionnoit, qu'elle s'ef-
forçoit de faire régner sur toutes les nations, si les
destins l'eussent permis* (1)? Épouse et sœur in-
fortunée de Jupiter, elle ne pouvoit rien contre
les destins. Jupiter lui-même leur est soumis ; et
cependant les Romains n'ont rendu jamais à ces
destins, qui leur ont livré Carthage en dépit de
Junon, autant d'honneurs qu'à cette Larentine, la
plus infâme des prostituées....

La religion des Romains n'a point précédé leur
grandeur. Leurs prospérités ne furent donc point
la récompense de leur religion.

Page 28.   Eh! comment les auroient-ils dues à leur religion,
quand elles n'ont été l'ouvrage que du sacrilége ?

Tout royaume, tout empire ne s'établit, si je ne
me trompe, que par la force des armes, et ne
s'agrandit que par les victoires. Mais et la guerre
et les victoires supposent nécessairement des pri-
ses et des renversemens de villes ; ce qui ne se
fait pas sans que les dieux en souffrent. Un même
désastre enveloppe et les murailles et les temples ;

(1) Virg. *Æneid*. lib. 1.

le carnage confond le prêtre et le citoyen ; le pillage ne respecte pas plus le saint que le profane. Donc, autant de trophées des Romains, autant de sacriléges ; autant de victoires remportées sur les peuples, autant de triomphes sur les dieux ; autant de dépouilles enlevées à l'ennemi, autant de simulacres des dieux captifs. Et ces dieux se résignent à recevoir les hommages de leurs ennemis ! et ils donnent un empire sans bornes à ceux dont ils auroient dû payer les outrages plutôt que les adorations ! C'est qu'on outrage sans crainte comme on honore sans succès des dieux qui ne sentent rien....

XXVI. Voyez donc s'il n'est pas plus raisonnable que celui-là dispense les couronnes, de qui dépendent et le monde avec ses royaumes, et ceux qui règnent dans le monde ; que celui qui existoit avant les siècles, qui a fait et les siècles et les temps, ait arrêté souverainement pour des époques par lui déterminées la durée et les vicissitudes des empires ; que les cités s'élèvent ou s'abaissent au gré de celui qui régnoit avant qu'il n'y eût des cités sur la terre.... Si c'étoient véritablement vos dieux qui disposassent des couronnes, les Juifs qui les ont toujours méprisés n'auroient jamais eu d'empire. Vous avez vous-mêmes offert des victimes à leur Dieu, des offrandes à leur temple : vous avez honoré de votre alliance la nation que vous n'auriez jamais subjuguée sans le dernier attentat qu'elle a commis contre la personne du Christ.

XXVII. Nous nous sommes suffisamment justifiés du crime de lèse-majesté divine, à l'égard de vos dieux, en montrant qu'ils n'en étoient pas. C'est ce qui fait que, quand on nous presse de sacrifier, nous le refusons par respect pour notre conscience, qui nous fait connoître avec certitude à qui s'adressent les hommages rendus à de vains simulacres et à des hommes déifiés. « Quelle folie s'écrie-t-on, d'aimer mieux perdre la vie par entêtement, au lieu de la sauver en sacrifiant, sans pour cela changer d'opinion! » C'est-à-dire que vous nous donnez le conseil de vous tromper. Nous savons bien par qui vous êtes inspirés ; et que du même atelier sortent et les artificieuses manœuvres employées pour nous séduire, et les violentes persécutions dont on use pour ébranler notre constance. L'artisan de cette conjuration, c'est cet Esprit ange et démon qui, devenu notre ennemi par sa réprobation, et envieux des grâces divines, s'insinue dans vos âmes d'où il nous fait la guerre, et vous pousse par ses secrètes instigations à ces jugemens iniques et à ces condamnations irrégulières, dont je me suis plaint au commencement de cette apologie. Car, bien que la puissance des démons nous soit assujettie, néanmoins, tels que de méchans esclaves, mêlant communément l'in-

Page 29.

solence à la peur, ils aiment à faire du mal à ceux qu'ils appréhendent ; la crainte ne va guère sans l'aversion. Condamnés sans espérance, ils ne goûtent de consolation que dans la jouissance de faire dn mal, jusqu'au jour qui consommera leur châtiment. Ce qui n'empêche point qu'en notre présence ils ne se courbent sous le joug et ne rentrent dans leur condition. De loin ils nous bravent, de près ils sont à nos pieds. Ainsi lorsque, semblables à des esclaves échappés des fers ou des cachots, ils s'élancent contre leurs maîtres avec d'autant plus de fureur qu'ils sentent l'inégalité de leurs forces, obligés à combattre ces vils ennemis, nous leur tenons tête avec une fermeté égale à leur acharnement ; et nous n'en triomphons jamais plus glorieusement que lorsque nous mourons pour la foi.

XXVIII. Mais s'il y a une criante injustice à contraindre des hommes libres de sacrifier malgré eux, quand d'ailleurs on les voit remplir avec zèle leurs devoirs religieux, il n'y a pas moins d'extravagance à prétendre imposer à personne la loi d'honorer des dieux que, dans son propre intérêt, il devroit se rendre favorables, pour ne pas le mettre à même de vous répondre, si cela lui plaît : Je ne veux pas, moi, des bonnes grâces de Jupiter : de quoi vous mêlez-vous? Que Janus se fâche, qu'il me montre quel visage il voudra, que vous importe?

« Mais en sacrifiant, c'est pour les jours de l'empereur qu'on vous le demande ; n'a-t-on pas droit de vous y contraindre ? » Autre artifice qui vous est suggéré par les mêmes esprits malins ; et ils ne vous laissent pas plus libres de ne point nous en faire un commandement, que nous de ne vous pas obéir, au risque de nous perdre : puisque vous redoutez, vous ménagez l'empereur bien plus que votre Jupiter lui-même sur le mont Olympe. Ce qui nous amène au second point d'accusation dirigée contre nous, à savoir le crime de lèse-majesté humaine, est d'une majesté bien autrement considérable. Vous avez raison si vous le faites avec connoissance de cause, puisque le dernier des vivans vaut mieux qu'un mort quel qu'il soit. Mais vous cédez à l'impression d'une puissance que vous voyez ; et par là, bien loin d'honorer vos dieux, vous les outragez, en témoignant à des hommes plus de respect qu'à la Divinité. Aussi vous parjureriez-vous plutôt en jurant par tous vos dieux que par le génie de l'empereur.

XXIX. Prouvez-nous d'abord que ces dieux à qui vous sacrifiez pour le salut des empereurs, ou de qui que ce soit, puissent en effet les protéger et les sauver ; et si cela est, traitez-nous en criminels. Mais si ces esprits méchans, anges ou démons, sont capables de faire quelque bien ; si, après s'être perdus eux-mêmes, ils peuvent en sauver d'autres ; si des condamnés peuvent absoudre ; si, enfin, des morts (car vous savez ce qui en est) peuvent venir au secours des vivans, qu'ils commencent donc par défendre et leurs images et leurs statues, qui ne sauroient se passer des gardes que leur donne l'empereur. Ce sont eux-mêmes qui ont besoin que l'empereur les protége, car ils dépendent de lui. Plusieurs ont éprouvé sa colère... Comment leur devroit-il sa conservation, tandis qu'eux - mêmes ils lui sont redevables de la leur ?

Voilà donc pourquoi nous sommes criminels de lèse-majesté : parce que nous n'abaissons pas les empereurs au-dessous de ce qui en dépend ; parce que nous ne nous jouons pas du salut des empereurs, en le plaçant dans des mains de plomb. C'est donc vous montrer plus religieux à leur égard, Page 3o. de chercher leur salut où il n'est pas, de le demander à ceux qui ne sauroient le leur donner, plutôt qu'au seul Être de qui il dépend ; tandis que vous vous déchaînez contre les hommes qui seuls savent à qui le demander, et seuls peuvent l'obtenir ?

XXX. Or nous invoquons, pour le salut des empereurs, un Dieu éternel, le vrai Dieu, le Dieu vivant, un Dieu dont les empereurs eux-mêmes ont intérêt d'appréhender plus la colère que celle de tous vos dieux ensemble. Ils savent bien quel est

celui de qui ils tiennent l'empire, comment ils
sont entrés dans le monde, et qui leur a donné
l'être; ils sentent bien qu'il n'y a pas d'autre dieu
que lui, qu'ils dépendent de lui seul, qu'ils ont le
second rang à sa suite, le premier après lui, avant
et par-dessus tous les dieux. Ils sont au-dessus de
tous les hommes vivans, à plus forte raison donc
au-dessus de ces dieux morts (1) ; ils connoissent
les bornes de leur pouvoir ; ils sentent qu'ils ne
peuvent rien contre celui par qui ils peuvent tout.
Qu'il déclare la guerre au ciel cet empereur,
qu'il l'enchaîne à son char de triomphe; qu'il place
des sentinelles dans le ciel, qu'il rende le ciel tributaire : sa puissance ne va point jusque-là ; il n'est
grand qu'autant qu'il reconnoît son maître dans le
Dieu du ciel. Il appartient, lui aussi, à celui à qui
le ciel et toutes les créatures appartiennent; c'est
par lui qu'il est empereur, et qu'avant d'être empereur il est homme; il tient son pouvoir des
mêmes mains dont il tient l'existence. Les yeux
levés au ciel, les mains étendues, parce qu'elles
sont pures ; la tête découverte, parce que nous
n'avons point à rougir; sans personne qui nous
trace des formules de prières, parce que c'est le
cœur qui prie, nous demandons pour nos princes,

(1) Belle imitation de tout ce passage dans Larue, *Serm. pour le
jour de Noël. Avent*, pag. 404 et 405.

quels qu'ils soient, une longue vie, un règne tran-
quille, la sûreté dans leurs palais, la valeur dans
les armées, la fidélité dans le sénat, la vertu dans
le peuple, la paix dans tout le monde, tout ce
qu'un homme, tout ce qu'un empereur peut désirer.

Je ne puis demander tout cela qu'à celui de qui
je suis assuré de l'obtenir, parce qu'il n'y a que lui
qui puisse l'accorder, que moi qui aie droit de le
demander, comme son serviteur et son adorateur,
prêt à être immolé pour lui. Je lui offre la plus
précieuse victime, qu'il m'a demandée lui-même,
la prière qui vient d'une conscience innocente, et
d'une chair pudique, et du Saint-Esprit. Je ne lui
offrirai pas quelques grains d'un vil encens, des
parfums de l'Arabie, quelques gouttes de vin, ni
le sang d'un bœuf languissant qui désire la mort,
bien moins encore une conscience infecte. Je m'é-
tonne de voir parmi vous les prêtres les plus corrompus s'attacher, dans le choix des victimes, à
examiner les entrailles des animaux plus que les
cœurs des sacrificateurs.

Tandis que nous prions les mains étendues vers
le ciel, déchirez-nous, si vous voulez, avec des on-
gles de fer, attachez-nous à des croix, faites-nous
consumer lentement par les flammes, plongez le
glaive dans notre sein, livrez-nous aux animaux
dévorans ; « la seule posture du chrétien priant

affronte tous vos supplices (1), » vous témoigne, par sa seule attitude, qu'il est prêt à tout endurer. Ah! venez donc, ô vous, magistrats si humains! hâtez-vous d'arracher la vie à des hommes qui l'emploient à prier pour les empereurs... La vérité, le dévouement à Dieu, voilà nos crimes.

XXXI. Maintenant notre langage devient celui de la flatterie ; c'est un artifice pour échapper à la persécution. Voilà, certes, un artifice bien imaginé! Sans doute, vous croyez et vous nous laissez prouver tout ce que nous voulons.

Vous êtes donc dans la persuasion que nous ne prenons aucun intérêt à la vie des empereurs: eh bien, ouvrez, qui que vous soyez, nos Écritures dictées par la voix de Dieu. Nous ne les cachons à personne, et diverses circonstances les ont fait passer dans les mains des étrangers. Vous y apprendrez qu'il nous est ordonné, par un excès de charité, de prier même pour nos ennemis, de souhaiter du bien à nos persécuteurs. Or quels sont les plus ardens et les plus acharnés persécuteurs des chrétiens, si ce ne sont ceux dont ils sont accusés d'offenser la majesté? Vous y lirez qu'il nous est commandé, par une loi expresse et di- *Rom. xiii.* *1 Tim. ii.* *2.* recte, de *prier pour les rois*, *pour les princes et pour les puissances*, *afin*, est-il dit, *que vous jouissiez*

(1) Traduit par Bossuet. *Serm.*, tom. viii, pag. 24.

d'une paix parfaite, parce que l'empire ne sauroit Page 31. être ébranlé que tous les membres ne le soient. L'état peut-il souffrir sans que nous-mêmes (bien qu'une tourbe frivole nous regarde comme étrangers) nous n'en ressentions quelque contre-coup (1) ?

XXXII. Nous ne jurons point par le génie des empereurs... Nous révérons dans leurs personnes la divine Providence, qui les a établis pour gouverner les peuples. Nous demandons à Dieu qu'il veuille bien conserver ce qu'il a voulu qui fût; et c'est là pour nous un grand serment.

XXXIII. Mais pourquoi parler davantage du religieux sentiment qui nous lie au prince? Il nous est commandé par l'opinion où nous sommes que c'est Dieu qui l'a choisi; à ce titre, je le dirai hardiment: César est à nous plus qu'à personne, puisque c'est notre Dieu qui l'a fait ce qu'il est. Je puis donc, plus qu'un autre, contribuer à sa conservation, non-seulement parce que je la demande à celui qui peut l'accorder, et que je suis ce qu'il faut être pour l'obtenir; mais encore parce qu'en abaissant sa majesté au-dessous de Dieu, j'intéresse bien

---

(1) M. l'évêque de Langres, *Instr. pastor.* pag. 46. Voyez aussi dans Bossuet (*Défense de la déclar. du clergé*, liv. II, chap. III, pag. 261 de la traduct. française) la substance, éloquemment exprimée, de cette doctrine, ainsi que, dans la *Politique sacrée*, le XVe livre des *Variations*, et le Ve *Avertissement aux protestans*. Partout l'évêque de Meaux s'appuie du nom et du langage de Tertullien.

plus sûrement en sa faveur le Dieu à qui seul je le soumets. J'en fais le sujet, non l'égal de Dieu. Je n'appellerai point l'empereur dieu, parce que je ne sais pas mentir, et que je ne veux pas l'insulter ; parce que lui-même refuseroit de s'entendre appeler dieu. Puisqu'il est homme, un homme ne peut que gagner à céder à Dieu (1). C'est bien assez pour lui d'avoir le titre d'empereur, qui lui a été donné par Dieu. L'appeler dieu, c'est lui dénier sa qualité d'empereur : il ne peut être l'empereur sans être un homme. Lors même qu'il est porté sur ce pompeux char de triomphe, on a soin de l'avertir qu'il est homme : derrière lui est placé le héraut qui lui crie : *Regardez après vous, souvenez-vous que vous êtes homme* (2). Il jouit bien davantage de la gloire qui l'environne, en pensant qu'on a besoin de lui rappeler ce qu'il est (3). Il seroit moins grand de s'entendre nommer dieu, parce que ce seroit un mensonge. Sa vraie grandeur, c'est qu'il faille l'empêcher de se croire dieu.

XXXIV. Auguste, fondateur de l'empire, ne permettoit pas qu'on lui donnât le titre de seigneur : c'est le privilége de la Divinité. Je consentirois à le lui donner, mais dans un autre sens qu'à Dieu. Je ne suis point son esclave : le seul seigneur à

(1) Larue, *Serm. de Noël. Avent,* pag. 404.

(2) Belle application de ce fait dans Senault, *Panég.* tom. III, pag. 78.

(3) Voy. Bossuet , *Serm.* tom. VII, pag. 122.

qui j'appartiens, c'est le Dieu tout-puissant, éternel, son maître comme le mien. Il est le père de la patrie, comment en seroit-il le seigneur? Le titre qui suppose la bonté et l'amour ne vaut-il pas mieux que celui qui annonce la puissance? Aussi les chefs de famille en sont-ils appelés les pères plutôt que les seigneurs.

Le nom de dieu convient bien moins encore à l'empereur. Ce n'est qu'à la plus honteuse et à la plus funeste flatterie qu'il appartient de le lui donner (1). C'est comme si vous alliez donner à un autre le titre d'empereur; ne seroit-ce pas là une insulte, la plus impardonnable, qui provoqueroit à la fois la vengeance du maître et sur vous et sur celui que vous auriez qualifié de la sorte? Ne manquez pas à Dieu, quand vous voulez que Dieu protége l'empereur. Cessez d'appeler dieu celui qui ne peut se passer du secours de Dieu. Si cette basse et sacrilége adulation ne rougit pas de son imposture, qu'elle en redoute les suites : c'est vouloir du mal à l'empereur, de lui donner le nom de dieu avant son apothéose.

XXXV. Les chrétiens sont donc les ennemis de l'état, parce qu'ils ne rendent point à la majesté impériale des honneurs illusoires, mensongers, Page 32.

---

(1) « O princes, nul ne vous manque plus de respect que celui qui » ose porter le mensonge à vos oreilles sacrées. Quiconque les flatte les » trahit. » M. l'anc. év. de Sénès, *Serm.* tom. 1, pag. 75.

sacriléges ; parce que, consacrés comme ils le sont
à la vraie religion, ils célèbrent les jours de fêtes
de l'empereur par une joie tout intérieur, non
par la débauche ! Grande preuve de zèle en effet,
d'allumer des feux et de dresser des tables dans
les rues, d'étaler des banquets par les places publiques, de transformer Rome en taverne, de
faire couler des ruisseaux de vin, de courir par
troupes çà et là pour se provoquer les uns les
autres par des injures, par de scandaleux défis,
par d'impudiques regards ! La joie publique ne se
manifeste-t-elle donc que par la honte publique ?
Ce qui viole les bienséances à tout autre jour devient-il bienséance aux fêtes de l'empereur ? Faut-il,
pour honorer César, fouler sous les pieds ces
mêmes lois qu'ailleurs on observe par respect pour
César ? Quoi ! la licence et la dissolution seroient
piété ? et de scandaleuses orgies s'appelleroient
religion (1) ? Oh ! que nous sommes vraiment dignes
de mort, d'acquitter les vœux pour les empereurs,
et de prendre notre part de l'allégresse générale,
sans cesser d'être chastes, modestes et réservés
dans nos mœurs ! Quel crime de manquer dans un
jour de joie à couvrir nos portes de lauriers, à allumer des flambeaux en plein midi ! Apparemment

---

(1) Nos prédicateurs, Molinier entre autres, ont fait d'heureuses
applications de ce mouvement soit à la profanation des dimanches, soit
aux joies dissolues des jours qui précèdent le carême.

que l'honnêteté commande, dans ces sortes de réjouissances, de donner à sa maison l'air d'un lieu
de prostitution !

Il seroit curieux de mettre à nu ces hommages
dont vous environnez votre religion de la seconde
majesté, lesquels fournissent contre nous prétexte
à une seconde calomnie ; parce que, dit-on, nous
refusons de célébrer, avec vous et comme vous, les
fêtes des empereurs, par respect pour la modestie,
pour les bienséances, pour la pudeur. On verroit
où est la franchise et la vérité, ou dans les chrétiens,
ou dans ces hommes qui nous refusent le nom de
Romains, et nous traitent d'ennemis des empereurs.
J'en appelle aux Romains eux-mêmes, à cette immense multitude qui remplit vos sept collines ;
quel est celui dont la langue, toute romaine qu'elle
est, épargna jamais un seul de ses empereurs ? Le
Tibre et les écoles de gladiateurs le savent. Et si la
nature avoit mis sur les cœurs un voile transparent,
en est-il un seul où l'on n'aperçût les vœux secrets
qui s'y forment et sans cesse s'y renouvellent en
faveur de nouveaux princes, pour en obtenir les
distributions accoutumées à chaque avénement au
trône, et cela au moment même où retentit ce cri :
*Que Jupiter retranche de nos années pour les ajouter
aux vôtres?* Un chrétien sait aussi peu proférer ces
paroles que former des vœux secrets pour un nouvel
empereur.

Le peuple, dites-vous, est toujours peuple : soit.
Mais ce peuple, c'est celui de Rome ; ce peuple, c'est
celui qui est le plus violemment prononcé contre les
chrétiens. Peut-être que les autres classes sont, à raison du rang qu'elles occupent dans l'état, sans reproche sur la fidélité ; jamais rien d'hostile de la part
ni du sénat, ni de l'ordre des chevaliers, des armées ;
pas l'ombre de conspiration à la cour. Mais d'où
venoient donc un Cassius, un Niger, un Albinus, et
ceux qui s'étoient postés entre les deux bosquets de
lauriers pour surprendre Pertinax, et ceux qui
s'exercent dans les gymnases pour étrangler habilement leurs maîtres, et ceux qui forcent le palais
à main armée, plus audacieux que les Sigériens et
les Parthéniens (meurtriers de Domitien)? Si je
ne me trompe, tous étoient Romains, c'est-à-dire
que ce n'étoient pas des chrétiens. Tous, jusqu'au
moment où éclatoit leur révolte, sacrifioient pour
le salut de l'empereur, juroient par son génie, af-
fectoient plus ou moins de lui paroître fidèles, et
ne manquoient pas surtout d'appeler les chrétiens
des ennemis publics.

Les complices ou les partisans des dernières factions qu'on découvre tous les jours, restes échappés d'un parti dont les parricides chefs viennent
d'être moissonnés, n'étoient-ils pas les premiers
à orner leurs portes des guirlandes les plus fraîches
et les plus touffues ? Quels vestibules étoient éclai-

rés avec plus de pompe, et plus noircis par la fumée des lampes? La place publique n'étoit que pour eux : c'étoit à qui y porteroit les tables les plus magnifiques. Étoit-ce pour prendre leur part de la joie publique? ou plutôt pour commencer à émettre certains vœux secrets sous le masque d'une autre solennité, et faire à l'avance, dans le fond de leurs cœurs, l'inauguration du nouveau prince que leurs espérances substituoient à celui qu'ils comptoient bien renverser?

Ils ne sont pas moins prodigues de démonstrations, ceux-là qui consultent les astrologues, les aruspices et les devins sur les jours des empereurs. Pour les chrétiens, jamais ils n'ont recours, même pour leur propre compte, à des sciences inventées par les anges rebelles et maudits de Dieu. Eh! d'où peut venir cette curiosité qui s'inquiète des jours des empereurs, à moins de tramer contre eux, à moins de désirer d'en voir le terme? Page 33.

XXXVI. Si donc il est avéré que ces conspirateurs, ces ennemis, gardoient le nom de Romains, ne pourroit-il pas se faire aussi que nous, à qui on le refuse parce que l'on nous regarde comme des ennemis, fussions effectivement Romains (1) et rien moins qu'ennemis? Non, la fidélité et le dévoue-

(1) Le nom romain étoit une sauvegarde que S. Paul n'avoit pas employée vainement.

ment dus aux empereurs ne consistent pas en témoignages extérieurs, sous lesquels la trahison sait
si bien se cacher ; ils consistent dans les sentimens
que nous sommes obligés d'avoir pour tous les
hommes, comme pour nos empereurs. Ce n'est pas
aux empereurs seuls que nous devons vouloir du
bien ; nous faisons le bien sans acception de personnes, parce que c'est pour nous-mêmes que nous
le faisons, sans attendre ni louange ni récompense
d'aucun homme. Notre rémunérateur est Dieu seul,
qui nous fait une loi de cet amour universel pour
tous indistinctement. Nous sommes pour les empereurs tout ce que nous sommes pour tous ceux
avec qui nous avons quelque rapport : il nous est
également défendu de vouloir du mal à qui que ce
soit, d'en faire, d'en dire, d'en penser même. Ce
qui n'est point permis contre l'empereur, ne l'est
contre personne : ce qui ne l'est contre personne,
l'est peut-être encore moins contre celui que Dieu
a fait si grand.

XXXVII. Si, comme nous l'avons dit, il nous est
ordonné d'aimer nos ennemis, qui pourrions-nous
haïr ? S'il nous est défendu de nous venger de ceux
qui nous offensent pour ne pas leur ressembler,
qui pourrions-nous offenser ? Vous-mêmes, je vous
en fais juges, combien de fois vous êtes-vous dé-
chaînés contre les chrétiens, autant pour satisfaire
à vos préventions que pour obéir à vos lois ! Com-

bien de fois, sans même attendre vos ordres, le
peuple, de son seul mouvement, ne nous poursuit-
il pas les pierres ou les torches à la main ! Dans la
fureur des bacchanales, on ne laisse pas les chrétiens
en paix dans leurs tombeaux ; on les arrache de cet
asile de la mort, sans pitié pour leurs restes mé-
connoissables ; on les outrage, on les mutile encore après la mort, on les met en lambeaux. Cependant, nous a-t-on vus jamais chercher à nous
venger, nous que l'on poursuit avec un si furieux
acharnement, nous que l'on n'épargne pas jusque
dans les liens de la mort ? Pourtant il nous suffiroit d'une seule nuit et de quelques flambeaux
pour nous donner une ample vengeance, s'il nous
étoit permis de repousser la violence par la violence. Mais à Dieu ne plaise qu'une religion divine
ait recours, pour la vengeance, à des moyens humains, ni qu'elle s'afflige des épreuves qui la font
connoître. Que si, au lieu d'agir sourdement, nous
en venions à des représailles ouvertes, nous ne
manquerions ni de forces ni de troupes. Les Maures, les Marcomans, les Parthes même, quelque
nation que ce soit, renfermée dans ses limites, est-
elle plus nombreuse qu'une nation qui n'en a d'autres que l'univers ? Nous ne sommes que d'hier, et
nous remplissons toute l'étendue de vos domaines,
les villes, les forteresses, les colonies, vos bour-
gades, vos conseils, vos camps, vos tribus, vos dé-

curies, le palais, le sénat, le forum; nous ne vous laissons que vos temples (1). Quelle guerre ne serions-
nous pas capables d'entreprendre, même à forces
inégales, nous qui nous laissons tuer si volontiers,
si dans nos principes il ne valoit pas mieux souffrir la mort que de la donner ? Nous pourrions,
sans même prendre les armes, sans nous révolter
ouvertement, nous pourrions vous combattre, simplement en nous séparant de vous. Que cette immense multitude vînt seulement à vous quitter pour
se retirer dans quelque contrée lointaine, la perte
de tant de citoyens de tous états eût décrié votre

Page 34.

gouvernement, et vous eût assez punis (2). Nul
doute qu'épouvantés de votre solitude, de ce fu-
nèbre silence du monde tout entier comme frappé
de mort, vous auriez cherché à qui commander. Il
vous seroit resté plus d'ennemis que de citoyens.
« Maintenant vous avez moins d'ennemis à cause de
la multitude des chrétiens (3). » Mais sans nous, qui
vous garantiroit dans vos corps et dans vos âmes
des atteintes que leur porte une autre espèce d'ennemis secrets non moins dangereux ? je parle des
démons, que nous repoussons, sans mettre nos ser-

(1) Belle application par l'abbé Poulle, *Serm. sur les devoirs de la
vie civile*, tom. 1, pag. 81.

(2) Ch. de Neuville, *Serm. sur l'établ. de la relig. Carême*, tom. IV,
pag. 168.

(3) Traduit par Bossuet, *Serm.* tom. II, pag. 94.

vices à intérêt. Il suffiroit, pour notre vengeance, de vous laisser à la merci de ces Esprits immondes : mais vous, au lieu de reconnoître que, loin de vous être nuisibles, nous vous sommes même nécessaires, vous nous traitez en ennemis. Nous, les ennemis du genre humain ! nous ne le sommes que de l'erreur. Nous, une faction ! Du moins falloit-il compter au rang des factions innocentes une religion à qui l'on ne peut reprocher rien de ce qui rend les autres si communément redoutables. Qu'on les proscrive celles-là pour l'intérêt des mœurs publiques, pour empêcher que l'état ne soit déchiré par les partis, que les assemblées du peuple ou du sénat, que vos spectacles ne soient troublés, comme il arrive si souvent par les rivalités et les cabales, surtout dans un temps où la violence se met aux gages de qui l'achète ; à la bonne heure : mais nous, étrangers à toute espèce d'ambition et d'amour de gloire (1), nous ne savons ce que c'est que de former des ligues ; nous ne nous mêlons pas des affaires publiques. Le monde, voilà notre république. Nous renonçons à vos spectacles par le même principe qui nous fait renoncer à tout ce qui les a produits : nous savons trop bien que la superstition

(1) « Savez-vous, dit Tertullien, ce que c'est qu'un chrétien ? En » voici la définition en deux mots : C'est un homme froid pour la gloire, » et indifférent aux honneurs du siècle. » Fromentières, *Car.* tom. 1, pag. 339.

en est la mère. Bien plus, nous nous éloignons de tout ce qui y tient (1). Nous n'avons rien de commun avec les extravagances du cirque, avec les obscénités du théâtre, avec les jeux féroces de l'arène, avec la frivolité des gymnases. Il a bien été permis aux disciples d'Épicure de se faire une idée du plaisir à à leur manière : en quoi vous offense-t-on de s'en faire une autre ? Si nous ne voulons pas nous connoître en jouissance, tant pis pour nous. Si nous en avons que nous ne partagions pas avec vous, que vous importe ? Nous condamnons les vôtres, j'en conviens, comme vous les nôtres (2).

XXXIX. A quoi donc s'occupe cette faction chrétienne ? c'est ce que je vais exposer. Après l'avoir justifiée du mal qu'on lui impute; il est bon de faire connoître le bien qu'elle fait. Unis ensemble par les nœuds d'une même foi, d'une même espérance, d'une même discipline, nous ne faisons qu'un

---

(1) L'abbé de Gourcy traduit : *Nous renonçons d'autant plus volontiers à vos spectacles, que nous en connoissons mieux l'institution, liée intimement à l'idolâtrie. Ce qui s'y passe nous touche peu.* Ce n'est là que la moitié de la pensée. Tertullien : *Æque spectaculis vestris in tantum renunciamus, in quantum originibus eorum quas scimus de superstitione conceptas. Quin et ipsis rebus de quibus transiguntur prætersumus;* et il l'explique par ce qui suit immédiatement : *Nihil est nobis cum insania,* etc.

(2) « Nous faisons ici chacun ce qui nous convient ; car comme le » sérieux de notre vie ne sauroit être de votre goût, vos divertissemens ne peuvent nous plaire. » Trad. de Moliniez, *Serm. chois.* tom. 1, pag. 100.

corps. Tous dirigeant nos prières vers le Seigneur, nous formons une sainte conjuration pour lui faire une sorte de violence, toujours sûrs de lui plaire (1). Nous l'invoquons pour les empereurs, pour leurs ministres, pour toutes les puissances, pour l'état présent du siècle, pour la paix, et pour le retardement de la dissolution générale de l'univers. Nous nous assemblons pour lire les Écritures, où nous puisons, selon les circonstances, les lumières et les avertissemens dont nous avons besoin. Cette sainte parole nourrit notre foi, relève notre espérance, affermit notre confiance, et, dans le feu de la persécution, fortifie la discipline et l'attachement aux préceptes divins.

C'est dans ces assemblées que se font les exhortations et les corrections; que se prononcent les censures au nom de Dieu (2). Assurés que nous sommes toujours de sa présence, nous jugeons avec un grand poids; et c'est un terrible préjugé pour le jugement futur, d'avoir pu mériter d'être retranché de la communion des prières, de nos assemblées, et de tout ce saint commerce.

(1) « Réunissons-nous tous ensemble; faisons, selon l'expression de » Tertullien, une espèce de ligue contre la justice du ciel, pour la désar- » mer. » L'abbé Clément, *Carême*, tom. II, pag. 153.

(2) « L'Église a sa puissance, elle a ses lois et sa police spirituelle, » elle a ses ministres et ses magistrats par lesquels elle exerce, dit » Tertullien, une divine censure contre tous les crimes. » Bossuet, *Panégyr. de S. Thom. de Cant.* pag. 584.

26.

Des vieillards recommandables président ; ils parviennent à cette distinction, non par argent, mais par le témoignage d'un mérite éprouvé : car rien de ce qui concerne le culte de Dieu ne s'achète ; et si nous avons une sorte de trésor, il ne s'amasse pas aux dépens de la religion. Chacun apporte chaque mois son modique tribut, lorsqu'il le veut et comme il le veut, en raison de ses moyens : car personne n'y est obligé ; tout est volontaire. C'est là comme un dépôt de piété qui ne se consomme point en repas ni en stériles dissipations : il s'emploie à la nourriture des indigens, aux frais de leur sépulture, à l'entretien des pauvres orphelins, des domestiques épuisés par l'âge, des naufragés. Qu'il y ait des chrétiens condamnés aux mines, relégués loin de leur patrie, ou détenus dans les prisons, uniquement pour la cause de Dieu ; on pourvoit à leur subsistance.

Il est vrai que cette charité même qui s'exerce parmi nous a fourni un nouveau prétexte à la calomnie. *Voyez,* dit-on, *comme ils s'aiment ;* cela étonne nos censeurs, parce qu'ils sont bien loin de nous ressembler (1) ; voyez comme ils sont prêts à

Page 35.

(1) Pas un moderne qui n'ait rappelé ce témoignage rendu à la charité des premiers chrétiens. Bourdaloue le met habilement en contraste avec les mœurs des nouveaux chrétiens. (*Serm. sur la charité. Dominic.* tom, III, pag. 298, éd. Rig.) Voyez aussi M. l'anc. évêque de Senez (J. B. M. C. de Beauvais), *Serm.,* tom. III, pag. 34. Poulle, *Serm.* tom. I, pag. 107. Larue, *Car.* tom. II, pag. 102.

mourir les uns pour les autres. Eux, ils sont bien plutôt disposés à s'entr'égorger. Quant au nom de frères que nous nous donnons, ils le décrient, parce que, chez eux, tous les titres de parenté ne sont que des expressions trompeuses d'attachement. Nous sommes aussi vos frères par le droit de la nature, notre commune mère... Mais combien avons-nous plus de droits de nous regarder comme tels, ayant tous un même père, qui est Dieu, éclairés par le même Esprit de sainteté, enfantés à la même vérité, après être sortis du sein commun de l'ignorance!...Ne formant tous qu'un cœur et qu'une âme, nous ne faisons aucune difficulté de partager nos biens entre nous (1); tout dans notre société est commun, hormis les femmes. Nous sommes distingués des autres hommes par le seul point qui les unit. Ailleurs on fait un pacifique échange des droits du mariage, apparemment à l'imitation des sages les plus vantés de la Grèce et de Rome, qui voyoient un Socrate, un Caton abandonner à leurs amis des femmes qu'ils avoient épousées, pour en avoir des enfans dont ils ne devoient pas être les pères. Étoit-ce malgré elles? J'en doute fort. Indignement prostituées par leurs propres maris,

---

(1) Bossuet traduit : « Pour eux (les premiers chrétiens), ils n'hési-toient pas à se communiquer leurs biens ; parce que leur esprit et leurs cœurs étoient comme fondus les uns dans les autres par un saint mélange. » *Serm. du jour de la Pentec.*, tom. IX, pag. 128.

auroient-elles fait grand cas de la chasteté conjugale ? Bel exemple de la gravité romaine et de la sagesse attique! Un philosophe, un censeur donner leçon d'impudicité! Que l'on s'étonne après cela d'entendre calomnier la charité qui règne parmi les chrétiens.

On accuse nos repas d'être, non seulement criminels, mais somptueux. C'est apparemment pour nous que Diogène disoit: Les Mégariens mangent comme s'ils devoient mourir le lendemain ; ils bâtissent comme s'ils ne devoient jamais mourir.

Matth., vii. 3. Mais on voit bien mieux une paille dans l'œil d'autrui qu'une poutre dans le sien... On ne parle que du luxe de nos festins. Le nom seul que nous leur donnons en indique le caractère ; on les appelle *Agapes,* d'un mot grec qui signifie charité. Quoi qu'ils puissent coûter, nous y gagnons toujours, par le bien qu'ils procurent. Par là nous soulageons les pauvres. Ce ne sont point, comme les vôtres, des réunions de parasites qui font gloire de vendre leur liberté, et qui viennent à vos tables s'engraisser au prix de mille avanies. Nous trai-

Page 36. tons les pauvres comme des hommes sur qui la divinité attache ses regards avec le plus de complaisance.

Si le motif de nos repas n'a rien que d'honnête, jugez ce qui s'y passe par l'esprit de religion qui l'anime. On n'y souffre rien de bas, rien d'immodeste; on ne se met à table qu'après avoir adressé une prière à Dieu; on ne mange qu'autant qu'on a faim ; on boit comme il convient de le faire quand on est chaste; on se rassasie comme devant se relever la nuit pour prier Dieu ; on converse comme sachant que Dieu écoute. Après qu'on s'est lavé les mains, et que les flambeaux sont allumés, chacun est invité à chanter les louanges de Dieu, qu'il tire des saintes Écritures, ou qu'il compose de lui-même ; on voit par là combien il a bu. Le repas finit de même par la prière. On sort de là comme on y étoit entré, avec modestie, avec pudeur : on sort d'une école de vertu plutôt que d'un souper. Condamnez, proscrivez nos assemblées, si elles ont quelque ressemblance avec celles dont le crime est le lien, si elles méritent aucun des reproches qui supposent des factions. Mais ont-elles jamais fait le moindre mal à personne ? Nous sommes dans nos réunions les mêmes que dans nos maisons, tous ensemble les mêmes que chacun en particulier, ne faisant ni tort ni peine à personne.

XL. Une assemblée d'hommes vertueux, chastes et pieux n'est point une faction, mais un sénat. Ce mot convient à ceux qui cherchent à rendre odieux des gens de bien, qui en demandent le sang à grands cris, qui couvrent leur animosité de prétextes mensongers, rejetant sur les chrétiens les calamités publiques. Que le Tibre déborde, que le

Nil ne se répande point dans les campagnes, que
le ciel refuse de la pluie, qu'il survienne un tremblement de terre, une mortalité, une famine (1);
on entend crier aussitôt : *Les chrétiens au lion.*
Quoi! pour un seul lion, tout un peuple de chrétiens! Mais dites-moi, avant Tibère, c'est-à-dire
avant la naissance de Jésus-Christ, que de dé-
sastres les villes, le monde entier, n'avoient-ils
pas essuyés! Consultez l'histoire ; les îles d'Hiéra-
nape, de Délos, de Rhodes, de Cos, englouties
avec des milliers d'habitans ; la plus grande partie de
l'Asie ou de l'Afrique envahie, au rapport de Platon,
par les irruptions de la mer Atlantique ; la mer de
Corinthe mise à sec par un tremblement de terre ; la
Lucanie détachée de l'Italie par la violence des flots
qui en ont fait un île sous le nom de la Sicile; de tels
changemens dans le globe ont-ils pu arriver sans
entraîner une foule de victimes ? Où étoient alors,
je ne dirai pas les chrétiens, ces contempteurs de
vos dieux, mais ces dieux eux-mêmes, lorsque le
déluge inondoit toute la terre ? Les cités où ils ont
pris naissance, où ils sont morts, celles même
dont ils ont été les fondateurs, attestent qu'ils ne
sont venus qu'après le déluge ; autrement elles ne
subsisteroient pas aujourd'hui...

(1) M. le card. Maury rappelle éloquemment ces paroles dans son
Panégyr. de S. Augustin, à la suite de son *Essai sur l'éloq. de la
chaire*, tom. 11, pag. 416.

Page 37.

De tout temps, la race humaine a provoqué les vengeances de Dieu, soit en ne le servant pas, lorsqu'elle le connoissoit, du moins en partie, soit en se forgeant d'autres dieux pour les adorer (1). Et faute de chercher le vrai principe de la sagesse, le juge et le vengeur du crime, on s'est enfoncé dans la fange de tous les vices et des plus criminelles passions : car en le cherchant, on le connoîtroit; en le connoissant, on l'adoreroit ; en l'adorant, on éprouveroit sa miséricorde, au lieu d'irriter sa colère. Le même Dieu dont les hommes ont ressenti la vengeance avant qu'il y eût des chrétiens, les châtie encore aujourd'hui. C'étoit lui qui les avoit comblés de ses bienfaits, avant qu'ils se créassent des Dieux ; pourquoi ne reconnoîtroient-ils pas que ce sont les mêmes mains qui leur dispensent les maux dont leur ingratitude est punie?

Si pourtant nous comparons les anciennes calamités avec celles d'aujourd'hui ; on verra quelles sont moindres depuis qu'il y a des chrétiens. Depuis cette époque, l'innocence a balancé le crime ; la terre a eu des intercesseurs auprès de Dieu (2).

(1) Bossuet : « Ce que dit Tertullien est très-véritable : que les hommes sont accoutumés il y a long-temps à manquer au respect qu'ils doivent à Dieu, et à traiter peu révéremment les choses sacrées, *Semper humana gens male de Deo meruit.* » *Serm.* tom. VIII, pag. 280.

(2) Raisonnement appliqué au saint sacrifice de la messe par Bour-

Lorsque le défaut de pluie menace nos campagnes de stérilité, et nos villes de famine, vous courez aux bains, vous ne quittez pas les lieux consacrés à la débauche, vous sacrifiez à Jupiter, vous ordonnez au peuple de superstitieuses cérémonies, vous cherchez le ciel au Capitole, et vous attendez que la pluie tombe des voûtes de vos temples, sans penser à Dieu, sans adresser vos vœux au ciel (1). Pour nous, exténués par les jeûnes et les austérités, purifiés par la continence, nous dérobant nous-mêmes à toutes les douceurs de la vie, nous, sous le sac et la cendre, nous désarmons le ciel, nous forçons sa clémence; et lorsque nous avons obtenu grâce, c'est Jupiter que l'on remercie (2).

daloue, le P. Lenfant, etc.; d'autres fois, aux services rendus à toute la société par l'état religieux.

(1) Larue, *Pénit. dans les maux publics. Car.* tom. 1, pag. 372 et suiv. Saurin, *Serm.* tom. v, pag. 362, et suiv.

(2) « Comparez, disoit autrefois Tertullien aux païens, les massacres » passés de l'empire à la tranquillité dont il jouit aujourd'hui. D'où » vient ce changement ? N'est-ce pas depuis que Dieu a donné des » chrétiens au monde ? *Ex quo christianos a Deo orbis accepit.* C'est » depuis que l'Évangile a montré à la terre des hommes justes qui » offrent au Seigneur des prières ferventes pour les princes et pour les » rois, que les Césars sont plus heureux, l'empire plus florissant, les » peuples plus tranquilles; c'est nous seuls qui, levant des mains pures » au ciel, le fléchissons par nos clameurs; et cependant, lorsque nous » avons obtenu des grâces pour la terre, Jupiter en a tout l'honneur » dans votre esprit : *Et cum misericordiam extorserimus, Jupiter ho-* » *noratur.* » Massillon, *Mélange des bons,* etc. *Car.* tom. 11, pag. 542 ;

XLI. C'est donc vous qui êtes à charge à la terre ; vous qui , méconnoissant le vrai Dieu pour adorer des statues, vous rendez éternellement coupables des maux qui pèsent sur l'empire. Là où il y a vengeance , il est bien plus à présumer qu'elle vient de celui qui châtie le mépris qu'on fait de lui, que de ceux à qui l'on prodigue les hommages : il y auroit de leur part trop d'ingratitude de punir leurs propres adorateurs à cause de nous, et d'envelopper dans les mêmes calamités des hommes qui se ressemblent si peu.

« Ne peut-on pas rétorquer la difficulté contre nous-mêmes? Notre Dieu souffre donc que ses fidèles serviteurs soient punis des impiétés de leurs ennemis ?»

Apprenez à mieux connoître quelle est l'économie de la divine Providence : Dieu, qui a renvoyé après la fin du monde le jugement éternel de tous les hommes, ne précipite point avant ce terme la séparation qui sera la suite du jugement. En attendant, il semble traiter de la même manière tous les hommes; il permet que les infidèles partagent les biens de ses serviteurs ; que ses serviteurs soient associés aux maux des infidèles; que les uns et les autres se ressentent à la fois de sa clémence et de sa sévérité (1).

voy. aussi Le Chapelain, Lenfant, *Sur les ordres religieux*, Beauregard, *Analyse*, pag. 102. Paris, 1820.

(1) Voy. l'éloquent commentaire de ces paroles de Tertullien dans Bossuet, *Serm. du 3e dim. de Pâques*, tom. viii, pag. 296.

Parce que c'est de lui-même que nous tenons ces vérités, nous aimons sa bonté, nous craignons ses rigueurs. Pour vous, vous méprisez l'une et l'autre.
D'où il suit que tous les maux qui sont pour vous de
véritables punitions, ne sont pour nous que des
avertissemens. Nous ne nous plaignons point, parce
que nous n'avons d'autre intérêt dans ce monde
que d'en sortir plus tôt.

Nous savons de plus que ce sont vos crimes qui
attirent sur la terre les fléaux du ciel. Et, quoique
nous nous en ressentions nécessairement, faisant
partie avec vous de la même société, nous voyons
avec joie l'accomplissement des divins oracles qui
affermissent notre foi et notre espérance ; tandis
que, s'il étoit vrai que ces maux vous fussent envoyés à cause de nous par les dieux que vous adorez, comment pourriez-vous adorer encore des
dieux et si ingrats et si injustes, qui devroient au
contraire vous en garantir et vous combler de biens,
pour se venger de la peine que nous leur faisons ?

XLII. On nous fait encore un autre reproche.
« Nous sommes, dit-on, inutiles à l'état (1). » Com-

Page 38.

---

(1) Poulle, *Serm. sur les devoirs de la vie civile*, tom. 1, pag. 81. La
même accusation, déjà réfutée par Origène (lib. v111 de sa réponse
au philosophe Celse), s'est reproduite à des époques modernes. Bayle
l'a soutenue, et Montesquieu lui a répondu dans son *Esprit des lois*
(liv. xxiv, chap. vi, tom. 11, pag. 337, édit. Bastien). L'auteur du
Contrat social a renouvelé le combat ; il a trouvé un adversaire non
moins pressant dans l'abbé Barruel. *Helviennes*, tom. iv, note, pag. 576.

ment? habitant avec vous, sans nulle différence pour la manière de se nourrir, de s'habiller; avec les mêmes meubles, les mêmes besoins ; car nous ne sommes point des brachmanes, des gymnoso-phistes de l'Inde, qui habitions les forêts, et nous isolions du commerce des hommes. Nous n'ou-blions pas de payer à Dieu le tribut de la reconnois-sance pour toutes les œuvres de ses mains, et nous ne rejetons rien de ce qu'il a fait. Seulement nous avons soin de n'en pas user avec excès ou sans be-soin. Nous ne nous passons pas plus que vous des choses nécessaires à la vie. Comme vous, nous nous rendons au forum, aux marchés, aux bains, aux foires publiques, dans les boutiques, dans les hôtelleries. Nous naviguons avec vous, nous portons les armes, nous cultivons la terre, nous commerçons, nous exerçons les mêmes professions, et pour votre usage. Je ne comprends pas comment nous pouvons être inutiles à l'état, quand nous ne vivons qu'avec vous et par vous. Si je n'assiste pas à vos cérémonies je ne laisse pas de vivre ces jours-là (1); je ne me

---

(1) « On entendoit autrefois les idolâtres reprocher aux premiers » chrétiens qu'ils étoient oisifs dans le monde. Qu'appelez-vous oisifs ? » demandoit Tertullien. Je ne prends nulle part à vos fêtes, à vos dé- » bauches, à vos festins superstitieux. Les bains de Saturne et les » pompes de Bacchus, disoit-il, ne me sont rien. Si je ne cours pas avec » vous aux spectacles licencieux ; si je ne mets pas ma belle humeur à » déchirer la réputation des autres ; si je ne porte pas au jeu le plus » liquide et le plus pur de mes biens ; si je n'ai pas le cœur de m'enri-

baigne pas durant les nuits des saturnales, pour ne pas perdre le jour et la nuit. Je ne mange point en public aux jours de fête de Bacchus, comme font les bestiaux qui s'attendent à mourir le lendemain; mais quelque part que je mange, ce sont les mêmes mets que vous. Je n'achète point de couronnes de fleurs; mais j'achète des fleurs. Et que vous importe pour quel usage?... Nous n'achetons pas d'encens, il est vrai; si les Arabes s'en plaignent, les Sabéens répondent que nous achetons des aromates, et en plus grande quantité, pour ensevelir les morts, que vous n'en perdez à enfumer vos dieux.

« Du moins, dites-vous, on ne peut nier que les revenus de nos temples ne diminuent journellement. Qui est-ce qui met encore dans les troncs ? » C'est que nous ne pouvons suffire à donner aux hommes et aux dieux, et que nous ne croyons devoir donner qu'à ceux qui demandent. Que Jupiter tende la main, et nous lui donnerons. On sait que nous faisons plus d'aumônes dans les rues, que vous d'offrandes dans vos temples. Quant aux contributions publiques, nous les acquittons exactement et sans fraude; et les impôts rendent grâces

---

» chir du sang des pauvres, ni le front de m'endurcir aux cris de mes
» créanciers ; si je ne me fais pas de tous ces points-là des nécessités
» chimériques, en suis-je moins homme d'honneur, moins fidèle,
» moins obligeant, moins propre au service de l'état, aux devoirs de la
» vie civile ! *Si ceremonias tuas non frequento, attamen et illa die homo
» sum.* » La Rue, *Avent*, pag. 54.

de ce qu'il y a des chrétiens au monde, parce que
les chrétiens s'acquittent de ce devoir par principes de conscience et de piété (1); tandis que vous,
si l'on examinoit de bien près le tort que vous
faites au fisc par l'infidélité de vos déclarations, on
trouveroit aisément que le seul article où vous ayez
une sorte de droit de vous plaindre de nous est
plus que compensé par tous les autres.

XLIII. Je l'avouerai pourtant, il y a des gens qui
peuvent dire que nous ne sommes bons à rien;
quels sont-ils? Je mets en tête ceux qui font métier de servir la lubricité publique; puis, les ravis-
seurs, les assassins, les empoisonneurs, tous ceux
qui se livrent à des études criminelles: que perd-on
ou que ne gagne-t-on pas à n'être bon à rien pour
gens de cette sorte (2)? Mais s'il étoit vrai que nôtre
secte vous causât quelque préjudice, n'en obtenez-
vous pas des secours qui vous en dédommagent
bien? Comptez-vous pour rien d'avoir parmi vous
des hommes, je ne dis plus qui chassent les dé-

____

(1) Trad. par Bourdaloue, *Serm. sur la probité et la religion. Car.*
tom. ii, pag. 192. Voir aussi Ch. de Neuville, *Serm.* tom. iii, pag. 257.

(2) Imité par Massillon, *Vérité d'un avenir, Car.* tom. i, pag. 204.
Respect humain, tom ii, pag. 108. *Doutes sur la religion, Car.* tom.
iii, pag. 228. Par Bourdaloue et tous les prédicateurs de son école dans
les sermons contre les incrédules, contre les détracteurs de la piété,
contre les spectacles, où ce mouvement a été souvent reproduit; nulle
part que je sache avec plus de chaleur que dans un sermon du P. Beauregard. Ce morceau a paru, mais dans une analyse informe, à la pag. 46
de ses *Sermons* imprimés à Paris, vol. 1, in-12, 1820.

mons, qui invoquent pour vous le vrai Dieu, mais
du moins de qui vous n'ayez rien à craindre.

Page 39.

XLIV. Une perte réelle, une perte irréparable,
à laquelle personne ne fait attention, c'est celle
de tant d'hommes vertueux, irréprochables, qu'on
persécute, qu'on fait mourir tous les jours. Nous prenons à témoin vos registres, vous qui tous les jours jugez les prisonniers et prononcez vos arrêts en conséquence des dénonciations qui vous sont faites :
dans cette foule de malfaiteurs, assassins, voleurs,
sacriléges, suborneurs, cités à vos tribunaux, s'est-il
jamais rencontré un chrétien? ou bien parmi ceux qui
vous sont déférés comme chrétiens, s'en trouve-t-il
un seul coupable d'aucun de ces crimes? C'est donc
des vôtres que les prisons regorgent, que s'engrais-
sent les bêtes ; c'est de leurs cris que retentissent
les mines ; c'est parmi les vôtres qu'on prend ces
troupeaux de criminels destinés à servir de spectacles. Nul d'entre eux n'est chrétien, ou il n'est
que chrétien : s'il étoit autre chose, c'est qu'il ne
seroit plus chrétien (1).

XLV. Nous seuls donc, oui, nous seuls sommes
innocens? Qu'y a-t-il là qui doive vous surprendre?

---

(1) Perusseau, *De l'oubli de Dieu*, *Serm.*, tom. 1, pag. 193. Molinier, *Serm.* tom. iv, pag. 38. Cambacérès : « Tous les principes de la
» religion sont si étroitement unis à ceux de la probité, que manquer à
» l'une ce seroit manquer à l'autre ; et qu'on cesse d'être chrétien, dès
» qu'on cesse d'être honnête homme. » *Serm.*, tom. 1, pag. 215.

L'innocence est pour nous une nécessité (1), nous la connoissons parfaitement, l'ayant apprise de Dieu même, qui en est un maître parfait. Nous la gardons fidèlement, comme ordonnée par un juge qu'on ne sauroit mépriser. Vous, ce sont des hommes qui vous l'ont enseignée, ce sont des hommes qui vous l'ont ordonnée ; vous ne pouvez donc ni la connoître comme nous, ni craindre comme nous de la perdre. Eh ! peut-on compter sur les lumières de l'homme pour connoître la vraie vertu, sur son autorité pour la faire pratiquer? ses lumières égarent, son autorité est méprisée (2).

En effet, quel est le code le plus excellent, de celui qui dit, *Vous ne tuerez point*, ou de celui qui prescrit de ne pas se mettre en colère ? Lequel est le plus parfait, ou de condamner l'adultère, ou de ne pas permettre la concupiscence des yeux ? Lequel creuse plus avant, de celui qui défend de mal faire,

---

(1) Bretteville, *Essais de serm.* tom. ii, pag. 106.

(2) Bossuet : « Je me défierois d'une prudence et je secouerois aisé- »ment le joug d'une autorité purement humaines. Celle-là est trop su- »jette à l'erreur ; celle-ci trop exposée au mépris : *Tam illa falli facilis,* »*quam ista contemni*, dit Tertullien. » (*Serm.* tom. iii, pag. 400.) Ail- leurs il traduit ainsi : « La prudence des hommes est trop imparfaite »pour découvrir le vrai bien à notre raison, et leur autorité est trop »foible pour pouvoir rien exiger de notre créance. La première, c'est »la prudence, est peu assurée ; et la seconde, c'est l'autorité, peu consi- »dérable. » (*Serm.* tom. iv, pag. 368.) C'est l'extension de ces prin- cipes aux vertus mondaines qui a donné à Bourdaloue le fond de la 1ʳᵉ part. de son beau sermon sur la religion et la probité, de plusieurs des discours du ministre Saurin., tom. iv, pag. 363 et suiv. etc.

ou de celui qui défend de parler mal; de faire tort
à personne, ou de se venger du tort qu'on a reçu (1)? Encore ces mêmes codes n'ont-ils de bien
que ce qu'ils ont puisé à une source bien antérieure,
je veux dire la loi divine (2).

　　Je vous ai parlé déjà de Moïse et de son antiquité
si fort antérieure à celle de tous vos législateurs.
Quelle sanction pourroit-on garantir à des lois humaines, quand il est si facile d'échapper à leur action (3)? Elles n'atteignent pas les crimes secrets,
ou les transgressent, soit par entraînement, soit par
méprise. Et puis, comment punissent-elles? par
une peine qui ne dure qu'un moment, puisqu'elle
ne s'étend pas au delà du terme de la vie. C'est ce
qui faisoit mépriser à Épicure tous les tourmens et
toutes les douleurs : Si la douleur est légère, disoit-il,
elle est aisée à supporter; si elle est violente, elle
ne dure pas. Il n'en est pas ainsi de nous. Persuadés
que rien n'échappe à l'œil scrutateur qui voit tout,
qu'il y a des supplices éternels à éviter, nous
sommes donc les seuls qui garantissions la vraie

---

　　(1) L'ancien év. de Sénez, *Serm.* tom. iii, pag. 29. M. l'évêque de
Langres, card. de la Luzerne, *Instr. past.* pag. 25, éd. in-4°.

　　(2) L'abbé Poulle, *Serm.* tom. i, pag. 92. Cambac. *Serm.* tom. i,
pag. 213, 214.

　　(3) Boismont, *Sermon de charité*, 2ᵉ part. pag. 24, édit. in-4°.
Lenfant, *Serm. sur la sévérité des obligat.* tom. v, pag. 179. M. l'év.
de Langres, *Instr. pastor.* Poulle, *Serm.* tom. i, pag. 97. Cambac.
tom. iii, pag. 36 et suiv.

vertu, et parce que nous la connoissons de source,
et parce que nous la mettons sous la sauvegarde
des terreurs d'un avenir, non pas borné à quelques
années, mais éternel. Nous craignons l'Être souverain, que doit craindre à son tour celui qui juge
des hommes qui le craignent; nous craignons
Dieu, et non le proconsul.

XLVI. Je crois avoir justifié les chrétiens de tous
les crimes que leur imputent des accusateurs altérés de leur sang. J'ai tracé, sans rien déguiser, le
tableau de leur religion. L'autorité et l'ancienneté
de nos Écritures, la confession même des démons,
voilà mes preuves. Si quelqu'un entreprend de me
réfuter, qu'il laisse là l'artifice du discours, qu'il
réponde avec la franchise et la simplicité dont je
lui ai donné l'exemple.

Mais l'incrédulité, forcée de reconnoître les avantages du christianisme par la connoissance que lui
en donnent nos rapports habituels, se retranche à
dire qu'il n'a rien de divin; que ce n'est qu'une Page 40.
secte de philosophie comme les autres. « Toutes
n'enseignent-elles pas, ne professent-elles pas aussi
bien que nous, la pureté des mœurs, la justice, la
patience, la sobriété, la continence?»

Pourquoi donc, si notre doctrine est la même
que la leur, ne nous permet-on pas, comme à elles,
de la professer? Pourquoi, si l'on y pense comme
nous, n'y est-on pas obligé aux mêmes choses qu'il

ne nous est pas possible à nous de refuser sans courir risque de la vie? A-t-on jamais contraint un philosophe de sacrifier aux dieux, de jurer par eux, ou d'allumer inutilement des flambeaux en plein midi?

Tout leur est permis à eux; ils peuvent impunément saper par ses fondemens tout votre culte, déclamer contre vos superstitions; et vous leur applaudissez! La plupart même se déchaînent contre les empereurs; et vous les souffrez! Il ne vous en coûte pas plus pour leur accorder des récompenses, leur décerner des statues, que de nous condamner aux bêtes. Et vous n'avez pas tort. Ils prennent le nom de philosophes, et non pas de chrétiens : or le nom de philosophe ne met pas en fuite les démons; pourquoi? c'est que les philosophes mettent les démons à peu près au même rang que les dieux. On connoît le mot favori de Socrate, *Si mon démon le permet.* Ce même sage, qui du moins entrevoyoit la vérité puisqu'il nioit qu'il y eût des dieux, ordonnoit bien, au moment de sa mort, qu'on sacrifiât un coq à Esculape, sans doute par reconnoissance pour son père Apollon, dont l'oracle l'avoit déclaré le plus sage des hommes. Apollon étoit bien inconséquent de prêter tant de sagesse à un homme qui ne reconnoissoit pas les dieux!

Plus une vérité porte ombrage, plus celui qui la professe ouvertement révolte tous les préjugés. Mais un moyen sûr de plaire à ceux qui la persécutent, c'est de l'altérer et de l'affoiblir. Telle est la méthode des philosophes, qui se vantent de connoître la vérité, et la corrompent, parce qu'ils n'ont d'autre but que la gloire. Les chrétiens, qui n'ont d'autre mobile que l'intérêt du salut, recherchent nécessairement la vérité, et la professent franchement. Les philosophes ne sont donc pas, comme vous pensez, à comparer aux chrétiens, soit pour la doctrine, soit pour les mœurs (1).

Thalès (ou Simonide), ce grand physicien, put-il répondre quelque chose de positif au roi Crésus sur la divinité, après avoir cependant pris plusieurs délais pour y penser? Chez nous le dernier des artisans connoît Dieu, le fait connoître aux autres, et satisfait à toutes vos questions sur l'auteur de l'univers (2); tandis que Platon vient vous assurer qu'il

(1) Voy. Massillon citant Tertullien, *Carême*, tom. iv, pag. 49, 50.

(2) « L'artisan le plus grossier parmi nous est plus instruit de ses » devoirs que ne l'étoit le plus savant des philosophes. Les élémens de »religion que nous mettons entre les mains de l'enfance renferment » un corps de morale et de théologie plus étendu, plus développé, plus » précis que tous les écrits, si vantés et si volumineux, des sages de l'an- »tiquité.» M. l'év. de Langr. *Instr. pastor.* pag. 23. Et il cite notre auteur. Conçoit-on que Bayle ait pu dire que Tertullien n'avoit remporté qu'un triomphe imaginaire sur les sages du paganisme? Ce sceptique se plaint de ce que notre apologiste élève la science du plus mince artisan chrétien au-dessus de celle des plus fameux philosophes païens; et Bayle ne prouve ici que sa mauvaise foi. Qui oseroit soutenir aujourd'hui que les plus beaux traités de morale qu'aient jamais composés les Socrate et les Platon, renferment autant de vérités et de connoissances

est bien difficile de le découvrir, et encore plus
dangereux de le divulguer. Les philosophes pré-
tendroient-ils nous le disputer pour la chasteté? Je
lis dans l'arrêt de mort de Socrate qu'il fut condamné comme corrupteur de la jeunesse ; jamais
on ne reprochera à un chrétien de violer les lois
de la nature. Diogène ne rougissoit pas d'assouvir
sa passion avec la courtisane Phryné ; Speusippe,
disciple de Platon, fut tué en commettant un adultère : un chrétien ne connoît de femme que la
sienne. Démocrite, se crevant les yeux parce qu'il
ne pouvoit commander à ses sens quand il voyoit
une femme, publie assez son incontinence par la
punition qu'il s'impose : un chrétien garde ses yeux,
mais ne les fixe sur aucune femme ; il n'en a pas
pour la volupté. Est-il question de modestie, je
vois Diogène fouler de ses pieds, couverts de boue,
l'orgueil de Platon par un orgueil plus grand encore : un chrétien est humble même avec le pauvre.
De modération, Pythagore veut régner sur les Thu-
riens, Zénon sur les Priéniens : un chrétien ne demande pas même à être édile. D'égalité d'âme, Lycurgue se laisse mourir de faim, parce que les
Lacédémoniens avoient changé quelque chose à

positives sur notre origine, sur nos devoirs, sur nos destinées, je ne
dis pas que l'Évangile, mais que le simple catéchisme que l'on enseigne
aux enfans! Aussi la sorte de défi que Tertullien propose ici à la sagesse humaine a-t-elle été mille fois répétée dans nos chaires chrétiennes
de toutes les communions ; et la victoire est restée à notre défenseur.

ses lois : un chrétien rend grâces à qui l'a condamné. De bonne foi, Anaxagore nie le dépôt qu'il a reçu de ses hôtes : la bonne foi des chrétiens est vantée même parmi les infidèles. De simplicité, Aristote fait chasser son ami Hermias des fonctions qu'il occupoit : un chrétien ne sait point humilier son ennemi. Le même Aristote flatte bassement Alexandre pour le gouverner ; Platon, Denys le tyran pour être admis à sa table ; Aristippe, sous la pourpre, et sous le masque de la gravité, s'abandonne à la débauche ; Hippias est tué en voulant opprimer sa patrie : jamais un chrétien ne s'est rien permis contre l'état, même pour venger les chrétiens, quoique traités inhumainement.

Page 41.

« On dira peut-être qu'il en est aussi parmi nous qui s'écartent des règles de notre discipline. » Aussi ne les regardons-nous plus comme des chrétiens ; au lieu que vos philosophes, souillés de tant d'infamies, n'en conservent pas moins parmi vous le titre de sages, et la gloire de passer pour tels. Quel rapport y a-t-il donc entre un philosophe et un chrétien ? un disciple de la Grèce, et un disciple du ciel ? un homme qui ne s'occupe que de gloire, et celui qui est tout entier au soin de son salut ? un homme qui parle en sage, et celui qui vit en sage ? un homme qui ne sait que détruire, et celui qui ne sait qu'édifier ? Comment pouvez-vous comparer le partisan et l'adversaire de l'erreur, le corrupteur et le vengeur de la vérité, celui qui la dérobe, et celui qui la possède et la conserve dans son intégrité?

XLVII. L'antiquité de nos livres saints, établie précédemment, me fournit un moyen de plus pour vous amener sans beaucoup de peine à cette conséquence, que c'est le trésor auquel tous les sages venus après auroient emprunté leurs richesses. Si je ne craignois de trop grossir cet ouvrage, il me seroit aisé de le prouver. Quel poëte, quel philosophe me citeriez-vous qui n'ait puisé à la source de nos prophètes (1)?... Ces hommes, ambitieux de gloire et d'éloquence, venoient-ils à rencontrer dans nos Écritures quelques-unes de ces maximes si bien faites pour exciter leur curiosité, ils se les sont appropriées. N'y reconnoissant pas le caractère de divinité dont elles sont empreintes, ils ne se faisoient pas scrupule de les altérer en les dérobant. Ils avoient trop peu d'intelligence pour en pénétrer les sens mystérieux, cachés aux Juifs eux-mêmes, à qui ils croyoient pouvoir en faire le larcin impunément. Leur orgueil, dédaignant la beauté simple de la vérité, s'est jeté à travers les opinions les plus diverses, sans trouver nulle part de point fixe,

(1) Avant Tertullien, le même reproche leur avoit été fait par S. Justin, 1er vol. de cet ouvrage pag. 280; par Tatien, *ibid*. pag. 328; S. Clément d'Alex. *ibid*. pag. 392, 393. Nos modernes érudits, Huet, Fourmont, Thomassin, Lavaur, Guérin du Rocher, ont porté cette vérité jusqu'à la démonstration.

mêlant le certain et l'incertain. Au lieu d'enseigner
le dogme de l'unité de Dieu, tel qu'ils l'avoient
trouvé, ils ont disputé sur sa nature, sur ses attributs, sur le lieu de sa demeure. Dieu est-il un pur
esprit, a-t-il un corps? Les platoniciens ont dit
oui, les stoïciens non. Épicure en fait un composé
d'atomes; Pythagore, de nombres. D'autres, à la
suite d'Héraclite, voient son principe dans l'élément
du feu. L'école de Platon admet une providence,
celle d'Épicure n'en veut point; elle enchaîne son
dieu dans un repos immobile où il végète, nul pour
tout ce qui arrive aux hommes. Les stoïciens le supposent hors du monde, qu'il meut comme le potier
tourne sa roue; les platoniciens le placent dans le
monde même, qu'il régit comme le pilote conduit
son vaisseau. Ils ne s'accordent pas plus sur le
monde : selon les uns, il a été créé; selon les autres,
il est éternel : il finira, il ne finira pas. S'accorderont-
ils mieux sur l'âme? Ceux-ci veulent qu'elle soit divine, éternelle; ceux-là, qu'elle soit mortelle et corruptible : chacun ajoute ou change à sa fantaisie (1).

Il n'est pas étonnant que les philosophes, avec
leurs imaginations, aient défiguré de la sorte la
croyance primordiale, puisque de nos jours des
hommes sortis de leurs écoles ont corrompu les

---

(1) Personne, après les Pères, n'a fait mieux ressortir les contradictions des anciennes écoles que l'évêque de Meaux dans son *Traité de
la concupiscence*, chap. xviii.

nouveaux livres des chrétiens, en y interpolant des dogmes arbitraires et des systèmes philosophiques, faisant d'un seul chemin droit une multitude de sentiers détournés où l'on se perd. Ce que je dis en passant, de peur que le grand nombre de sectes qui divisent le christianisme ne fournisse un nouveau prétexte de nous comparer aux philosophes, et qu'on ne confonde avec elles la vérité de notre religion.

A tous les corrupteurs de l'Évangile nous opposons l'argument invincible de la prescription : que la seule véritable religion est celle qui, enseignée par Jésus-Christ, nous a été transmise par ses disciples. Tous les novateurs ne sont venus qu'après (1). Égarés par des esprits trompeurs, ils ont cherché dans la vérité même les armes dont ils ont combattu la vérité ; infectant notre salutaire doctrine par un alliage impur, mêlant à nos saintes vérités des fictions qui en affoiblissoient l'autorité par un certain air de ressemblance avec elles, et réussissant à attirer à eux les esprits crédules. En sorte que l'on ne sait plus si l'on doit croire les chrétiens, par la raison qu'on ne croit point aux

Page 42.

(1) « Nous prescrivons en général contre toute nouvelle interpréta-
» tion par cette seule parole de Tertullien : On ne l'interprétoit pas ainsi
» dans tous les siècles précédens. Par cette voie, notre foi est invariable,
» notre foi est certaine. Nous la tenons de l'Église, qui la tient elle-
» même de Dieu. Par cette voie, nous tenons à nos pères et à tous les
» siècles depuis Jésus-Christ. » Molinier, *Serm. chois.* tom. IV, pag. 147.

poëtes ni aux philosophes, ou si l'on doit croire les poëtes et les philosophes, sous le prétexte qu'il ne faut pas croire les chrétiens.

Ainsi, prêchons-nous le futur jugement; on se moque de nous: les poëtes et les philosophes ont imaginé aussi un tribunal dans les enfers. Menaçons-nous de feux souterrains destinés à la punition du crime; quels éclats de rire, c'est là le Phlégéton qui roule chez les morts. Parlons-nous de paradis, d'un lieu de délices proposé pour la récompense des âmes saintes; voilà les champs élysées que débitent les poëtes. Or qui est-ce qui a pu leur donner l'idée de fictions si semblables à nos mystères, sinon nos mystères eux-mêmes, beaucoup plus anciens? Nos mystères doivent donc paroître plus croyables et plus certains, puisqu'on croit même ce qui n'en est que l'ombre et l'image. Feroit-on aux poëtes, aux philosophes l'honneur de l'invention? ce seroit vouloir que nos mystères fussent l'image de ce qui n'est venu qu'après eux; ce qui est contre l'essence des choses. Jamais l'ombre n'est avant le corps, ni la copie avant l'original.

XLVII... On a peine à concevoir le dogme de la résurrection des corps, et de l'immortalité des âmes. «Comment cette matière réduite en poussière pourra-t-elle redevenir un corps! » Homme, jetez les yeux sur vous-même, et vous n'aurez plus de peine à croire: qu'étiez-vous avant d'être homme?

Rien. Si vous aviez été quelque chose, vous vous en souviendriez. Vous n'étiez rien avant d'être : pourquoi celui qui vous a appelé du néant à l'existence ne pourroit-il pas vous y ramener encore quand il le voudra? Qu'y aura-t-il de nouveau? Vous n'étiez pas, et vous êtes : vous ne serez plus, et vous recommencerez d'être. Expliquez-moi, si vous pouvez, comment vous êtes entré dans la vie, et puis vous me demanderez comment vous y pourrez revenir. Sera-t-il plus difficile de redevenir ce que vous étiez déjà, que d'être ce que vous n'aviez pas encore été (1)?

Page 43.

Révoqueriez-vous en doute la puissance de Dieu, qui, en créant de rien ce vaste corps du monde, commandoit au néant comme il commandera à la mort, répandoit dans la nature l'esprit de vie qui l'anime, et de sa main divine imprimoit autour de vous les images frappantes de la future résurrection? Vous voyez chaque jour la lumière expirer et renaître, les ténèbres lui succéder pour lui faire place ; les astres s'éteindre et se rallumer, le temps recommencer où il finit ; les fruits passer et revenir ; la semence ne se corrompre que pour se féconder ; tout se conserver par sa destruction même, se reproduire par sa propre mort. Homme, créature si excellente, quand tu n'aurois appris à te

(1) L'auteur des *Serm. chois.*, dans Montargon, *Dict. apost.* tom. VIII, pag. 67-70. L'év. de Sénez, tom. III, pag. 180, 181.

connoître que par l'oracle qui t'appelle *le seigneur de tout ce qui meurt et detout ce qui renatt!* toi seul en mourant tu périrois pour ne jamais revivre? Non, quelque part que soit restée ta dépouille mortelle, quelque corps que ce soit qui ait détruit le tien, qui l'ait englouti, consumé, et, ce semble, anéanti, il te le rendra (1). Le néant obéit à celui à qui le monde entier obéit (2).

«Quoi donc, m'allez-vous dire, faudra-t-il toujours mourir, toujours ressusciter?» Si le maître de l'univers l'avoit ainsi ordonné, il nous faudroit, bon gré, mal gré, subir sa loi : mais il n'a rien réglé làdessus que ce qu'il nous a lui-même appris. La même sagesse qui a composé l'univers, ce tout si bien assorti des élémens les plus opposés, qui fait concourir à la perfection le vide et le plein, les êtres animés et inanimés, ce qui tombe sous nos sens et ce qui leur échappe, la lumière et les ténèbres, la vie et la mort; la même sagesse a placé à la suite l'une de l'autre deux périodes de siècles bien différentes : la première, qui a com-

(1) « Tertullien a raison de dire que le néant est à lui aussi bien que tout : *Ejus est nihilum ipsum, cujus est totum.* » Bossuet, *Serm. pour le jour des morts. Serm.* tom. I, pag. 181.

(2) « Partant, ô abîmes et vous flammes dévorantes, et toi terre, mère commune et sépulcre de tous les humains, vous rendrez ces corps que vous avez engloutis. » Bossuet, *Serm.* tom. VIII, pag. 48. Le Chapel. *Serm. sur l'immortalité,* tom. v, pag. 249, 250. Lenfant, *Serm. sur la résurrect. de notre Seigneur,* tom. VIII, pag. 108, 109.

mencé avec le monde, et qui périra avec lui ; la seconde, que nous attendons, et qui se confondra
avec l'éternité.

Lors donc que sera arrivé ce terme qui sépare
le temps de l'éternité ; que la figure de ce monde
s'évanouira ; que le temps, comme un rideau jeté
à travers l'éternité, s'effacera, alors le genre humain tout entier, sorti du sépulcre, comparoîtra en
présence de son Juge, pour recevoir la récompense
ou le châtiment que chacun aura mérité pour la
durée éternelle des siècles. Plus de mort, plus de
résurrection nouvelle. Rentrés en possession de
la même chair où nous sommes, nous n'en serons
plus dépouillés jamais. Les fidèles adorateurs de
Dieu, revêtus de l'immortalité, jouiront éternellement de Dieu. Les profanes, tous ceux qui ne seront pas irréprochables devant Dieu, seront la
proie de feux également immortels, à qui Dieu
communique sa divine substance qui les rend in-
corruptibles. « Vos philosophes mêmes reconnoissent la différence du feu que nous voyons avec
celui que nous ne voyons pas ; entre le feu qui sert
à l'usage de l'homme, et celui qui sert à la justice de Dieu, soit que le dernier éclate dans la
foudre, ou qu'il sorte du sein des montagnes.
Celui dont nous parlons ne consume pas ce qu'il
brûle ; il répare à mesure qu'il détruit ; ce qu'il
dévore, il le rétablit. Vous en avez l'image dans

les montagnes, où il s'entretient un feu qui ne s'y éteint pas ; image sensible, témoignage toujours subsistant de ce feu éternel allumé par une vengeance inexorable. « Puisque les montagnes brûlent toujours et ne se consument jamais, pourquoi les pécheurs et les ennemis de Dieu ne pourroient-ils pas toujours souffrir et toujours vivre, brûler sans cesse, et durer sans fin (1). »

XLIX. Ces dogmes, vous ne les traitez de préjugés que chez nous; chez les philosophes et les poëtes, ce sont des connoissances sublimes. Ils sont tous des génies de premier ordre, que l'on ne sauroit trop honorer; nous ne sommes nous que des idiots, méprisables et dignes de tous maux (2). Page 44.

Préjugés tant qu'il vous plaira, ils n'en sont pas moins nécessaires; absurdités si vous voulez, mais elles sont utiles, car elles obligent à devenir meilleurs ceux qui les croient, tant par la crainte de supplices qui ne finiront pas, que par l'espérance d'un éternel bonheur. Quelle sagesse y a-t-il à condamner une croyance aussi profitable? Accusez-vous plutôt vous-mêmes de préjugés, de blâmer des doctrines aussi avantageuses, et qui

---

(1) Senault, bien plus fidèle que l'abbé de Gourcy, *Panégyr.* tom. iii, pag. 381, 382.

(2) Développé par Cambac. *Serm. sur les incrédules,* tom. i, prem. part. Lenfant, *Foiblesse des esprits forts, Serm.* tom. ii, pag. 76 et suiv.

par-là ne sauroient être absurdes. Du moins ne sauroient-elles porter préjudice à personne. Et quand elles ne seroient pas aussi bien prouvées qu'elles le sont, toujours ne devroient-elles pas être traitées avec plus de rigueur que certaines opinions vaines et mensongères qu'on laisse circuler librement comme innocentes, que tout au plus on punit par le ridicule, jamais par le fer, par le feu, par les croix et par les bêtes.

Ce n'est pas seulement une multitude aveugle qui triomphe de ces barbares exécutions, et qui insulte aux victimes. Il en est parmi vous qui cherchent par ces injustices à gagner la faveur du peuple, et qui en font gloire; comme si le pouvoir que vous avez sur nous ne venoit pas de nous. Assurément je suis chrétien parce que je veux l'être : vous ne me condamnerez donc que parce que je voudrai bien être condamné. Puisque vous n'avez de pouvoir sur moi qu'autant que je vous en donne, ce n'est donc pas de vous, mais de moi seul que vous le tenez; et la multitude triomphe bien vainement de nous voir persécutés. C'est nous qui avons droit de triompher, puisque nous aimons mieux être condamnés que d'être infidèles à Dieu. Et ceux qui ne nous aiment pas devroient s'affliger plutôt que se réjouir, puisque nous avons obtenu ce que nous avions choisi.

L. Cela étant, « pourquoi, nous dites-vous, vous

plaindre d'être persécutés, puisque vous voulez l'être? vous devez aimer ceux de qui vous souffrez ce que vous voulez souffrir (1). » Sans doute nous aimons les souffrances, mais comme on aime la guerre, où personne ne s'engage, à cause des alarmes et des périls; on n'en combat pas moins de toutes ses forces; on se réjouit de la victoire après s'être plaint de la guerre, parce qu'on en sort chargé de gloire et de butin. Nous combattons pour soutenir la vérité devant les tribunaux où l'on nous traîne; notre victoire, c'est d'obtenir le prix pour lequel nous avons combattu, la gloire de plaire à Dieu, la conquête de la vie éternelle. Nous perdons la vie : c'est là ce que nous demandions. En mourant, nous triomphons, nous échappons à nos ennemis. Appelez-nous gens de poteaux et de sarmens, à cause que vous nous faites périr dans les flammes; ce sont là les palmes dont nous nous parons, ce sont là nos chars de triomphe. Les vaincus ont bien sujet de ne pas nous aimer; ils nous regardent comme des furieux, des désespérés. Mais cette fureur et ce désespoir, quand ils sont ailleurs le produit d'un vain amour de gloire et de renommée, on en fait l'étendard de l'héroïsme. Scévola soutient, sans se plaindre, la main sur un brasier : quelle force de courage! Empédocle se précipite dans l'Etna : quelle énergie! La fonda-

(1) Molinier, *Serm.* tom. viii, pag. 331.

trice de Carthage, je ne sais quelle Didon, prend un bûcher pour un second autel nuptial : quelle chasteté ! Régulus ne veut pas qu'on l'échange contre plusieurs ennemis, et se résigne aux plus affreuses tortures : c'est là de la grandeur d'âme, ce qui s'appelle être libre dans les fers ! Anaxarque, tandis qu'on le broyoit dans un mortier, s'écrioit : *Frappe, frappe l'enveloppe d'Anaxarque, car pour lui-même il n'en sent rien.* Quel héroïsme de con-

Page 45. server sa gaieté, en mourant d'une pareille mort!...

C'est là une gloire légitime, parce que c'est une gloire humaine. Il n'y a là ni préjugé, ni fanatisme, ni désespoir dans le mépris de la vie et des supplices. Il est permis d'endurer pour la patrie, pour l'empire, pour l'amitié, ce qu'il est défendu d'endurer pour Dieu. Vous érigez des statues à ces héros profanes ; vous gravez leurs éloges sur le marbre et sur l'airain, pour éterniser leur nom, s'il étoit possible, pour leur créer après la mort une existence nouvelle : le héros chrétien, qui attend de Dieu la vraie résurrection, et souffre pour lui dans cette espérance, n'est à vos yeux qu'un insensé.

Pour vous, dignes magistrats, assurés comme vous l'êtes des applaudissemens du peuple tant que vous lui immolerez des chrétiens, condamnez-nous, déchirez nos corps, appliquez-les à la torture, foulez-nous sous les pieds : vos barbaries sont les preuves de notre innocence ; c'est pourquoi

Dieu permet que nous soyons persécutés. Dernièrement, en condamnant une femme chrétienne à être exposée dans un lieu infâme, plutôt que dans l'amphithéâtre, vous avez reconnu que la perte de la chasteté est pour nous le plus grand des supplices, et pire que la mort elle-même.

Mais à quoi aboutissent enfin tous vos raffinemens de cruauté? A enflammer de plus en plus le désir d'être chrétien. Nous multiplions à mesure que vous nous moissonnez ; notre sang devient une semence de chrétiens (1). Plusieurs de vos philosophes ont écrit des traités pour engager à supporter la douleur et la mort ; mais les exemples des chrétiens sont bien plus éloquens que tous les ouvrages des philosophes. Ce prétendu entêtement que vous nous reprochez est la plus puissante instruction. Est-il possible d'en être témoin, sans être porté à rechercher ce que c'est que cette religion ; de la rechercher, sans s'y attacher, et désirer bientôt de souffrir pour obtenir en échange la plénitude de la grâce de Dieu, pour acheter au

---

(1) « Plus vous faites couler de sang, plus le champ de l'Église devient fertile, et se couvre de moissons abondantes. Pour un de ses enfans que vous lui enlevez, mille se présentent et s'empressent de le remplacer. » Ch. de Neuville, *Établiss. de la relig. Car.* tom. IV, pag. 179.

« Il n'y a que la loi chrétienne pour qui le sang de ses sectateurs ait été, selon le mot de Tertullien, comme une semence féconde : *Sanguis martyrum semen christianorum.* » Bourdaloue, *Serm. sur la saint. et la force de la loi chrét. Domin.* tom. I, pag. 516, éd. Rig.

28.

prix de son sang le pardon de ses péchés(1)? Car tout
est mérité et gagné par le martyre. C'est pour cela
que nous vous remercions des arrêts que vous
rendez contre nous. Mais que les jugemens de Dieu
sont loin des jugemens des hommes! Tandis que
vous nous condamnez, Dieu nous absout.

ADDITION A L'APOLOGÉTIQUE.

Tertullien rappelle au chap. II la lettre de Pline
à Trajan sur les chrétiens. Elle est la quatre-vingt-
dix-septième du dixième livre, et se trouve en
françois d'abord à la page 8 de l'*Hist. de l'établiss.
du christian.* par Bullet (vol. in-8°, Paris, 1814),
puis en latin, pag. 205.

Dans les chapitres XXXVI et XXXVII du même
ouvrage, notre apologiste affirme que les chrétiens
ne savent point repousser la persécution par les
armes; et nous avons remarqué que nos contro-
versistes s'appuient particulièrement de son témoignage, pour établir cette proposition par l'autorité
des premiers siècles. C'est là une vérité prouvée
de la manière la plus éclatante par le martyre de la
légion thébaine. En rappelant ce fait, qui d'ailleurs ne peut l'être trop, nous avons un motif par-
·ticulier, analogue à l'objet d'un ouvrage tel que

---

(1) Voy. dans Bourdaloue, la judicieuse application qu'il fait de ce
raisonnement à l'exemple. *Serm. sur le zèle de la religion Dominic.*
tom. IV, pag. 217, éd. Rig. Commenc. de la 1re part.

celui-ci, consacré à la gloire de l'éloquence chrétienne. Cette requête ou remontrance que tout le
corps de la légion thébaine présenta à l'empereur Maximien par la voix de deux de ses tribuns,
Maurice et Exupère, figureroit avec honneur parmi
les harangues que Thucydide, Tite-Live, Salluste,
nous ont transmises. Voici l'événement qui en fut
l'occasion. Vers l'an 286, l'empereur Maximien
étant passé dans les Gaules pour y combattre quelques peuples révoltés, fit venir d'Orient la légion thébaine, toute composée de soldats chrétiens. Elle
campa au pied du Mont Saint-Bernard, dans un lieu
appelé autrefois *Agaunum,* d'où vient le nom de
Martyres agaunenses qui leur est resté dans leurs
actes (1). Là, ayant reçu l'ordre de tourner leurs
armes contre les chrétiens qui se trouvoient répandus dans la contrée, ils s'y refusèrent, en répondant
qu'ils l'étoient eux-mêmes. Maximien commanda
d'abord qu'ils fussent décimés jusqu'à deux fois ;
enfin, sur leur refus réitéré de sacrifier aux idoles,
tous furent massacrés, au nombre de six mille six
cents (2), sans la moindre résistance de leur part (3).

(1) Ruynart, *Act. martyr.* pag. 290. *Défense de la vérité du martyre
de la légion théb.* par D. Jos. Delisle, 1737, in-8°. *Éclaircissem. sur
le martyre de la lég. théb.,* etc. par M. Rivaz, Paris, 1779, in-8°,
où la vérité de l'histoire est vengée invinciblement contre les objections de quelques protestans.

(2) Voy. Tillem. *Mém.* tom. IV, pag. 423.

(3) Une si cruelle exécution n'étoit pas sans exemple chez les Ro-

Nous sommes vos soldats, seigneur, mais nous sommes aussi les serviteurs de Dieu, et nous le confessons avec franchise. Nous vous devons le service militaire, mais nous lui devons l'innocence; nous recevons de vous la paye, et nous avons reçu de lui la vie : nous ne pouvons pas obéir à vos ordres quand ils se trouvent contraires aux siens, ni renoncer à notre maître qui est aussi le vôtre, quand vous ne le voudriez pas. Tant que l'on ne nous a rien demandé qui pût lui déplaire, vous nous avez vus obéir à vos ordres avec joie : mais quand il faudra désobéir à l'un de ces deux maîtres, nous lui obéirons plutôt qu'à vous. Vous pouvez employer nos armes contre les ennemis de l'état et les vôtres, mais nous ne les tremperons jamais dans le sang des innocens. Pourriez-vous compter sur notre fidélité, si nous étions assez lâches pour en manquer à Dieu? Nous lui avons fait serment avant que de vous le prêter à vous, et vous ne pourriez pas compter sur le second, si nous étions capables de violer le premier. Vous nous ordonnez de chercher les chrétiens pour les punir : en voici, nous le sommes, il n'en faut pas chercher d'autres. Nous confessons tous Dieu le père, auteur de tout,

mains. Dion Cassius rapporte au livre LXIV de son histoire, que Galba, bien moins cruel que Maximien, fit massacrer en un seul jour sept mille soldats prétoriens qui s'étoient mutinés, et qu'il fit décimer tout le reste.

Jésus-Christ son fils et le Saint-Esprit. Nous avons vu égorger nos compagnons sans les plaindre, nous nous sommes réjouis de l'honneur qu'ils ont eu de mourir pour leur Dieu. L'extrémité à laquelle on nous réduit n'est point capable de nous porter à la révolte. Nous avons les armes à la main, mais nous ne savons ce que c'est que de résister, parce que nous aimons mieux mourir innocens que de vivre coupables.

Après l'Apologétique, viennent divers écrits du même père pour la défense du christianisme.

II. LES DEUX LIVRES AUX GENTILS.

Ces deux livres n'offrent qu'une répétition de l'*Apologétique*, incomplète et mutilée; ils semblent n'être que le premier jet de cet ouvrage. On y retrouve le même fonds d'idées, et jusqu'aux mêmes expressions, à peu d'exceptions près.

Par où les chrétiens se distinguent-ils? Par une sagesse des premiers temps, qui les empêche d'adorer les dieux imaginaires faits par la main des hommes; par la sévérité de leur justice, qui ne leur permet point de désirer ce qui ne leur appartient pas; par une pureté de mœurs qui redoute jusqu'aux regards capables de la corrompre; par une charité compatissante envers ceux qui sont dans l'indigence; par leur respect pour la vérité, qui les met en butte aux persécutions ; par une généreuse liberté qu'ils savent garder en mourant pour elle. C'est à ces caractères qu'il faut en appeler pour apprendre à les connoître. (Liv. I, chap. IV.)

(Sur les bruits populaires.) « L'on ment avec plus de succès en forgeant des calomnies cruelles et atroces, et l'on croit plus aisément un mal faux qu'un bien véritable (1). » (Chap. VII.)

Page 60.

« Non-seulement, dit Tertullien, nous imposons à la vue des autres, mais même nous jouons notre conscience : *Nostram quoque conscientiam ludimus* » (2). « Le crime, aujourd'hui sans pudeur, marche tête levée, bravant et la lumière du jour et le silence des nuits, affrontant jusqu'aux regards du ciel ; et l'impunité qui le protége est telle, qu'on ne sait plus ce que c'est que crimes. (Chap. XVI.)

III. REQUÊTE A SCAPULA (*).

Cet ouvrage peut être rangé au nombre des apologies, puisque le christianisme y est défendu contre les calomnies dont on le chargeoit.

Page 85.

Ce n'est aucun sentiment de crainte qui nous porte à vous adresser cette défense. Loin de re-

---

(1) Trad. par Bossuet, *Serm.* tom. v, pag. 413.

(2) Le même, *Serm.* tom. vi, pag. 224 et 241.

(*) Proconsul d'Afrique. On place communément cet ouvrage à l'an de Jésus-Christ 211, vers le dernier du règne de Sévère. Tillem. *Mém.* tom. iii, pag. 227.

douter vos arrêts et vos exécutions, nous courons au-devant ; nous appréhendons bien moins d'être condamnés que d'être absous. C'est moins dans l'intérêt des chrétiens que nous vous écrivons, que dans le vôtre, et pour nos persécuteurs. La loi que nous suivons nous ordonne de les aimer. Aimer ceux qui nous aiment, c'est la vertu de tout le monde ; aimer ceux qui nous persécutent, il n'y a que le chrétien qui en soit capable (1). Touchés de votre ignorance, et sensibles aux maux à quoi vous vous exposez, et dont nous voyons chaque jour les tristes avant-coureurs, nous nous croyons obligés de vous mettre sous les yeux ce que vous éloignez de vos oreilles.

Nous adorons un seul Dieu, dont tous les hommes ont une notion naturelle ; au bruit de son tonnerre, vous êtes saisis d'effroi ; au récit de ses bienfaits, vos cœurs se pénètrent de joie.

Chaque homme reçoit de la nature et des lois la faculté d'adorer Dieu comme il l'entend. Qu'importe à un autre qu'à moi la religion que je professe ? La religion n'admet aucune violence, aucune tyrannie ; elle est libre, et jamais elle ne doit être embrassée par contrainte, mais par sentiment. Tout sacrifice demande à être fait volontairement (2).

(1) Voy. Cambacérès, *Serm.* tom. 1, pag. 473.

(2) « La force peut-elle persuader les hommes ? peut-elle leur faire vouloir ce qu'ils ne veulent pas ? Nulle puissance humaine ne peut forcer

L'apologiste disculpe les chrétiens du double crime de sacrilége et de lèse-majesté dans les mêmes termes que l'apologétique, et avec plus de concision.

Page 86. Le chrétien n'est l'ennemi de personne, à plus forte raison du prince. Nous respectons la personne de l'empereur, nous lui rendons tous l'honneur que permet notre conscience, que réclame sa dignité. Reconnoissant en lui un homme venant après Dieu, qui tient de Dieu tout ce qu'il est, et n'a de supérieur que Dieu, nous sacrifions pour son salut; mais nos sacrifices nous les offrons à Dieu, notre maître et le sien, conformément à la loi qu'il nous a donnée, par de chastes et pacifiques prières. Que les démons se repaissent du sang et de la fumée de leurs victimes, ce sont là des sacrifices faits pour eux.

Nous n'opposons aux outrages d'autre arme que la patience, qui nous est commandée par notre divin législateur; bien qu'il nous fût facile d'en employer d'autres, faisant presque la plus grande partie de toutes les villes (1).

A Dieu ne plaise que nous murmurions contre des persécutions qui comblent nos vœux, et que

le retranchement impénétrable de la liberté d'un cœur. » Fénélon, *Disc. pour le sacre de l'élect. de Col.* tom. IV, pag. 303, Paris, 1821, édit. in-8°.

(1) Voy. Bossuet citant cet endroit de Tertullien, *Serm.* tom. III, pag. 44. Molin. *Car.* tom. IV, pag. 341-348.

nous pensions à en tirer une vengeance que nous attendons de Dieu. La seule chose qui nous fait peine, c'est l'assurance où nous sommes que pas une des villes qui ont fait couler le sang chrétien n'échappera à la vengeance. Vous l'avez vu ; sous le gouverneur Hilarien, le peuple avoit demandé à grands cris que l'on ôtât aux chrétiens les aires où ils faisoient leurs sépultures : et celles où lui-même bat ses blés ne lui servirent de rien ; car il n'eut point de moisson. L'année dernière, les pluies continuelles qui tombèrent par torrens dans nos campagnes n'ont-elles pas manifesté le courroux du ciel, qui châtioit l'incrédulité et les déréglemens des hommes? Ces feux suspendus sur les murailles de Carthage durant la nuit, ces tonnerres extraordinaires qui se sont fait entendre, ont dû présager à ceux qui ont des yeux les fléaux dont leur endurcissement est menacé. Tous ces signes précurseurs de la colère céleste qui est à nos portes, ne faut-il pas bien que nous vous les dénoncions, que nous cherchions à les conjurer? Les calamités partielles indiquent à l'avance un autre châtiment universel, auquel n'échapperont pas dans le temps ceux qui voudroient aujourd'hui se méprendre sur les vraies causes de ce qui nous arrive. A Utique, on a vu le soleil s'éclipser tout à coup contre toutes les règles de la nature ; demandez-le à vos astrologues. Nous pourrions vous citer divers magistrats qui, à leurs derniers momens, ont témoigné leur repentir des rigueurs qu'ils avoient exercées contre les chrétiens. Vigellius Saturninus, qui le premier a tiré le glaive contre nous, en a été puni par la perte des yeux. Claude Herminien, gouverneur de Cappadoce, irrité contre sa femme, qui s'étoit faite chrétienne, fit peser son ressentiment contre ceux de cette religion. Frappé, seul, de la peste dans son palais, dévoré tout vivant par les vers, il disoit : « Qu'on se garde bien d'en rien dire à personne; les chrétiens en triompheroient... » Si tous nos persécuteurs ne sont pas punis, c'est qu'ils sont réservés au jour du jugement de Dieu. Vousmêmes, nous faisons des vœux pour que la maladie qui vous afflige soit un simple avertissement du ciel; mais souvenez-vous qu'elle a commencé après l'ordre donné par vous, d'exposer aux bêtes le chrétien Mavilus d'Adrumet. Du reste, pensez à l'avenir. « Nous ne pensons pas à vous faire peur, et nous sommes incapables de vous craindre (1). » A Dieu ne plaise que nous cherchions à vous intimider, nous qui n'avons peur de personne; notre seul désir est que tous puissent être

Page 87.

---

(1) Trad. par Bossuet, *Panégyr. de S. Thom. de Cantorb.* pag. 600. Le grand évêque ajoute à ce texte : « Noùs ne sommes ni redoutables, » ni lâches : nous ne sommes pas redoutables, parce que nous ne savons » pas cabaler; et nous ne sommes pas lâches, parce que nous savons » mourir. »

sauvés, et que personne n'ait la témérité de combattre contre Dieu.

Combien de gouverneurs qui ne vous valoient pas en humanité se sont récusés dans la cause des chrétiens ! Cincius Sévère étoit le premier à fournir à ceux qui lui étoient adressés comme chrétiens des moyens de défense ou d'évasion... L'empereur Sévère, informé qu'il y avoit parmi les chrétiens des personnes de la plus haute distinction de l'un et de l'autre sexe, non-seulement ne les persécuta point, mais les protégea contre les violences du peuple (1). Marc-Aurèle, dans son expédition contre les Quades, obtint, grâces aux prières des chrétiens qui servoient dans son armée, une pluie abondante qui la sauva (2). Combien de pareils fléaux n'avons-nous pas détournés par nos prières, par nos jeûnes ? Toutes les fois que le peuple, croyant s'adresser à Jupiter, s'écrie, *O dieu des dieux, seul puissant*, c'est à notre Dieu qu'il rend, sans le savoir, un solennel hommage... Arrius Antonin, qui s'étoit déclaré contre nous avec tant de violence dans son gouvernement d'Asie, voyant accourir en foule à son tribunal les chrétiens répandus à Carthage, se contenta d'en

Page 88.

***

(1) Il ne persévéra pas long-temps dans ses pacifiques dispositions. Orose et Sulpice-Sévère affirment qu'il y eut vers la dixième année de son règne une violente persécution qui donna à l'Église quantité de confesseurs et de martyrs.

(2) Voy. Tillem. *Mém.* tom. II, pag. 320.

faire saisir quelques-uns, et dit aux autres : *Misé-rables, si vous voulez mourir, n'avez-vous pas des précipices et des cordes?* Si nous étions de cette hu-meur, que feriez-vous de tant de milliers de chré-tiens, hommes et femmes, de toute condition, qui viendroient se présenter à vous? Combien ne vous faudroit-il pas de bûchers et de glaives! Que de-viendroit Carthage ainsi décimée, quand chacun viendroit reconnoître parmi les victimes ses con-citoyens, ses proches; qu'il y verroit des hommes, des femmes, peut-être d'un rang égal au vôtre, liés de société, de parenté même, avec ceux qui ont l'honneur de vous être attachés par les liens du sang ou de l'amitié? Épargnez-vous donc vous-même, épargnez Carthage, si vous ne nous épar-gnez pas.

IV. DU TÉMOIGNAGE DE L'AME.

Nous disons bien souvent que l'on ne connoît pas le christianisme; que c'est le calomnier que de lui sup-poser une doctrine éloignée de la nature; que l'Évan-gile n'en est, aux termes du divin législateur, que le perfectionnement; que la plupart de ses dogmes se trouvoient imprimés au fond de tous les cœurs; que la conscience, loi primitive, essentielle, porte dans elle-même le témoignage des vérités capitales dont toutes les autres ne sont que la dépendance; telles que celles de l'existence et de l'unité de Dieu, de ses principaux at-tributs, de l'immortalité de l'âme, dont l'intime pressen-timent se lie à l'aversion que nous avons tous pour la

Matth. v.
17.

mort, et au désir de se survivre à soi-même. Saint Paul
l'avoit dit d'un seul mot : *Opus legis scriptum in cor-* Rom. ii. 15.
dibus. Tertullien nous apprend la manière de le développer dans nos chaires chrétiennes. Ce principe qu'il
avoit indiqué déjà dans son Apologétique (1), et qu'il répète avec affection dans la plupart de ses autres ouvrages,
reçoit ici une extension plus oratoire.

Il nous faut des recherches sans fin, creuser Page 80.
bien avant dans l'antiquité, quand nous voulons
combattre les détracteurs du christianisme par
des témoignages empruntés aux écrits des philosophes, des poëtes et autres, soit pour réfuter leurs
erreurs, soit pour défendre notre cause. Un assez
grand nombre des apologistes qui nous ont précédé, joignant l'étude profonde de l'histoire à la
puissance du raisonnement, se sont engagés dans
ces laborieuses controverses. Dans les traités qu'ils
ont adressés aux gentils contre l'idolâtrie, ils remontent à l'origine de chacun de ses dogmes, en
parcourent les monumens et les traditions ; et, par
de savantes confrontations entre les passages qu'ils
en produisent, avec la doctrine que nous professons, ils prouvent que notre religion n'est pas
aussi nouvelle, aussi monstrueuse qu'on affecte de

(1) *Vultis ex animæ ipsius testimonio comprobemus? cum resipiscit,
Deum nominat hoc solo nomine, quia proprio Dei veri.* Deus magnus,
Deus bonus, et quod Deus dederit, *omnium vox est. Judicem quoque
contestatur illum :* Deus videt, et, Deo commendo, et, Deus mihi red-
det. *O testimonium animæ naturaliter christianæ!* Cap. xvii.

le répandre. Mais la prévention, qui s'acharne contre les chrétiens, n'a pas voulu croire à ces preuves, lors même qu'elles étoient fournies par des
hommes que d'ailleurs elle regarde comme ses
oracles. D'un côté, ses poëtes avec la futilité de
leurs fables qui prêtent à leurs dieux les passions
des hommes ; de l'autre, ses philosophes avec leur
orgueil opiniâtre, qui n'ont fait que frapper à la
porte de la vérité (1). On n'est sage aujourd'hui
qu'autant que l'on s'emporte contre le christianisme. Mais pour peu que l'on montre de vraie
sagesse et de véritable science, en s'éloignant des
vaines superstitions d'un culte profane, on n'est
plus qu'un chrétien voué à l'infamie et au supplice.
Abandonnons aujourd'hui ce genre d'argumentation, que tous les lecteurs ne sont pas capables
d'embrasser. N'empruntons rien aux témoignages humains, qui ne présentent pas encore une
garantie suffisante ; ne profitons pas même de ceux
que nous donnent nos divines Écritures : on n'y
croit pas, à moins d'être chrétien. Celui que j'ai à
produire en faveur du christianisme, c'est un témoignage d'un nouveau genre ; témoignage plus
connu que toutes les littératures, plus répandu que
tous les livres, plus notoire que tous les systèmes,
plus grand que tout l'homme : c'est-à-dire ce qui

---

(1) Expression de Bossuet citant Tertullien, *Panégyr. de sainte
Catherine : Panégyr.* tom. vi, pag. 514.

fait l'homme tout entier. Viens, o âme humaine!
comparois et réponds (1), quelles que soient ton
origine et ta nature; toujours, malgré la diversité
des opinions qui partagent les écoles, toujours
siége de la raison, de l'intelligence et du sentiment. Comparois, non pas avec le vain attirail
d'une science acquise dans les livres et les écoles
du portique et de l'académie, mais simple, mais
ramenée à tes élémens primitifs, mais telle que tu   Page 81.
es encore dans ceux, quels qu'ils soient, où tu
conserves ta constitution originale (2). Je ne te
demande rien de plus que ce que tu apportes avec
toi. Que tu le tiennes de ton propre fonds, ou
que tu le reçoives de la main souveraine à qui tu
dois ton être, tu n'es pas, que je sache, chrétienne;
car pour l'être, il faut le devenir. N'importe; ce
n'en est pas moins ton témoignage que je réclame
en faveur de céux à qui tu es étrangère, dussent
rougir pour toi-même ces mêmes hommes qui
nous punissent, par leur haine et leur mépris,

(1) *Consiste in medio, anima*, etc. Voy. Bourdaloue, *Avent, sermon du jugem. dern.* pag. 69. Cambacérès fait le même appel à la
conscience de l'incrédule, *Serm.* tom 1, pag. 213. De tous les prédicateurs qui ont fait d'heureuses applications de çe mouvement, l'emploi le plus éloquent est celui qui s'en rencontre dans Massillon. Il interroge l'âme au moment de la mort, dépouillée de tous les prestiges
dont l'environnoient jusque-là les illusions de la chair et de la vanité.
Le morceau de Tertullien y est traduit en entier. *Caréme*, tom. III,
pag. 234 et suiv.

(2) Molin. *Serm. chois.* tom. VIII, pag. 449.

d'une doctrine que tu partages avec nous. (Chap. I.)

Notre crime est de prêcher un Dieu essentielle-ment un, de qui tout vient, et de qui tout dépend. Rends-nous témoignage si ce n'est pas là ta foi à toi-même. Car, et toi aussi, combien de fois ne t'avons-nous pas entendue en public et en parti-culier, dans la plénitude d'une liberté qui nous est ravie, t'écrier : *S'il plaît à Dieu!* N'étoit-ce pas là reconnoître un Dieu, et l'unique Dieu (1)? Et encore : *Dieu est bon, Dieu fait bien, Dieu voit tout, Dieu jugera entre nous.* (Chap. II.) Vous dites de tel homme: C'est un méchant; pourquoi? si ce n'est par opposition à la bonté de Dieu? Ce mot, *Que Dieu vous bénisse,* dont nous faisons le point de ralliement et le sceau de tous nos entretiens, comme reconnoissant en Dieu le principe de tout le bien qui nous est fait, il ne vous en coûte pas plus à vous de le répéter qu'à nous-mêmes. Alors même que, changeant de langage, vous dites, *Que Dieu te maudisse !* vous ne rendez pas moins que nous témoignage à son autorité souveraine.

Il en est parmi vous qui, sans nier l'existence de Dieu, lui contestent l'attribut d'une providence qui voit et règle tout, d'une justice à qui il faudra

---

(1) Voy. Lenfant, *Serm.* tom. iv, pag. 212 et suiv. Segaud, *Carême,* tom. i, pag. 207, 240. Saurin, *sur le prix de l'âme*, tom. iii, pag. 26. Gambac. tom. i, pag. 190. Montargon, *Dict. apost.* tom. ii, pag. 48 et suiv.

rendre compte ; en quoi ils sont le plus en opposition avec nous, qui croyons au redoutable jugement annoncé par nos divins oracles : c'est par honneur pour la divinité qu'ils prétendent l'affranchir des embarras du gouvernement de l'univers. Ils la supposent incapable d'aucun sentiment de colère et de vengeance. Autrement, disent-ils, elle seroit susceptible des passions humaines, ce qui répugne à l'indépendance de son être. Mais on convient dans les mêmes écoles que l'âme est d'une origine céleste ; et c'en est assez pour la réfutation de leur système. Car si l'âme est d'une nature divine, nul doute qu'elle ne connoisse celui de qui elle tient ce bienfait ; si elle le connoît, conséquemment elle le craint. Et la preuve, c'est qu'elle désire se le rendre favorable, plutôt que d'être en butte à sa colère. Mais d'où vient à l'âme cette crainte naturelle qu'elle a de la Divinité, si Dieu manque de la volonté de se mettre en colère ? Comment peut-on craindre celui qui ne sait pas se fâcher ? Qu'appréhende-t-on, sinon qu'il s'irrite ? Mais d'où lui viendroit cette colère, s'il avoit les yeux fermés sur le mal qui se commet ? Pourquoi les tenir ouverts, s'il ne doit les juger et les punir ? Or, à qui appartient le droit de les juger, si ce n'est à celui qui possède la puissance suprême ? Donc à Dieu. Voilà ce que votre conscience vous fait dire tous les jours en public, en particulier,

sans que personne vous en raille ni ne vous con-
tredise. Mais d'où viennent ces paroles, dans une
bouche qui n'est pas chrétienne ? (Chap. II.)

Page 82. Vous qualifiez démon tout ce qui vous présente l'image de l'impudicité, de la méchanceté,
de l'insolence, des désordres que nous attribuons
au malin esprit: et, bien que nous seuls en ayons
une idée juste, n'est-ce pas le reconnoître que
de le haïr? (Chap. III.)

Nous affirmons que l'âme est immortelle, qu'à sa
séparation d'avec le corps, elle subira un jugement
qui fixera ses éternelles destinées, selon ses mérites ;
pourquoi en rougirions-nous, si c'est là une
croyance qui nous soit commune avec vous? comme
en effet le sentiment s'en trouve maintenu dans tous
les cœurs, malgré la diversité des opinions qui partagent les écoles. Quand vous parlez d'une personne
qui n'est plus, c'est pour la plaindre : de quoi? non
d'avoir perdu le bienfait de la vie, mais d'avoir
à encourir un jugement, peut-être une punition.
Vous la plaignez; mais si elle ne sent rien, s'il n'y
a plus rien après la mort que ce cadavre d'où l'âme
s'est séparée, si elle-même s'est anéantie, vous êtes
en contradiction avec vous-même. Pourtant vous
craignez la mort. Eh! qu'a-t-elle de si redoutable,
si elle n'amène à sa suite rien de quoi il faille avoir
peur? C'est peut-être, non pour ses suites qu'on
Page 83. l'appréhende, mais pour les biens dont elle nous

prive? Mais si le mal l'emporte sur le bien, ce qu'on gagne l'emportant sur ce qu'on perd, la crainte n'a plus de motif. Doit-on redouter si fort ce qui nous sauve de toute terreur? Vous la craignez néanmoins: c'est que vous savez bien qu'elle est un mal. D'où le sauriez-vous? et comment auriez-vous appris à la craindre, si vous n'aviez au dedans de vous le pressentiment de quelque chose qui en fait un mal, et qui en inspire l'effroi?

A la crainte de la mort, se mêle dans quelques âmes l'espérance de se survivre, après la mort, dans la mémoire des hommes. Sans parler de ces héros si vantés dans les annales de Rome et de la Grèce, ce qui leur faisoit mépriser la mort, on sait que c'étoit le désir de faire parler d'eux quand ils ne seroient plus. Encore aujourd'hui on veut perpétuer son nom: les uns par des compositions littéraires, les autres par l'exemple de leurs mœurs, d'autres enfin par la pompe de leur sépulture. Ici encore je demanderai d'où vient à l'âme cette prétention de vouloir être quelque chose après la mort? pourquoi tant de frais, et quels fruits espère-t-elle en recueillir? Que seroit pour elle l'avenir, si elle ne savoit pas qu'il y a réellement un avenir? (Cap. v.)

Mais peut-être avez-vous mieux l'assurance de quelque sentiment après la mort, que nous ne l'avons, nous, de cette résurrection qui provoque contre nous de si violentes censures. Pourtant nous ne sommes pas les seuls à la prédire. Que l'on vous demande des nouvelles de quelqu'un mort depuis long-temps, comme s'il étoit encore habitant de ce monde, vous n'hésitez pas à répondre : Il est en voyage, et doit revenir. Ne sont-ce pas là autant de témoignages qui sortent du fond de votre âme ? Témoignages d'autant plus vrais qu'ils sont plus simples, d'autant plus simples qu'ils sont plus populaires, d'autant plus populaires et communs qu'ils sont plus naturels, et par conséquent divins (1). Je ne crois pas que l'on m'accuse ici d'esprit étroit et rampant, pour peu que l'on reconnoisse la majesté de la nature, d'où le témoignage de l'âme emprunte son autorité. Tout ce que vous accorderez à l'une rejaillit sur l'autre ; la nature donne la leçon, l'âme la répète. Ce que la première enseigne, ce que la seconde apprend, remonte à Dieu, principe de toute science. Tout ce que l'âme peut se flatter de connoître de la divine essence, sans qui elle n'eût rien appris de

(1) Bossuet a dit : « Je ne sais quelle inspiration, dont nous ne connoissons pas l'origine, nous apprend à réclamer Dieu dans toutes les nécessités de la vie. Dans toutes nos affections, dans tous nos besoins, un secret instinct élève nos yeux au ciel, comme si nous sentions en nous-mêmes que c'est là que réside l'arbitre des choses humaines. Et ce sentiment se remarque dans tous les peuples du monde dans lesquels il est resté quelques traces d'humanité, à cause qu'il n'est pas tant étudié qu'il est naturel, et qu'il naît en nos âmes, non tant par doctrine que par instinct. C'est le christianisme de la nature, ou, comme l'appelle Tertullien, le temoignage de l'âme naturellement chrétienne. » *Serm.* tom III, pag. 5, 6.

ce qu'elle sait, pour le découvrir, qu'elle se replie sur elle-même. Sortie des mains de Dieu, elle n'a pu méconnoître tout-à-fait son auteur ; toujours elle se ressent de sa divine origine, par les facultés divines qui éclatent en elle (1). L'âme existoit sans doute avant qu'il y eût des livres ; le sentiment, avant qu'il y eût des écrivains ; l'homme, enfin, existoit quand il n'y avoit encore ni philosophes ni poëtes. Est-il croyable que les hommes soient restés tant de siècles avant la découverte des lettres de l'alphabet, sans manifester par l'expression du langage les sentimens intérieurs qui étoient en eux? Personne jusque-là ne songeoit à parler de Dieu et de sa bonté ; ni de mort, ni d'une autre vie. Mais comment ces termes eux-mêmes se seroient-ils introduits dans le langage et dans les livres, si les idées qu'ils expriment n'eussent été déjà répandues parmi les hommes? Que ce soit Dieu qui les ait imprimées dans l'âme, ou qu'il les ait apprises au monde par la révélation de ses Écritures, n'importe : ni Dieu ni la nature ne savent point mentir. Ces chrétiens, que l'on ne

Pag. 85.

(1) L'ancien évêque de Sénez développe élégamment cette pensée dans son *serm. sur l'immortalité de l'âme*, tom. 1, pag. 172 et suiv. Bossuet, avec une magnificence d'images et d'expression qui l'élève au-dessus de toute comparaison, dans son *serm. pour mademoiselle de La Vallière*, pag. 564 et 570 du tom. viii de l'édit. in-4°, Paris, 1744, et dans toute la seconde partie de son *serm. sur la mort et l'immortalité*, *Serm.* tom. v.

veut ni voir ni entendre, leur religion est dans
toutes les bouches et dans tous les cœurs. Ce n'est
pas seulement à Rome ni à Athènes que la conscience parle ce langage : l'homme est partout le
même ; l'expression diffère, le sentiment jamais (1).
Partout on croit à un Dieu et à sa bonté ; partout
on connoît le démon et on le maudit ; partout on
en appelle au jugement de Dieu ; partout on meurt ;
partout la mort elle-même sert de témoignage que
l'on ne meurt pas tout entier. L'on proclame à haute
voix ce qu'il ne nous est pas permis à nous de mur-
murer dans l'ombre. Avons-nous tort de dire que
le seul témoignage de l'âme condamne une aussi
injuste prévention ? La première à déposer contre
elle-même, elle est et son accusatrice et son juge (2).
Qu'aura-t-elle à répondre au tribunal de Dieu,
alors qu'il lui sera dit (3) : Le Dieu que tu publiois
étoit pour toi le Dieu inconnu ; ces démons que
tu détestois, tu leur réservois ton culte et tes adorations ? Tu en appelois au jugement de Dieu, et tu

Page 85.

____

(1) Ces belles expressions se retrouvent dans tous les discours sur la
loi et la morale évangéliques. Voy. Massill. *Carême*, tom. iv, pag.
5, 6, 18. Cambacérès, tom. ii, pag. 50, iii, 12, etc.

(2) « Toute âme pécheresse, dit Tertullien, est tout ensemble et
» le criminel et le témoin : *Merito omnis anima et rea et testis est.* »
Bossuet, *Serm.* tom. i, pag. 288.

(3) « L'homme paroîtra, dit Tertullien, devant le trône de Dieu,
» n'ayant rien à dire. » Boss. *ibid.* pag. 293. Massillon (*serm. sur l'évid.
de la loi*) paraphrase éloquemment les mêmes paroles. *Carême*, tom.
iv, pag. 20.

ue croyois pas qu'il dût venir un jour juger les hommes ; tu pressentois une éternité de supplices , et tu ne songeois pas à l'éviter ; tu rendois un secret témoignage au nom chrétien, et tu persécutois ceux qui en faisoient profession (1) . (Chap. VI.)

V. TRAITÉ DE L'IDOLATRIE.

Le début est plein de noblesse et de vérité.

« La source féconde , unique, des crimes qui se **Page 104.** sont répandus sur le genre humain , ce qui fera la matière principale de son accusation au jour du dernier jugement, c'est l'idolâtrie. Car, bien que chacune de nos fautes ait son caractère, comme sa désignation spéciale, en conséquence de quoi nous serons jugés, il n'en est pas moins vrai qu'elles viennent toutes se réduire au crime de l'idolâtrie. Oubliez les noms , voyez les œuvres : idolâtre , homicide , mots synonymes. Où est, m'allez-vous dire, le rapport entre l'un et l'autre ? L'homicide est le meurtre d'un autre, d'un ennemi ; l'idolâtrie, le meurtre de soi-même. Comment ? par un aveuglement fatal qui détourne le coup sur vous-même. Par quel glaive ? par le malheur d'offenser Dieu; par autant d'insultes faites à sa majesté qu'il y a d'es-

---

(1) Ces éloquentes paroles ont été cent fois citées et ne vieilliront jamais. Voy. Bourdal. *Avent,* pag. 48. Une des plus remarquables imitations est celle qu'en a faite le P. Beauregard, dans un *serm. sur le péché,* pag. 11ᴴ. Analyse, Paris, 1820.

pèces différentes d'idolâtries. L'idolâtrie donne la mort à l'âme; donc l'idolâtrie est un homicide. J'en dis autant du crime de l'adultère, de l'impudicité. Se faire des dieux pour les adorer et les servir, c'est abjurer le seul Dieu véritable; de même pour l'impudicité. Le prophète Ézéchiel, reprochant à Samarie et à Jérusalem leurs fornications, ne craint pas de dire qu'elles se sont souillées du crime d'idolâtrie, en dérobant au Seigneur les hommages qui lui sont dus, pour les transporter à d'autres, ajoutant l'outrage au larcin. (Chap. i.)

Ezech. xxv.

Page 105.

On attache communément ce mot à l'action de brûler de l'encens, d'immoler des victimes, de faire des sacrifices en l'honneur de quelqu'une des fausses divinités que le paganisme adore : ce seroit faire consister l'adultère, par exemple, dans le crime qui le consomme, l'homicide dans l'effusion du sang et dans la mort de sa victime; tandis que notre souverain législateur lui donne une bien plus grande extension, qualifiant d'adultère le simple regard arrêté criminellement, d'homicide, toute parole injurieuse au prochain, toute provocation à la vengeance. Et son évangéliste après lui : *Tout homme qui hait son frère est un homicide.* Ce seroit réduire à bien peu de chose, et la profonde science du démon dans les attaques qu'il nous livre, et les moyens de salut que la bonté divine nous a ménagés pour y résister, que de pré-

Matth. v. 18, 12.

11 Joan. iii. 15.

tendre n'avoir à rendre de compte que des crimes condamnés par les païens eux-mêmes. Eh! comment *notre justice seroit-elle plus abondante que celle des scribes et des pharisiens*, ainsi que le veut notre Seigneur, si nous ne reconnoissions jusqu'où s'é- tend la malignité de son contraire? J'appellerai donc idolâtrie tout culte étranger, n'importe de quelle matière il se compose, porté à d'autre qu'à celui qui seul doit être servi (1). Insensés! tout est devenu dieu pour nous, excepté le Dieu qui a tout fait (2).

Matth. v. 20.

Page 106.

> Tertullien condamne, avec le crime de l'idolâtrie, tous ceux qui s'en rendent complices par des professions qui la servent.

Il n'est pas plus permis de fabriquer une idole que de l'honorer. Je commence par cette objection banale : C'est mon état, je n'en ai point d'autre pour vivre. — « Eh quoi donc, mon ami, est-il né- cessaire que tu vives? Qu'as-tu affaire de Dieu, si tu ne te règles que sur tes propres lois (3). »

Mais nous lisons dans les épîtres de saint Paul, *Que chacun se tienne dans la condition où il s'est ren-*

1 Cor. vii. 24.

(1) Voy. Bourd. *Dominic.* tom. ii, pag. 128. Brettev. *Essais de serm.* tom. i, pag. 355. Saurin, *Serm*, tom. iii, pag. 318. Molinier, *Serm.* tom. i, pag. 99. tom. ii, pag. 124.

(2) *Omnia colit humanus error, præter ipsum omnium conditorem.* Bossuet : Tout étoit dieu, excepté Dieu même. *Disc. sur l'hist. univ.*

(3) Traduit par Bossuet, *Serm.* v, pag. 312.

contré (1). A ce compte, nous pouvons donc rester impunément dans le péché ; et Jésus-Christ n'a-
voit que faire de venir dans le monde pour nous
délivrer de la servitude du péché.

1 Cor. iv.
25.

L'apôtre, nous dit-on encore, veut qu'à son
exemple tout le monde travaille de ses mains pour
vivre. Si toute espèce de travail des mains est commandé par ce précepte, voilà donc les voleurs, les
bateleurs et les assassins justifiés ; car ils y emploient leurs mains et tout leur corps, et ce sont
ces infâmes métiers qui les font vivre. Ouvrez donc
l'Église indifféremment à tous ceux qui travaillent
de leurs mains, sans distinction des genres divers
d'industrie que réprouve la loi de Dieu. (Chap. v.)

Page 107.

Quand il n'y auroit point de loi positive qui les
défende, le seul titre de chrétien suffiroit pour les
réprouver. S'il est vrai que sur les fonts sacrés du
baptême vous ayez renoncé à Satan et à ses anges,
comment pourriez-vous vous permettre de semblables professions ? Ce que votre bouche abjura,
votre main peut-elle le reconnoître ? (Chap. vi.)

La pensée suivante peut s'appliquer à tous ceux qui
emploient leur plume ou leur talent au service des profanes divinités.

Y croyez-vous, dites-moi ? Non. Vous avez
donc un motif pour n'y pas croire : en avez-vous

(1) Alors on lisoit : *Ut quisque fuerit inventus , ita et perseveret.*

davantage pour les honorer? Moins encore: l'un
et l'autre seroit également attentatoire à la majesté
de Dieu. Bien plus coupable encore, vous leur pro-
curez des adorateurs ; vous leur sacrifiez, non de
vils animaux , mais votre âme ; vous leur immolez
votre génie , vos laborieuses veilles ; vous êtes pour
elles plus que leur pontife , puisque vous multi-
pliez leurs sacrificateurs.

Des fabricateurs d'idoles admis parmi nos fidèles! Juste ciel! Les Juifs n'ont trempé qu'une fois
leurs sacriléges mains dans le sang du Sauveur: eux,
pas un jour où ils n'outragent sa chair sacrée (1)!
(Chap. VII.) Employer vos mains à de pareils usages!
Ne sauriez-vous donc les employer mieux? et n'a- . Page 108.
vez vous pas à choisir parmi tant de professions diverses? etc. (Chap. VIII.)

L'Évangile proscrit également et le mal que l'on Page 110.
fait, et le mal que l'on fait faire. Qu'importe que le
crime soit commis par un autre , quand c'est moi
qui lui ai donné occasion? Il ne m'est pas permis à
moi de faire telle action ; par cela seul qu'elle m'est
défendue, j'en dois conclure qu'il m'est également
ordonné d'empêcher qu'elle ne se fasse. (Chap. XI.)
Nul art, nulle profession, nul commerce favorable
au service des idoles, qui ne se trouve enveloppé
dans la condamnation de l'idolâtrie.

(1) Pensée bien souvent appliquée au crime de la communion
indigne. Voy. entre autres Massillon, *Car.* tom. IV, pag. 267 et suiv.

Revenant à l'objection : « Je n'ai pas d'autre moyen
pour vivre », Tertullien en presse la réfutation par ces
généreux sentimens:

Eh bien, vous serez pauvre, vous serez donc
de ceux-là que Jésus-Christ appelle bienheureux. Vous n'aurez pas de quoi manger? Dieu y
pourvoira, *Ne vous inquiétez pas, nous dit-il, de
votre subsistance;* de quoi vous couvrir? pensez
aux lis des campagnes. — Je ne suis qu'un ouvrier
aux ordres de qui le paie. — *Personne ne peut servir
deux maîtres à la fois* : on n'est le disciple de Jésus-
Christ qu'à la condition de porter sa croix; vous
n'avez pas à la chercher bien loin, votre corps vous
en présente l'instrument.— Je me dois à mes enfans,
à ma famille.—Dieu avant tout : les apôtres n'ont-ils
pas tout quitté pour suivre le Seigneur? En voyez-
vous un seul qui ait répondu à l'appel de Jésus-
Christ: Je n'ai pas de quoi manger? La foi ne craint
pas de mourir de faim; la faim n'est qu'une mort
comme une autre; et toute espèce de mort doit
être bravée pour Jésus-Christ. Il condamne tout
attachement à la vie, à plus forte raison toute sol-
licitude pour le lendemain (1). Mais où voit-on
une aussi haute perfection? — Ce qui est difficile

Matth. v.
3.
Ibid. vi.
25.

Ibid. 28.

Ibid. 24.

_____

(1) Bossuet, citant Tertullien :« Pourvu qu'il meure en notre Sei-
» gneur, toute manière de mourir lui est glorieuse : l'épée ou la famine,
» tout lui est égal ; et ce dernier genre de mort ne doit pas être plus
» terrible que tous les autres. » *Serm.* tom. v, pag. 302.

à l'homme, devient facile à celui que Dieu soutient.
(Chap. XII.)

De là Tertullien passe à la question : Si l'on peut as-
sister à des fêtes profanes.

Déchirez donc, répond-il vivement, les pages
où il est écrit : *Le monde se réjouira ; vous, vous
serez dans les pleurs.* Si nous en partageons les joies, Joan. XVI.
20.
il est bien à craindre aussi que nous ne partagions
un jour ses gémissemens. Gémissons tant qu'il est
dans la joie, pour nous réjouir à notre tour quand
il sera dans les larmes. Lazare, au sortir de la vie,
est reçu en triomphe au sein d'Abraham ; le mau- Luc. XVI.
23.
vais riche est plongé dans un étang de feu. Voilà
l'alternative qui compense les maux et les biens de
cette vie ; il faut choisir. (Chap. XIII.) On m'opposera les paroles de l'apôtre, *Je m'étudie à plaire à* 1 Cor. X.
33.
tous en toutes choses. Qu'est-ce à dire : que, pour
plaire aux hommes de son temps, saint Paul célébroit avec eux les saturnales et les calendes de jan-
vier ? ou plutôt qu'il cherchoit à plaire par sa réserve et sa patience, par la gravité de ses mœurs
et par une affectueuse charité, par le fidèle accomplissement de tous les devoirs ? Et quand vous l'entendez dire, *Je me suis fait tout à tous, pour les ga-* 1 Cor. IX.
22.
gner tous à Jésus-Christ, est-ce à dire qu'il se faisoit idolâtre avec les adorateurs des idoles, mon-
dain avec ceux qui l'étoient ? (Chap. XIV.)

Notre loi nous défend tout commerce avec les
païens, avec les adultères; il nous est permis de
vivre avec eux, non de mourir avec eux. Habitons
avec eux; partageons ensemble les plaisirs de la
nature, rien de ceux de la superstition. Ce qui nous
est commun, c'est l'humanité, non la loi; le
monde, et non l'erreur... Oh! combien le paganisme
est plus conséquent! Il s'isole de toutes nos fêtes;
on ne voit aucun de ses partisans s'unir à nous dans
la célébration de nos solennités du dimanche, de la
pentecôte, même en supposant qu'ils les connoissent: ils auroient peur de passer pour chrétiens;
et nous, nous ne craignons pas que l'on nous
confonde avec les païens. De deux choses l'une:
ou l'on ne saura pas que vous êtes chrétiens, et
votre conscience aura à répondre de cette ignorance; ou bien on le saura, et dans ce cas, outre
la tentation à quoi vous vous exposez, vous com-
promettez la conscience d'un autre, qui ne vous
reconnoîtra plus pour l'être. Votre dissimulation
est un piége, un engagement. De quelque côté
que vous vous tourniez, vous vous êtes rendu coupable du crime de paroître rougir de Dieu devant
les hommes.

Tertullien ne veut pas que les chrétiens de son temps
acceptent des dignités et des magistratures civiles, parce
que la plupart des ornemens dont elles étoient accom-
pagnées avoient leur institution dans l'idolâtrie. C'est

la conséquence de la doctrine qu'il avoit manifestée ailleurs, et qu'Origène partageoit avec lui (1). Il l'appuie de l'exemple du Sauveur, qui n'a pas voulu de toute cette pompe extérieure.

« Il a jugé que ces biens, ces contentemens, cette gloire, étoient indignes de lui et des siens (2). Si c'étoient là des dignités, une puissance réelle, à qui appartenoient-elles à plus de droits qu'au Fils de Dieu? Qui les auroit plus facilement obtenues, ou avec plus de magnificence? Quel nombreux et honorable cortége auroit devancé ses pas! quelle brillante pourpre n'eût pas orné ses royales épaules! quel riche diadème auroit éclaté sur son front! quelles délices lui préparoit toute la nature, qui obéit si ponctuellement à ses ordres! Mais non. « Il a cru que cette grandeur étant fausse et imaginaire, elle feroit tort à sa véritable excellence; et ainsi, en ne la voulant pas, il l'a rejetée. Ce n'est pas assez: en la rejetant, il l'a condamnée. Il va bien plus loin: en la condamnant, le dirai-je? oui, ne craignons pas de le dire, il l'a mise parmi les pompes du diable, auxquelles nous avons renoncé par le saint baptême (3). »

(1) Contre Celse, liv. viii, n° 74. (Voy. plus haut, pag. 373.) L'un et l'autre redoutoient tout engagement, même indirect avec les cérémonies du paganisme, que l'homme public autorisoit au moins par sa présence.

(2) Bossuet, *Serm.* tom. ii, pag. 409.

(3) Bourdal. *sur le caractère du chrét. Dominic.* tom. iv, pag. 65. Massillon, *Petit nombre des élus*, *Car.* tom. ii, pag. 305 et suiv.

Vous en serez privés dans cette vie? Consolez-
vous : d'autres honneurs vous attendent, non sur la
terre, mais dans le ciel. (Chap. XVIII.)

Tertullien se prononce avec la même énergie contre
l'usage des armes ; toujours sur le même principe, que
les drapeaux de Jésus-Christ et ceux de l'idolâtrie ne
peuvent marcher de front et se rencontrer dans les mêmes mains. (Chap. XIX.) C'étoit aussi l'opinion d'Origène.

Page 117.

Il ne permet aucun serment, et ne fait grâce à aucune
de ces locutions voisines des juremens, que l'usage a
introduites dans le discours familier, et où se trouvent
mêlés les noms des divinités païennes ; bien moins encore à celles qui compromettent la majesté du nom du
seul vrai Dieu. (Chap. XXI, XXII.)

Il condamne également tout mensonge ; toute dissimulation lui semble équivalente au mensonge lui-même.
On juge bien qu'il ne fait pas plus de grâce à ce qu'on
appelle restrictions mentales.

Page 118.

« J'ai écrit, dit-on, mais je n'ai proféré aucunes
paroles. » C'est la langue, non la lettre qui tue. (A
quoi il oppose le double témoignage de la nature
et de la conscience.) La nature, parce que la
main ne peut rien écrire, à défaut même du concours de la langue, qui ne provienne de l'intelligence, qui en a conçu la pensée ou l'a reçue d'une
impression étrangère. La conscience : qu'elle me
réponde quelle autre que l'âme a entendu ce qui
étoit dicté, pour le transmettre à la main, quel
qu'ait pu être ici le ministère de la langue ? Vous

croyiez donc avoir des précautions à garder : votre Page 119
cœur vous le disoit. Vous ne pouvez donc pré-
texter ni ignorance, ni défaut de volonté; vous le
saviez, puisque vous preniez vos précautions; et
pourtant, vous n'avez pas moins consenti. L'intention équivaut au fait; et il vous devient impossible d'échapper à une faute par une plus grande.
« En ne jurant pas, je n'ai point nié! » Vous n'auriez
fait ni l'un ni l'autre, que vous n'encourriez pas
moins le reproche de vous être parjuré, si votre
cœur étoit d'intelligence. N'est-ce point parler que
d'écrire? et ne peut-on proférer des sons sans
remuer les lèvres? Zacharie, privé pour un temps
de l'organe de la voix, ne s'en entretient pas moins
avec lui-même; et, triomphant de l'embarras de sa
langue, il supplée par le langage des mains, pour Luc. 1. 63.
énoncer la pensée de son cœur; il n'a pas besoin
de voix pour faire entendre le nom qu'il donne à
son fils. Il parle en écrivant; sa plume devient plus
éloquente que sa bouche; et les caractères que sa
main a tracés ont plus d'éclat que les mots qu'il eût
articulés. (Chap. XXIII.) Prions le Seigneur de ne pas
permettre que nous soyons réduits jamais à semblable nécessité; de peur qu'au jour du jugement
ces lettres mensongères ne produisent contre nous
des témoignages aussi accusateurs que nos paroles.
(Chap. XXIV) (1).

(1) Cette morale n'a rien d'outré, ce n'est là que la substance de

« Parmi tant d'écueils et tant d'orages, la foi sera ferme, si elle est craintive, et naviguera sûrement, si elle marche toujours tremblante et étonnée de ses périls (1). »

VI. LIVRE DE LA COURONNE.

Ce qui donna occasion à cet écrit de Tertullien, ce fut un trait de courage d'un soldat chrétien. S'étant présenté devant le tribun pour recevoir la gratification militaire qui se distribuoit aux fêtes des empereurs, on remarqua qu'il tenoit à la main la couronne que les autres portoient sur la tête. Interrogé pour quoi cette singularité, il répondit qu'il étoit chrétien. On l'en punit, en le jetant en prison. Tertullien établit sa défense sur le principe, sans doute exagéré, qu'il est absolument défendu aux chrétiens de porter des couronnes. Ce qui nous intéresse dans ce livre, ce n'est point l'érudition qui s'y fait remarquer, mais la foule de solides instructions, et de pensées vives et profondes qui s'y rencontrent. Nous en transcrivons quelques-unes des plus remarquables dans l'idiome même où elles se trouvent exprimées avec une énergie que le nôtre n'imite que bien foiblement. Tertullien défère la question à ceux,

l'Évangile, la doctrine prêchée de tout temps par nos docteurs chrétiens, et si éloquemment développée par Bossuet, Bourdaloue, Massillon, Joly, etc. On peut consulter Bourdaloue, *Car.* tom. II, pag. 178; au sujet des fautes légères : La Colombière, *Serm.* tom. III, pag. 164 et suiv. ; Massillon, *sur l'immutabilité de la loi* ; Joly, *Serm.* tom. III, pag. 305 et suiv., où il cite Tertullien ; Montargon, *Dict. apostol.* tom. III, pag. 322.

(1) Trad. par Bossuet, *Serm.* tom. III, pag. 172.

non qui avoient déjà pris parti, mais qui cherchoient à s'éclairer (1).

On ne peut point arguer de l'Écriture qu'elle Page 121. condamne tel usage; arguera-t-on de son silence qu'elle le permette? Dans l'incertitude, il vaut mieux s'abstenir, que de risquer d'être en faute. Et quand l'Écriture ne dit rien, quel autre tribunal faut-il interroger? (Tertullien n'hésite pas de répondre que ce tribunal c'est la tradition.) Car, comment l'usage auroit-il lieu, s'il ne provenoit de cette source: *Quomodo enim usurpari quid potest, si traditum prius non est?* Combien en effet n'avons-nous pas d'institutions en faveur desquelles nous ne pourrions alléguer aucun texte précis de l'Écriture, mais que nous justifions par la tradition et par la coutume!

Il donne pour exemple les cérémonies usitées dans l'administration du baptême, les oblations pour les morts, les anniversaires des martyrs, l'usage fréquent du signe de la croix (2). (Chap. III.)

(1) *Et ideo non ad eos erit iste tractatus, quibus non competit quæstio, sed ad illos qui discendi studio non quæstionem deferunt, sed consultationem.* (Cap. II.)

(2) *Ter mergitamur... Eucharistiæ sacramentum, etiam antelucanis cætibus, nec de aliorum manu quam præsidentium sumimus. Oblationes pro defunctis, pro natalitiis annua die facimus... Ad omnem progressum atque promotum, ad omnem aditum et exitum, ad calciatum, ad lavacra, ad mensas, ad lumina, ad cubilia, ad sedilia quacumque nos conversatio exercet, frontem crucis signaculo terimus.* (Cap. III.)

Page 122.   Demandez-moi les témoignages de l'Écriture en
faveur de chacune de ces institutions, je resterai
sans réponse. Tout ce que j'aurai à dire, c'est que
la tradition les a consacrées, la coutume les a au-
torisées, et que la foi en garantit l'observation (1).
Dans l'ordre civil, c'est la coutume qui fait loi,
quand la loi ne parle pas; et l'autorité est égale entre le fait et le code, quand la chose est raisonnable. Dans ce cas, la source est indifférente. Ici,
c'est la raison souveraine qui agit : qu'importe
qu'elle ait prononcé ou qu'elle ait laissé faire?
(Chap. IV.)

Dans l'application particulière de ces principes à la
question :

Page 125.
Joan. XIX.
2, 5.   « Peut-être m'opposerez-vous, dit Tertullien, que
Jésus-Christ a été couronné? » Je ne balancerai pas à
vous répondre : A la bonne heure, soyez-le à pareil
prix. (Chap. IX.)

(1) *Harum et aliarum ejus modi disciplinarum, si legem expostules
Scripturarum, nullam invenies. Traditio tibi prætendetur auctrix, con-
suetudo confirmatrix, et fides observatrix.* (Cap. IV.) Argument invincible, à la portée de tous, qui fait le boulevard de notre foi catholique ;
c'est le même qui, sous la plume de notre apologiste, a produit son
bel ouvrage des *Prescriptions;* le même qui est développé avec tant
de méthode et de force, par Vincent de Lérins, dans son *Commonitorium;* par saint Basile, dans le XXXII° chap. du *Traité du Saint-Esprit,*
adressé à Amphiloque ; par S. Augustin, dans toutes ses controverses ;
et par tous nos savans théologiens répondant à l'Église prétendue réformée.

Page 126.

Pour tout le reste (poursuit notre éloquent écrivain), la majesté de Dieu ne veut rien de commun avec les démons : *Quid tam indignum Deo, quam quod dignum idolo?* Laissez à de froides idoles, laissez aux morts insensibles, une vaine parure qui n'est pas faite pour les membres du Dieu vivant (1).

Le peuple se montre avec des couronnes sur la tête dans les réjouissances publiques. « La licence épie d'ordinaire le temps des réjouissances publiques, et n'en trouve point qui lui soit plus propre (2). »

Non pas qu'une couronne soit quelque chose de mauvais en soi ; c'est l'abus qui la dénature, par son affinité avec les cérémonies du paganisme. Entendez-vous l'Apôtre vous crier : *Fuyez l'idolâtrie!* Donc toute espèce d'idolâtrie, et l'idolâtrie tout entière : *Omnem utique et totam.* C'est une forêt épaisse, où sont cachées des épines sans nombre. Ne donnez rien aux idoles, n'en acceptez rien non plus : *Nihil dandum idolo, sic nec sumendum ab idolo.* La foi permet-elle de se reposer sur une idole? Non : et vous vous permettez d'avoir l'air d'une idole ? Quel rapprochement entre Jésus-Christ et Bélial! Pour obéir à l'ordre qui nous est donné de nous

I Cor. viii. 1.

II Cor. vi. 11.

---

(1) Belle imitation dans Massillon, *Petit nombre des élus*, Cartom. II, pag. 312.

(2) *Est omnis publicæ lætitiæ luxuria captatrix.* Bossuet, *Serm.* tom. VIII, pag. 277.

éloigner de toute idolâtrie, le plus sûr est de n'en pas même approcher. Le serpent ennemi atteint de loin. L'évangéliste saint Jean va plus loin encore que l'apôtre saint Paul : *Mes petits enfans, gardez-vous,* nous dit-il, *des idoles,* non pas seulement de tout culte idolâtrique, mais de tout ce qui en présente l'image. Créé à l'image du Dieu vivant, il ne vous sied pas de retracer en vous une image de simulacre et de mort. (Chap. x.) Jamais le chrétien n'est différent de lui-même ; il n'y a qu'un Évangile ; il n'y a qu'un Jésus-Christ, qui méconnoîtra devant son Père quiconque l'aura méconnu devant les hommes, comme il reconnoîtra quiconque l'aura reconnu. Il ne met point de différence entre qui le sert d'une manière infidèle, et le païen qui le repousse. L'empire de la foi n'admet point de nécessités. « Sa gloire particulière est qu'il n'y a pas une loi de péché qu'elle ne réprouve et ne condamne, frappant d'anathème l'injustice, en quelque sujet qu'elle paroisse, ne respectant en cela ni rang, ni qualité, n'ayant égard ni à coutume, ni à profession, ne s'accommodant ni à foiblesse, ni à intérêt, ne cédant pas même à la plus pressante de toutes les nécessités, qui seroit celle de mourir : *Non admittit status fidei necessitates;... ne moriendi quidem necessitati disciplina nostra connivet* (1). » (Chap. xi.) Il

Joan. v. 21.

Page 128.

Luc. ix. 26.

(1) Traduit par Bourdal. *Domin.* tom. 1, pag. 229. Beau développe-

vous est impossible de servir à la fois Dieu et le Matth. vi. 24. monde. Le maître à qui vous appartenez, c'est Jésus-Christ. Vous êtes consigné sur les registres de vie. Page 129. Votre pourpre à vous, c'est le sang dont il vous a marqué. Étranger dans ce monde, vous êtes citoyen de la Jérusalem céleste. Conservez à Dieu, sans Page 130. tache, l'âme qu'il vous a donnée; il saura bien la couronner comme il lui plaît : il le veut, il vous y invite : *Celui qui aura vaincu, je lui donnerai la cou-* Jac. 1. 12. *ronne de vie.* Pourquoi condamner votre tête à des couronnes fragiles, quand vous aspirez à un dia- dème immortel (1)? (Chap. xiii.) Apprenons quels sont les artifices du démon. « Il n'y a point de marque de divinité qu'il n'affecte; on lui rend dans le monde les mêmes honneurs que l'on rend à Dieu; on lui fait des sacrifices comme à Dieu; il a ses martyrs aussi bien que Dieu; ses lois sont reçues et observées plus exactement que celles de Dieu; et il s'est mis en possession de tout cela pour nous confondre un jour devant Dieu, quand il nous opposera la conduite de ces malheureux qui,

---

ment de cette maxime dans Molinier, *Serm. chois.* tom. 1, pag. 125 et suiv.

(1) Un volume entier ne suffiroit pas pour rapporter en détail les imitations qui ont été faites de ces belles maximes. Bossuet, Larue, Bourdaloue, Joli, Fromentières, sont entre autres ceux qui en ont fait le plus fréquent usage. C'est là au reste tout l'esprit de cette per- fection chrétienne qui nous est tant recommandée, non pas seulement comme conseil, mais comme précepte.

aveugles des erreurs du monde, s'assujettissent à lui, et lui obéissent comme au dieu du siècle (1). »

VII. CONTRE LES JUIFS.

Tertullien prouve, premièrement, que la loi de Moïse et ses cérémonies n'avoient été données que pour un temps, et qu'elles devoient finir à la venue de Jésus-Christ; en second lieu, que le Messie, attendu par les Juifs et prédit par les prophètes, est venu, et que c'est Jésus-Christ : ce qu'il montre évidemment par les prophètes qui avoient annoncé le temps de sa venue et les circonstances de sa vie et de sa mort. Il remarque que ce qui l'a fait méconnoître par les Juifs, c'est qu'ils ont confondu son dernier avénement, dans lequel il paroîtra puissant et glorieux, avec le premier, dans lequel il a voulu s'humilier et s'abaisser à la condition des autres hommes (2). On compte ce traité parmi les plus beaux ouvrages de ce Père. C'est en effet un chef-d'œuvre de logique et d'éloquence, où la lumière brille de tout son éclat. L'argumentation vive, accablante, s'y trouve soutenue par l'énergie, souvent par la magnificence de l'élocution.

Pages 205 et suiv. Tertullien établit doctement que la promesse faite à Abraham s'étoit réalisée dans le nouveau peuple sorti de sa race; que la première alliance, purement temporaire et conditionnelle, devoit être abrogée par une alliance nouvelle, bien supérieure à l'ancienne; que la vocation des gentils, prédite par tous les oracles, s'étoit vérifiée

---

(1) Bourdal. *sur le jugement dernier. Avent,* pag. 43 et 44 ; et il rapporte le texte de Tertullien, après l'avoir traduit en grand maître.

(2) Dupin, *Bibl. ecclés.* art. Tertull. tom. 1, pag. 251.

par l'institution et par la merveilleuse propagation du peuple chrétien répandu jusqu'aux extrémités de l'univers; que le sacrifice lévitique préludoit au véritable sacrifice, seul propitiatoire, promis et attendu par tous les peuples. Il discute avec autant de sagacité que d'érudition la prophétie des soixante et dix semaines de Daniel, celle de David sur le miraculeux enfantement de la Vierge. Il voit, dans les patriarches et dans les figures de l'Ancien-Testament, les copies vivantes de Jésus-Christ, et des principaux événemens de sa vie mortelle; dans le psaume XXI, l'histoire de la passion du Sauveur; et dans le psaume XLIV, celle de ses triomphes sur ses ennemis. A l'occasion de la prophétie qui désignoit Bethléem comme le futur berceau du Messie:

Page 213.

S'il faut attendre encore ce chef, sorti de la tribu de Juda, qui devoit, selon tous les oracles, naître à Bethléem, où est aujourd'hui cette royale famille de Juda qui doit régner sur Israël, où est cette cité de Bethléem, marquée pour être le lieu de sa naissance, puisqu'il n'est plus de Bethléem, puisque son peuple n'a pas même aujourd'hui la permission de s'arrêter dans le voisinage de cette ville, détruite conformément à la parole des prophètes, *Votre terre sera déserte;* que la contrée tout entière, depuis le désastre de Jérusalem, n'est plus qu'un amas de ruines; et que les Juifs, repoussés de leur terre natale avec une rigueur qu'ils n'ont que trop méritée, ne peuvent la contempler que de loin? Comment, encore une fois, le Messie naîtra-t-il de

Page 224.

Isa., v. 6.
Jérém. IV. 7.

Bethléem, puisqu'il n'y a plus de Bethléem? Comment recevra-t-il l'onction qui lui imprime le sceau de Christ, puisqu'il n'y a plus de temple où soit déposée l'onction sacrée qui fait les rois? (Chap. XIII.)

> Mais l'endroit le plus remarquable de tout ce livre est celui où l'éloquent apologiste s'arrête sur le tableau de la propagation évangélique. On le croiroit échappé à Bossuet dans ses plus belles inspirations.

Page 212.
Isa. XLV. 2.

Voici, dit le Seigneur par son prophète Isaïe, *voici que j'ai pris par la main le Seigneur mon Christ, pour lui assujettir les nations. A son approche, j'abattrai les remparts des nations; j'ouvrirai devant lui les portes des villes, et aucune ne lui restera fermée.* Quel est-il celui-là que le Seigneur Dieu son Père a pris par la main, si ce n'est son Fils Jésus-Christ, à qui toutes les nations ont été soumises, c'est-à-dire à la parole de qui toutes ont cru; celui-là dont les apôtres ont été prédits par David dans ses divins cantiques, quand il disoit: *Le bruit de*

Ps. XVIII.
5.

leur voix s'est fait entendre par toute la terre, il est parvenu jusqu'aux extrémités du monde? Je vous demande: tous ces peuples du monde, dans quel autre ont-ils cru, si ce n'est dans Jésus comme déjà

Act. II. 9
et suiv.

venu? Parthes, Mèdes, et les Perses enfans d'Élam, ceux qui occupent la Mésopotamie, l'Arménie, la Phrygie, la Cappadoce, le Pont, l'Asie, la Pam-

phylie, et ceux de l'Égypte, et ceux de la contrée
d'Afrique qui est située par delà Cyrène, et nos
Romains, et ceux de votre nation qui habitoient
alors Jérusalem; poussons plus loin encore, les
peuplades diverses confondues sous le nom de
Gétules et de Maures; les nations lointaines qui
peuplent les Espagnes, les Gaules, et le pays des
Bretons, inaccessible aux aigles romaines, aujour-
d'hui soumis au joug de Jésus-Christ; Sarmates,
Daces, Germains, Scythes, tant d'autres peuples
encore ignorés, tant de régions et d'îles où nous
n'avons pénétré jamais, et de qui les noms mêmes
échappent à notre connoissance: tous, ils connoissent le nom de Jésus-Christ; tous, ils ont reçu sa
domination, et lui rendent hommage comme au
monarque venu pour leur donner des lois, comme à
celui *à la présence de qui toutes les villes ont ouvert* Isa. xlv. 2.
leurs portes, sans que pas une se soit tenue fermée;
à son aspect, les gonds de fer et les verrous d'airain
se sont abattus et réduits en poudre: expressions du
Prophète qui doivent s'entendre au figuré, pour dire
que leurs cœurs, enchaînés de mille et mille manières par le démon, se sont ouverts à la foi de Jésus-
Christ. Or, la prophétie s'est accomplie à la lettre,
puisqu'il n'est pas une de ces contrées où il n'y
ait un peuple chrétien. Qui donc auroit pu établir
son empire au milieu d'elles, sinon le Christ Fils
de Dieu, lui à qui les divins oracles avoient pro-

mis l'empire universel? Salomon a régné, mais sur
la Judée seulement; et sa vaste domination, qui
s'étendoit de Bersabé jusqu'à Dan, n'alloit pas plus
loin. Darius commandoit aux Babyloniens et aux
Parthes; il ne comptoit point tous les peuples du
monde au nombre de ses sujets. Pharaon, et après
lui tous les souverains de ce nom, régna sur l'É-
gypte, mais sur l'Égypte seule. Nabuchodonosor,
aidé de ses lieutenans, poussa ses conquêtes de
l'Inde à l'Éthiopie: là aussi expiroit sa puissance.
Alexandre de Macédoine, maître un moment de
l'Asie entière et des autres contrées, ne laissa
point son empire à ses successeurs. Le Ger-
main indomptable ne permet pas à l'étranger de
franchir ses frontières; le fier Breton est gardé par
l'océan, qui l'entoure; le barbare Gétule, et le
Maure impatient de se répandre, est contenu à
peine par les légions romaines, qui le brident de
toutes parts; et ces Romains eux-mêmes, qui n'ont
pas de trop de toutes leurs légions pour garder
leurs frontières, pour conserver leur empire, le
voient s'arrêter au-devant de ces nations inacces-
sibles à tous leurs efforts. Pour Jésus-Christ, sa
puissance a pénétré avec son nom dans tous les
lieux du monde. Partout on croit à lui; partout on
obéit à sa loi; partout on l'invoque, on l'adore;
partout on lui paie un tribut égal: point de roi
qui trouve auprès de lui plus ou moins de faveur;

point de barbares qui s'applaudissent de se soustraire à sa domination ; point de privilége de
rang ou de naissance pour s'affranchir de son autorité. Le même pour tous, il commande également
à tous ; seul roi, seul juge, seul Seigneur et maître
de l'univers (1).

VIII. LIVRES CONTRE MARCION.

Marcion avoit été d'abord un chrétien zélé. Un crime
public, dont il se rendit coupable, le fit excommunier.
Marcion, chassé de l'Église, s'attacha à Cerdon, apprit
de lui le système des deux principes, qu'il allia avec les
idées pythagoriciennes, platoniciennes et stoïciennes. Le
combattre, c'étoit donc attaquer les écoles du portique
et de l'académie, repousser invinciblement l'accusation de platonisme dont on a voulu charger tous les
Pères (2).

Marcion supposoit un principe créateur essentiellement mauvais, qui avoit produit la matière et les élémens, assujetti les âmes à la terre, les avoit enchaînées
au mal ; c'étoit celui qui avoit formé le monde et le
corps de l'homme, donné la loi de Moïse. Il prétendoit
faire voir une opposition absolue entre l'Ancien et le
Nouveau-Testament, ce qu'il avoit essayé d'établir dans

---

(1) « Jésus règne partout, dit le grave Tertullien; c'est dans le livre
» contre les Juifs, duquel j'ai tiré presque tout ce que je viens de vous
» dire de l'étendue du royaume de Dieu, etc. » Bossuet, *Serm.* tom. III,
pag. 46 et suiv. Voy. Molin. *Serm. chois.* tom. II, pag. 187; IV, pag.
394 ; XIII, pag. 209 et suiv. *sur la relig. chrét.* Larue, même sujet,
prouvé par la ruine des Juifs, *Car.* tom. III, pag. 27 et suiv.

(2) Saurin, *Serm.* tom. VII, pag. 213.

un livre qu'il avoit intitulé *les Contradictions*. Pour con-
tre-balancer l'empire du mal, Jésus-Christ s'étoit, disoit-
il, revêtu des apparences de l'humanité, il n'avoit point
souffert, il n'étoit point mort réellement. Donc le mérite de la rédemption étoit anéanti. Un critique de nos
jours remarque, au sujet de M. Bayle, apologiste indirect de Marcion, que la plupart des difficultés répandues dans les ouvrages modernes contre la religion ne
sont que des répétitions de ces difficultés, qui ont été
pleinement résolues par les Pères, et qui sont très-bien
expliquées par les commentateurs anciens et modernes,
entre autres par Tertullien dans ses livres contre Marcion (1).

Ils sont au nombre de cinq.

Le premier livre débute par une description de la
contrée qui a donné naissance à cet hérésiarque, à savoir le Pont-Euxin (2).

Page 430.　　Elle est habitée par des peuples nomades, les plus
féroces des nations reculées à cette extrémité de
la terre, si toutefois c'est habiter que d'être toujours errant sur des chariots; point de demeure
fixe; les mœurs les plus brutales; hommes et
femmes, pêle-mêle, s'y montrent sans pudeur à découvert, et se provoquent réciproquement à la plus
infâme prostitution. Ils se nourrissent de la chair
de leurs parens égorgés, qu'ils mêlent, dans leurs
repas, à celle des animaux : ce seroit un malheur de

(1) Pluquet, *Dict. des hérés.* tom. ii, pag. 337.
(2) Il étoit né à Sinope, ville de la Paphlagonie sur le Pont-Euxin,
d'où vient que Tertullien l'appelle le Pontique.

mourir de mort naturelle, et sans emporter l'espérance d'être dévoré par les siens. Les mères ne
savent ce que c'est que d'allaiter leurs enfans, elles
préfèrent la guerre à toutes les douceurs du lien
conjugal. Le ciel y est de fer comme les cœurs : là,
la lumière du jour ne perce qu'à travers d'épais
brouillards ; le soleil n'y laisse parvenir ses rayons
qu'à regret : l'air, chargé de vapeurs sombres et
froides, y fait régner l'hiver durant toute l'année.
Point d'autre vent que celui des frimas et de la
tempête. Les fleuves disparoissent sous les glaces
qui les arrêtent, et les neiges amoncelées couvrent
les montagnes. Rien qui annonce le mouvement et
la vie, rien qui y semble animé que la barbarie ;
aussi la fable avoit-elle choisi cette région pour en
faire le théâtre des effroyables catastrophes dont
la scène s'est emparée : mais de toutes les productions sorties de cette malheureuse contrée, la plus
funeste est Marcion. (Chap. I.)

Tertullien attaque et détruit la chimère du double
principe, en établissant l'unité de Dieu sur ces raisonnemens sans réplique :

Si Dieu n'est pas un, il n'y en a point (1), et il y
auroit un moindre blasphème à nier son existence,
qu'à le supposer autre que ce qu'il doit être. Or,

Page 451.

(1) *Aut Deus unus aut nullus.* Molin. tom. VIII, pag. 368. Bossuet,
Serm. tom. v, pag. 226, traduisant Tertullien.

2.   31

pour s'assurer qu'il doit être un, cherchez ce qu'il est; et vous trouverez qu'il ne peut être autrement. Tout ce que l'intelligence humaine peut saisir de l'essence divine, je le réduis à ces termes simples, l'expression de la conscience universelle : Dieu est l'être souverainement grand, nécessairement éternel, sans principe, sans commencement, sans fin. Ce que je dis de son éternité est également vrai de chacun de ses autres attributs ; l'idée de Dieu emportant avec elle la perfection la plus absolue dans l'essence, dans l'intelligence, dans la force et la puissance (1).

Avoir de Dieu une autre idée, c'est le méconnoître; c'est le nier en lui ôtant ce qui le constitue essentiellement. Comment seroit-il souverainement grand s'il avoit un égal? Et il a un égal, s'il y a un second être souverainement grand. Deux êtres souverainement grands ne sauroient exister à la fois, parce que l'essence de l'être souverainement grand est de n'avoir point d'égal, et la prérogative de n'avoir point d'égal ne peut convenir qu'à un seul. L'être souverainement grand efface nécessairement tout être, tout rival, que vous prétendez lui égaler, par la raison même qu'il est souverainement grand ; et que dès lors ce second être, quelque grand que

(1) « La vraie idée de Dieu renferme toute perfection, comme l'a prouvé Tertullien contre l'hérétique Marcion. » Larue, *serm. sur l'amour de Dieu: Car.* tom. 1, pag. 109.

Page 432.

vous le supposiez, ne peut plus être souverainement grand. Dieu est donc essentiellement un, et
s'il n'étoit pas un, il ne seroit point du tout; ainsi
l'a défini la vérité chrétienne (1). (Chap. III.)

Il revient quelques lignes plus bas sur l'éternité de
Dieu, et devance ce qu'en a dit après lui le plus profond
des Pères (2).

Il n'y a point de temps dans l'éternité : tout ce
que l'on appelle temps, c'est elle. Point d'âge en
Dieu, parce qu'il n'a pu naître; dans lui, rien d'ancien, rien de nouveau; la nouveauté supposeroit un
commencement, l'ancienneté, une fin.

Page 433.

Et encore au second livre.

Ne vous figurez point de temps dans Dieu; il
étoit avant le temps, puisqu'il a fait le temps : ni de
commencement; il étoit avant tout commencement,
puisque c'est lui qui a donné aux choses leur commencement (3).

On me dira : un monarque a dans son empire la
souveraine puissance, ce qui n'empêche pas qu'il

---

(1) Cette vérité chrétienne s'est manifestée avec la plus éclatante
pompe dans la bouche de nos docteurs. Voy. Bossuet , *Élévat. sur les
mystères*, tom. x, pag. 7, éd. in-4°. Molinier, *sur le myst. de la
Trinité: Serm.* tom. vii, pag. 305 et 375. Ch. de Neuville, *Car.* tom. ii,
pag. 475. Torné , *serm.* tom. i, pag. 85.

(2) S. August. tom. i, pag. 200; tom. iv, pag. 51 , etc.

(3) Lib. ii, cap. iii, pag. 435.

n'y ait ailleurs des rois investis d'une égale autorité.

**Tertullien ne veut pas de ces similitudes ; elles déro-
gent à la majesté du Roi des rois.**

Nulle ressemblance entre Dieu et l'homme : ad-
mettez un pareil raisonnement : Qui empêche de
faire intervenir, je ne dis pas un troisième, un quatrième dieu, mais autant de dieux qu'il y a de rois
sur la terre ? Non ; l'essence propre de Dieu, c'est
d'être hors de toute comparaison. *Cui assimilabitis*
Dominum ? demande-t-il lui-même par la bouche
de son prophète (1). Autre est Dieu, autre ce qui
vient de lui. A quelque grandeur que puisse s'élever un monarque, il n'en reste pas moins au-dessous de Dieu. Rapprochée de celle de Dieu, toute
grandeur s'anéantit devant celle-là ; elle est le
centre unique d'où émanent toutes les autres pour
se répandre et se partager graduellement sur ces
rois subalternes, *alterius formæ reges*, d'où elles
remontent jusqu'à leur principe sublime. Toute
autre puissance n'est que d'emprunt(2). (Chap. IV.)

Ezech. xxxi.
18.
Is. xliv. 7.

(1) Au livre *De carne Christi :* Deo nihil par est. Natura ejus ab omnium rerum conditione distat. lib. 1, cap. III. Et dans le livre contre
Hermogène, aveo une égale précision : *Quod si Deus est, unicum sit*
necesse est. Quid erit unicum et singulare, nisi cui nihil adæquabitur ?
quid principale, nisi quod super omnia, nisi quod ante omnia, et ex
quo omnia ? Cap. IV.

(2) Le génie de Tertullien a fourni à nos prédicateurs, non pas seulement les preuves qu'ils apportent d'ordinaire en faveur des perfec-

Tertullien poursuit avec la même vigueur les autres contradictions de l'impiété sur la nature de Dieu.
Marcion l'appeloit un dieu inconnu. Il répond :

Page 432
et suiv.

Jamais Dieu ne sera caché (1) ; jamais il ne man-
quera de témoignages. Il se manifeste à chacun des
hommes, par les œuvres de ses mains, par la vive impression de sa divinité, profondément empreinte
dans toutes les âmes. Dans tous les temps il se fera
connoître, sentir et apercevoir de la manière qui lui
conviendra. Il a pour témoignage tout ce que nous
sommes, et ce monde où nous sommes, plein tout
entier des merveilles de sa magnificence, qui s'est
prodiguée avec tant de libéralité aux besoins de
chacune de ses créatures. (Chap. xi.)

Page 432.

Le monde ! répond Marcion ; mais voyez le merveilleux ouvrage. Est-ce là une création digne de
Dieu ? — Prétendez-vous qu'il n'y ait pas en Dieu
de puissance créatrice ? — Je ne dis point cela. —
Donc le monde n'est pas indigne de Dieu ; car
Dieu peut-il faire rien qui soit indigne de lui, bien
qu'il l'ait fait non pour lui, mais pour l'homme ?

Page 438.
Page 439.

tions de Dieu ; mais les brillantes images et les énergiques expressions
qu'ils emploient. Voy. Bossuet, *Élévat. sur les myst.* tom. x, pag. 7,
édit. in-4°. Ch. de Neuville, *Car.* tom. ii, pag. 475. Molinier, *serm.
sur la sainte Trinité,* tom. viii, pag. 365 et 367. Torné, *Serm.* tom. i,
pag. 85.

(1) Bourdaloue, citant Tertullien, *Car.* tom. ii, pag. 316, Molin. tom.
xiii, pag. 382. Superville, dans *Morceaux chois. des protest.* pag. 160.

Tout ouvrage vaut moins que son auteur ; et pourtant, s'il est indigne de Dieu de faire telle chose ,
combien n'est-il pas plus messéant qu'il n'ait rien
fait même de peu digne de lui! ne seroit-ce que
pour témoigner qu'il étoit capable de mieux ? Mais
encore , pour dire un mot de cette œuvre prétendue
si peu digne de Dieu, est-ce ainsi qu'en jugeoient
les philosophes les plus célèbres, un Thalès, un
Anaximène , un Anaximandre , un Straton , un Zénon , un Platon, et les mages chez les Perses, et
les hiérophantes en Égypte , et les gymnosophistes
dans les Indes , lesquels, bien loin d'en parler en
termes aussi méprisans , ont exprimé leur admiration dans les paroles les plus pompeuses, jusqu'à en
diviniser les substances diverses (1)? Ne remontez
pas si loin ; abaissez vos regards sur ce qui semble
leur échapper : la fleur cachée dans le buisson ,
comme celle qui émaille nos prairies ; le plus petit
des coquillages, comme celui qui nous donne la
pourpre ; l'aile du dernier des insectes , comme la
magnifique parure du paon , vous montrent-ils
dans le Créateur un ouvrier si méprisable? Vous
qui souriez de pitié sur ces mêmes insectes dont
la merveilleuse main qui les a faits a réparé la foiblesse par l'adresse ou la force dont elle les a doués,
imitez, s'il vous est possible, les constructions

(1) Imité par le P. Lenfant, *Serm.* tom. ii, pag. 415 et suiv. D'après
Bossuet , *Serm.* tom. v, pag. 438.

de l'abeille, les greniers de la fourmi, le venin de
la cantharide, l'aiguillon de la mouche, la trom-
pette et la lance du moucheron. Si d'aussi foibles
créatures, ou servent à vos besoins, ou vous présentent des ennemis, quels sentimens réserverez-vous
à de plus grandes, vous qui refusez de reconnoître
le Créateur dans ses moindres ouvrages ? Ne sortez
pas de vous-même; considérez l'homme au dedans,
au dehors de lui-même : trouvera-t-il plus de grâce
à vos yeux, cet ouvrage de notre Dieu, pour lequel
il a bien voulu descendre du ciel sur cette misérable terre; qu'il a aimé jusqu'à mourir pour lui par
le supplice de la croix? Moins dédaigneux, lui, il ne
rejette point, ni l'eau dont il régénère les siens, ni
l'huile dont il les oint, ni le lait et le miel mêlés en- Page 440.
semble qui nous sont donnés au moment où le
baptême nous fait ses enfans, ni le pain dans la substance de qui il nous donne son propre corps. Mais
vous, disciple qui valez mieux que le maître, serviteur au-dessus de votre Seigneur, vous vous entendez mieux que lui en profondeur de conseils,
puisque vous condamnez ce qu'il étoit venu chercher! Vous le condamnez : mais est-ce de bonne
foi? Ce ciel que vous dépréciez, vous aspirez à l'habiter un jour, quand vous serez affranchi des liens
du corps ; cette terre, elle fut votre berceau : vous
obtenez de son sein déchiré les alimens qui vous
nourrissent. Vous réprouvez les ondes ; oui, mais

sauf leurs productions , qui vous donnent ce que
vous appelez un aliment plus saint (1). Que je vous
présente une rose : osez calomnier le Créateur.
(Chap. XIII, XIV.)

Page 442.   Pourtant Dieu s'est fait connoître encore par
une autre voie, par la révélation. Que l'on ose nous
dire que celle-là ait été moins digne de Dieu!
(Chap. XVIII.)

Page 443.   « A la bonne heure , répliquoit Marcion ; mais
cette révélation n'a eu lieu que depuis Jésus-Christ.»

Avant Jésus-Christ existoit une autre loi; or
cette loi, quoi qu'en dise Marcion (2), ne prêchoit
pas un autre Dieu que celui de la révélation. (Chap.
XIX.)

> Les partisans de l'hérésie affectoient de dire que leur
> maître n'avoit rien innové, mais qu'il n'avoit fait que
> ramener à sa première institution la vérité, qui s'en étoit
> égarée (3). Même prétention dans ceux de nos jours.
> Tertullien répondant à tous :

O étrange patience dans notre Seigneur Jésus-
Christ, d'avoir attendu si long-temps à se faire connoître (4) !

---

(1) Les marcionites s'abstenoient de la chair des animaux terrestres,
qu'ils regardoient comme étant plus impurs que les poissons.

(2) Marcion séparoit la loi ancienne de la nouvelle : *Separatio legis et
Evangelii proprium et principale opus est Marcionis.* Cap. XIX.

(3) *Aiunt Marcionem non tam innovasse regulam quam retro
adulteratam recurasse.*

(4) Voy. les chap. XXII et XXIX du livre des *Prescriptions.*

Dans leur système, Dieu auroit abandonné le monde pour le plaisir de le réparer un jour. Que devenoit dans cette hypothèse la bonté essentiellement inhérente à la nature de Dieu?

S'il en étoit ainsi (poursuit Tertullien), loin d'être bon, il eût été de tous les êtres le plus méchant. Pouvoir faire du bien et ne pas le vouloir, c'est faire du mal. Quoi! l'homme fut condamné à la mort pour avoir cueilli le fruit de l'arbre défendu; de cette source funeste, tous les péchés et tous les châtimens. La postérité d'Adam est enveloppée dans la disgrâce de son premier père, bien qu'elle ignorât l'arbre fatal du paradis terrestre; et Dieu a pu ou l'ignorer ou le souffrir! Le beau mérite dans le Créateur, de n'être bon que parce qu'il n'est pas méchant! Mais quelle idée auriez-vous d'un médecin qui entretient une maladie qu'il peut guérir, au risque que son malade vienne à lui échapper; et diffère de lui donner ses soins, pour se faire une plus grande réputation d'habileté, ou mettre ses services à plus haut prix? (Ce qui ramène l'éloquent défenseur à la consubstantialité du Verbe avec Dieu son Père, qui ne s'est laissé jamais sans témoignage sur la terre, se faisant connoître aux hommes par ses prophètes.) Mon Dieu est éternel, et n'a point commencé à Tibère: *Ab œvo Deus, et non a Tiberio.* (Chap. XXII.)

Pages 445, 446.

Mais il faut à Marcion un dieu qui ne soit que bon, une bonté sans justice, une bonté, une douceur qui jamais ne s'altèrent, jamais ne s'énervent; il lui faut un dieu qui ne se fâche point, ne condamne point, ne châtie point (1). Mais que devient sa justice, attribut aussi nécessaire dàns Dieu que chacun des autres? Que devient le juge? Que seroit-ce qu'un dieu qui établiroit une loi dont il ne garantiroit pas l'observation? un dieu qui porteroit des défenses, et laisseroit les manquemens impunis, parce qu'il manqueroit de l'autorité nécessaire pour les juger, étranger qu'il seroit à tout sentiment qui détermine la sévérité et la correction? Pourquoi défendre de commettre ce qu'il ne pourroit réprimer, quand il y auroit plus de sagesse à ne pas défendre ce qu'il devenoit incapable de réprimer, qu'à laisser l'infraction sans vengeance? Je dis plus; c'eût été permettre directement le mal, que de le défendre sans avoir le moyen de le réprimer. On ne défend que ce que l'on n'aime point voir faire : ce seroit conséquemment le comble de la folie de ne pas s'offenser de ce que l'on n'aime point à voir faire, quand l'offense se trouve en contravention avec une volonté exprimée. Si donc

Page 447 et suiv.

Page 450.

---

(1) Voy. Bourdal. *serm. sur l'éternité malheur. Dominic.* tom. iv, pag. 133, 134. Ch. Neuville, *serm. sur le péché mortel: Car.* tom. iv, pag. 237. Lenfant, *sur l'enfer,* tom. v, pag. 19. Cheminais, *sur la crainte des jugem. de Dieu : serm.* tom. i, pag. 238, etc.

l'on est offensé, l'on doit s'irriter, l'on doit punir : car la punition suit le ressentiment ; le ressentiment est la solde de l'offense, et l'offense est, encore une fois, la transgression de la volonté du législateur. Mais dans le système de l'adversaire, Dieu ne punit point ; donc il ne s'offense pas : s'il ne s'offense pas, on n'a point transgressé sa volonté en faisant ce qu'il avoit défendu de faire. Bien plus, on ne pèche qu'en conséquence de sa volonté ; car on n'est point justiciable envers la volonté quand on ne l'a point violée. Ou bien, si l'on fait consister, soit la vertu, soit la bonté divine, à ne vouloir point que telle chose se fasse ; à la défendre, sans toutefois être sensible au manquement qui en est fait, c'en est assez pour conclure qu'en s'y opposant on n'y étoit pas insensible, et que l'on ne devient point indifférent après pour le punir, quand on ne l'étoit pas auparavant pour le prévenir. Par le simple énoncé de sa volonté, Dieu a défendu telle chose : c'étoit la juger et la condamner. S'il n'est pas digne de Dieu de juger, ou s'il ne lui convient de juger qu'autant qu'il condamne et qu'il défend, il ne lui convient pas davantage de punir le prévaricateur. Rien au contraire de moins assorti à sa nature, que de ne pas tenir à l'exécution des défenses qu'il a faites ; d'abord, parce que, quelle que soit la loi qu'il ait portée, il en doit assurer l'autorité, et soumettre l'obéissance par la crainte du châtiment; ensuite, parce que c'est une conséquence nécessaire qu'il n'ait pas voulu que telle chose fût faite, et qu'en ne le voulant pas, il l'ait défendue : autrement il l'autorise, et l'absout en ne la punissant pas. Quel dieu que celui qui seroit prévaricateur de la vérité, qui abrogeroit sa propre loi! Il craindroit de condamner ce qu'il accuse, de haïr ce qu'il désapprouve; il permet après l'événement ce qu'il avoit défendu avant; il se contente de témoigner ce qui lui déplaît, et s'embarrasse peu de justifier son éloignement. Une pareille bonté dans Dieu n'est qu'imaginaire (1). Toute sa doctrine ne seroit que rêverie; sa loi, un vain épouvantail, une sauvegarde pour le crime. Écoutez, ô pécheurs, et vous qui ne l'êtes pas encore, apprenez à l'être : On a imaginé pour vous un dieu plus favorable, lequel ni ne s'offense, ni ne se fâche, ni ne se venge; qui n'a point à vous proposer un lieu de supplices où brûle un feu dévorant, ni des ténèbres extérieures où il y ait des grince-

---

(1) « Il est bon, dit Tertullien, parce qu'il est l'ennemi du mal, et il est infiniment bon, parce qu'il en est infiniment l'ennemi : *Non plane bonus, nisi mali æmulus.* Il ne faut donc pas concevoir en Dieu une bonté foible, et qui souffre tout, une bonté insensée et déraisonnable; mais une bonté vigoureuse qui exerce l'amour qu'elle a pour le bien par la haine qu'elle a pour le mal, et se montre efficacement bonté véritable, en combattant la malice du péché qui lui est contraire : *Ut boni amorem odio mali exerceat, et boni tutelam expugnatione mali impleat.* » Bossuet, *Serm.* tom. II, pag. 281.

mens de dents : celui-là ne sait qu'être bon ; un
dieu enfin qui défend de pécher, mais seulement
dans le texte de sa loi. Vous êtes libre, si la chose
vous plaît, de souscrire une vaine formule de soumission, pour avoir l'air de lui rendre quelque
honneur ; pour de la crainte, il n'en veut pas. Telle
est la bannière des Marcionites : un dieu que l'on
fait profession de ne craindre point. Bon, disent-
ils, pour le mauvais principe ; mais l'autre, il ne lui
faut que de l'amour. Insensé, vous l'appelez votre Seigneur, et vous lui refusez l'hommage de la crainte!
Eh! le nom seul de puissance peut-il aller sans la
crainte? Aimerez-vous sans craindre de ne pas
aimer? Vous ne le reconnoissez donc pas pour
votre Père, à qui vous deviez et de la tendresse
pour ses bienfaits et de la crainte pour ses saintes
lois? Allez donc, ô vous qui ne craignez point Dieu,   Page 451.
parce qu'il est bon, allez vous plonger dans l'i-
vresse de vos passions ; car c'est là, ce me semble,
le plus grand bien auquel aspirent ceux qui n'ont
pas la crainte du Seigneur. Qui vous empêche de
vous abandonner à tous les scandales de la débauche? de vous enrôler parmi les gladiateurs, pour
combattre avec eux dans une arène sanglante, ou
de vous mêler aux jeux infâmes du théâtre? La
persécution est ouverte : le prêtre vous attend l'en-
censoir à la main. Vous allez mourir, et vous êtes
chrétien! Qui vous arrête? — Moi, apostat! vous

écriez-vous. Vous craignez donc de pécher. Mais
par-là seul vous avez prouvé que vous craignez
celui qui défend de pécher. (Chap. XXVII-XXVIII.)

Les autres erreurs que Tertullien combat dans ce
premier livre étant particulières aux marcionites, il
nous paroît inutile d'en rappeler la réfutation. Ce qui
ne l'est pas, c'est de faire observer combien cette vigoureuse dialectique peut servir comme elle a fait à
Bourdaloue, à Larue, à Segaud, au P. Lenfant, dans
tout discours qui traite des attributs et des jugemens de
Dieu (1).

Le second livre traite plus spécialement encore de
l'alliance de la bonté et de la justice en Dieu. Les grandes questions de la métaphysique s'y trouvent ramenées
et discutées avec une force de logique et une netteté de
solutions qui auroient rendu bien des livres inutiles
si une curiosité raisonneuse avoit su se contenter des
écrits que l'antiquité nous a transmis à ce sujet. Con-
tinuons d'extraire de celui-ci ce que la prédication
peut en emprunter (2).

(1) Voy. entre autres, Larue, *serm. sur la grandeur de Dieu* (*Car.*
tom. I, pag. 402, 403), où il expose le système de Marcion et sa réfutation par l'un des argumens de Tertullien; Bourdaloue, *Dominic.*
tom. IV, pag. 133; Montargon, *Dict. apostol.* tom. II, pag. 397; Saurin,
Serm. tom. VI, pag. 243, tom. II, pag. 247. Outre ce riche fonds de
raisonnemens et de pensées, dont nos plus illustres prédicateurs ont
fait un si heureux usage, plusieurs lui ont emprunté des mots éclatans
tels que ceux-ci : *Redundantia bonitatis*, les pieux excès de la clémence divine. « Le propre de la bonté divine, c'est d'être toujours
prodigue. » Segaud, *Car.* tom. II, pag. 41. *Timor hominis honor Dei*;
commenté par Bourdal. *Myst.* tom. II, pag. 41, etc.

(2) Bossuet l'appelle un chef-d'œuvre de doctrine et d'éloquence.
Serm. tom. IV, pag. 50.

Page 454.

Parce qu'il est impossible de nier que Dieu existe, l'hérésie s'en est fait un au gré de son caprice, censurant ses œuvres, comme un aveugle ou un malade dont la vue onduleuse ne peut soutenir l'éclat de la lumière voudroit un autre soleil plus tempéré et plus accommodé à son foible organe. Insensé! vous ne supportez pas les feux de ce soleil unique dont les rayons éclairent et pénètrent l'univers tout entier; quoi que vous en disiez, il n'en est pas moins une source inépuisable de bienfaits. Plaignez-vous de sa chaleur, pour vous seul importune et insupportable, trouvez des taches dans le soleil: il n'en est pas moins tout ce qu'il est. Votre vue débile n'en peut soutenir l'éclat: soutiendroit-elle mieux les clartés d'un second, s'il y en avoit un autre, et à plus forte raison de celui qui l'efface?

Vous consentez qu'il y ait un Dieu : et vous lui refusez ce sans quoi il n'est pas ; ce qu'il cesseroit d'être, si l'homme pouvoit le comprendre.

Isaïe, par un esprit prophétique, voyoit déjà ces téméraires agresseurs; et, pour les confondre, *Qui a connu*, s'écrioit-il, *les pensées du Seigneur?* Isa. xi. 13. *qui en a été le conseiller?* L'Apôtre de même : *O profondeur des richesses de la sagesse et de la science de* Rom. xi. 33. *Dieu! que ses jugemens sont incompréhensibles! que ses voies sont impénétrables!* Oui, pour tout le reste des hommes, mais non pour ces détracteurs de la divinité qui vont disant : Dieu ne devoit pas faire ainsi ; il devoit plutôt faire comme cela : comme si l'homme pouvoit rien voir dans les conseils de Dieu, que l'Esprit de Dieu seul connoît !

Adam, rebelle à son Créateur, donna le premier signal à l'hérésie : du moins n'alla-t-il pas jusqu'à dire à celui qui l'avoit fait : Vous avez manqué votre ouvrage. Il avoua qu'il avoit été séduit ; il désobéit, mais il ne s'emporta point à des blasphèmes contre son Créateur. Adam n'étoit qu'un novice d'irréligion. (Chap. II.)

Gen. III, 12.

Page 455. Remontant à la création, Tertullien voit l'auteur de toutes choses les marquer du sceau de sa bonté, et les proposer à la reconnoissance autant qu'à l'admiration, par l'éloge que lui-même a daigné en faire, *Et vidit quod esset bonum.* Non pas qu'il ignorât qu'elles fussent bonnes à moins de les voir, mais parce que, les voyant telles qu'elles sont, il a voulu apprendre à les voir des mêmes yeux. Ainsi appeloit-il bon ce qu'il avoit fait bon, voulant signaler son être tout entier par ce caractère particulier de bonté qui se manifestoit dans ses paroles et dans ses œuvres. L'arbre planté par la main du céleste ouvrier étoit bon : c'est une main étrangère qui est venue y greffer une plante mauvaise. C'étoit à l'homme, créé à l'image de Dieu, à ne pas déshonorer cette auguste empreinte. La bonté de

Gen. I. 10, 12.

Dieu avoit tout fait. Le mal n'existoit pas encore à ces commencemens, ni dans le langage ni dans l'action. En donnant Ève pour compagne à l'homme, Dieu savoit combien ce sexe deviendroit profitable à Marie, et par suite à son Église. Si en créant l'homme il lui impose une loi, c'est pour l'attacher à lui par son propre intérêt ; pour en faire un être libre, et non pas un esclave de même nature que les autres animaux qui lui devoient être assujettis ; afin que l'homme eût seul le droit de se glorifier que pas un autre que lui ne tenoit sa loi de Dieu ; et que, doué de la raison et de la faculté du discernement, il trouvât, dans le privilége de sa liberté même, son guide et son frein, en se soumettant à celui qui lui avoit soumis tout le reste (1). Sa prévoyante bonté ne laissa pas non plus ignorer à Adam à quoi il s'exposoit en manquant à cette loi, pour ôter d'avance au manquement le prétexte de l'ignorance. Si donc l'homme vient à prévariquer contre la loi, il fut libre d'obéir ou de la violer ; c'est à lui, à lui seul qu'il doit s'en prendre.

Page 45.

---

(1) Bossuet traduit : « Il falloit bien que cette même bonté donnât des lois à l'homme, non pour le priver de sa liberté, mais pour lui témoigner de l'estime. Autrement cette liberté de vivre sans lois eût été très injurieuse à notre nature. Dieu eût témoigné qu'il méprisoit l'homme, s'il n'eût pas daigné le conduire, et lui prescrire l'ordre de sa vie : il l'eût traité comme les animaux, auxquels il ne permet de vivre sans lois que par le peu d'état qu'il en fait, et qu'il ne laisse vivre de cette manière que par mépris. » *Serm.* tom. iv, pag. 50.

Quel plus magnifique présent pouvoit-il recevoir
de son Créateur, que d'être formé à l'image de
son intelligence? Libre comme Dieu même, maître
de ses actions, il lui fut donné de jouir de la plénitude de son libre arbitre, avec pouvoir, ou de se
maintenir volontairement dans le bien, ou d'éviter
le mal volontairement. Otez cette volonté, réduisez-
le à la nécessité d'être ou bon ou mauvais indépendamment de son propre choix; plus de titre, ni
à la récompense ni au châtiment. (Cap. v.) Par-là
(ajoute Tertullien), tout s'explique. Nul compro-
mis pour la bonté de Dieu, ni pour l'économie de
sa sagesse, ni pour sa prescience et sa puissance.

Page 458. Parce que Dieu prévoyoit bien l'abus de cette liberté, falloit-il qu'il l'empêchât? Que devenoit le
don de la liberté? C'est bien alors que Marcion
auroit raison de s'écrier à l'inconséquence, à l'infidélité. (Cap. vi.) A quoi bon donner à Adam

Page 459. son libre arbitre, s'il vouloit l'enchaîner? Si donc
et suiv. l'homme a péché, c'est l'homme qui l'a voulu.
(Chap. vii. et suiv.) Ce que la prescience de Dieu
avoit vu de sa faute, la bonté du même Dieu
avoit voulu l'empêcher par la sévérité de ses menaces; en agissant autrement, il eût détruit son
propre ouvrage. Jusque-là sa bonté seule avoit
paru: maintenant ses autres attributs se montrent.

Page 462. Le crime et le châtiment s'impriment à toute la
nature. La femme conçoit, mais dans les douleurs;

la terre est maudite, mais auparavant elle étoit bénie ; l'homme est condamné à la mort, mais auparavant il étoit fait pour la vie. La bonté avoit devancé, la justice suit. « Jamais la toute-puisance divine n'afflige ses créatures que quand elle y est forcée par les crimes (1). » Plus de justice, plus de Dieu. Séparez la justice de la bonté, ce n'est plus bonté, c'est injustice. Faut-il, pour être bon, que le législateur ne soit pas juste? qu'il n'y ait dans la loi qu'indulgence, et point de sévérité? Au milieu de tant de séductions qui nous poussent au mal, est-il un homme qui s'attachât à ce qu'il pourroit mépriser impunément? qui conservât ce qu'il pourroit perdre sans risque? La voie qui conduit au mal est si large, elle est si courue! Tous ne s'y engageroient-ils pas, si l'on y pouvoit marcher sans inquiétude? Nous n'entendons point sans effroi la formidable menace du Créateur; et pourtant nous avons peine à nous arracher au mal; que seroit-ce s'il n'y avoît point de menaces? (Chap. XIII.) Appellerez-vous mal une justice qui n'est point favorable au mal? refuserez-vous le nom de bien à celle qui pourvoit au bien? Vous ne voulez pas d'un Dieu tel qu'il doit être: vous le voudriez à votre fantaisie; un Dieu sous lequel les crimes pussent être quelque jour en paix ; un Dieu à qui le démon eût le droit d'insulter. Le Dieu bon seroit, à votre avis, celui qui réussiroit

Page 464.

_____
(1) Bossuet citant Tertullien, *Serm.* tom. III, pag. 77, 78.

bien mieux à rendre l'homme méchant, en lui assu-
rant l'impunité (1). Mais, je vous le demande, où
est l'auteur du bien, que dans celui qui le sanc-
tionne et qui le venge; l'opposé du mal, que dans
celui qui en est l'ennemi ? Qui en est l'ennemi,
sinon celui qui le poursuit ? et qui le poursuit, si
ce n'est pas celui qui le punit ? (Cap. XIV.) (2) Examinez la conduite du souverain juge; prouvez, si
vous pouvez, qu'il est injuste, qu'il a puni des
crimes qui n'existoient point : sinon, dès que les
jugemens sont justes et les châtimens mérités, sa
sévérité même est juste et louable, et toutes ses
suites, la colère, la jalousie, ce que vous appelez
excessive rigueur. (Témoignages pris de l'ancien
et du nouveau Testament.) (Cap. XV.) Vous ne

Page 465.

(1) « Je sais bien que la justice divine a deux principaux emplois
» dans l'univers ; qu'elle y récompense les bons, et qu'elle y punit les
» méchans. Je sais bien que le premier lui est plus naturel que le second ;
» qu'elle récompense avec plaisir, qu'elle punit avec regret; qu'elle pré-
» vient quelquefois les bonnes œuvres pour les reconnoître, et qu'elle
» attend toujours les mauvaises pour les châtier. Mais je n'ignore pas
» aussi que depuis que Dieu a des ennemis, la justice a des foudres pour
» les perdre, des prisons pour les enfermer, des enfers pour les punir,
» et des feux pour les brûler. C'est-elle, dit Tertullien, qui venge la mi-
» séricorde quand elle est méprisée : *Tutela bonitatis reputanda est.*
» C'est-elle qui, joignant la sévérité à la patience et à la bonté de Dieu ,
» lui donne sa pleine et dernière perfection , *Plenitudo bonitatis;* puis-
» que s'il étoit toujours patient, il autoriseroit le mal, et rendroit les
» criminels insolens. » Senault, *Panégyr.* tom. III, pag. 384, 385.

(2) Voy. Bourdal. *Dominic.* tom. IV, *sur l'éternité malheureuse,* 1ʳᵉ
part. pag. 133. Lenfant, *Serm.* tom. V, pag. 24 et seq. Fromentières ,
Carême , tom. I, pag. 162 et 400, etc.

faites point le procès à un chirurgien, vous ne repoussez point les instrumens dont il se sert pour couper et pour brûler, et sans lesquels il ne peut exercer son art; mais condamnez-le s'il coupe et s'il brûle mal à propos et sans nécessité : appliquez ceci aux jugemens de Dieu. (Cap. xvi.)

Nous avons été instruits à l'école des prophètes et de Jésus-Christ, et non pas à celle d'Épicure ni des autres philosophes; c'est pourquoi nous sommes bien éloignés de penser que la divinité ne prend aucun soin des choses de la terre.

« Mais, nous disent les hérétiques, si Dieu a de la colère, de la jalousie, s'il se venge, il est donc changeant, corruptible et mortel. »

Ces raisonnemens n'effraient point les chrétiens qui croient en un Dieu mort et néanmoins vivant éternellement. Mais quelle extravagance de juger Dieu par l'homme, de transporter à la divinité nos passions et nos foiblesses! Ne nous laissons pas tromper par la ressemblance des noms; il y a autant de différence entre les sentimens de Dieu et ceux des hommes, qu'il y en a entre leurs natures. C'est ainsi qu'on attribue à Dieu des yeux, des bras, des oreilles, quoiqu'il ne puisse y avoir rien de semblable dans Dieu. Il suffit de réfléchir que c'est Dieu le Créateur des hommes, pour éloigner de lui tout ce qui ressent l'imperfection et la faiblesse humaine. Dieu a sans doute toutes les bonnes

Page 466.

qualités de l'homme ; mais de la manière qui convient à l'être parfait et éternel ; sans émotion, sans changement, sans altération. C'est ainsi que son courroux, son indignation, sa jalousie s'enflamment contre les ingrats, les superbes, contre tous les méchans : ainsi est-il compatissant pour les foibles, patient à l'égard des pécheurs, juste pour tous, généreux et magnifique pour les bons.

Les marcionites ne veulent pas reconnoître dans le même Dieu, avec la souveraine justice, cette bonté universelle, souveraine (1), qui, aux termes de Jésus-Christ, *fait pleuvoir sur les bons et sur les méchans, qui fait lever son soleil sur les justes et sur les injustes.* En vain Marcion a-t-il voulu effacer de l'Évangile ce témoignage rendu par Jésus-Christ à la bonté du Créateur : qu'il l'efface donc aussi du cœur de tout l'univers, où il est gravé ; qu'il l'efface du cœur de chacun de nous où nous le lisons. Cette même patience que nie Marcion, l'attend et le jugera. Que d'exemples de la patience et de la miséricorde divines ne nous fournissent pas les livres saints !

De là passez aux divers commandemens de la loi qu'il nous a donnée. Vous m'arrêtez pour me dire que les mêmes commandemens se retrouvent dans les lois humaines ; mais avant tous les Lycurgue

Matth. v. 45.

Page 467.

---

(1) *Catholicæ et summæ illius bonitatis.* Belle expression souvent employée par Segaud, Joly, Molinier.

et tous les Solon du monde, il y avoit eu Moïse, il
y avoit Dieu (1). (Cap. XVII.)

Cette loi ancienne que vous attaquez avec tant
d'acharnement, que vous soutenez être l'ouvrage
du mauvais principe, elle est remplie de préceptes
de justice, d'honnêteté, de pudeur, de bonté même
et de bienfaisance. Les animaux mêmes n'y sont
pas oubliés, non pas pour eux-mêmes sans doute,
mais pour accoutumer nos cœurs à la douceur et à
la compassion envers nos semblables. Je ne finirois
pas si j'entreprenois de rapporter toutes les maximes et tous les préceptes de la loi sur la bienfaisance et l'amour du prochain : c'est pourquoi le
Christ dit que *la loi et les prophètes étoient renfer-* Matth. xix.
més dans les préceptes de l'amour de Dieu et l'amour 19.
du prochain. Mais je dois justifier la loi dans les
points où elle est attaquée. La loi du talion, *œil* Lévit. xxiv.
pour œil, dent pour dent, n'avoit pas été portée pour 20.
autoriser à rendre le mal pour le mal, mais pour
prévenir et réprimer la violence par la terreur.
Comment persuader à un peuple grossier et incrédule d'attendre la vengeance du Seigneur, selon l'oracle du Prophète: *La vengeance m'appar-* Rom. xii.
tient, et je l'exercerai dans le temps? La seconde 19.
injure permise empêchoit la première, et par conséquent n'avoit point lieu elle-même. Rien de si
effrayant pour l'agresseur, et de si capable de le

(1) *Sed ante Lycurgos et Solones omnes, Moses et Deus.*

contenir , que l'assurance d'être traité comme lui-même auroit traité les autres. (Cap. XVIII).

Gen. 1. 22.

Si la loi défend quelques viandes, si elle déclare immondes quelques animaux, quoique bénis dès l'origine du monde, son dessein est d'exercer la tempérance, de mettre un frein à cette gourmandise qui regrettoit les concombres et les melons de l'Égypte, tandis qu'on lui servoit le pain des anges ; elle vouloit prévenir l'incontinence et le libertinage, suites ordinaires de l'intempérance. C'étoit aussi pour éteindre en partie la soif de l'or, en ôtant le prétexte du besoin des richesses pour une nourriture recherchée et somptueuse ; enfin pour former l'homme à jeûner dans la vue de plaire à Dieu, et à se contenter des alimens les plus communs.

Num. xi. 5.
Ps. LXVII.
25.

Page 468.

Quant à ce long, embarrassant et minutieux détail de cérémonies et de sacrifices, Dieu fait entendre clairement de quel œil il les regardoit, lorsque par exemple il dit : *Qu'ai-je besoin de la multitude de vos victimes ? Est-ce donc là ce que j'ai désiré de vous ?* Dieu, qui connoissoit le penchant du peuple juif à l'idolâtrie, vouloit l'en détourner et l'attacher à la vraie religion, par un appareil de cérémonies extérieures dont ses sens avoient besoin. Il vouloit, par ces rites religieux si diversifiés et répétés en tant de circonstances, le tenir sans cesse en sa présence, l'accoutumer à méditer jour et nuit

Isa. 1, 11.

cette loi divine, la source à la fois du bonheur, de la gloire, et de l'innocence de l'homme (1). Je ne parle pas encore des sens mystiques de cette loi, tout entière en figures et en prophéties. (Cap. XIX.)

Il faut les expliquer ces figures ; montrer quel en fut le véritable objet, et justifier l'apparente contradiction des deux alliances, en prouvant l'unité de la conduite divine dans l'économie de sa religion. Tertullien ne manque pas de le faire. Il montre sous le voile de ces figures, dans la lettre même de ces prophéties, Jésus-Christ Messie, agissant partout au nom de Dieu son père, apparaissant dans le monde dès ses commencemens, vivant dans la personne des patriarches et des prophètes, exprimant de loin, par ces vives images, et rendant sensible déjà sa future humanité.

Tertullien considère ces apparitions différentes comme des préludes de l'incarnation, comme des préparations de ce grand ouvrage qui se commençoit dès lors;

« De sorte, dit-il, que le Fils de Dieu s'accoutumoit aux sentimens humains; il apprenoit, pour ainsi dire, à être homme; il se plaisoit d'exercer, dès l'origine du monde, ce qu'il devoit être dans la plénitude des temps: *Ediscens jam inde a primordio, jam inde hominem quod erat futurus in fine* (2). »

(1) Ces pensées sont développées avec beaucoup de justesse dans Massillon. *Car.* tom. II, pag. 366.

(2) Bossuet, *Serm.* tom. II, pag. 141. Le même, sermon sur les *caractères des deux alliances*, tom. III, pag. 236. Molinier, *Serm.* tom. X,

Page 475.

C'est lui qui est descendu de la droite de Dieu son Père, le Dieu dont les Écritures avoient dit : Exod. XXXIII. 20. *Personne ne verra Dieu sans mourir;* il l'a fait voir dans sa personne. Fils de Dieu, pour nous apprendre à connoître le Père invisible, au nom de qui il parle et agit en Dieu. Christ pour nous, identifié à nous, et par-là devenu tout à nous. Donc, toute la part que vous assignez au grand Dieu, nous la réclamons pour la personne du Père, invisible, au-dessus même de toute intelligence, habitant au sein d'une paix inaltérable ; ce sera là, si vous voulez, le Dieu de la raison humaine, le Dieu des philosophes. Ce qui, dans votre idée, ne s'assortit pas avec sa grandeur, faites-en la part du Fils dans sa chair mortelle, associant dans sa personne l'homme et le Dieu ; Dieu par l'éclat de ses vertus, homme dans les foiblesses de son humanité ; par-là transportant à l'homme tout ce qu'il semble détacher de la divinité. Le Dieu est venu habiter avec les hommes, pour apprendre aux hommes à vivre en Dieu. Il est venu traiter avec l'homme d'égal à égal, pour rendre l'homme capable de traiter d'égal à égal avec Dieu ; il s'est rapetissé pour m'agrandir. Quel travers d'esprit dans votre double idée de concevoir sa nature ! Vous le reconnoissez pour juge ; et quand il exerce, à titre de juge, une sé-

pag. 239 et suiv.; et tous les discours qui traitent des grandeurs de Jésus.

rérité en proportion des motifs qui la provoquent,
vous l'accusez de dureté. Vous voulez qu'il soit
souverainement bon ; et quand sa bonté miséricor-
dieuse le fait descendre à la portée de notre foiblesse, vous criez qu'il s'avilit. Vous ne voulez de
lui ni son élévation ni sa condescendance : vous le
repoussez, soit comme juge, soit comme ami (1).
(Cap. XXVII.)

> Dans le cours de sa discussion, Tertullien n'avoit pas
> laissé sans réponse cette objection : « Pourquoi Dieu
> dit-il à Adam dans le paradis : *Où êtes-vous ?* Il ignoroit   Page 472.
> donc où il étoit. »

Le Seigneur ne pouvoit pas plus ignorer le lieu
où il étoit, que le péché qu'il venoit de commettre.
Ces mots, *Où êtes-vous ?* n'ont pas seulement rap-   Gen. III.
port au lieu ; ils sont un commencement de repro-   9.
che ; et ils indiquent l'état affreux où Adam étoit
tombé. Sans doute un coin de jardin ne pouvoit
être caché à celui qui tient l'univers dans sa main,
dont le ciel est le trône, et la terre le marchepied.
Et quand Dieu demande à Caïn où est son frère   *Ibid.*
Abel, il avoit entendu la voix du sang d'Abel, qui   IV. 9.
crioit du sein de la terre. Mais il voulut donner à   Hebr. XII.
Adam le moyen de confesser son crime, et de com-   24.
mencer par-là à l'expier ; il permit au contraire que
Caïn mît le comble au sien par le mensonge et par

(1) Appliqué par Senault. *Panégyr.* tom. III, pag. 338.

l'endurcissement. Aussi Dieu eut pitié d'Adam et maudit Caïn ; et donna deux grandes leçons aux pécheurs de tous les siècles. (Cap. xxv.)

Dans le TROISIÈME LIVRE, Tertullien prouve contre Marcion, que Jésus-Christ s'est fait voir dans une chair réelle et non fantastique.

Page 484.

En niant la vérité de sa chair, vous démentez la certitude de sa mort, vous anéantissez par-là même la vérité de sa résurrection ; et voilà par-là même tout le fondement de notre foi renversé. (Cap. VIII.) Plus de christianisme, plus de rédemption : la prédication de l'apôtre est illusoire ; la mort de Jésus-Christ, ses souffrances, sa résurrection, ne sont que des fables ; l'espérance de notre propre résurrection à nous - mêmes n'est plus qu'une chimère, puisqu'elle repose tout entière sur la foi de la résurrection de Jésus-Christ. S'il n'est pas véritablement mort, sa naissance ne fut également qu'imaginaire ; tous les témoignages qui en constatent le fait, autant de mensonges ; sa vie entière, une illusion perpétuelle ; plus d'Emmanuel, plus de *Dieu avec les hommes ;* l'histoire tout entière n'est plus qu'un problème (1). (Cap. XII.)

1 Cor. xv. 14.

Isa. vii, 14. Matth. 1, 23.

Pages 483, 484.

Les prophètes qui annoncèrent la venue de Jésus-

---

(1) Même mouvement dans **Massillon**, *Vérité d'un avenir, Car.* tom. 1, pag. 117, et dans la plupart des *Sermons sur la résurrect. de notre Seigneur.*

Christ l'avoient signalée par le double caractère de ses abaissemens et de ses grandeurs. Ses abaissemens devoient faire le partage de sa vie mortelle. Toute la pompe de la gloire, et l'éclat de la souveraine majesté, réservés à son futur avénement à la fin des siècles, où il viendra juger le monde. (Cap. VII.)

Il établit la divinité de Jésus-Christ par les prophéties, dont il justifie les prédictions par les événemens. « C'étoit de lui qu'Isaïe annonçoit les conquêtes futures par ces paroles : *Antequam sciat puer,* etc. Avant que l'enfant sache nommer son père et sa mère, il enlèvera les dépouilles de Samarie devant le roi des Assyriens. Je sais bien qu'il ne faut pas prendre ces paroles d'Isaïe tout-à-fait à la lettre, ni tomber dans l'erreur grossière des Juifs qui, au rapport de Tertullien, vouloient que Jésus-Christ ne fût pas le Messie qu'on attendoit, parce qu'il n'avoit pas, selon cette prophétie, donné des batailles et emporté des dépouilles dès son berceau : *Hæc accipiunt verba quasi bellatorem portendant Christum.* Ce peuple charnel s'imagine que ce prophète ait promis à Jésus-Christ comme un conquérant de profession ; que la guerre lui soit un exercice si naturel que les plaintes qu'il fait dans son berceau aient la force de faire prendre les armes à ses soldats ; que les cris de son enfance sonnent la charge ; qu'élevé sur les bras de sa nourrice il puisse déjà, comme du haut d'un rempart, découvrir l'ennemi ; et qu'étant encore attaché à la mamelle, il subjugue déjà la Samarie : *Quasi vagitu ad arma esset convocatu-*

Isa. viii. 4.

rus infans; quasi de nutricis aut gerulæ suæ collo hostem destinaturus; atque ita Damascum et Samariam pro mamillis subaeturus. Mais si Tertullien ne veut pas qu'on prenne cette prophétie tout-à-fait à la lettre, et que l'on s'imagine que Jésus-Christ doit faire toutes ces actions guerrières dans son berceau ; il veut néanmoins que nous croyons qu'il n'a pas laissé d'y être un grand conquérant. Que les Juifs apprennent, dit-il, que si notre Messie n'a pas répandu du sang à sa naissance, il n'a pas laissé d'y remporter des victoires; que ces trois princes (les Mages), qu'il a enlevés à l'idolâtrie, sont les véritables dépouilles de Samarie ; et que les ayant obligé de respecter son enfance et de faire hommage de leur couronne à sa foiblesse, il a dignement accompli la prédiction qui en avoit été faite. Car voilà, conclut-il, la manière dont il a fait la guerre; voilà comment il s'est acquis, dès son berceau, la qualité de conquérant, et qu'il a commencé de se rendre maître non-seulement de la Samarie, mais de toutes les nations du monde : *Sic bellipotens, sic armiger Christus non solius Samariæ spolia, sed et omnium gentium accepit.* » Fromentières, *Sermon pour le jour des Rois,* tom. 1. pag. 43, 44.

Ces brillantes images se retracent fréquemment sous la plume de Bossuet. Voyez ses sermons sur la Circoncision, où il le qualifie de capitaine sauveur, de roi conquérant (tom. iii, pages 17, 32, 73) descendu pour combattre, il monte pour triompher, etc. (tom. viii, pag. 374), et ses sermons sur la résurrection de Notre-Seigneur).

Page 491.

Lorsqu'il fallut donner un successeur à Moïse, quel nom fut donné au fils de Navé? Le nom de Jé-

sus (1). Pourquoi Jésus pour remplacer Moïse?
parce que Jésus-Christ devoit introduire dans la
vraie terre promise, celle-là où coulent des ruisseaux de lait et de miel, c'est-à-dire dans le royaume
de la vie éternelle, ce second peuple de Dieu, enfanté
dans le désert du siècle; et que ce n'étoit pas à
Moïse, à la loi ancienne, qu'il étoit donné d'opérer
cette heureuse révolution. Celui à qui cet honneur
étoit réservé a reçu le nom de Jésus, comme un
présage du bienfait qu'il devoit donner à son peuple. (Cap. XVI.)

Exod. III. 8.

Il prouve contre les Juifs que Jésus est le Messie qui
leur fut promis et qu'ils n'en doivent plus attendre d'autre, parce qu'ils refusent de le reconnoître dans ses humiliations. Tertullien voit dans ces humiliations mêmes
le caractère auquel il faut le reconnoître.

Voilà le Christ que je réclame, c'est là le Jésus
qu'il me faut: *Mihi vindico Christum, mihi defendo
Jesum* (2). Confrontez sa vie tout entière avec les
prophéties: Quelque vile que vous semble cette

(1) *Fortis in bello Jesus nave.* Eccli. XLVI, 11.

(2) « C'est ici que je dis du plus grand sentiment de mon âme, avec
» le grave Tertullien, *Mihi vindico Christum, mihi defendo Jesum.*
» Cet innocent contredit par toute la terre, c'est le Jésus que je cherche;
» je soutiens que ce Jésus est à moi; je proteste qu'il m'appartient. S'il
» est déshonoré, s'il est abject, s'il est misérable, j'ajouterai encore,
» s'il est le scandale des infidèles, c'est mon Jésus-Christ : *Si inglorius,
» si ignobilis, si inhonorabilis, meus erit Christus.* Car, poursuit le
» même Tertullien, il m'a été promis tel dans les prophéties, *Talis enim
» habitu et aspectu nunciabatur.* » Bossuet, *Serm.* tom. II, pag. 44, 415.

chair où il s'est fait voir ; par cela seul qu'il l'a habitée, qu'il s'est manifesté dans cette chair, elle a
beau être sans gloire, sans beauté, sans honneur,
c'est là mon Christ ; car ce sont là les formes sous
lesquelles il a été annoncé. (Cap. XVII.)

Les prophéties et les figures sont analysées ou développées avec cette brillante éloquence.

Page 494. Pourroient-elles s'appliquer à d'autres qu'à Jésus-Christ ? Lisez le psaume vingt-unième, qui
fait l'histoire de sa passion : Est-ce David ? est-ce
quelqu'un des rois d'Israël qui ait été suspendu

Ps. xxi. 17. à la croix, les pieds et les mains percés de clous ?
Les événemens qui ont suivi sa mort, et les prédictions qui en avoient été faites, tout cela pourroit-il
concerner un autre que lui ? jetez un coup d'œil sur
ce profond abîme d'erreurs où le genre humain tout
entier étoit plongé avant lui ; voyez-le naissant tout
à coup à la vérité d'un Dieu créateur, d'un Jésus-
Christ Dieu : auriez-vous l'effronterie de nier qu'un
aussi merveilleux changement eût été prédit ? je
vous arrête aussitôt par ces paroles du Psalmiste :

Ps. III, 17
et suiv.
*Vous êtes mon Fils: aujourd'hui je vous ai engendré.
Demandez-moi, et je vous donnerai les nations pour
héritage ; et votre empire n'aura de bornes qu'aux
extrémités de la terre.* Si cette promesse ne regarde
pas Jésus-Christ comme Fils de Dieu, vous ne serez pas plus fondé à l'appeler le fils de David. Direz-

vous qu'elle regarde David lui-même ? l'histoire Page 495.
vous dément; David ne fut roi que d'une petite
contrée, Jésus-Christ règne sur tout l'univers, par
la soumission à son Évangile : l'appliqueriez-vous
à Salomon ? Salomon n'a régné qu'un moment ; il
est dit de Jésus-Christ que son trône est fondé pour Luc. 1. 33.
tous les siècles. Vous ne voyez pas que la grâce et
la miséricorde du Seigneur se soient retirées jamais
de Jésus-Christ : Salomon mérita la colère du Seigneur par le double crime de l'impudicité et de
l'idolâtrie. (Cap. XXI.) Chercheriez-vous l'accomplissement de la promesse dans cet autre Messie
que les Juifs attendent? Sera-ce un Messie encore
crucifié, puisque c'est du haut de sa croix qu'il doit Joan. XII.
32.
attirer à lui toutes les nations, ainsi qu'il a été prédit? Puis donc que c'est dans Jésus, et dans Jésus
seul que toutes les prophéties se trouvent exécutées, Jésus est le Messie. Osez nier, ou la prophétie
quand l'événement est sous vos yeux, ou l'événement quand la prophétie est dans tous vos livres.

S'arrêtant à celle qui regarde le châtiment du peuple
déicide, Tertullien demande pour quelle autre cause
que pour venger le sang de Jésus-Christ, les Juifs sont
en proie à tous les fléaux que la colère de Dieu a versés
sur eux. Marcion, en convenant que leur châtiment étoit
l'effet d'une vengeance céleste, prétendoit que ce n'étoit
point en punition de la mort de Jésus-Christ parce qu'il
n'avoit point souffert et qu'un autre corps avoit été

5   substitué au sien ; sur quoi Tertullien , toujours le livre
des prophéties à la main , répond :

Page 498.   Quel autre que son Christ Dieu a-t-il pu venger
de la sorte? Bien loin de punir les Juifs de sa mort,
il devoit bien plutôt les en récompenser, eux, et
Judas qui le leur avoit livré; ils ne faisoient qu'exercer un acte de justice contre celui qu'ils regardoient
comme l'ennemi de leur Dieu. En supposant que
le Christ, dont les prophètes annoncent si clairement que Dieu vengera la mort sur son peuple criminel, ce Christ, que Marcion appeloit celui du
Dieu créateur ; en supposant, dis-je, que celui-là
soit encore à venir, toujours est-il que quand il
sera venu, c'est là le sort dont sa nation est mena-
cée par tous les oracles. Mais où se trouvera alors
cette fille de Sion qui doit être délaissée , puisqu'il
n'est plus de fille de Sion? Où seront les cités dé-
vouées au feu et à la flamme, quand il n'y a plus
que les cadavres des cités? Comment ce peuple
pourra-t-il être chassé de son pays? le voilà dès
maintenant dispersé par toute la terre. Commencez donc par rendre aux Juifs leur ancien état,
pour que le Christ trouve un peuple juif (1).
(Chap. XXIII.)

LE QUATRIÈME LIVRE contre Marcion répond aux diverses objections de cet hérétique contre les Évangiles,

_____

(1) Voyez plus haut , livre contre les Juifs , pag. 475.

en particulier celui de saint Luc (1). Tertullien en montre l'authenticité et la concordance, établit les différences ainsi que les rapports entre la loi ancienne et la loi nouvelle, prouve qu'elles ont un même auteur.

Page 501.

Dieu, qui a fait annoncer par ses prophètes la future économie, a marqué également en quoi la nouvelle différeroit de l'ancienne. S'il y a différence dans les époques, il n'y en a point dans l'autorité; s'il y a séparation entre l'Ancien et le Nouveau-Testament, elle ne consiste que dans la réforme, dans l'augmentation et le perfectionnement, comme le fruit se trouve à part de la semence dont il est le produit. Ainsi l'Évangile succédant à la loi se sépare d'elle; il est autre, il n'est pas étranger; différent, mais non contraire (2).

Page 502.

Tertullien rappelle ici, comme dans tous ses autres livres, les grands et immuables principes de la prescription contre les hérésies; de la continuelle assistance de Jésus-Christ promise à son Église; de la succession apostolique dans toutes les églises, et du lien de com-

(1) Marcion s'attache à l'Évangile de S. Luc, pour le mettre en pièces: *Lucam videtur Marcion elegisse, quem cœderet.* cap. 11. « Les marcionites disoient que les trois autres Évangiles étoient supposés, et que celui de S. Luc, qu'ils préféroient aux autres, on ne sait pourquoi, puisqu'il n'étoit pas venu par une autre voie, avoit été falsifié. » Bossuet, *Disc. sur l'hist. univ.* part. 11, pag. 435, éd. in-12, Paris, 1719.

(2) *Et tamen sic concedimus separationem istam per reformationem, per amplitudinem, per profectum, sicut fructus separatur a semine, quum sit fructus ex semine: sic et Evangelium separatur a lege, dum provehitur ex lege; aliud ab illa; diversum, sed non contrarium.* cap. xi.

munion qui les unit toutes à une même foi, aux mêmes sacremens.

Page 504.

Nous établissons, pour fondement, que l'Évangile a été rédigé par les apôtres, en conséquence de Matth. xxviii. 55. l'ordre reçu de leur maître d'aller le prêcher; par les apôtres, comme saint Jean et saint Matthieu, ou par les hommes apostoliques qui les accompagnoient ou qui sont venus immédiatement après eux, tels que saint Marc et saint Luc, disciples des apôtres. On peut voir si leurs récits sont en opposition. Marcion ne donne point d'auteur à l'Évangile, c'est-à-dire à celui qu'il a forgé : je pourrois m'en tenir là; c'en est assez pour récuser un ouvrage qui ne se montre pas à visage découvert, et ne présente aucun titre de créance. Entre Marcion, qui allègue son Évangile, et moi qui m'appuie sur celui des apôtres, quel sera le juge, si ce n'est l'ancienneté? S'il est vrai que les nôtres aient été publiés bien avant celui de Marcion, il devient incontestable qu'ils sont vrais et que le sien est faux; les auroit-il pu réformer comme il s'en vante, s'il ne les avoit trouvés déjà existans? Marcion réformateur Page 505. de l'Évangile! Quoi! pendant tout le temps qui s'est écoulé depuis Tibère jusqu'au règne d'Antonin, nous étions sans Évangile! Marcion a seul obtenu le privilége de le publier; Jésus-Christ l'avoit attendu tout ce temps; Jésus-Christ s'étoit repenti de s'être si fort hâté d'envoyer ses apôtres sans l'assistance de Marcion! (Chap. IV.)

L'hérésie est l'œuvre de la témérité humaine; jamais elle ne fut l'ouvrage de Dieu : elle se vante de réformer l'Évangile, et ne fait que le corrompre (1).

Que Marcion s'appelle disciple des apôtres; le disciple n'est pas au-dessus du maître. Qu'il s'appelle apôtre. Les apôtres ou moi, n'importe, lui répond saint Paul, nous prêchons un même Évangile. Fût-il un ange, j'ai appris à n'avoir que des anathèmes pour l'ange qui viendroit nous annoncer un autre Évangile.

Matth. x. 24.

Gal. I. 8.

L'hérésie nous parle de ses églises : oui, les siennes; les nôtres remontent aux apôtres, les nôtres n'ont qu'une même foi; les siennes, elles ne sont venues qu'après, donc adultères: leur origine est dans l'apostasie, non dans l'apostolicité; elles ne vont pas plus loin que Marcion ou quelqu'un des siens. Les marcionites ont des églises comme les guêpes des rayons de miel (2). (Chap. v.)

---

(1) *Humanæ temeritatis non divinæ auctoritatis negotium est hæresis; quæ sic semper emendat Evangelia, dum vitiat.*

(2) Les livres contre Marcion ne fournissent pas moins que celui des *Prescriptions* les argumens les plus solides en faveur de l'autorité de notre Église. Nous en avons la preuve dans le bel emploi que Bossuet surtout en a fait dans ses admirables controverses sur cette matière. Voy. la *première instr. pastor.* tom. v, pag. 118, 127, 128, etc. le quinzième livre des *variat.* tom. III, pag. 618, 670 et suiv. *La confér. avec Claude*, tom. IV, pag. 530.

Tertullien fait voir la conformité de la morale de l'Ancien Testament avec celle du Nouveau, qu'il fait toujours marcher de front. Tous ceux qui s'occupent de l'interprétation de nos saintes Ecritures ne manqueront pas d'être frappés de la profonde instruction qu'il en avoit acquise, des lumineuses analogies qu'il y découvre. Nous allons en fournir quelques exemples.

Déjà, dans les livres précédens, il avoit vengé éloquemment la sainteté de l'ancienne loi; il y revient dans celui-ci avec une nouvelle vigueur.

Page 516.

Qu'on ne cherche plus à opposer la loi ancienne à la nouvelle; l'objet et l'esprit de l'une et l'autre est le même. (Sur le pardon des injures.) Jésus-Christ en interdisant absolument la vengeance, et

Luc. vi. 29.

disant que *celui qui a été frappé sur une joue présente l'autre,* ne commande rien qui soit en opposition avec la loi que le Créateur avoit établie. Celle-ci ne disoit-elle pas : Ne rendez à personne mal pour mal; que personne ne se ressouvienne du mal qu'il a reçu de son prochain ? Si l'Évangile défend jusqu'au souvenir de l'injure, à plus forte raison défend-il la vengeance. Mais la loi qui avoit à conduire des hommes dont le caractère et la foi n'étoient pas les mêmes a dû parler de différentes manières. Elle apaisoit l'Israélite religieux en lui faisant attendre la vengeance du Seigneur; elle effrayoit le Juif incrédule en lui montrant la vengeance humaine prête à tomber sur lui; en un mot la représaille n'étoit permise que pour arrêter ceux

que la foi d'un Dieu vengeur ne pouvoit contenir.
Au reste, l'une et l'autre n'interdisent la vengeance
que par la raison que Dieu se l'est réservée ; sans   Rom. xii.
cela, la patience de l'offensé seroit une foiblesse   19.
qui enhardiroit les méchans. Si Dieu ne vengeoit
pas, il auroit dû permettre la vengeance. Puisqu'il
ne la permet point, c'est qu'il la tirera lui-même.
(Chap. xvi.)

Par ces éloquentes discussions, la loi ancienne est
justifiée, la nouvelle est manifestée ; l'accord des deux
Testamens est établi comme étant l'ouvrage du même
Dieu.

Ils ont tous deux le même dessein et la même
suite : l'un prépare la voie à la perfection que
l'autre montre à découvert ; l'un pose le fondement, et l'autre achève l'édifice ; en un mot l'un
prédit ce que l'autre fait voir accompli (1). »
Aussi saint Pierre, sur la montagne, en présence   Matth. xiii.
de Moïse et d'Élie, reconnoîtra-t-il dans la personne de son divin maître le lien des deux alliances. (Chap. xxiii.) Et notre savant apologiste,
frappé lui-même d'admiration à l'aspect d'une aussi
majestueuse harmonie, s'est-il écrié : O! que Jésus-
Christ est ancien dans la nouveauté de son Évan-

(1) Bossuet, *Disc. sur l'hist. univer.* 2ᵉ part. pag. 416. édit. in-4°,
Paris, 1681.

gile! *O Christum, et in novis veterem!* (1). (Chap. **XXI, XXII.**)

Du milieu de ce savant commentaire échappent des mots éclatans, des traits de sentiment, des maximes profondes que nous devons recueillir.

(Sur la crèche de Bethléem.) Les langes du Fils de Dieu sont le commencement de sa sépulture, *Pannis jam sepulturæ involucrum initiatus* (2): ce qui rappelle cette autre expression non moins remarquable, *A partu Virginis factus hostia,* que tous nos prédicateurs se transmettent, pour ainsi dire, de main en main (3).

Page 509.   Partout où Jésus-Christ guérit, il est à moi: *Quodcumque curaverit Jesus, meus est.*

A l'occasion des paraboles de la drachme et de la brebis perdues et retrouvées:

Page 556.   Cette brebis, cette drachme perdues, qui est-ce qui va à leur recherche? n'est-ce pas celui qui les avoit perdues? Qui les avoit perdues, sinon celui à qui elles appartenoient, qui les possédoit à titre de propriété? Si donc l'homme est un bien qui n'appartienne pas à d'autre qu'à son Créateur, à

---

(1) Trad. par Bossuet, *Serm.* tom. III, pag. 258.

(2) Le même, *Serm.* tom. II, pag. 389. Bourdal. *Myst.* tom. I, pag. 6.

(3) Segaud, *Avent,* pag. 456. Pacaud, *pour la fête de Noël. Serm.* tom. III, pag. 57. L'abbé Clément le paraphrase avec plus de diffusion que de solidité, *Avent,* pag. 270 et suiv.

qui étoit-il, sinon à celui dont il étoit le bien, dont il étoit l'ouvrage (donc à Jésus-Christ tout aussi bien qu'au Dieu créateur)? Celui qui l'avoit perdu, c'étoit son maître; il ne l'a cherché que parce qu'il l'avoit perdu; il ne l'a pu recouvrer qu'après l'avoir cherché, et il s'est félicité de l'avoir recouvré. (Chap. XXXII.)

(Sur l'apôtre Saint-Pierre.) Jésus-Christ change le nom de cet apôtre, celui de Simon qu'il portoit auparavant, dans celui de Pierre, comme autrefois il avoit changé celui d'Abraham. Pourquoi ce nom de Pierre? Par ce mot il indique la solidité de la foi, en lui imprimant une ressemblance avec lui-même, appelé dans les Écritures *pierre angulaire.* (Chap. XII.)

Qui voudra conserver la vie la perdra; et qui la perdra pour la confession de mon nom la sauvera. De qui est cette maxime? On le sait; elle est de Jésus-Christ. Avant son apparition sur la terre, plus d'un juste l'avoit confessé, plus d'un juste avoit perdu la vie pour la gloire de son nom, et il l'avoit couronné, témoin Daniel et ses compagnons. Allez les voir dans la fournaise ardente où les a fait plonger le tyran de Babylone : le Fils de l'homme y est avec eux, exerçant sa qualité de juge, sauvant ceux qui meurent pour le glorifier, perdant ces Chaldéens que l'amour de la vie enchaînoit au culte de leur idole. Déjà se vérifioit l'oracle qui devoit un jour

Page 520.
Marc. III.
16.

Gen. XVII.
5.

1 Pet. II. 6.

Matth. X.
39.
Page 535.

sortir de sa bouche, pour annoncer ses martyrs,
et les récompenses qui leur étoient destinées : Celui
qui rougira de moi devant les hommes, moi aussi
je rougirai de lui devant mon Père. L'on rougit de
la bassesse de sa naissance, de l'obscurité de sa
famille ; on rougit de cette chair mortelle qu'il a
bien voulu prendre ; de ces langes misérables où
il paroît enseveli comme dans un premier linceul :
on oublie que ce même enfant qui croît avec douleur sur le sein de sa mère est le même qui n'eut
point une naissance temporelle, grand, tout entier,
Jésus Dieu au sein de l'éternité. Pourquoi donc dire
de lui-même *Celui qui aura rougi de moi ?* C'est qu'il
a consenti en effet à s'humilier pour nous ; c'est
qu'en se faisant notre victime, il a dû déclarer par
la bouche de ses prophètes qu'il n'étoit plus qu'un
*ver de terre, sans forme humaine, le rebut des
hommes, et l'opprobre du peuple.* Ainsi l'a-t-il voulu,
pour nous guérir par ses plaies, nous sauver par
ses abaissemens et ses confusions. Il falloit bien
qu'il se dépouillât de sa divine nature, qu'il se sacrifiât de la sorte pour l'homme qui lui étoit si cher,
pour l'homme qu'il avoit créé à l'image, non d'un
autre, mais de lui-même ; afin que, puisque l'homme
avoit dégradé cette image jusqu'à ne pas rougir
d'adorer le bois et la pierre, il apprît à ne pas
rougir d'un Dieu humilié, et à porter lui-même
la sainte confusion de la croix, pour expier la cou-

Luc, ix.
26.

Ps. xxi. 7.
Isa. liii. 2.

pable confusion de l'idolâtrie (1). (Chap. XXI.)

Le Dieu du Nouveau Testament n'a ajouté au Page 525. précepte de l'amour du prochain rien de plus que ce qu'avoit prescrit déjà le Dieu de l'Ancien Testament. Il y a plus de mérite sans doute dans le sentiment de l'affection qui se porte sur des étrangers, toutefois sans préjudice des droits de ceux qui sont plus près. Car comment aimer les étrangers, si l'on n'aime pas le prochain? Voilà pourquoi l'ordre du Créateur et les dispositions naturelles qu'il en a imprimées dans nos cœurs nous font un premier devoir de la bienveillance envers le prochain. Sentiment qu'il a dans la suite étendu aux étrangers eux-mêmes; d'abord sur les Juifs, par une économie particulière de sa providence en faveur de cette nation ; puis sur tout le genre humain. Tant que

(1) « Le savant Tertullien a remarqué que, parce que nous avions » insolemment adoré des dieux de marbre et de pierre, qui avoient des » yeux, et ne voyoient pas leurs adorateurs, des oreilles, et n'entendoient » pas leurs prières, des mains, et ne pouvoient pas les secourir dans leurs » besoins, nous adorassions son Fils en croix, et que nous missions notre » espérance en un homme à qui la mort avoit ôté l'usage de tous les sens: « *Ut quoniam homo non erubuerat lapidem et lignum adorans, eadem* » *constantia non confusus de Christo, pro insolentia idolatriæ satis Deo* » *faceret per impudentiam fidei.* » (Senault, *Panegyr.* tom. 11, pag. 364.) Voyez l'admirable développement que Bossuet donne à une conception toute semblable dans son *Discours sur l'hist. univ.* part. 11, pag. 362 et suiv. éd. in-4º, Paris, 1681 : *Dieu avoit introduit l'homme dans le monde,* etc.; et à la pag. 366: *Jésus-Christ par le mystère de sa croix,* etc., pag. 366 : éclaircit et achève la pensée de Tertullien. Bourdaloue, tout le discours *sur le scandale de la croix. Dominic.* tom. 1, pag. 368 et suiv.

son alliance fut bornée au seul peuple d'Israël, l'obligation de la miséricorde ne pouvoit aller au-delà de ce seul peuple ; mais du moment où il eut donné à Jésus-Christ tous les peuples pour héritage, et le monde entier pour domaine ; dès lors Jésus-Christ a étendu sur tous le précepte de l'amour, comme étant tous les enfans du même Père, tous appelés au bienfait de la miséricorde, comme à celui d'une vocation commune. (Chap. XVI.)

Page 529.

Pas une mauvaise action où il n'entre de la crainte, parce qu'il n'en est pas une où la conscience soit muette. (Chap. XVII.)

Page 552.

Moïse n'est pas moins apôtre que les apôtres ne sont prophètes (1). (Chap. XXIV.)

Ce même livre nous fournit encore un témoignage, non moins précieux que celui de saint Justin (2), en faveur de notre foi catholique sur l'Eucharistie.

Page 571.

Jésus-Christ, sachant bien à quel jour il devoit mourir pour justifier les prophéties ; à l'approche de la pâque, car c'étoit là le jour annoncé par Moïse, pour la mort du Sauveur, quand il avoit dit

Exod. XII. 11.

à son peuple, Ce sera la pâque, c'est-à-dire le passage du Seigneur Jésus-Christ ; après, dis-je, avoir choisi parmi tant de fêtes celle de pâque, témoi-

---

(1) *Tam apostolus Moses, quam et apostoli prophetæ.* Et contre Praxéas : *Nobis omnes Scripturæ, et veteres Christum Dei, et novæ Filium præfiniunt.* Cap. XXIV, pag. 514.

(2) Rapporté au 1er vol. de cet ouvrage, pag. 309.

gne à ses apôtres le vif désir où il est de manger la pâque avec eux avant de subir sa passion. Celui dans qui ses prophètes avoient vu l'agneau qui se laisse mener à la mort sans se plaindre, et la brebis n'ouvrant pas la bouche en présence de la main qui la tond, brûle du désir d'accomplir l'oracle qui l'appelle à répandre son sáng propitiateur. Puisqu'il devoit être trahi, étoit-il indifférent qu'il le fût par un étranger? Non, autrement je ne le reconnoîtrois pas dans le psaume où il est dit: *Celui qui mangeoit le pain avec moi a fait éclater sa trahison contre moi.* Indifférent qu'il le fût à prix d'argent? Non; tout autre pouvoit l'être autrement, mais non celui qui avoit à accomplir ses prophéties. Le jour donc arrivé, où alloit être célébrée cette pâque réelle si ardemment souhaitée (un Dieu pouvoit-il en désirer une autre que la sienne?) Jésus prend le pain, le distribue à ses disciples; de ce pain il a fait son propre corps, en leur disant, CECI EST MON CORPS (1); son corps dans sa forme,

Luc. xxii. 7, 15.

Isa. liii. 7.

Ps. liv. 15.

Zach. xi. 13. Matth. xxvii. 9.

Luc xxii. 15.

Matth. xxvi. 26.

(1) Il est vrai que Tertullien ajoute, *Id est figura corporis mei*, c'est-à-dire, dans la forme de mon corps; tout corps suppose une forme, autrement ce ne seroit plus qu'un fautôme sans réalité. L'argumeut frappe contre Marcion, qui ne vuoloit pas que Jésus-Christ fût réellement mort. Tertullien s'explique partout ailleurs sur cette matière avec une précision qui ne laisse aucun nuage sur le véritable sens de ces paroles : *Caro corpore et sanguine Christi vescitur, ut et anima de Deo saginetur.* (*De resurr. carn.* cap. viii.) Voy. la note de M. de L'Aubespine dans le Tertull. de Rigaut, pag. 132, édit. de Paris, 1664; et l'ouvrage intit. *Dissert. théolog. et dogmat.,* sur les exorcismes, etc., pag. 46 du *Traité*

dans sa réalité, non d'une manière fantastique.
De même, lorsqu'en prenant le calice il scella par
son sang l'alliance et le testament qu'il établissoit,
il ajouta une nouvelle preuve de la réalité de son
corps, car le sang ne peut faire partie que d'un
corps réel et d'une véritable chair. Ainsi la vérité
du corps est prouvée par celle de la chair, et la
vérité de la chair est prouvée par celle du sang.
(Chap. XL.)

Page 573.

Si, comme le prétend Marcion, Jésus-Christ n'a
point paru dans une chair réelle, comment est-il

Matth. xxvii.
50.

mort? comment a-t-il rendu l'esprit? qui expiroit en lui? la chair ou l'esprit? Qu'y avoit-il sur
la croix? Rien? Rien n'auroit donc été demandé

Matth. xxvii,
58 et suiv.

à Pilate; rien ne fut donc enlevé de la croix, enveloppé du suaire, déposé dans le sépulcre? Joseph d'Arimathie, qui lui rendit les honneurs de la
sépulture, n'auroit donc enseveli qu'un fantôme?
Mais Jésus-Christ disparu, adieu le fantôme. Il ne
reste plus à Marcion qu'à nous dire qu'il demeuroit
le fantôme du fantôme. (Chap. XLII.)

Le livre se termine par cette proposition qui ne trouvera point de contradicteurs:

de l'Eucharistie, Paris, 1727. Notre savant Père, témoin irrécusable de
la foi des premiers siècles, avoit donc raison de dire au même Marcion
qu'il avoit prouvé invinciblement la vérité du corps de notre Seigneur,
contre la vaine apparence que cet hérétique lui substitue, par le sacrement du pain et du calice : *Panis et calicis sacramento probavimus
corporis dominici veritatem.* Lib. v, *Adv. Marcion,* cap. viii.

Je crois avoir rempli ma promesse ; j'ai démontré Page 575. la divinité de Jésus-Christ, égale à celle de Dieu Créateur, par les oracles des prophètes, par sa propre doctrine, par l'éclat de ses vertus, de sa puissance ; par la vérité de sa chair dans ses souffrances, dans sa mort, dans sa résurrection. (Chap. XLIII.)

LIVRE CINQUIÈME. Tertullien développe la même doctrine, seulement d'après saint Paul. Il s'attache particulièrement à cet apôtre, parce que Marcion lui refusoit cette qualité comme n'étant venu qu'après les autres. Le défenseur de l'humanité sainte autant que de la divinité de Jésus-Christ étoit pour l'hérétique un adversaire trop redoutable : il devenoit plus facile de le supprimer que de le combattre, méthode familière à l'esprit de mensonge. Le commentateur n'est pas au-dessous de son sujet. Moins cité à ce titre dans nos chaires, ce livre ne nous semble pas moins utile au prédicateur, qui y trouvera au besoin de solides éclaircissemens à des difficultés embarrassantes pour la pleine intelligence du texte.

Le début en est imposant.

Rien qui n'ait commencé, excepté Dieu : *Nihil* Page 573. *sine origine, nisi solus Deus.* Parce que, en toutes choses, l'origine est ce qui marche en première ligne ; il est bon partout de remonter jusqu'à cette origine, si l'on veut bien connoître l'état de la question. (Chap. I.)

C'est ce que Tertullien établit par rapport à l'apôtre, dont il justifie l'apostolat, et venge la doctrine contre leur commun adversaire.

Expliquant ces paroles : *Il a emmené captive une foule de captifs.*

Eph. iv. 8.

Page 610.

Avec quelles armées? dans quels combats? quel peuple, quelle contrée a été ravagée? quelles cités ont été renversées? où sont et les mères, et les enfans, et les potentats que notre heureux vainqueur ait traînés, humiliés à la suite de son char de triomphe? Ainsi, quand David, célébrant à l'avance les conquêtes du Christ, lui donne un glaive pour armure ; qu'Isaïe le voit chargé des dépouilles de Samarie et de Damas, vous vous en faites l'idée d'un vrai conquérant : ces combats, cette armure, ces triomphes, ces captifs, tout cela est spirituel (1). (Chap. XVIII.)

Ps. lxiv. 4.
Isa. viii. 3.

Page 612.

Si la tradition évangélique s'est répandue par toute la terre, ce que ne sauroit dire aucune des traditions de l'hérésie, nous sommes en droit d'appeler notre croyance *apostolique* (2). Et quand bien même celle de Marcion, qui n'est venu que d'hier, auroit rempli toute la terre, ce ne seroit pas encore à elle à prendre ce titre ; car il n'appartient qu'à celle qui, la première, s'est étendue jusqu'aux extrémités du monde, ainsi qu'il avoit été prédit par cet oracle de la prophétie : Leur bruit

Ps. xviii.

(1) Bossuet, *Serm.* tom. iii, pag. 33, 34.

(2) « Cette doctrine des catholiques est un remède assuré contre tous les schismes et toutes les hérésies futures : elle prouve invinciblement que toute secte qui ne naît pas dans la succession des apôtres sort de la chaîne, etc. » Bossuet, *Seconde instr. pastor. sur les promesses,* tom. v, in-4°, pag. 187.

s'est répandu par toute la terre, et leurs paroles se
sont fait entendre jusqu'aux extrémités du monde.

Quand l'apôtre avertit de se mettre en garde
contre les raisonnemens vains et trompeurs, selon
les principes d'une science mondaine; il proscrit
par ce seul mot toutes les hérésies, car elles prennent toutes leur source dans la subtilité du langage,
et dans la vaine curiosité d'une philosophie humaine.

Page 612.
Coloss., II.
8.

Pour confondre toutes les hérésies, il nous suffit de l'argument de prescription. D'où vient que je
suis dans l'usage de l'opposer à tous les novateurs.
Dès le temps de saint Paul, la foi évangélique étoit
déjà répandue par tout le monde. A plus forte raison l'est-elle de nos jours. Or, si c'étoit là la foi
apostolique, il faut en conclure que celle qui n'est
venue qu'après, au temps d'Antonin, ne sauroit
être la foi apostolique (1). Et quand on supposeroit
que la doctrine de Marcion auroit pénétré par tout
le monde, elle n'en seroit pas plus pour cela la
foi apostolique, puisqu'il y en avoit une autre auparavant. (Chap. XIX.)

(1) « On connoît d'abord les hérésies par la date de leur commencement. *Marcion et Valentin sont venus du temps d'Antonin;* on ne les
connoissoit pas auparavant, on ne les doit pas connoître aujourd'hui. Ce
qui n'étoit pas hier est réputé dans l'Église comme ce qui n'a jamais
été. » Bossuet, *Instruct. sur les promesses*, tom V, ed. in-4°, pag. 127
et 128.

FIN DU TOME SECOND.

TABLE DES AUTEURS

ET

OUVRAGES CITÉS DANS CE SECOND VOLUME.

A.

AUGUSTINI (S.), Hippon. episc., opera, edit. Benedict. (D. Blampin). Paris, 1689.

B.

C.

FROMENTIÈRES, évêque d'Aire. Carême et Sermons. Paris,
1692 et 1696.

G.

GIRY (Louis). Traduct. de l'Apologétique de Tertull. Paris,
1634 ; du Traité de la résurrection de la chair, du même.

GOURCY (l'abbé de). La suite des anciens Apologistes. Paris,
1786.

H.

HALLOIX (Petr. Soc. Jes.). Origenes defensus, in-4°. Duaci,
1633.

HAYMOND, Halberstad. episc. Breviar. hist. eccles.

HERMANT. Vie de saint Jean Chrysostôme, in-4°.

HIERONIMI (S.) opera, edit. Benedict. Paris, 1706.

HISTOIRE DE L'ÉCLECTISME, ou des nouveaux platoniciens,
2 vol. in-12. Paris, 1766.

HOMERI Ilias.

HUET. Origen. opera, in-fol. Lutet., 1679.

— Origeniana, primo volumini præfata.

I.

IRENÆI (S.), Lugdun. episc., opera, ed. Feu-Ardent. Paris,
1639.

J.

JOLI, évêque d'Agen, Prônes et Dominicales. Paris, 1734.

— Œuvres mêlées. Paris, 1702.

JOSEPH (TIT. FLAV.). Antiq. judaic.

— De bello judaico, in-fol. Leips., 1691.

L.

M.

N.

O.

Origenes adv. Celsum, edit. in-4°. Cantabr., 1698, 1 vol. in-4°, editor. Sigism. Galen. et Guill. Spencer.

— Opera, edit. Huet. Paris, 1679, et Genebrard.

— Hexaples, edit. Montfaucon, 2 vol. in-fol. 1713.

P.

Pacaud. Discours de piété, 3 vol. Paris, 1757.

Perusseau. Sermons choisis. Lyon, 1758.

Petau. Doctr. tempor.

Petit-Didier. Remarq. critiq. sur la biblioth. de Dupin. Paris, 1691.

Platonis opera, edit. Bipont., 1787.

Pluquet (l'abbé). Diction. des hérésies.

Poulle (l'abbé). Sermons. Paris, 1781.

R.

Rivaz. Éclaircissement sur le martyre de la légion thébaine. Paris, 1779.

Ruinart. Acta sincera et selecta martyrum, in-4°. Paris, 1689.

S.

Saurin (Jacques). Sermons sur divers textes de l'Écriture sainte. La Haye, 1749.

Segaud. Sermons. Paris, 1750, 1752.

Senault (de l'Oratoire). Panégyriques, 3 vol. in-8°. Paris, 1660.

Socrate. Hist. ecclés. H. Valois. Paris, 1688.

T.

Tertulliani opera, edit. Nic. Rigault, in-fol. Paris, 1734.

Tillemont. Mémoires pour servir à l'hist. ecclés. des six premiers siècles. Paris, 1701.

V.

Vassoult, traduct. de l'Apolog. de Tertullien.

Vincent de Lérins. Commonitor., edit. Baluz. Cum Salviano editum. Paris, 1667.

FIN DE LA TABLE DES CITATIONS.

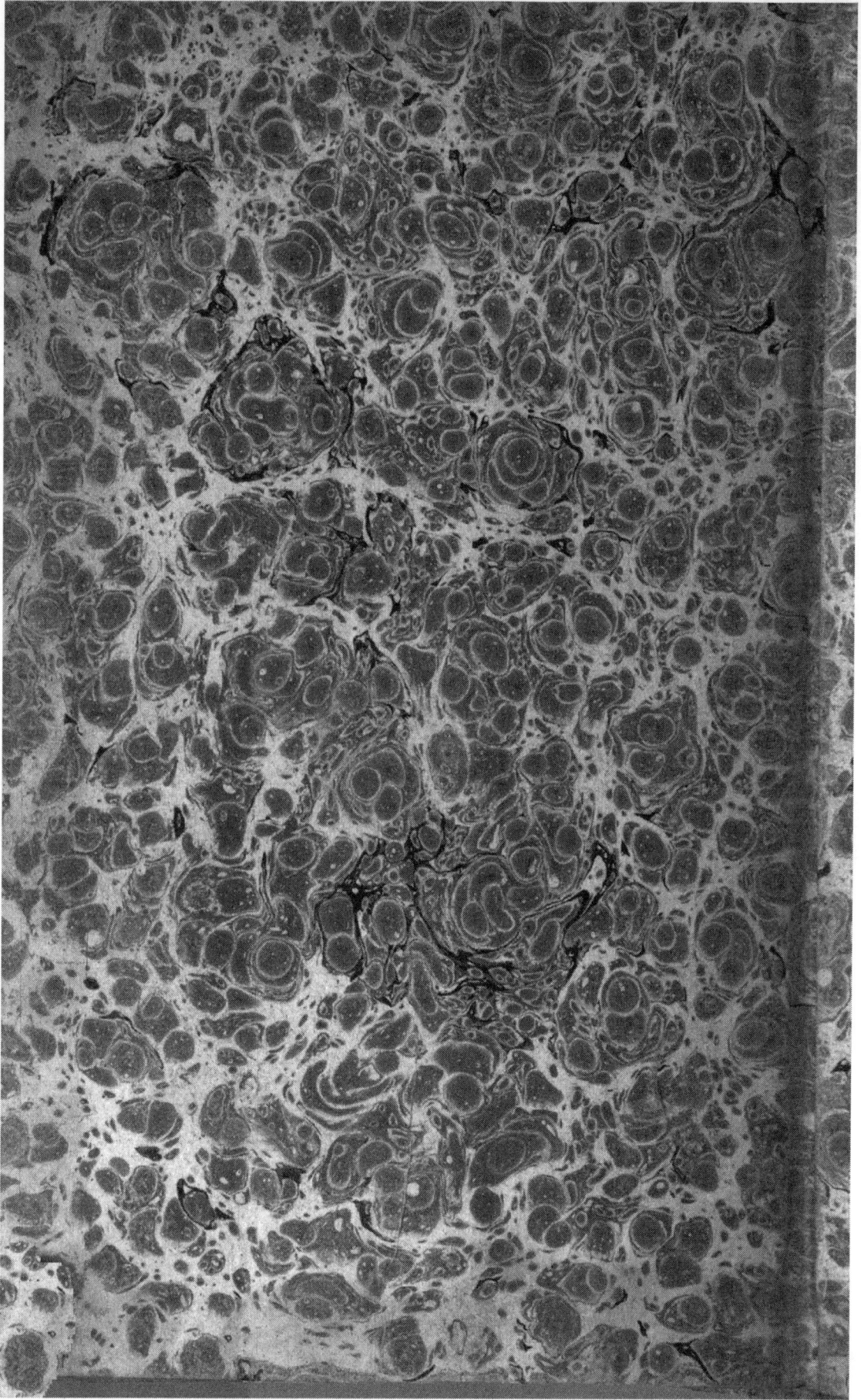

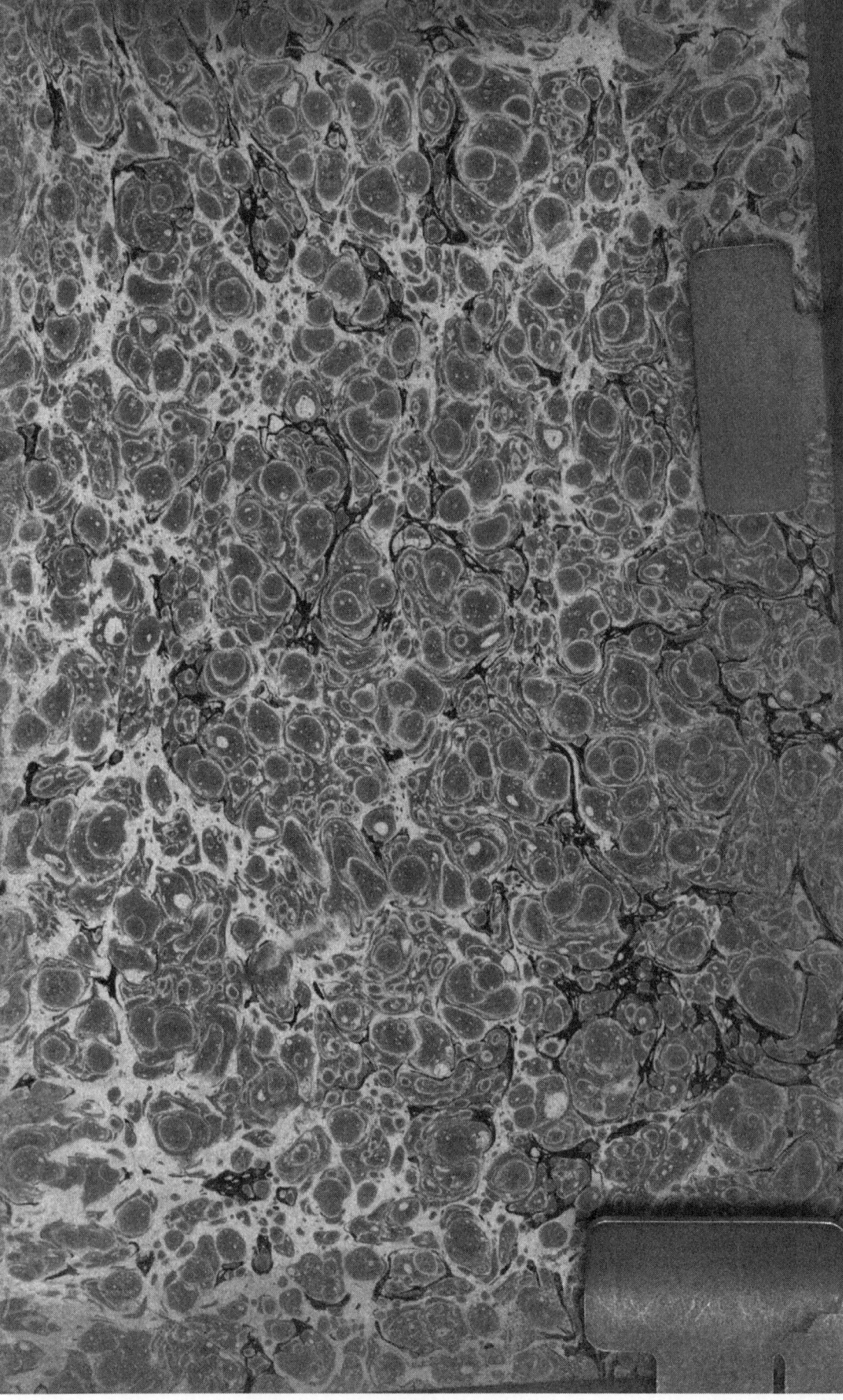

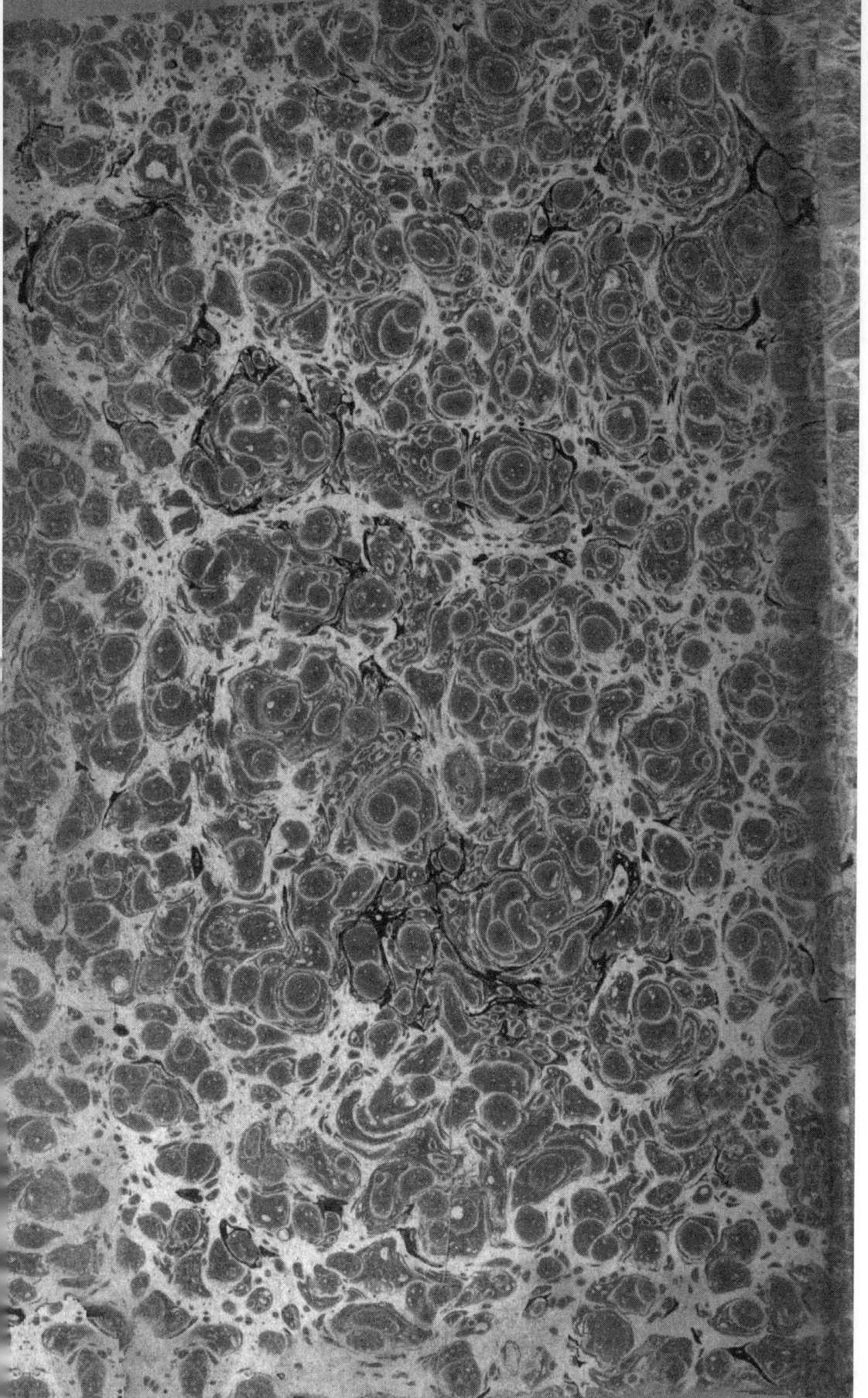

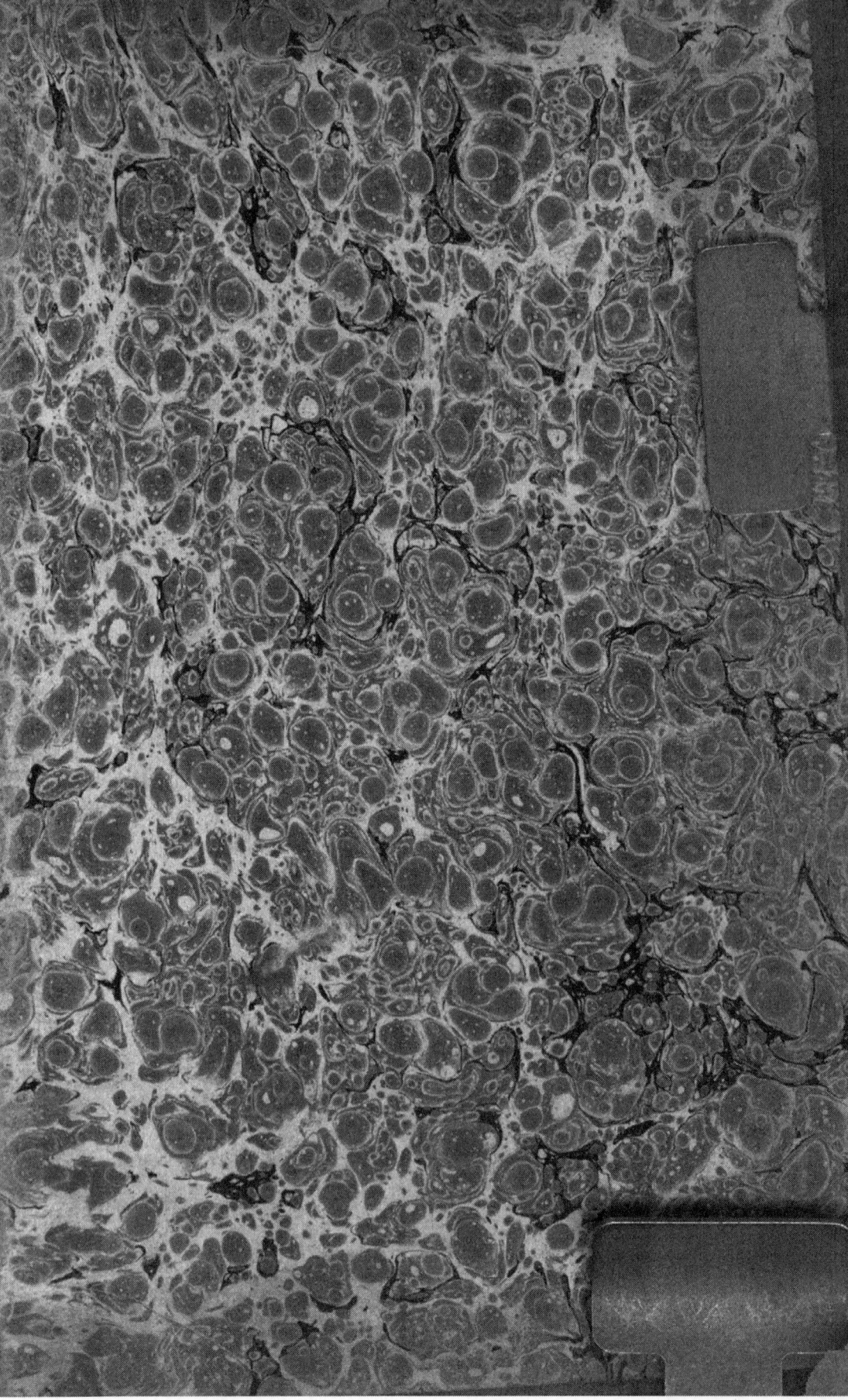

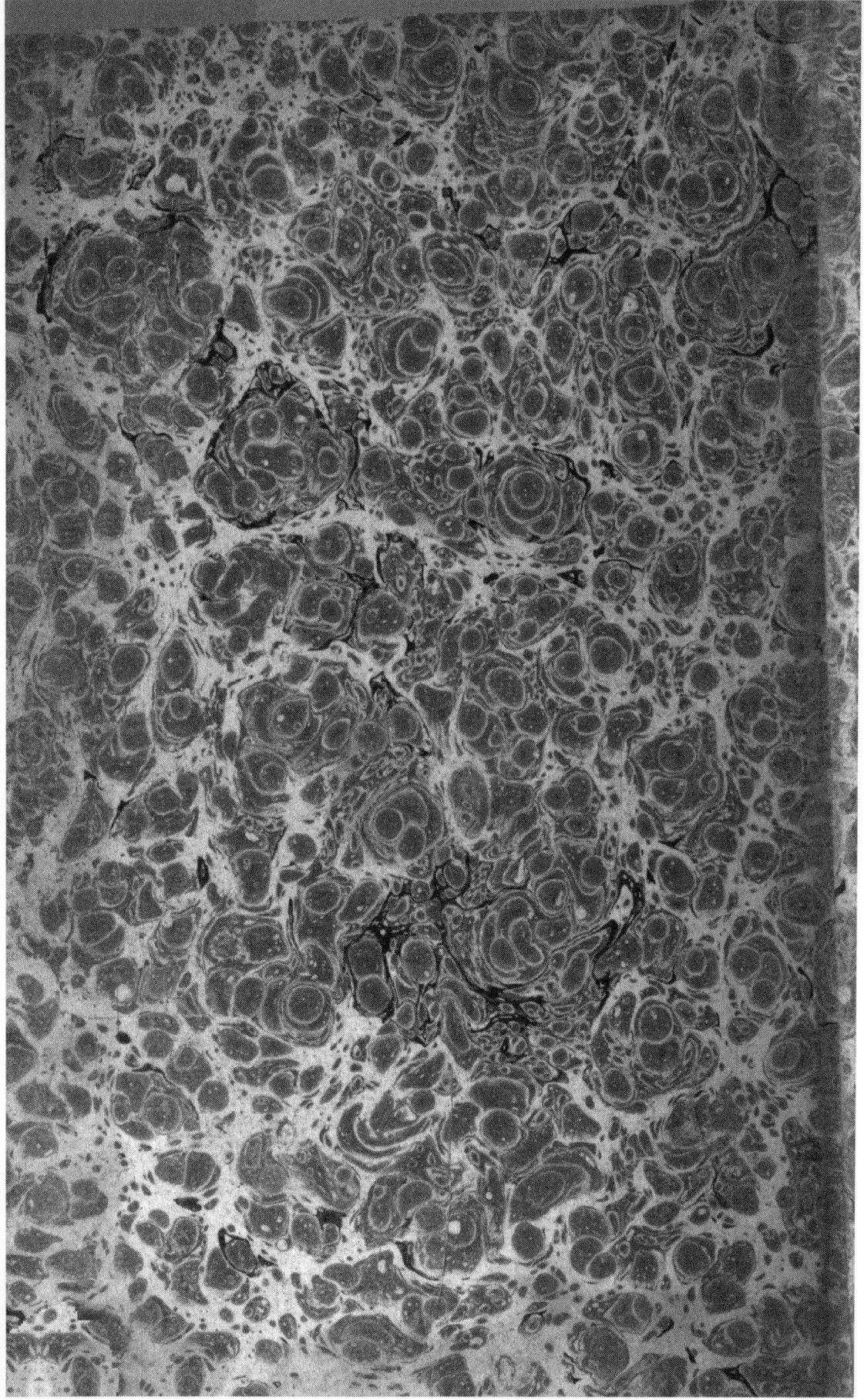

Lightning Source UK Ltd.
Milton Keynes UK
UKHW030637010421
381372UK00007B/565